Die Strafbarkeit juristischer Personen im deutschen Recht und in ausländischen Rechtsordnungen

Europäische Hochschulschriften

Publications Universitaires Européennes

European University Studies

Reihe II

Rechtswissenschaft

Série II   Series II

Droit

Law

Bd./Vol. 362

PETER LANG

Frankfurt am Main · Bern · New York

Bruni Ackermann

Die Strafbarkeit juristischer Personen im deutschen Recht und in ausländischen Rechtsordnungen

PETER LANG
Frankfurt am Main · Bern · New York

CIP-Kurztitelaufnahme der Deutschen Bibliothek

Ackermann, Bruni :

Die Strafbarkeit juristischer Personen im deutschen Recht und in ausländischen Rechts= ordnungen / Bruni Ackermann. - Frankfurt am Main ; Bern ; New York : Lang, 1984.
(Europäische Hochschulschriften : Reihe 2, Rechtswissenschaft ; Bd. 362)
ISBN 3-8204-5404-7
NE: Europäische Hochschulschriften / 02

ISSN 0531-7312
ISBN 3-8204-5404-7

INHALTSVERZEICHNIS

Seite

Seite

Seite

Seite

Seite

ABKÜRZUNGSVERZEICHNIS

a.a.	anderer Auffassung
Abs.	Absatz
A.C.	Appeal Cases (Law Reports)
a.F.	alte Fassung
AG	Aktiengesellschaft
AktG	Aktiengesetz
All.E.R.	All England Law Reports
a.M.	anderer Meinung
Am.Rep.	American Reporter
Anm.	Anmerkung
AO	Abgabenordnung
Art.	Artikel
AT	Allgemeiner Teil
Aufl.	Auflage
AWG	Außenwirtschaftsgesetz
BB	Der Betriebsberater (zitiert nach Jahr und Seite)
Bd.	Band
BGB	Bürgerliches Gesetzbuch
BGBl	Bundesgesetzblatt
BGHSt.	Entscheidungen des Bundesgerichtshofs in Strafsachen
Bull.	Bulletin des Arrêts de la Cour de Cassation
BVerfGE	Entscheidungen des Bundesverfassungsgerichts
bzw.	beziehungsweise
Cass.Crim	Cour de Cassation, Chambre Criminelle
C.L.J.	Cambridge Law Journal
Col.L.R.	Columbia Law Review
D.	Recueil Dalloz
DJT	Deutscher Juristentag
DöV	Deutsche Öffentliche Verwaltung (zitiert nach Jahr und Seite)
DRiZ	Deutsche Richterzeitung (zitiert nach Jahr und Seite)
F.2d	Federal Reporter 2d series
Fn	Fußnote
F.Suppl.	Federal Reporter Supplement
GA	Goldtammer's Archiv für Strafrecht (ab 1953 zitiert nach Jahr und Seite, vorher nach Band und Seite)
Gaz.Pal.	Gazette du palais
GG	Grundgesetz für die Bundesrepublik Deutschland
GmbH	Gesellschaft mit beschränkter Haftung
GmbHG	Gesetz betreffend die Gesellschaften mit beschränkter Haftung
GWB	Gesetz gegen Wettbewerbsbeschränkungen
HGB	Handelsgesetzbuch
H.L.R.	Harvard Law Review

i.e.S.	im engeren Sinne
i.S.	im Sinne
i.V.m.	in Verbindung mit
J.C.P.	Juris-Classeur Periodique
JR	Juristische Rundschau (zitiert nach Jahr und Seite)
JuS	Juristische Schulung (zitiert nach Jahr und Seite)
JZ	Juristenzeitung (zitiert nach Jahr und Seite)
K.B.	King's Bench Devision (Law Reports)
KG	Kommanditgesellschaft
KGaA	Kommanditgesellschaft auf Aktien
LK	Leipziger Kommentar zum Strafgesetzbuch
L.Q.R.	The Law Quarterly Review
m.E.	meines Erachtens
N.E.(2d)	North Eastern Reporter (2d series)
n.F.	neue Fassung
Niederschr.	Niederschriften
NJW	Neue Juristische Wochenschrift (zitiert nach Jahr und Seite)
Nr.	Nummer
N.W.	North Western Reporter
N.Y.	New York Reporter
OHG	offene Handelsgesellschaft
OWiG	Ordnungswidrigkeitengesetz
P.(2d)	Pacific Reporter (2d series)
Pi.L.R.	Pittsburg Law Review
Q.B.	Queen's Bench Devision (Law Reports)
Rdnr.	Randnummer
Rev.dr.pén.et crim.	Revue de droit pénal et de criminologie
Rev.sc.crim.	Revue de science criminelle
RGSt.	Entscheidungen des Reichsgerichts in Strafsachen
R.I.D.P.	Revue International de Droit pénal
S.	Seite und Sirey
S.Ct.	Supreme Court Review
SchwZStrR	Schweizerische Zeitschrift für Strafrecht (zitiert nach Band und Seite)
S.E.	South Eastern Reporter
Sect.	Section
sog.	sogenannte
StGB	Strafgesetzbuch
StPO	Strafprozeßordnung
u.a.	unter anderem, und andere
U.S.	United States Reporter
U.S.C.A.	United States Code Annotated
usw.	und so weiter
vgl.	vergleiche
vol.	volume
2.WiKG	2. Gesetz zur Bekämpfung der Wirtschaftskriminalität
WiStG	Wirtschaftstrafgesetz
Y.L.L.	Yale Law Journal
z.B.	zum Beispiel

ZPO	Zivilprozeßordnung
ZRP	Zeitschrift für Rechtspolitik (zitiert nach Jahr und Seite)
ZStW	Zeitschrift für die gesamte Strafrechtswissenschaft (zitiert nach Band und Seite)

§§ ohne Gesetzesangabe sind solche des StGB

A.

DARSTELLUNG DES PROBLEMSTANDES

I. EINLEITUNG

1. BEDEUTUNG DER PROBLEMATIK

"Die Kleinen hängt man, die Großen läßt man laufen" - in diesen Worten läßt sich die in der Bevölkerung weit verbreitete Beurteilung von Straftaten, die im Rahmen einer juristischen Person begangen werden, ausdrücken.

Diese Beurteilung, die - wenn sie zuträfe - Ausdruck einer Diskrepanz zwischen sozialer Wirklichkeit und Rechts-Wirklichkeit wäre, gab Anlaß für die vorliegende Arbeit. In deren Verlauf soll untersucht werden, ob diese Diskrepanz durch die Einführung der Strafbarkeit der juristischen Person als solcher beseitigt werden kann und muß. Das gilt allerdings nur unter der noch zu prüfenden Voraussetzung, daß die Wurzel des deliktischen Geschehens tatsächlich in der juristischen Person zu finden ist, der dieses Geschehen deshalb zugerechnet werden muß.

Verbände nehmen in unserem heutigen Wirtschafts- und Sozialleben eine Vorrangstellung ein. Der Einzelne tritt im modernen Rechtsverkehr immer mehr hinter den Verbänden zurück. "Verbände (juristische Personen, Personengesellschaften und nichtrechtsfähige Vereine) beherrschen heute als Parteien das politische, als Unternehmer, Arbeitgeberverbände oder Gewerkschaften das wirtschaftliche Leben, als Banken das Kreditwesen. Verbände bestimmen als Verlage, Zeitungsbetriebe oder Nachrichtenagenturen das Gesicht der Publizistik, als Standesorganisationen haben sie maßgebenden Einfluß auf das Berufs- und kulturelle Leben(1)."

Diese Entwicklung hat insbesondere auf dem Gebiet der Wirtschaftskriminalität dazu geführt, daß etwa drei Viertel aller Fälle schwerer Wirtschaftskriminalität nicht nur im Rahmen einer Einzelfirma sondern auch unter dem Deckmantel einer Handelsgesellschaft begangen werden(2). Handelsgesellschaften sind vor allem Aktiengesellschaften, Gesellschaften mit beschränkter Haftung (beides juristische Personen), offene Handelsgesellschaften und Kommanditgesellschaften. Letztere sind zwar Personengesellschaften, besitzen also keine Rechtsfähigkeit, sind in ihrer Ausgestaltung einer juristischen Person aber stark angenähert(3). Bei den genannten Handelsgesellschaften sind auch zahlreiche Mischformen möglich, deren bekannteste und wirtschaftlich bedeutendste die GmbH & Co.KG ist. Alle diese Handelsgesellschaften

---

1 vgl. Jescheck, DöV 1953, 539,541; vgl. auch Rotberg, Festschrift für den DJT 1960, Bd.II, 193,196

2 vgl. Kaiser, Kriminalistik 1978, 1,3

3 vgl. Hueck, Das Recht der OHG, S.23 f

können de lege lata als solche strafrechtlich nicht belangt werden, da das geltende Strafrecht lediglich die Strafbarkeit natürlicher Personen vorsieht.

Eine vom Max-Planck-Institut für ausländisches und internationales Strafrecht, Forschungsgruppe Kriminologie, in Freiburg vorgenommene Überprüfung der Wirtschaftskriminalität im Zeitraum zwischen 1974 und 1979 ergab jedoch gerade, daß nicht nur die Einzelfirma, sondern auch die GmbH und die KG sehr häufig in Verfahren im Bereich der Wirtschaftskriminalität verwickelt sind, wobei ein Ansteigen des Anteils der GmbH zu verzeichnen ist. Betrug 1974 der Anteil der Einzelfirma ncoh 35,4 % in allen Wirtschaftsstrafverfahren, so waren es 1979 nur noch 28,5 %. Demgegenüber stieg der Anteil der GmbH von 18,5 % im Jahre 1974 auf 32,2 % im Jahre 1979. Der Anteil der KG wuchs von 11 % im Jahre 1974 auf 14,2 % im Jahre 1979 an, wobei auffällt, daß das Verhältnis der GmbH & Co.KG zur KG in dieser Gruppe von 47 : 53 auf ein Verhältnis von 55 : 45 anstieg. Hieraus läßt sich entnehmen, daß die GmbH & Co.KG im Bereich der Wirtschaftskriminalität zunehmend "anfälliger" wird als andere Rechtsformen(4).

Das für eine Bestrafung von juristischen Personen sprechende kriminalpolitische Bedürfnis wurde im Jahre 1933 von Busch in folgenden, nur im einzelnen bestrittenen(5), Thesen zusammengefaßt(6):

- Die individuelle Strafdrohung besitze nicht genügend Kraft, um bei der Abwägung der Verbandsinteressen und der Interessen der staatlichen Gemeinschaft in der Seele des Individuums die Überbewertung der Verbandsinteressen aufzuwiegen und das Individuum dazu zu bestimmen, von einer strafbaren Handlung Abstand zu nehmen, die der Wahrung und Förderung der Verbandsinteressen dienlich ist oder zu sein scheint.
- Die Höhe der dem Individuum wegen eines Verbandsdelikts aufzuerlegenden Strafe könne den Umständen der Tatseite, der Größe des sozialen Schadens und der Gefährlichkeit der Art der Begehung nicht angepasst werden, denn darin würde eine unbillige Härte für das unter dem Einfluß des normativen Verbandsgeistes stehende Individuum liegen.
- Die Bestrafung des Täter-Individuums allein erfülle die Vergeltungserwartung der Rechtsgenossen nicht, weil diese das Verbandsdelikt nicht nur dem Täter, sondern - wegen der Beeinflußung des Täters durch den Verbandsgeist und wegen der Zweckbezogenheit der strafbaren Handlung - gleichzeitig dem Verband zurechnen würden.
- Die Bestrafung der Täter-Individuen allein vermöge die geistigen Urheber und Interessenten der Verbandsdelikte, die Verbandsgenossen und die die Tat nicht selbst begehenden Verbandsleiter, nicht abzuschrecken.

---

4 vgl. K.-H. Liebl, Der Kriminalist 1981, 372,374,376

5 vgl. hierzu im einzelnen unen A IV 2 a

6 vgl. Busch, Grundfragen der strafrechtlichen Verantwortlichkeit der Verbände, S.122

- Die Bestrafung der Verbandsdelikte scheitere oft daran, daß aus der Vielzahl der als Täter in Frage kommenden Verbandsgenossen oder -funktionäre der Einzeltäter nicht ermittelt werden könne.

Auf letzteren Gesichtspunkt hebt auch Bauerle(7) ab, wenn er darauf hinweist, daß die Steuerhinterziehung - untersucht man sie unter dem Gesichtspunkt des Verhaltens natürlicher Personen - sich in eine Reihe rechtlich unbedeutsamer Einzelakte auflöse. Das einheitliche Ganze werde erst dann erkennbar, wenn man die begangene Tat vom Gesichtspunkt der juristischen Person aus sehe. Bei dieser Betrachtungsweise trete auch die Lenkung des Geschehens durch irgendeine, namentlich nicht feststellbare Person klar zutage.

Die seit 1933 noch weiter fortgeschrittene Unternehmensorganisation hat es mit sich gebracht, daß das einzelne Unternehmensmitglied im Rahmen der modernen Arbeitsteilung die Tragweite seiner Handlungen häufig nicht mehr richtig erfassen kann und im übrigen auf innerbetriebliche Kontrollmechanismen vertraut, die "Inkorrektheiten" schon noch rechtzeitig korrigiert würden(8). Hinzu kommt in modernen Unternehmensorganisationen ein Informationssystem, das wie die Arbeitsteilung nach dem Prinzip der Dezentralisierung funktioniert und wie ein Informationsfilter wirkt. Das hat zur Folge, daß die Leitungsorgane häufig den subjektiven Tatbestand nicht mehr verwirklichen oder er ihnen nicht nachzuweisen ist, während die untergeordneten Organe zwar die notwendigen subjektiven Tatbestandsvoraussetzungen erfüllen, aber keine tauglichen Täter sind(9). Die Verantwortlichkeit wird auf die unteren und untersten Glieder der Organisation verlagert(10), während die obersten Organe, die eigentlichen Drahtzieher, ihre Hände in Unschuld waschen. Dieses Phänomen hat schon zu dem Schlagwort von der organisierten Unverantwortlichkeit geführt(11). Größere Wirtschaftsunternehmen stellen einen so komplizierten Mechanismus dar, daß für einen Außenstehenden kaum noch erkennbar ist, wer eine bestimmte Handlung veranlaßt hat oder wer zur Verhinderung einer bestimmten Handlung zuständig gewesen wäre.

Läßt sich doch ein Verantwortlicher ermitteln, ist die juristische Person häufig bereit, ihn von den Folgen der Straftat freizustellen, z.B. durch Gewährung eines "Darlehens", von Sonderurlaub usw., da sein Handeln in ihrem Interesse liegt. Weder Verurteilter noch juristische Person empfinden dann die Strafe: der Verurteilte nicht, weil er letztlich keine Einbuße erleidet, die juristische Person nicht, weil die Geldstrafe nach den wirtschaftlichen Verhältnissen des Täters (Organ, Ver-

---

7 Niederschriften, Bd.4, S.325

8 vgl. Schünemann, Unternehmenskriminalität und Strafrecht, S.24,31

9 vgl. Schünemann, S.37 f

10 vgl. Schünemann, S.35,58; Tiedemann, Gutachten für den 49. DJT (1972), C 9 ff, C 55; vgl. auch Referenten-Entwurf eines 2. Gesetzes zur Bekämpfung der Wirtschaftskriminalität (2.WiKG), S.130

11 vgl. Ostermeyer, ZRP 1971, 75,76

treter) zu bemessen ist (§ 40 Abs. 2 StGB) und somit in der Regel in keinem Verhältnis zur Vermögenslage der juristischen Person und zu dem aus dem Delikt gezogenen Gewinn steht, der ins Vermögen der juristischen Person geflossen und dort für den Zugriff des Strafrichters - abgesehen von den Möglichkeiten, die § 73 Abs.3 StGB eröffnet(12) - unerreichbar ist(13).

Die Bedeutung der Problematik zeigt sich auch daran, daß sie Gegenstand verschiedener Kongresse und Kommissionen war: so befasste sich der Congrès International de Droit Pénal 1926 ausdrücklich und 1953, 1957, 1979 im Rahmen anderer Großthemen mit der Frage(14); ebenso der 40. Deutsche Juristentag im Jahre 1953 und die große Strafrechtskommission im Jahre 1956(15). Die Sachverständigenkommission zur Bekämpfung der Wirtschaftskriminalität hat sich 1980 in ihrem Schlußbericht(16) dafür ausgesprochen, gegen juristische Personen eine Sanktionsmöglichkeit zu eröffnen, da anderenfalls Gesetztesverstöße, die ihre Ursachen in dem Betätigungskreis der juristischen Person hätten und ihr letztlich zuzurechnen seien, nicht hinreichend bekämpft werden könnten. Auch der Regierungs-Entwurf eines 2. Gesetzes zur Bekämpfung der Wirtschaftskriminalität hat sich zum Ziel gesetzt, den Sanktionsschutz gegen Zuwiderhandlungen, die in Betrieben und Unternehmen begangen werden, zu verbessern.

2. BEGRIFF DER "JURISTISCHEN PERSON"

Die vorliegende Untersuchung beschränkt sich auf juristische Personen des Privatrechts, auf die OHG, die KG und die Gewerkschaften.

OHG und KG - dasselbe gilt für Mischformen wie die Gmbh & Co.KG - sind einzubeziehen, weil sie im heutigen Rechtsverkehr der juristischen Person weitgehend angenähert sind. OHG und KG können nach außen als Einheit unter ihrer Firma auftreten, Rechte erwerben, Verbindlichkeiten eingehen, Eigentum und andere dingliche Rechte an Grundstücken erwerben, vor Gericht klagen und verklagt werden. Zur Zwangsvollstreckung in das Gesellschaftsvermögen ist ein gegen die Gesellschaft gerichteter vollstreckbarer Schuldtitel erforderlich (§§ 124,161 Abs.2 HGB). Einzelne Autoren haben deshalb von einer relativen juristischen Person gesprochen(17). Damit ist gemeint, daß OHG und KG eine Über-

----

12 vgl. dazu A II 1

13 vgl. Rudolf Schmitt, Strafrechtliche Maßnahmen gegen Verbände, S.141 f; vgl. auch den Schlußbericht der Sachverständigenkommission zur Bekämpfung der Wirtschaftskriminalität, 1980, Hrsg. Bundesministerium der Justiz, S.35

14 vgl. R.I.D.P. 1929, 219 ff; R.I.D.P. 1953, 289 ff; R.I.D.P. 1957, 9 ff; ZStW 1980, 1047 ff; vgl. auch Screvens, Rev.dr.pén.et de crim. 1980, 163 ff

15 vgl. Niederschriften Bd.1 und 4

16 S.35, vgl. Fn 13

17 vgl. die Nachweise bei Hueck, Das Recht der OHG, S.24

gangsform zwischen der Mitberechtigung mehrerer einzelner völlig voneinander unabhängiger Personen einerseits und der juristischen Person als einer völlig geschlossenen Einheit andererseits darstellen. Die Gesellschafter erscheinen zwar als die Inhaber der zum Gesellschaftsvermögen gehörenden Rechte - die Annahme einer selbständigen juristischen Person ist also abzulehnen. Umgekehrt hat aber die Geschlossenheit des Verbandes doch schon eine erhebliche Stärke gewonnen. OHG und KG treten nach außen als geschlossene Einheit auf. Insoweit nähern sie sich der juristischen Person und werden im Außenverhältnis zu Dritten weitgehend wie juristische Personen behandelt(18). Deshalb findet z.B. auch § 31 BGB auf sie Anwendung(19).

Die weitaus meisten "Verbandsdelikte" werden im BEreich der Wirtschaft und im Rahmen dieser Handelsgesellschaften begangen. Im folgenden werden deshalb unter dem Arbeitsbegriff der juristischen Person auch OHG und KG zu verstehen sein (einschließlich der Mischformen).

Einbezogen werden auch die Gewerkschaften. Die Gewerkschaften sind zwar fast alle als nichtrechtsfähige Vereine organisiert, auf die gemäß § 54 BGB die Vorschriften über die BGB-Gesellschaft Anwendung finden sollen. Da der nichtrechtsfähige Verein jedoch eine körperschaftliche Struktur aufweist, wird die Verweisung auf Gesellschaftsrecht als rechtspolitisch verfehlt betrachtet. Die Rechtsprechung wendet deswegen die Regeln für den rechtsfähigen Verein weitgehend auf den nichtrechtsfähigen an. Die herrschende Meinung hält auch § 31 BGB für entsprechend anwendbar, bejaht also eine Haftung des Vereinsvermögens(20).

Die Gewerkschaften treten nach außen als relativ geschlossene, selbstständige Einheit auf. Da sie mittels der gewerkschaftseigenen Unternehmen auch aktiv am Wirtschaftsleben teilnehmen, können auch Gewerkschaften unter den Arbeitsbegriff "juristische Person" subsumiert werden.

Nicht einbezogen werden dagegen die Arbeitgeberverbände, die Gesellschaften des bürgerlichen Rechts und die juristischen Personen des öffentlichen Rechts.

Die Arbeitgeberverbände werden nicht zum Gegenstand der Untersuchung gemacht, weil bei ihnen eine Teilnahme am Wirtschaftsverkehr - und damit auch die Gefahr von (Wirtschafts-)Straftaten - nicht gegeben ist. Insofern stellt sich die Sachlage bei den Arbeitgeberverbänden anders dar als bei den Gewerkschaften.

Die Gesellschaft des bürgerlichen Rechts hat zwar im Wirtschaftsleben steigende Bedeutung erlangt(21), jedoch ist bei ihr der Einheitsgedanke viel schwächer ausgeprägt als z.B. bei der OHG(22). So ist zur

---

18 vgl. Hueck, Gesellschaftsrecht, S.58 und 76

19 vgl. Palandt-Heinrichs, Anm.1 zu § 31 BGB

20 vgl. Palandt-Heinrichs, Anm.1, 2 A d zu § 54 BGB

21 vgl. nur die Beispiele bei Palandt-Thomas, Anm. 9 zu § 705 BGB

22 vgl. Hueck, Gesellschaftsrecht, S.76

Vollstreckung in das Gesellschaftsvermögen ein gegen alle Gesellschafter ergangenes Urteil nötig (§ 736 ZPO). Ein Urteil gegen die Gesellschaft als solche kommt nicht in Betracht, da die BGB-Gesellschaft nicht parteifähig ist. Ebenso gibt es keinen Konkurs über ihr Vermögen, beides im Gegensatz zur OHG. Für unerlaubte Handlungen der geschäftsführenden Gesellschafter haften die übrigen Gesellschafter lediglich nach allgemeinen Vorschriften, also nach § 831 BGB. Die für juristische Personen geltende Sondervorschrift des § 31 BGB ist auf die BGB-Gesellschaft im Gegensatz zur OHG nicht anwendbar, da die BGB-Gesellschaft anders als die OHG nicht selbständig im Rechtsverkehr auftritt. Die Gesellschaft des bürgerlichen Rechts als solche ist also nicht deliktsfähig im Sinne des BGB(23).

Juristische Personen des öffentlichen Rechts sind Gebietskörperschaften (Länder, Gemeinden, Gemeindeverbände, Kreise) und solche juristische Personen, die ausdrücklich als juristische Personen des öffentlichen Rechts anerkannt sind, u.a. die Deutsche Bundesbank; die Träger der Sozialversicherung wie Krankenkassen, Berufsgenossenschaften, Landesversicherungsanstalten; Industrie- und Handelskammern; Handwerkskammern; Rechtsanwaltskammern(24). Diese juristischen Personen sind zwar gemäß § 89 BGB, der § 31 BGB für anwendbar erklärt, zivilrechtlich verantwortlich. Dennoch werden sie in die Untersuchung nicht einbezogen, weil Straftaten aus diesem Bereich bisher nicht bekannt geworden sind. Es erscheint deshalb vertretbar, im Rahmen dieser Arbeit auf die Einbeziehung der juristischen Personen des öffentlichen Rechts zu verzichten.

3. GESCHICHTLICHER RÜCKBLICK

Ein rechtsgeschichtlicher Rückblick ist zum Verständnis des Standorts der Problematik erforderlich, weil sich aus ihm der Zusammenhang des Problems mit politischen Strukturen und geistesgeschichtlichen Strömungen ergibt. Das Verstehen der Zusammenhänge vergangenen Geschehens ist dazu geeignet, den Blick für die Möglichkeiten und Bedürfnisse der Gegenwart und der Zukunft zu schärfen.

Auf eine eingehende Darstellung der geschichtlichen Entwicklung kann jedoch im Rahmen dieser Arbeit verzichtet werden. Es wird hierzu auf Autoren verwiesen, die die geschichtliche Entwicklung der Strafbarkeit juristischer Personen ausführlich dargestellt haben(25).

---

23 vgl. Hueck, Gesellschaftsrecht, S.39 f

24 vgl. Palandt-Heinrichs, Anm.1 vor § 89 BGB

25 vgl. z.B. Busch, S.32 ff; Hafter, Die Delikts- und Straffähigkeit der Personenverbände, S. 6-28; Heinitz, Gutachten zum 40. DJT, S.67 ff

a) Römisches Recht

Der Satz "societas delinquere non potest" wird zwar auf das römische Recht zurückgeführt; es ist jedoch sehr umstritten, inwieweit er dort Geltung hatte.

Das römische Recht hat einigen Personenverbandstypen eine von der Gesamtheit der Mitglieder verschiedene Persönlichkeit zuerkannt. Entsprechend seinem ausgesprochen individualistischen Charakter mußte es sich dazu der Fiktion bedienen. Dies geschah jedoch nur dort, wo das römische Handelsleben es erforderte.

Daß es bereits im römischen Recht Personenverbände mit einer gewissen Selbständigkeit gab, ergibt sich daraus, daß zwischen den Rechten und Pflichten des Verbandes (universitas) und denjenigen seiner Mitglieder (singuli) unterschieden wurde.

Die Frage nach der Deliktsfähigkeit und Strafbarkeit der Personenverbände läßt sich jedoch nach dem gegenwärtigen Quellenstand kaum beantworten. Es scheint aber einiges dafür zu sprechen, daß das römische Recht weder die Deliktsfähigkeit noch die strafrechtliche Verantwortlichkeit juristischer Personen kannte. Wohl wurden mitunter Gemeinden und Städte als öffentlich-rechtliche Körperschaften mit "Strafe" belegt. Diese "Strafen" entsprangen aber nicht strafrechtlichen, sondern eher staatspolitischen Erwägungen und Zielen(26).

b) Germanische Frühzeit

Für die germanische Auffassung war der Einzelne nur als Glied der Gemeinschaft Träger von Rechten und Pflichten. Die Sippe ist der festgefügte Machtverband in dem sehr lockeren Gefüge des Staates. Sie ist es, die dem Einzelnen Schutz gegen fremde Willkür bietet. Ohne sie ist der Einzelne nichts. Die Sippe schließt den Rechtsverletzer nicht aus, sondern stellt sich schützend vor ihn. Dadurch macht sie sich seine Tat zu eigen. Es wird deshalb als gerechtfertigt erachtet, daß die Tat an allen Sippengenossen gesühnt werden kann. Die strafrechtliche Verantwortlichkeit der Sippe für die Missetat ihres Genossen ist also eine praktische Konsequenz der sozialen Gliederung und des Mangels einer starken Staatsgewalt(27).

c) Das Mittelalter

Erst im beginnenden Mittelalter kann von einer strafrechtlichen Verantwortlichkeit juristischer Personen im eigentlichen Sinne gesprochen werden. Seit dieser Zeit wird die Strafe von der zentralen Staatsgewalt

---

26 vgl. Seiler, Die Personenverbände als Adressaten strafrechtlicher Maßnahmen, S.6 f; Heinitz, S.67

27 vgl. Busch, S.32 ff

bewußt als Zwangsmittel verwendet, um gewissen sozialschädlichen Handlungen im Interesse der im Staate organisierten Rechtsgemeinschaft entgegenzuwirken. Diese Entwicklung ist bedingt durch die fortschreitende Festigung der politischen Verhältnisse im abendländischen Raum. Träger der politischen und wirtschaftlichen Funktionen innerhalb des Staates werden allmählich die Bauernschaften, die Markgenossenschaften, die Landgemeinden und schließlich die Stadtgemeinden. In dem Maße, in dem diese Verbände sich zu bedeutenden Kräften des gesellschaftlichen Lebens entwickeln, bildet sich die Praxis aus, Störungen der sozialen Ordnung, die ihren Ursprung im Machtbereich dieser Verbände haben, mittels der staatlichen Strafgewalt zu bekämpfen(28).

Die Theorie folgt der Praxis: die Mehrzahl der Kanonisten und der Legisten entschied sich für eine Straffähigkeit der universitas.

Durchgesetzt hat sich die Lehre des Bartolus de Sassoferrato (1314-1357), der die Körperschaftsdelikte in solche einteilte, die die universitas proprie begehen kann - Handlungen, die mit dem Wesen und dem spezifischen Aufgabenkreis der Körperschaften aufs Engste verknüpft sind (eigentliche Körperschaftsdelikte) - und solche, die proprie nur der Mensch begehen kann (uneigentliche Körperschaftsdelikte)(29). Bei den eigentlichen Körperschaftsdelikten ist die universitas Täter, das Mitglied Mittäter oder Anstifter, bei den uneigentlichen Körperschaftsdelikten ist das Mitglied Täter, die universitas Mittäter oder Anstifter(30).

Grundsätzlich werden gegen die universitas dieselben Strafen wie gegen den Einzelnen verhängt. Sind diese Strafen gegenüber der universitas nicht anwendbar, so sind sie in solche unzuwandeln, deren Vollzug an der universitas möglich ist. Unschuldige Mitglieder, Kinder, Unzurechnungsfähige, Abwesende und alle, die der Tat widersprochen haben, sollen von der Strafe verschont werden(31).

In dieser Form wird die Lehre von der strafrechtlichen Verantwortlichkeit der Verbände in Deutschland übernommen und bleibt während des Mittelalters und in der früheren Neuzeit die Grundlage für Lehre, Gesetzgebung und Rechtsprechung(32).

d) Die individualistisch-liberale Epoche

Dem Absolutismus kam es darauf an, die Körperschaften aus dem politischen Leben auszuschalten, weil sie Machtanhäufung bedeuteten, und

---

28 vgl. Busch, S.35 f

29 ausführlich zum Inhalt des Lehre des Bartolus de Sassoferrato, vgl. Busch, S.42

30 vgl. Busch, S.42; Heinitz, S.69

31 vgl. Busch, S.42

32 vgl. Busch, S.42, Heinitz, S.69

das Individuum in den Herrschaftsbereich des Staates als Untertan einzuordnen. Durch die Festigung der Staatsgewalt verloren die Verbände weitgehend ihre Macht, so daß das Bedürfnis, sie zu bestrafen, allmählich immer stärker zurücktrat(33).

In dieser Zeit begann auch der **Geist der Aufklärung** zu wirken, der sich insbesondere in der 2. Hälfte des 18. Jahrhunderts zunehmend durchsetzte. Nach ihm stellt das Individuum an Stelle der Gemeinschaft den bestimmenden Wert der sozialen Ordnung dar. Das Individuum beansprucht den Vorrang vor der Gesellschaft. Diese Auffassung mußte zur Ablehnung jeder kollektiven Verantwortung führen(34).

Da das rechtspolitische Bedürfnis nach Sanktionen an Bedeutung verloren hatte, wurden die dogmatischen Schwierigkeiten betont. Die deutsche Strafrechtswissenschaft bekannte sich zu der noch heute herrschenden individual-ethischen Auffassung von Schuld und Strafe, deren geistiger Urheber Kant war(35).

In der Folgezeit wurde **Savigny** mit seiner **Fiktionstheorie** richtungweisend. Nach ihm ist die juristische Person ein der Realität entbehrendes, fingiertes Rechtssubjekt. Daraus folgerte er: "Das Kriminalrecht hat zu tun mit dem natürlichen Menschen. Die juristische Person ist aber kein solches, sondern nur ein Vermögen habendes Wesen, liegt also ganz aus dem Bereich des Kriminalrechts. Ihr reales Dasein beruht auf dem vertretenden Willen bestimmter einzelner Menschen, der ihr infolge einer Fiktion als ihr eigener Wille angerechnet wird. Eine solche Vertretung aber, ohne eigenes Wollen, kann überall nur im Zivilrecht, nie im Kriminalrecht beachtet werden(36)."

Gegen diese sogenannte romanistische Schule Savignys entstand um die Jahrhundertwende eine Opposition in Gestalt der sogenannten germanistischen Schule. Die germanistische Schule - federführend war **Otto von Gierke mit seiner Theorie der realen Verbandsperson** - griff die romanistische Schule Savignys vor allem mit dem Hinweis an, daß die Fiktionstheorie den Anforderungen des modernen Lebens nicht genüge. Nach der germanistischen Schule sind die juristischen Personen keine Fiktionen, sondern lebende und handelnde Realitäten, unabhängig von den Individuen, aus denen sie sich zusammensetzen(37). Sind die Personenverbände aber Realitäten, so sind sie nach dieser Lehre auch fähig, zu handeln und zu delinquieren, und können daher auch bestraft werden(38).

---

33 vgl. Göhler, Deutsche strafrechtliche Landesreferate zum X. Internationalen Kongreß für Rechtsvergleichung, Budapest 1978, S.100

34 vgl. Busch, S.44 ff

35 vgl. Seiler, S.11

36 vgl. Savigny, System II, 310 ff; zitiert nach Hafter, S.25

37 vgl. v. Gierke, Das Wesen der menschlichen Verbände, S.11 ff

38 vgl. Seiler, S.12

e) Das Zeitalter der Industrialisierung

Der Wandel in den Produktionsmöglichkeiten und -methoden hatte den Finanzbedarf von Industrieunternehmen, ihre finanzielle Belastung, das Bedürfnis nach einer Risikobegrenzung, die Schwierigkeiten in der Überwachung, die Vielfalt der Möglichkeiten und Aufgaben derart erweitert, daß die Kraft des Einzelnen nicht mehr ausreichte, diese Bedürfnisse zu befriedigen und diese Aufgaben zu bewältigen. Mehr und mehr wurde die Kapitalgesellschaft zur Form wirtschaftlicher Betätigung. Die Macht der Verbände stieg, sie entwickelten sich zu Trägern wesentlicher gesellschaftlicher Funktionen, zu übermächtigen Partnern des Einzelnen, zu gefährlichen Rivalen des Staates. Man empfand wieder das Bedürfnis nach Reaktionen(39). In Deutschland setzte sich v.Liszt für die Körperschaftsstrafe ein; die Frage wurde nunmehr wieder eingehend erörtert(40).

f) Die Zeit des Nationalsozialismus

In der Zeit des Nationalsozialismus wurde die Frage - nach der Arbeit von Busch - kaum noch behandelt und meist negativ beantwortet(41).

Die Gründe hierfür liegen darin, daß die juristischen Personen im totalitären Staat ihre selbständige Stellung und ihre Bedeutung ebenso verloren hatten wie zur Zeit des Absolutismus. Der Staat war allmächtig; er konnte auch ohne die Mittel des Strafrechts dafür sorgen, daß die Verbände ihre Macht nicht mißbrauchten bzw. dafür, daß sie erst gar nicht zu mächtig wurden.

g) Die Zeit nach dem 2. Weltkrieg

In den letzten dreißig Jahren ist das Problem erneut kontrovers diskutiert worden. Das hängt zusammen mit dem im Rahmen einer freien Marktwirtschaft möglichen Anwachsen von Wirtschaftsunternehmen und mit den internationalen Verflechtungen von Unternehmen.

Bereits oben unter A I 1 wurden die Mißbrauchsmöglichkeiten aufgezeigt, die die Diskussion erneut angefacht haben.

Im weiteren Verlauf der Untersuchung wird sich herausstellen, daß die de lege lata bestehenden Sanktionsmöglichkeiten lückenhaft und die Argumente für und wider die Strafbarkeit juristischer Personen im deutschsprachigen Raum von gewissen dogmatischen Verhärtungen geprägt sind. Das erfordert einen Blick über die Grenzen der eigenen Rechtsordnung hinaus und hinein in Rechtsordnungen, die sich ebenfalls mit der Problematik der Strafbarkeit juristischer Personen befassen.

---

39 vgl. Busch, S.81 ff

40 vgl. Lang-Hinrichsen, Festschrift für H. Mayer, 49,50

41 vgl. Kampmann, Die strafrechtliche Verantwortlichkeit der Personenverbände, 1936

II. SANKTIONSMÖGLICHKEITEN DE LEGE LATA UND IHRE LÜCKEN

Nach dem 2. Weltkrieg war in verschiedenen Wirtschaftsvorschriften des Besatzungsrechts die Verhängung echter Kriminalstrafen gegen juristische Personen vorgesehen(1). Im Außenwirtschaftsgesetz vom 28.4.1961(2) sind diese Vorschriften jedoch aufgehoben worden (§ 47 Abs.1 AWG). Auch die in der Reichsabgabenordnung statuierte Verantwortlichkeit juristischer Personen für bestimmte Steuerordnungswidrigkeiten(3) ist in der AO 1977 nicht mehr vorgesehen.

Jedoch sieht auch das geltende Recht bestimmte Maßnahmen vor. Im einzelnen bestehen folgende Möglichkeiten, gegen juristische Personen vorzugehen:

1. § 73 ABS.3 StGB (VERFALL)

Der Verfall, der die Abschöpfung unrechtmäßig erlangter Vermögensvorteile bezweckt(4), kann gemäß § 73 Abs.3 auch gegen juristische Personen angeordnet werden. Nach dieser Vorschrift wird bei Handeln für einen anderen der Verfall gegen den "anderen" angeordnet, wenn dieser dadurch den Vermögensvorteil erlangt hat. Der "andere" kann auch eine juristische Person oder eine Personenvereinigung sein(5). Der Tatbeteiligte hat dann für einen anderen gehandelt, wenn die rechtswidrige Tat objektiv bewirkt, daß dem anderen unmittelbar ein Vermögensvorteil zufließt, und wenn der Handelnde dies im Interesse des anderen will(6). Dabei ist umstritten, ob der Handelnde im Einflußbereich des anderen stehen muß(7). Zwischen Täter und Empfänger ist weder ein Organschaftsverhältnis im Sinne von § 14 noch ein echtes Vertretungsverhältnis noch ein besonderer Auftrag zu der gewinnbringenden Tat erforderlich. Ebenso ist unerheblich, ob das Handeln des Täters für einen anderen nach außen erkennbar war(8).

Der Verfall erstreckt sich auch auf die Nutzungen und Surrogate (§ 73 Abs.2), nicht jedoch auf sonstigen mittelbaren Gewinn. So fallen z.B. Erträge aus der Investition des Erlangten in einem Wirtschaftsunternehmen - jedenfalls in der Regel - nicht unter § 73(9).

----

1 vgl. nur das umstrittene Urteil BGHSt 5,28 ff

2 vgl. BGBl I,481,492

3 vgl. dazu Heinitz, Gutachten zum 40. DJT, S.73 f

4 vgl. Lackner, Anm.1 zu § 73

5 vgl. Schönke-Schröder-Eser, Rdnr. 35 zu § 73; Lackner, Anm.3a zu § 73

6 vgl. Lackner, Anm.3a zu § 73

7 bejahend Schönke-Schröder-Eser, Rdnr. 37 zu § 73; ablehnend Lackner, Anm.3a zu § 73

8 vgl. Schönke-Schröder-Eser, Rdnr. 36 zu § 73

9 vgl. Schönke-Schröder-Eser, Rdnr. 33a zu § 73; Lackner, Anm.2e zu § 73

Gemäß § 76 a kann der Verfall auch selbständig angeordnet werden - sowohl im subjektiven Verfahren neben dem Freispruch, dem Absehen von Strafe oder der Einstellung nach § 260 Abs.3 StPO als auch nach §§ 440, 441 StPO im objektiven Verfahren(10). Hinsichtlich der Voraussetzungen, unter denen eine selbständige Anordnung des Verfalls zulässig ist, sind die Fälle des Abs.1 und des Abs.2 zu unterscheiden. Nach Abs.1 ist die selbständige Anordnung uneingeschränkt zulässig, wenn der persönlichen Verfolgung des Täters ein tatsächliches Hindernis entgegensteht, z.B. weil er sich unerreichbar außer Landes befindet, weil er nicht erreicht werden kann oder flüchtig ist(11). Nach Abs.2 ist die selbständige Anordnung auf die Einziehung mit Sicherungscharakter und die Unbrauchbarmachung (§§ 74 Abs.2 Nr.2, Abs.3, 74 d) beschränkt, wenn die Nichtverfolgbarkeit auf rechtlichen Gründen (z.B. Schuldlosigkeit des Täters) beruht. Wenn das Gesetz dies bestimmt, ist sie in diesen Fällen ganz ausgeschlossen (z.B. bei Exterrorialität nach §§ 18, 19 GVG). Dies gilt auch dann, wenn die in Satz 2 genannten Erklärungen (Antrag, Ermächtigung oder Strafverlangen) fehlen(12). Allerdings müssen sowohl in den Fällen des Abs.1 als auch in denen des Abs.2 alle materiellen Einziehungsvoraussetzungen gegeben sein(13).

Im Rahmen des § 73 muß lediglich die rechtswidrige Tatbestandserfüllung durch irgendein Mitglied der juristischen Person und ein dadurch unmittelbar bewirkter Vermögensvorteil des Unternehmens festgestellt werden, so daß die Vorschrift praktisch auch als Auffangtatbestand für eine nicht nachweisbar volldeliktische (d.h. auch schuldhafte) Tat im Unternehmen dient.

Auch diese - an sich sehr weitgehende Vorschrift - weist jedoch Lücken auf:

- Die Vorschrift versagt bei Vermögensvorteilen, die sich nicht in einem bestimmten Gegenstand konkretisieren, sondern lediglich Vergünstigungen, Ersparung von Aufwendungen, Wettbewerbsvorteile und ähnliches darstellen(14), soweit hier nicht ausnahmsweise ein Verfall des Wertersatzes gemäß § 73 a angeordnet werden kann, was z.B. bei Wettbewerbsvorteilen kaum durchführbar sein dürfte.
- Von den mittelbaren Vorteilen werden - wie schon erwähnt - nur die Nutzungen und Surrogate erfasst, so daß gerade die praktisch bedeutsamen Erträge aus der Investition des Erlangten kaum abgeschöpft werden können.
- Da das Unternehmen nach Anordnung des Verfalls lediglich so gestellt ist, wie es ohne das Delikt gestanden hätte, ist die Abschreckungswirkung der Verfallsandrohung angesichts des doch er-

---

10 vgl. Lackner, Anm.5 zu § 76 a

11 vgl. Schönke-Schröder-Eser, Rdnr. 5 zu § 76 a; Lackner, Anm.2 zu § 76 a

12 vgl. Lackner, Anm.3 zu § 76 a

13 vgl. Schönke-Schröder-Eser, Rdnr. 6 und 8 zu § 76 a

14 vgl. Schönke-Schröder-Eser, Rdnr. 16, 21 zu § 73

heblichen Dunkelfeldes gerade im Bereich der Wirtschaftskriminalität sehr fraglich. Das Unternehmen muß nicht mit dem sicheren Entzug der rechtswidrig erlangten Vermögensvorteile rechnen und kann das Risiko (des Verfalls) geradezu in die Kalkulation einstellen(15).

Aus diesen Gründen verdient die Feststellung Schünemanns, daß die Verfallsvorschrift des § 73 wegen der spezifischen Schwäche der Sanktionswirkungen in der Realität nur eine begrenzte Präventionswirkung entfaltet(16), Zustimmung.

2. § 75 StGB

§ 75 bewirkt, daß juristische Personen und andere wirtschaftlich selbständige Personenvereinigungen im Einziehungsrecht den natürlichen Personen gleichstehen, wenn ihre Organe für sie gehandelt haben(17). Die Zurechnung der Handlungen der Organe setzt voraus, daß in der Person des Organs alle Voraussetzungen der Einziehung erfüllt sind mit der einen Ausnahme, daß Eigentümer oder Inhaber des jeweils betroffenen Gegenstandes oder Rechts die juristische Person ist(18).

Die Vorschrift beruht auf dem Gedanken, daß es grundsätzlich zulässig sei, strafähnliche Nachteile als Nebenfolge der Straftat des Organs einer juristischen Person mit Wirkung gegen die juristische Person zuzulassen(19). Die juristische Person solle bei gesetzwidrigem Handeln ihrer Organe (Vertreter) nicht in vermeidbarer Weise gegenüber dem Einzelunternehmer begünstigt werden. Mit der Konstruktion der Zurechnung trägt man dem dogmatischen Bedenken Rechnung, daß der Vertretene selbst nicht handeln und daher die Tatfolge nicht unmittelbar gegen ihn festgesetzt werden, sondern ihn nur als Nebenfolge der Tat des Organs (Vertreter) treffen könne(20).

Die Voraussetzung, daß der Handelnde "als Organ" gehandelt haben muß, um den Zuschreibungsprozess auszulösen, bewirkt jedoch, daß auch diese Vorschrift - angesichts der Tatsache, daß in der heutigen Unternehmensorganisation viele Aufgabenbereiche an Handelnde unterhalb der Organebene delegiert werden(21) - keinen großen Anwendungsbereich ist.

---

15 vgl. Schünemann, S.161 f

16 vgl. Schünemann, S.162

17 vgl. Lackner, Anm.1 zu § 75

18 vgl. Lackner, Anm.3 zu § 75; Schäfer, LK, Rdnr.14 zu § 75

19 vgl. A II 3

20 vgl. Schäfer, LK, Rdnr.3 zu § 75

21 vgl. A I 1

3. GELDBUSSE GEGEN JURISTISCHE PERSONEN (§ 30 OWiG) UND VERLETZUNG DER AUFSICHTSPFLICHT IN BETRIEBEN UND UNTERNEHMEN (§ 130 OWiG)

§ 30 OWiG sieht als Nebenfolge der Tat einer natürlichen Person die Festsetzung einer Geldbuße gegen die juristische Person oder Personenvereinigung vor, wenn deren Organe Straftaten oder Ordnungswidrigkeiten begangen und dadurch betriebsbezogene Pflichten verletzt oder zum Zwecke der Bereicherung des Verbandes gehandelt haben. Die Verbandsgeldbuße kann gemäß § 30 Abs.4 OWiG im Verfahren nach §§ 444, 440,441 StPO auch isoliert festgesetzt werden, wenn aus tatsächlichen Gründen keine bestimmte Person verfolgt werden kann oder das Verfahren gegen diese Person aus Opportunitätsgründen nicht zu einer Sanktionierung geführt hat. Die Festsetzung der Geldbuße gegen die juristische Person oder Personenvereinigung geht gemäß § 30 Abs.5 OWiG der Anordnung des Verfalls nach §§ 73, 73a StGB vor, weil die Verbandsgeldbuße gemäß § 30 Abs.3 in Verbindung mit § 17 Abs.4 OWiG in jedem Fall den vom Täter aus der Tat gezogenen wirtschaftlichen Vorteil wieder abschöpfen soll und daher die umfassendere Sanktion ist.

Die Verbandsgeldbuße hat zwar den Vorteil, daß sie unabhängig von einem im Einzelfall erzielten Vorteil im Falle von Verbandsstraftaten bis zu 100.000,-- DM betragen (§ 30 Abs.2 OWiG) und im Falle eines höheren Vorteils auch soweit erhöht werden kann, daß die Geldbuße den Wert des Vorteils in jedem Falle übersteigt (§ 30 Abs.3 in Verbindung mit § 17 Abs.4 OWiG); jedoch weist auch diese Vorschrift erhebliche Lücken auf:

- § 30 OWiG verlangt als Anknüpfungstat die schuldhafte Zuwiderhandlung eines obersten Leitungsorgans. Die Vorschrift kann also immer dann nicht zur Anwendung gelangen, wenn als Anknüpfungstat lediglich die Straftat oder Ordnungswidrigkeit eines unterhalb der obersten Leitungsebene stehenden Verbandsmitglieds nachgewiesen werden kann.

  Infolge der Dezentralisierung in den meisten Unternehmen(22) wird gerade diese Konstellation aber häufig vorliegen, so daß die Vorschrift in den weitaus meisten Fällen der Unternehmenskriminalität versagt.

- Auch im Falle des selbständigen Verfahrens nach § 30 Abs.4 OWiG muß eine Straftat oder Ordnungswidrigkeit eines Organs festgestellt sein, um eine Geldbuße festsetzen zu können. Notwendig ist also die Feststellung, daß ein Organ die Zuwiderhandlung vorwerfbar begangen hat. Die Identität des Täters braucht zwar nicht festzustehen. Die Festsetzung der Geldbuße gegen die juristische Person ist z.B. zulässig, wenn offen bleibt, ob das Organ A, B oder C gehandelt hat. Das gilt jedoch nur, wenn mit an Sicherheit grenzender Wahrscheinlichkeit anzunehmen ist, daß jedenfalls einer von ihnen gehandelt hat und daß jeder von ihnen, wäre er der Täter, auch vorwerfbar gehandelt hätte. Dann steht fest, daß ein

---

22 vgl. A I 1; vgl. auch Referenten-Entwurf eines 2. Gesetzes zur Bekämpfung der Wirtschaftskriminalität (2.WiKG), S.144

Organ eine Straftat oder eine Ordnungswidrigkeit begangen hat(23). Der Nachweis einer schuldhaften Anknüpfungstat und damit das hypothetische Verschulden aller potentiellen Täter ist jedoch in der Praxis so gut wie gar nicht zu führen(24).

- Weitere Schwierigkeiten sind im prozessualen Bereich begründet. Die Verbandsgeldbuße ist als Nebenfolge der Tat einer natürlichen Person ausgestaltet. Die Entscheidung über diese Tat soll zwar grundsätzlich mit der Entscheidung über die Rechtsfolge gegen die juristische Person oder Personenvereinigung verbunden werden(25). Es kann jedoch auch isoliert in einem selbständigen Verfahren darüber entschieden werden(26). Wegen des Erfordernisses einer schuldhaften Anknüpfungstat wirken sich jedoch die Schwierigkeiten, ein Mitglied der obersten Führungsebene einer im Unternehmensbereich begangenen Zuwiderhandlung zu überführen, in beiden Verfahrensarten aus, da auch im Rahmen des selbständigen Verfahrens nach § 30 Abs.4 OWiG der individuelle Schuldnachweis geführt werden muß.

- Eine weitere Lücke soll sich nach Schünemann ergeben aus der Beschränkung der Anknüpfungstat auf Bereicherungsdelikte (§ 30 Abs.1 Nr.2 OWiG) und auf die Verletzung von "Pflichten, welche die juristische Person oder Personenvereinigung treffen" (§ 30 Abs.1 Nr.1 OWiG).

  Unter letzteren wird nach herrschender Meinung die Verletzung von "betriebsbezogenen" Pflichten verstanden, d.h. von solchen Pflichten, die sich aus dem jeweiligen Wirkungskreis der juristischen Person oder Personenvereinigung ergeben. "Betriebsbezogen" sind in erster Linie die Pflichten, die nach verwaltungsrechtlichen Gesetzen im Zusammenhang mit dem Wirkungskreis der juristischen Person oder Personenvereinigung bestehen und sie als Normadressaten treffen (z.B. als Arbeitgeber, als Gewerbetreibender, als Unternehmer, usw.). Die für jedermann geltenden Pflichten können sich für die juristische Person oder Personenvereinigung im Zusammenhang mit der Führung des Betriebes ergeben und deshalb "betriebsbezogen" sein. Das ist insbesondere dann der Fall, wenn die juristische Person oder Personenvereinigung aufgrund ihres Wirkungskreises in eine Art Garantenstellung rückt(27).

  Schünemann hält dieser herrschenden Meinung entgegen, sie sei zu allgemein und könne sich auch nicht auf den Willen des Gesetzgebers berufen, da nach der Entwurfsbegründung in erster Linie an Sonderdelikte des Nebenstrafrechts gedacht gewesen sei. Schünemann ist der Ansicht, daß mangels einer eigenen strafrechtlichen Haftung der juristischen Person nur metastrafrechtliche Pflichten

---

23 vgl. Göhler, OWiG, Anm.40 zu § 30 OWiG

24 vgl. Schünemann, S.165

25 vgl. Göhler, Anm.28, 30 zu § 30 OWiG

26 vgl. Göhler, Anm.31 zu § 30 OWiG

27 vgl. Göhler, Anm.16 ff zu § 30 OWiG mit Nachweisen

gemeint sein könnten, die aus der im Zivilrecht und im öffentlichen Recht anerkannten Rechtsfähigkeit der juristischen Person resultierten. Er zieht daraus und aus der Beschränkung auf Bereicherungsdelikte den Schluß, daß der Kreis der Anknüpfungstaten begrenzt sei und daß sich hieraus Lücken der Vorschrift ergäben(28).

§ 30 OWiG wird ergänzt durch einen Bußgeldtatbestand über die Verletzung der Aufsichtspflicht in Betrieben und Unternehmen (**§ 130 OWiG**). Nach dieser Vorschrift können der Inhaber eines Betriebes oder Unternehmens oder die ihm gemäß § 130 Abs.2 OWiG gleichgestellten Personen mit einer Geldbuße belegt werden, wenn vorsätzlich oder fahrlässig die Aufsichtsmaßnahmen unterlassen werden, die erforderlich sind, um in dem Betrieb oder Unternehmen mit Strafe oder mit Geldbuße bedrohte Zuwiderhandlungen gegen betriebsbezogene Pflichten zu verhindern. Voraussetzung ist allerdings, daß die Zuwiderhandlung durch gehörige Aufsicht hätte verhindert werden können. Die Verletzung dieser Aufsichtspflicht, die auch schon in einem Organisationsmangel bestehen kann, ist eine Ordnungswidrigkeit, die es nach §'30 OWiG wiederum ermöglicht, gegen die juristische Person eine Geldbuße festzusetzen(29). Die nach § 130 OWiG bußgeldbewehrte Tathandlung besteht allein in dem Unterlassen der erforderlichen Aufsichtsmaßnahmen, wobei das Ausmaß der Aufsichtspflicht von den Umständen des Einzelfalles abhängt: von der Größe und Organisation des Betriebes, von der Vielfalt und Bedeutung der zu beachtenden Vorschriften, von den unterschiedlichen Überwachungsmöglichkeiten usw. (30). Nur die Verletzung der Aufsichtspflicht selbst muß vorsätzlich oder fahrlässig sein. Die Zuwiderhandlung gegen betriebsbezogene Pflichten, für die die Verletzung der Aufsichtspflicht ursächlich sein muß, ist nur objektive Bedingung der Strafbarkeit, auf die sich Vorsatz und Fahrlässigkeit nicht zu erstrecken brauchen(31). Die betriebsbezogene Pflicht, die den Inhalber als solchen trifft, kann sich auch aus dem Strafgesetzbuch ergeben(32). Nicht notwendig ist die Feststellung eines bestimmten Täters, der die Zuwiderhandlung begangen hat(33). Lücken auch dieser Vorschrift zeigt Schünemann auf(34). Sie sollen sich u.a. ergeben aus der völligen Unbestimmtheit des Begriffs der "erforderlichen Aufsichtsmaßnahmen", aus der Beschränkung des Täterkreises auf oberste Leitungsorgane (§ 130 Abs.2 OWiG) und den daraus resultierenden Beweisschwierigkeiten und aus der Schwierigkeit, den Kausalitätsnachweis zwischen Aufsichtspflichtverletzung und Zuwiderhandlung zu erbringen.

---

28 vgl. Schünemann, S.166 f

29 vgl. Göhler, Die strafrechtliche Verantwortlichkeit juristischer Personen, Deutsche strafrechtliche Landesreferate zum X. Internationalen Kongress für Rechtsvergleichung, Budapest 1978, S.100, 108

30 vgl. Göhler, Anm.9 ff zu § 130 OWiG

31 vgl. Göhler, Anm.16 ff zu § 130 OWiG; Schünemann, S.118

32 vgl. Göhler, Anm.18 zu § 130 OWiG; a.A. Schünemann, S.113 f,121'f

33 vgl. Göhler, Anm.20 zu § 130 OWiG

34 vgl. Schünemann, S.120 ff

4. ABFÜHRUNG DES MEHRERLÖSES NACH §§ 8, 10 Abs.2 WiStG

Die Abführung des Mehrerlöses, die für den Bereich des WiStG gemäß § 8 Abs.4 WiStG an die Stelle des Verfalls tritt, kann gemäß § 10 Abs.2 WiStG gegen juristische Personen oder Personengesellschaften des Handelsrechts auch selbständig angeordnet werden, wenn ihnen der Mehrerlös, d.h. der Unterschiedsbetrag zwischen zulässigem und erzielten Preis, zugeflossen ist. Wie beim Verfall ist auch hier lediglich eine rechtswidrige (nicht notwendige schuldhafte) Anknüpfungstat erforderlich. Der Anwendungsbereich der Vorschrift ist jedoch begrenzt:

- Als Anknüpfungstaten kommen nur die in §§ 1-6 WiStG beschriebenen Delikte in Betracht, also strafbare und ordnungswidrige Verstöße gegen Sicherstellungsvorschriften (§§ 1,2 WiStG), Verstöße gegen die Preisregelung (§ 3 WiStG), das Fordern, Versprechen, Sich-Versprechen-Lassen, Annehmen, usw. von unangemessen hohen Entgelten in einem Beruf oder Gewerbe für Gegenstände und Leistungen des lebenswichtigen Bedarfs (§ 4 WiStG), für die Vermittlung von Räumen zum Wohnen oder damit verbundene Nebenleistungen (§ 5 WiStG), für das Vermitteln einer Vermietung von Räumen oder damit verbundene Nebenleistungen (§ 6 WiStG).
- Die Abschreckungswirkung ist auch hier gering: Es wird lediglich der status quo ante wieder hergestellt, so daß das Unternehmen das Risiko einer Entdeckung getrost einkalkulieren kann; geht alles gut, wird die Tat nicht entdeckt, im anderen Fall steht das Unternehmen auch nicht schlechter da als zuvor.

5. WEITERE MASSNAHMEN GEGEN JURISTISCHE PERSONEN

Gemäß **§ 43 BGB** kann einem Verein die Rechtsfähigkeit entzogen werden, wenn er durch einen gesetzwidrigen Beschluß der Mitgliederversammlung oder durch gesetzwidriges Verhalten des Vorstandes das Gemeinwohl gefährdet. **§ 396 AktG** sieht die Auflösung der AG oder KGaA durch Gerichtsurteil vor, wenn diese durch gesetzwidriges Verhalten ihrer Verwaltungsträger das Gemeinwohl gefährdet. Nach **§ 62 GmbHG** ist die Auflösung der GmbH durch die Verwaltungsbehörde zulässig, wenn diese durch gesetzwidrige Beschlüsse der Gesellschafter oder durch wissentliches Geschehenlassen gesetzwidriger Handlungen der Geschäftsführer das Gemeinwohl gefährdet.

Gemäß **§ 3 Vereinsgesetz** kann gegen einen Verein eine Auflösungsverfügung ergehen, wenn es sich um einen verbotenen Verein im Sinne des Art.9 Abs.2 GG handelt.

Diese Reaktionsmöglichkeiten werden jedoch nur punktuell und im Extremfall wirksam und können eine strafrechtliche Sanktion gegen juristische Personen schon deshalb nicht ersetzen, weil sie nur als ultima ratio in Frage kommen, wenn alle strafrechtlichen Sanktionsmöglichkeiten versagen(35).

---

35 vgl. Schünemann, S.157

Auch die Bußgeldtatbestände der **§§ 38 ff GWB** können nicht als eine de lege lata bereits ausreichende Sanktionsmöglichkeit betrachtet werden. Sie erfassen nur bestimmte, im GWB geregelte Verhaltensweisen, auf die §§ 38 ff GWB verweisen. Darüber hinaus gilt: die Bußgeldtatbestände des GWB wenden sich zwar infolge der Verweisungstechnik der §§ 38 ff GWB an Unternehmen und Vereinigungen von Unternehmen. Da Täter einer Ordnungswidrigkeit - nach geltendem Recht - aber nur natürliche Personen sein können, sind Täter der §§ 38 ff GWB primär die Inhaber von Unternehmen sowie die Vertreter von Unternehmensvereinigungen(36). Eine Geldbuße gegen das Unternehmen als solches, gegen die juristische Person, kann nur unter den Voraussetzungen des § 30 OWiG festgesetzt werden(37).

---

36 vgl. Tiedemann, Kartellrechtsverstöße und Strafrecht, S.183

37 zu den Lücken dieser Vorschrift vgl. A II 3

III. REFORMVORSCHLÄGE

1. DER REGIERUNGSENTWURF EINES 2. GESETZES ZUR BEKÄMPFUNG DER WIRTSCHAFTSKRIMINALITÄT (2. WiKG)(1)

a) § 30 OWiG

Hinsichtlich des § 30 OWiG wird in der Begründung des Entwurfs folgendes ausgeführt: bei den Reformvorschlägen sei zu bedenken gewesen, daß der Verfassungsgrundsatz, daß Strafe Schuld voraussetzt, nicht nur bei Kriminalstrafen gilt, sondern auch bei strafähnlichen Sanktionen(2). Der Gesetzgeber sei folglich bei der Abgrenzung der Anknüpfungstat, die als Grundlage einer Sanktion gegen die juristische Person angesehen werden könne, nicht frei. Da die juristische Person selbst nicht handlungsfähig sei, "kann nur die Schuld der für sie verantwortlich handelnden Personen maßgebend sein", wenn gegen sie wegen schuldhaften Handelns im strafrechtlichen Sinne vorgegangen werde(3). Die Verfasser des Entwurfs sind der Auffassung, daß der Gesetzgeber danach nicht gehindert sei, künftig die Geldbuße gegen die juristische Person schlechthin von dem Verschulden einer Person abhängig zu machen, die zu dem Kreis der für sie verantwortlich handelnden Personen gehöre, ohne selbst näher festzulegen, wie weit dieser Kreis im einzelnen zu ziehen ist. Eine solche Regelung habe zwar den Nachteil, weniger bestimmt zu sein, jedoch den Vorteil, an sachgerechter erscheinende Abgrenzungsmerkmale anzuknüpfen. Die Organisation könne nämlich bei einer juristischen Person so gestaltet sein, daß aus Repräsentationsgründen oder zur Verschleierung der wahren Verantwortung Personen zu Organen bestellt werden, die praktisch keine Leitungsaufgaben erfüllen. Die eigentliche Geschäftsführung und Verantwortung könne in solchen Fällen bei leitenden Angestellten liegen. Auf diese Weise könne die juristische Person sich weitgehend einer strafrechtlichen Verantwortung entziehen. Die Frage der Verantwortlichkeit will der Entwurf deshalb nicht abstrakt nach allgemeinen Merkmalen festlegen, sondern hinsichtlich einer bestimmten in dem Unternehmen begangenen Tat im konkreten Einzelfall beantworten. Es lasse sich dann unschwer feststellen, ob hinsichtlich dieser Tat eine Verantwortlichkeit im Leitungsbereich des Unternehmens gegeben sei oder nicht(4). Es liege nahe, die Feststellung genügen zu lassen, daß der Täter zum Kreis dieser Personen gehöre. Welche dieser Personen im Einzelfall gehandelt habe oder etwas unterlassen habe, darauf könne es dann nicht ankommen, wenn feststehe, daß eine Tat gleichsam im Entscheidungszentrum des Unternehmens begangen worden sei. Damit werde die Geldbuße gegen juristische Personen und Personenver-

---

1 Gesetzentwurf der Bundesregierung (BT-Drucks. 9/2008), der inzwischen als Entwurf der neuen Bundesregierung dem Bundesrat zugeleitet wurde, vgl. BR-Drucks. 150/83

2 vgl. BVerfGE 20, 323,332 f

3 vgl. BVerfGE 20, 323,335 f

4 vgl. BT-Drucks. 9/2008, S.39

einigungen stärker von der persönlichen Verantwortlichkeit einer bestimmten Einzelperson gelöst und das Gebilde der juristischen Person für das Versagen im Leitungsbereich verantwortlich gemacht.

Diese Regelung habe ferner den Vorteil, einen Aufwand an Ermittlungsarbeit zu ersparen, der nicht notwendig erscheine. Entscheidend sei bei der neuen Ausgestaltung nur, ob die Tat und das Verschulden im Leitungsbereich zu suchen und zu finden seien, so daß sich weitere Ermittlungen hinsichtlich der einzelnen Personen erübrigten. Auf diese Weise werde auch vermieden, daß bei einer unklaren Aufteilung der Geschäfte im Leitungsbereich von einer Sanktion abgesehen werden müsse, weil nicht eindeutig festgestellt werden könne, welche Person innerhalb eines mehrgliedrigen Leitungsbereichs letztlich verantwortlich gehandelt habe(5).

Der Entwurf schlägt weiterhin vor, die Ausgestaltung als Nebenfolge zu lockern. In § 30 Abs.3 sieht er eine Erhöhung des Höchstmaßes der Geldbuße für die Fälle vor, in denen im Betrieb oder Unternehmen eine Straftat begangen worden ist. In diesen Fällen sollen Geldbußen bis zu einer Million Mark zulässig sein.

Nach den Vorstellungen der Verfasser des Entwurfs sollte eine Neufassung des § 30 OWiG folgenden Wortlaut haben:

> " § 30 Geldbuße gegen juristische Personen und Personenvereinigungen
>
> (1) Ist in dem Betrieb einer juristischen Person, eines nicht rechtsfähigen Vereins oder einer Personenhandelsgesellschaft eine Straftat oder Ordnungswidrigkeit begangen worden, durch die Pflichten, welche die juristische Person oder Personenvereinigung treffen, verletzt worden sind, so kann gegen diese eine Geldbuße festgesetzt werden, wenn der Täter zu dem Kreis der für die Leitung des Betriebes verantwortlich handelnden Personen gehört.
>
> (2) Absatz 1 ist bereits dann anzuwenden, wenn nur festgestellt werden kann, daß die Tat von einer der in Abs.1 bezeichneten Personen begangen worden ist und sie zumindest den Tatbestand der Aufsichtspflichtverletzung (§ 130) verwirklicht.
>
> (3) Die Geldbuße beträgt
> 1. im Falle einer vorsätzlichen Straftat bis zu einer Million Deutsche Mark
> 2. im Falle einer fahrlässigen Straftat bis zu fünfhunderttausend Deutsche Mark.
>
> Im Falle einer Ordnungswidrigkeit bestimmt sich das Höchstmaß der Geldbuße nach dem für die Ordnungswidrigkeit angedrohten Höchstmaß der Geldbuße. § 17 Abs.4 und § 18 gelten entsprechend.

---

5 vgl. Bt-Drucks. 9/2008, S.40

(4) Wird wegen der Straftat oder Ordnungswidrigkeit ein Straf- oder Bußgeldverfahren nicht eingeleitet oder wird es eingestellt oder wird von Strafe abgesehen, so kann die Geldbuße selbständig festgesetzt werden. Dies gilt jedoch nicht, wenn die Straftat oder Ordnungswidrigkeit aus rechtlichen Gründen nicht verfolgt werden kann.

(5) Die Festsetzung einer Geldbuße gegen die juristische Person oder Personenvereinigung schließt es aus, gegen sie wegen derselben Tat den Verfall nach den §§ 73, 73a des Strafgesetzbuches oder nach § 29 a anzuordnen.

(6) Dem Betrieb im Sinne dieser Vorschrift steht das Unternehmen gleich."

b) § 130 OWiG

In Bezug auf § 130 OWiG schlägt der Regierungsentwurf vor, die Feststellung genügen zu lassen, daß die Zuwiderhandlung durch gehörige Aufsicht "wesentlich erschwert" worden wäre. Diese Änderung bezieht sich auf das Erfordernis des Kausalzusammenhangs zwischen der Aufsichtspflichtverletzung und der im Betrieb begangenen Zuwiderhandlung. Während nach dem geltenden Recht die Feststellung notwendig ist, daß die Zuwiderhandlung durch gehörige Aufsicht hätte verhindert werden können, soll nach dem Vorschlag des Entwurfs schon die Feststellung ausreichend sein, daß die Zuwiderhandlung durch gehörige Aufsicht wesentlich erschwert worden wäre. Diese Erweiterung beruhe auf der Erwägung, daß es nachträglich außerordentlich schwierig sei, festzustellen, ob zwischen der unterlassenen Aufsicht und dem eingetretenen Erfolg eine Kausalität in dem Sinne vorgelegen hat, daß dieser Erfolg mit Sicherheit abgewendet worden wäre, wenn die erforderlichen Aufsichtsmaßnahmen getroffen worden wären. Nach dem Unrechtsgehalt der Aufsichtspflichtverletzung und dem Gedanken der Gefahrenabwehr, der dieser Vorschrift zugrunde liege, erscheine es aber überspannt, hinsichtlich der Bedingung der Ahndung so strenge Anforderungen zu stellen. Der Kern des Unrechtsgehaltes sei das Unterlassen von Aufsichtsmaßnahmen und zwar unabhängig davon, ob dadurch Zuwiderhandlungen in dem Betrieb ausgelöst werden. Vom Standpunkt des geschützten Rechtsgutes sei es allerdings von Bedeutung, ob das Unterlassen von Aufsichtsmaßnahmen überhaupt zu einer Gefährdung geführt habe oder nicht. Deshalb sei es sinnvoll, die Ahndung der Aufsichtspflichtverletzung nur dann zuzulassen, wenn dadurch Gefahren ausgelöst worden seien. Dies sei bei einer ex-ante-Betrachtung stets dann zu bejahen, wenn die begangene Zuwiderhandlung bei gehöriger Aufsicht wesentlich erschwert worden wäre. Es erscheine deshalb funktionsgerechter und auch praktikabler, den Tatbestand der Aufsichtspflichtverletzung bereits bei einer Gefahrenerhöhung durch Unterlassen von Aufsichtsmaßnahmen einsetzen zu lassen und zwar unter der weiteren Bedingung, daß es tatsächlich zu einer Zuwiderhandlung gekommen sei.

Außerdem soll der Personenkreis, der dem Inhaber eines Betriebes gleichgestellt ist, nach neuen Kriterien abgegrenzt werden. Entscheidend für die Gleichstellung mit dem Inhaber eines Betriebes soll sein, ob die betreffenden Personen in dem Betrieb oder Unternehmen für die Durchführung der unterlassenen Aufsichtsmaßnahmen verantwortlich sind. Normadressaten sind somit diejenigen Personen, die hinsichtlich dieser zu treffenden Maßnahmen im konkreten Fall nach der betrieblichen Organisation in die Verantwortung gerückt sind. Dazu rechnen außer den Personen, die beauftragt sind, den Betrieb ganz oder zum Teil zu leiten, auch weitere Personen, z.B. Leiter einer Abteilung eines Betriebes, die noch nicht als Teil des Betriebes anzusehen ist, weiterhin z.B. auch bloße Aufsichtspersonen, die keine Leitungsfunktionen haben. Voraussetzung ist allerdings, daß die betreffenden Personen gewisse Aufsichts- und Leitungsfunktionen haben, weil sie nur dann die Freiheit und Selbständigkeit zum Handeln und zum Ergreifen von Sorgfaltsmaßnahmen haben und nur unter diesen Voraussetzungen verantwortlich gemacht werden können. Nach dieser vorgeschlagenen Abgrenzung können auch mehrere Personen nebeneinander den Tatbestand der Aufsichtspflichtverletzung verwirklichen. Der Entwurf sieht außerdem eine Erhöhung des Höchstmaßes der Geldbuße vor(6).

Die Verfasser des Entwurfs schlagen für eine Neufassung des § 130 OWiG folgenden Wortlaut vor(7):

"§ 130

(1) Wer als Inhaber eines Betriebes oder Unternehmens vorsätzlich oder fahrlässig die Aufsichtsmaßnahmen unterläßt, die erforderlich sind, um in dem Betrieb oder Unternehmen Zuwiderhandlungen gegen Pflichten zu verhindern, die den Inhaber als solchen treffen und deren Verletzung mit Strafe oder mit Geldbuße bedroht ist, handelt ordnungswidrig, wenn eine solche Zuwiderhandlung begangen wird, die durch gehörige Aufsicht **verhindert oder wesentlich erschwert worden wäre.** Zu den erforderlichen Aufsichtsmaßnahmen gehören auch die Bestellung, sorgfältige Auswahl und Überwachung von Aufsichtspersonen.

(2) Dem Inhaber eines Betriebes stehen gleich
1. sein gesetzlicher Vertreter
2. die Mitglieder des zur gesetzlichen Vertretung berufenen Organs einer juristischen Person sowie die vertretungsberechtigten Gesellschafter einer Personenhandelsgesellschaft.
3. **Personen, die in dem Betrieb oder Unternehmen für die Durchführung der unterlassenen Aufsichtsmaßnahmen verantwortlich sind.**

(3) Betrieb oder Unternehmen im Sinne der Absätze 1 und 2 ist auch das öffentliche Unternehmen.

(4) Die Ordnungswidrigkeit kann, wenn die Pflichtverletzung mit Strafe bedroht ist, mit einer Geldbuße bis

---

6 vgl. Bt-Drucks. 9/2008, S.43 f

7 Änderungen gegenüber dem Wortlaut der geltenden Fassung des § 130 OWiG sind fett gedruckt

zu **einer Million** Deutsche Mark geahndet werden. Ist die Pflichtverletzung mit Geldbuße bedroht, so bestimmt sich das Höchstmaß der Geldbuße nach dem für die Pflichtverletzung angedrohten Höchstmaß der Geldbuße."

Der Regierungsentwurf eines 2.WiKG würde zwar, sollte er in dieser Form Gesetz werden, die meisten der bei A.II.3. geäußerten Bedenken zerstreuen. Auch ein solches Gesetz würde jedoch m.E. die Frage nach der Strafbarkeit juristischer Personen bestehen lassen.

Der Grund hierfür liegt darin, daß die Verfolgung und Ahndung von Ordnungswidrigkeiten in erster Linie in den Händen der Verwaltungsbehörden liegt (vgl. § 35 OWiG). Die Verwaltungsbehörde aber ist nicht zum Einschreiten verpflichtet. Eine Entsprechung des § 152 StPO, der die Staatsanwaltschaft grundsätzlich zur Anklage verpflichtet, fehlt im Bereich des OWiG. Das Handeln der Verwaltungsbehörden untersteht vielmehr grundsätzlich dem Prinzip ordnungsgemäßer Ermessenausübung, das auch schon die Frage nach dem "Ob" des Einschreitens betrifft. Eine Pflicht zum Einschreiten besteht danach nur dann, wenn ein Nichteinschreiten einen Ermessensfehlgebrauch oder einen Ermessensmißbrauch darstellen würde. Das hat auch in § 30 OWiG seinen Niederschlag gefunden: Nach dieser Vorschrift **kann** gegen juristische Personen usw. eine Geldbuße festgesetzt werden. Zu bedenken ist auch, daß im Bereich der Verwaltung Weisungsbefugnis der übergeordneten Behörde besteht. Die Möglichkeit einer gerichtlichen Entscheidung ist zwar auch im Bereich der Ordnungswidrigkeiten vorgesehen. Sie ist jedoch abhängig davon, daß der Betroffene Einspruch gegen den Bußgeldbescheid erhebt (§§ 67, 68 OWiG) bzw. in den Fällen des § 62 OWiG gerichtliche Entscheidung beantragt. Ob es jedoch zu Einspruch oder Antrag auf gerichtliche Entscheidung kommt, ist von vielen Unwägbarkeiten abhängig.

Eine Verlagerung **aller** hier in Frage kommenden Sachverhalte in den Bereich der Strafgerichte erscheint demgegenüber dringend geboten. Dies gilt insbesondere dann, wenn man sich vor Augen hält, daß - wie noch zu zeigen sein wird(8) - im Bereich der Ordnungswidrigkeiten durchaus auch Verhaltensweisen angesiedelt sind, die kriminellen Gehalt haben. Hier muß das Legalitätsprinzip (§ 152 Abs.2 StPO) zur Anwendung kommen, und es müssen unabhängige Gerichte zur Entscheidung berufen sein.

2. DIE EMPFEHLUNG DER SACHVERSTÄNDIGENKOMMISSION ZUR BEKÄMPFUNG DER WIRTSCHAFTSKRIMINALITÄT

Die Kommission ist in ihren Entscheidungen zu dem Ergebnis gelangt, daß sich Schwierigkeiten bei der Ahndung von Zuwiderhandlungen u.a. dann nicht vermeiden lassen, wenn wegen der Unternehmensorganisation nicht festgestellt werden könne, wer von mehreren in Betracht kommenden Betriebsangehörigen für die Zuwiderhandlung verantwortlich ist. Zur Schließung dieser für die Ahndung von Wirtschaftsstraftaten bedeut-

----

8 vgl. dazu C.II.5.b)

samen Lücken empfiehlt die Kommission die Prüfung, ob zur Steigerung der Prävention das Recht der Sanktionen gegen Verbände und Unternehmen weiter ausgebaut werden kann, insbesondere in folgende Richtungen:

- Soll der verfahrensrechtliche Zusammenhang mit der Verfolgung bestimmter Personen weiter gelockert werden?
- Soll von der Ausgestaltung der Sanktion als "Nebenfolge" einer Straftat oder Ordnungswidrigkeit abgegangen werden?
- Soll die Sanktion unabhängig von der Unternehmensform möglich sein?
- Soll als Voraussetzung für die Sanktion die Feststellung genügen, daß im Unternehmen eine Zuwiderhandlung begangen wurde, ohne daß der Verantwortliche ermittelt wird?
- Soll der Kreis der Personen, deren Zuwiderhandlung sich das Unternehmen zurechnen lassen muß - bisher beschränkt auf Organe, § 30 OWiG -, erweitert werden?

Als Lösungsmodell schlägt die Kommission vor:

§ x

(1) Ist in einem Betrieb (Unternehmen) eine mit Strafe oder Geldbuße bedrohte Handlung (eine Straftat oder Ordnungswidrigkeit) begangen worden, durch die
1. Pflichten, welche den Inhaber des Betriebes (den Betrieb) treffen, verletzt worden sind, oder
2. der Inhaber des Betriebes (der Betrieb) bereichert worden ist oder bereichert werden sollte,

so kann gegen den Inhaber des Betriebes (den Betrieb) eine Geldbuße festgesetzt werden, wenn der Täter zu dem Kreis der für die Betriebsleitung verantwortlichen Personen gehört (auch wenn nicht festgestellt werden kann, wer von diesen Personen gehandelt hat,) oder wenn die Tat durch gehörige Aufsichtsmaßnahmen dieser Personen (der Betriebsleitung) verhindert oder erschwert worden wäre.

(2) ... wie bisher § 30 Abs.2 OWiG

(3) ... wie bisher § 30 Abs.3 OWiG

(4) Wechselt nach Begehung der Straftat oder Ordnungswidrigkeit der Inhaber des Betriebes, so kann die Geldbuße auch gegen den Nachfolger festgesetzt werden.

(5) Die Festsetzung einer Geldbuße gegen den Inhaber des Betriebes schließt es aus, gegen ihn wegen derselben Tat den Verfall nach den §§ 73, 73a des Strafgesetzbuches sowie gegen ihn im Falle des Absatzes 1 Nr.4 eine Geldbuße festzusetzen.

(6) Dem Betrieb im Sinne der Absätze 1, 4 und 5 steht das Unternehmen gleich(9)."

---

9 vgl. Schlußbericht der Sachverständigenkommission zur Bekämpfung der Wirtschaftskriminalität 1980, S.36 f

IV. DER MEINUNGSSTAND IM DEUTSCHSPRACHIGEN RAUM

1. EINORDNUNG DER AUTOREN IM ÜBERBLICK

a) Befürworter der Strafbarkeit juristischer Personen

Für eine Bestrafung juristischer Personen haben sich ausgesprochen: Hafter(1), Busch(2), v.Liszt-Schmidt(3), v.Weber(4), Wilfferodt(5), Münn(6), Schwander(7), Rotberg(8), Baumann(9), Bauerle(10), im Grundsatz auch Bockelmann(11).

Das Bundesverfassungsgericht schließt in seiner Entscheidung im 20. Band die Anwendung strafrechtlicher Grundsätze nicht grundsätzlich aus, wenn das Rechtssubjekt eine juristische Person ist(12).

Schünemann(13) hat zwar keine grundsätzlichen Bedenken gegen eine echte Verbandsgeldstrafe, ist aber der Ansicht, daß es sich lediglich um eine Umetikettierung handeln würde, da die Androhung der Ersatzfreiheitsstrafe nach § 43 StGB für Verbände von vornherein nicht in Frage käme.

b) Gegner der Strafbarkeit juristischer Personen

aa) generelle Ablehnung

Ganz generell abgelehnt haben die Bestrafung der juristischen Person: das Reichsgericht in ständiger Rechtsprechung(14), Rudolf Kamp-

---

1 Delikts- und Straffähigkeit der Personenverbände, 1903

2 Grundfragen der strafrechtlichen Verantwortlichkeit der Verbände, 1933

3 Lehrbuch des deutschen Strafrechts, Bd.1 AT, S.155 f

4 DRiZ 51, 153 ff; JZ 53, 293 ff; GA 54, 239 ff; in der Diskussion des 40. DJT, E 78

5 JR 54, 190 f; in der Diskussion des 40. DJT, E 72 ff

6 in der Diskussion des 40. DJT, E 71 f

7 Festgabe für Gutzwiller, 1959, S.603 ff

8 Festschrift für den DJT, 1960, Bd.II, S.193 ff

9 Grundbegriffe und System des Strafrechts, S.157, 154; AT, § 23 III 1b, § 23 IV

10 Niederschr., Bd.4, S.325 f

11 Niederschr., Bd.4, S.329 f; anders noch in: Deutsche Beiträge zum VII. Internationalen Strafrechtskongreß, Athen 1957, S.46, 65

12 BVerfGE 20, 323, 335

13 Unternehmenskriminalität und Strafrecht, 1979, S.232 ff

14 z.B. RGSt. 16,121,123; 28,103,105; 33,261,264

mann(15), Marcuse(16), Goetzeler(17), K. Siegert(18), Richard Lange (19), Niese(20), Kohlrausch-Lange(21), H. Mayer(22), Welzel(23), Schmidhäuser(24), Stratenwerth(25), Maurach-Zipf(26), A. Huss(27), Schönke-Schröder-Cramer(28), Wessels(29), Lang-Hinrichsen(30), Kamps (31).

bb) Ablehnung der Bestrafung, Befürwortung von Maßregeln bzw. Maßnahmen

Folgende Autoren haben sich, obwohl sie aus dogmatischen Gründen die Strafbarkeit juristischer Personen ablehnen, für ein auf juristische Personen anwendbares System von Maßregeln ausgesprochen: Heinitz(32), Engisch(33), Eb. Schmidt(34), Hartung(35), Henkel(36), Jescheck(37),

---

15 Die strafrechtliche Verantwortlichkeit der Personenverbände, 1936

16 GA 64 (1917), 478 ff

17 Die rationalen Grundlagen des Steuerstrafrechts, 1934, S.207 ff

18 NJW 1953, 527 ff

19 JZ 1952, 261 ff

20 JZ 1956, 459 ff

21 StGB, 43. Aufl. 1961, Vorbem. D 1 vor § 13

22 Strafrecht, AT, 1967, S.46

23 Das deutsche Strafrecht, § 19 II

24 Strafrecht, AT, Kap.8, Rdnr.15

25 Strafrecht, AT, Rdnr.942

26 Strafrecht, AT, Teilband 1, § 15 II A

27 ZStW 90, 237 ff; S.259 f nimmt Huss allerdings eine gesamtschuldnerische Haftung der juristischen Person für die gegen physische Personen ausgesprochenen Strafen an

28 Rdnr.98 vor § 25

29 Strafrecht, AT, § 3 II 3

30 Festschrift für Mayer, 1966, S.49 ff

31 Kamps, Ärztliche Arbeitsteilung und strafrechtliches Fahrlässigkeitsdelikt, S.286 f

32 Gutachten zum 40. DJT, S.65, 87 f

33 Referat zum 40. DJT, E 7 ff

34 Niederschr., Bd.4, S.326

35 Referat zum 40. DJT, E 43 ff

36 aus der Diskussion des 40. DJT, E 9 ff; in: Momentum Bambergense, Festgabe für Benedikt Kraft, 1955, S.106 ff

37 Niederschr., Bd.1, S.295 ff; AT, S.180 ff; ZStW 65, 210 ff; SchwStR (1955) 70, 243 ff; DöV 1953, 539 ff

Koffka(38), Kohler(39), Hafter(40), Bruns(41), Seiler(42), Schmitt(43). Riebenfeld(44) differenziert zwischen dem Gesellschaftsverband, wie er von der modernen Kapitalgesellschaft repräsentiert werde, und der Gemeinschaft, wie sie in allen weltanschaulichen Verbänden in Erscheinung trete. Für ersteren lehnt er eine Bestrafungsmöglichkeit ab, hält jedoch die Anwendung von sichernden Maßregeln für zulässig, ebenso wie die stellvertretende Haftung von Körperschaften für Geldstrafen, welche gegen ihre Organe ausgesprochen wurden. Dagegen läßt Riebenfeld die Bestrafung von weltanschaulichen Verbänden zu(45).

Als Beispiele für Maßregeln, die als möglich und zweckmäßig erachtet werden, mögen hier die Aufzählungen bei Hartung und Seiler dienen.

Für besonders geeignet hält **Hartung** Maßnahmen schärferer Überwachung, die vorübergehende oder dauernde Schließung oder Einschränkung von Betrieben, die Entziehung von Betriebserlaubnissen, Konzessionen, Lizenzen. Er verspricht sich besondere Wirkung von dem Zwang, das schuldige Organ oder den schuldigen Vertreter oder Helfer aus der Tätigkeit bei der Körperschaft auszuschließen(46).

Nach **Seiler** haben sich folgende sichernden sachlichen Verbandsmaßnahmen als wünschenswert erwiesen:

"1. der strafrichterliche Ausschluß von Verbandsmitgliedern, welche sich an der Begehung eines Verbandsdelikts beteiligt haben

2. die Tätigkeitsbeschränkung, d.h. dem Verbande, welcher mehrere Tätigkeitsbereiche aufweist, soll jener verboten werden, in welchem die strafbare Handlung vorkam

3. die Polizeiaufsicht: zum Schutz vor weiteren Delikten und als vorsorgliche Maßnahme bei der Gewinnabschöpfung

4. die Bestellung eines Treuhänders: zur Straffung der Verbandsorganisation und zeitlich beschränkten Mitwirkung im Bereiche der Verbandstätigkeit

5. die Auflösung: ultima ratio

6. die Beseitigung fehlbarer Organträger aus der Verbandsorganisation

---

38 Niederschr., Bd.1, S.300 ff

39 GA 64 (1917), S.500 ff (soweit die Strafe Gerechtigkeitsstrafe ist)

40 Lehrbuch des schweizerischen Strafrechts, AT, 2. Aufl. 1946, S.71 ff

41 Anm. zu BGH JZ 1954, 250 in: JZ 1954, 251 ff

42 Strafrechtliche Maßnahmen als Unrechtsfolgen gegen Personenverbände, 1967

43 Schmitt, Strafrechtliche Maßnahmen gegen Verbände, 1958

44 Riebenfeld, Die strafrechtliche Verantwortlichkeit von Verbänden, Jahrbuch der Basler Juristenfakultät 1934, S.232 ff

45 Riebenfeld, S.234 f

46 Hartung, Referat zum 40. DJT, E 43, E 51 f

7. die unterschiedslose Einziehung verbandseigener gefährlicher Gegenstände"(47).

cc) Ablehnung der Bestrafung, Befürwortung von Ordnungswidrigkeitenrecht

Für die Anwendung von Ordnungswidrigkeitenrecht haben sich ausgesprochen: Göhler(48), Koffka(49).

dd) Grundsätzliche Ablehnung, Befürwortung bei entsprechender gesetzgeberischer Entscheidung

Hier sind zu nennen: Wilmanns-Urbach(50), die Entscheidung des Bundesgerichtshofes vom 27.10.1953(51), Pingel(52), Rubens G. Schmitt(53).

2. GEGENSTAND DER AUSEINANDERSETZUNGEN

Gegenstand der Auseinandersetzungen waren und sind bis heute folgende Kriterien:

- das kriminalpolitische Bedürfnis für die Bestrafung juristischer Personen
- die Handlungsfähigkeit juristischer Personen
- die Schuldfähigkeit juristischer Personen
- die Strafempfänglichkeit (Straffähigkeit) juristischer Personen
- die Gerechtigkeit der Bestrafung juristischer Personen unter dem Aspekt der Mitbestrafung unschuldiger Mitglieder und der Doppelbestrafung des Einzeltäters

---

47 Seiler, Strafrechtliche Maßnahmen als Unrechtsfolgen gegen Personenverbände, S.258

48 JZ 1968, 583, 590 f; OWiG, Anm.11 ff vor § 30 OWiG

49 Niederschr. Bd.4, Anhang Nr.51

50 BB 1953, 102 f

51 JZ 1954, 250=BGHSt.5,28 (sog. Stahlhändler-Entscheidung)

52 JZ 1952, 549 ff

53 BB 1952, 875 f

a) Kriminalpolitisches Bedürfnis, Zweckmäßigkeit der Bestrafung juristischer Personen

Sowohl im politischen als auch im wirtschaftlichen Leben treten neben den Einzelmenschen in zunehmendem Maße anonyme Einflußgruppen und Gesellschaften. Man sagt auch, daß eine Zeitung dies oder das schreibt oder eine Aktiengesellschaft oder ein Konzern eine bestimmte Preispolitik treibt. Die Frage, die sich stellt, ist, ob diese Freiheit der sozialen Betätigung nicht die strafrechtliche Verantwortlichkeit als notwendiges Äquivalent fordert(1).

Unter diesem Aspekt sollen nun die schon in der Einleitung unter A I 1 erwähnten Thesen von Busch im einzelnen erörtert werden.

In seiner **1. These** stellt Busch die Behauptung auf, daß die individuelle Strafdrohung nicht genügend motivierende Kraft besitze, um die Überbewertung der Verbandsinteressen aufzuwiegen(2). Die Folgerung hieraus ist, daß nur durch eine Strafdrohung gegen den Verband selbst von innen her tathemmende Einflüsse auszulösen seien, die dem Individualtäter bewußt machten, daß er im Ergebnis nicht nur sich selbst, sondern auch den Verband gefährde(3). **Hellmuth v.Weber** ist der Ansicht, daß die Gefahr der Bestrafung der juristischen Person zum einen ein Ansporn sein werde, bei der Bestellung und Auswahl der geschäftsführenden Organe auch auf deren Gesetzestreue und Zuverlässigkeit zu achten, und zum anderen, daß durch die Strafbarkeit der juristischen Person auch auf deren Geschäftsführer eine hemmende Wirkung ausgelöst wurde. H. v.Weber meint, Angehörige einer Gemeinschaft würden häufig mehr durch die Auswirkungen ihres Handelns für die'Gemeinschaft als für sie selbst motiviert. Das könne so weit gehen, daß sie sich für sie aufopfern. Wenn aber ein Organ oder Vertreter einer juristischen Person sich so sehr mit dieser identifiziere, daß er - um für "seine" Firma ein gutes Geschäft zu machen - bereit sei, das Risiko einer persönlichen Bestrafung einzugehen, so werde er doch davor zurückschrecken, wenn zugleich auch diese Firma das Risiko treffe und ihr möglicherweise ein weitaus höherer Schaden erwachse(4).

Demgegenüber ist **Engisch** der Ansicht, daß es - ebenso wie im Falle des Überzeugungstäters - eine Ausnahmeerscheinung sei, daß ein Verbandsorgan oder -mitglied aus purer Selbstlosigkeit und Unterwerfung unter den Verbandsgeist strafbare Handlungen begehe und dabei auch bereit sei, die ihm drohende Strafe auf sich zu nehmen, wenn nur dem Verband nichts widerfahre(5).

Diese Ansicht verliert jedoch an Überzeugungskraft, wenn man bedenkt, daß - wie sogleich erörtert werden wird - der einzelne Handeln-

---

1 vgl. v.Weber, DRiZ 51, 153,155

2 vgl. Busch, S.122 f

3 vgl. auch Rotberg, Festschrift für den DJT, 1960, Bd.II, S.193,219

4 vgl. v.Weber, GA 54,237,241; so auch Noll, Verhandlungen des 49. DJT, M 20,28

5 vgl. Engisch, Referat zum 40. DJT, E 7,33; zustimmend Lang-Hinrichsen, Festschrift für H. Mayer 1966, S.49,67 f

de unter Umständen gar keine Nachteile hat, sondern sogar Vorteile daraus zieht, weil ihm die Geldstrafe erstattet wird bzw. ihm weitere Vergünstigungen gewährt werden.

M.E. ist es - angesichts der Größe der heutigen Handelsgesellschaften und Industrieunternehmen - weniger der Gedanke der puren Selbstlosigkeit, der die Begehung von Straftaten im Dienste der juristischen Person begünstigt. Hier werden vielmehr mit hoher Wahrscheinlichkeit andere Faktoren wirksam:

- Ein krimineller Verbandsgeist kann hier durch das Kollektiv vermittelt und so sehr neutralisiert werden, daß sich auch bei an sich rechtstreuen Verbandsmitgliedern das Gefühl der Verantwortlichkeit verflüchtigt(6).
- Bei Delikten, die Zueignungs-, Bereicherungs-, Vorteilsabsicht usw. voraussetzen, liegt es nahe, daß das einzelne Verbandsmitglied vorhandene Hemmschwellen leichter überwindet, weil es das Gefühl hat, daß es das Bild des Diebes, Betrügers, usw. schon deshalb nicht erfülle, weil es schließlich altruistisch handele. Auch die Teilhabe am wirtschaftlichen Erfolg des Unternehmens bildet unbewußt einen Anreiz für die Begehung solcher Taten im Verbandsinteresse(7).
- Ein weiterer Straftaten im Verbandsinteresse begünstigender Faktor ist die Abhängigkeit des Arbeitnehmers von seinem Arbeitsplatz, die bewirkt, daß sich der Arbeitnehmer aus Angst, nicht befördert zu werden oder gar seinen Arbeitsplatz zu verlieren, an diejenigen Verhaltensweisen hält, die von ihm als dem Unternehmenszweck dienlich erlebt werden. Hier spielt auch die Erfahrung eine Rolle, daß wirtschaftlicher Erfolg/Mißerfolg des Unternehmens mittelbar auf den ökonomischen und sozialen Status der Unternehmensangehörigen zurückwirkt(8).

Wenn aber die juristische Person, das Unternehmen selbst, Gefahr läuft, bestraft zu werden und dadurch Vermögensverluste zu erleiden, verlieren diese Faktoren an Bedeutung:

- in dem an sich rechtstreuen Mitglied wird das Gefühl der Verantwortlichkeit reaktiviert;
- dem Handelnden wird bewußt, daß sein Handeln gar nicht altruistisch ist, da es sich - im Falle einer Bestrafung der juristischen Person - auf das Unternehmen schädigend auswirkt;
- die Bestrafung des Unternehmens beeinträchtigt auch den sozialen und wirtschaftlichen Status des Unternehmenszugehörigen selbst und ist deshalb geeignet, einen hemmenden Einfluß in Bezug auf kriminelles Verhalten auszuüben.

Die **2. These** Busch's geht davon aus, daß die Höhe der individuellen Strafe der Höhe des sozialen Schadens, der Gefährlichkeit der Art der

---

6 vgl. auch Schünemann, S.22

7 vgl. Schünemann, S.24

8 vgl. Schünemann, S.23

Begehung usw. nicht angepasst werden könne, daß sich aber die Geldstrafe als Verbandsstrafe in ein angemessenes und befriedigendes Verhältnis zu dem sozialen Schaden und zu dem dem Verband zugeflossenen Vorteil setzen lasse(9). Zu Recht wird weiterhin festgestellt, daß der Neigung mancher Verbände entgegengewirkt werden muß, durch Vorschieben kleinerer Angestellter oder sonstiger Strohmänner die Wirkung strafrechtlichen Eingreifens möglichst gering zu halten und darüber hinaus noch den unmittelbar Betroffenen von den Folgen der Straftat freizustellen, dadurch daß die Geldstrafe für ihn gezahlt wird, ihm eine Beförderung, Gehaltsaufbesserung oder zusätzlicher Urlaub gewährt wird. Teilnehme, Begünstigung und Hehlerei können dem nicht entgegenwirken, da sie immer nur zur strafrechtlichen Verantwortlichkeit von Einzelpersonen führen, während das eigentliche Machtzentrum, die dahinterstehende juristische Person, für das Strafrecht unerreichbar bleibt. Deshalb empfinden nach dem aktuellen Rechtszustand weder Verurteilter noch juristische Person die Strafe, da die Geldstrafe ja nach den wirtschaftlichen Verhältnissen des Täters zu bemessen ist (§ 40 Abs.2 StGB)(10). Eine abschreckende Wirkung geht von der Bestrafung des Individualtäters somit nicht aus, während die Verbandsgeldstrafe nach den wirtschaftlichen Verhältnissen der juristischen Person ausgerichtet werden und somit in ein angemessenes Verhältnis zum angerichteten sozialen Schaden gesetzt werden könnte.

Engisch führt dagegen aus, beim einzelnen Schuldigen selbst dürfe sehr wohl auch der schuldhaft angerichtete Schaden bzw. der unredlich angestrebte Gewinn als Schulderhöhungsgrund berücksichtigt werden und es sei nicht unbedingt ein Schuldminderungsgrund, daß der Einzeltäter nicht im eigenen Interesse, sondern im Interesse des Verbandes gehandelt habe. Das deliktische Handeln des Verbandsorgans könne also sehr wohl hart und nachhaltig geahndet werden(11).

Dagegen ist einzuwenden, daß es auch bei Zugrundelegung dieser Argumentation immer noch die persönlichen und wirtschaftlichen Verhältnisse des Einzeltäters sind (§ 40 Abs.2 StGB), an denen die Höhe der Geldstrafe auszurichten ist und daß diese wirtschaftlichen Verhältnisse in der Regel in keinem Verhältnis zur Größe des sozialen Schadens und zu den wirtschaftlichen Verhältnissen des wahren Nutznießers, der juristischen Person, stehen.

Nach der **3.** von Busch aufgestellten **These** wird durch eine Bestrafung des individuellen Täters allein die Vergeltungserwartung der Rechtsgenossen nicht erfüllt, weil diese das deliktische Geschehen auch der juristischen Person zurechnen(12). Es ist in der Tat so, daß die Allgemeinheit die juristische Person als Urheber, als Motor betrachtet und ihr das deliktische Geschehen zuordnet, so wie z.B. gesagt wird, daß die AG X oder die GmbH Y wettbewerbswidrig gehandelt habe. Die

---

9 vgl. Busch, S.122 f

10 vgl. Rotberg, S.220; R. Schmitt, S.140; Jescheck, DÖV 53,539, 541 f; Bauerle, Niederschr. Bd.4, S.325 f

11 vgl. Engisch, Referat zum 40. DJT, E 7,33,35; zustimmend Lang-Hinrichsen, S.67 f

12 vgl. Busch, S.122 f

Allgemeinheit erwartet dann auch für die illegale Vorteilsanmaßung durch den Verband eine Vergeltung ihm gegenüber durch fühlbaren Zugriff auf seine Rechtsgüter(13).

Viertens meint Busch, die geistigen Urheber und Interessenten der Verbandsdelikte würden nicht abgeschreckt, wenn lediglich die Täter-Individuen bestraft würden, während die Aussicht auf strafweise Minderung der Rechtsgüter des Verbandes die Verbandsgenossen davon abzuschrecken vermöge, eine die Rechtsordnung mißachtende Gesinnung im Verband zu dulden oder gar zu pflegen(14).

Diese Gefahr der Aushöhlung der Präventionswirkung strafrechtlicher Normen darf m.E. in der Tat nicht verharmlost werden. Begünstigt durch die Organisation in den modernen Großbetrieben kommt hinzu, daß der Einzelne ohne weiteres austauschbar ist und damit die Bestrafung des Einzeltäters in der Regel nicht bis zu der Wurzel des Übels vordringt, sondern nur ein Kurieren an den Symptomen bedeutet(15). Dadurch, daß die Verantwortlichkeit immer weiter nach unten delegiert werden kann, könnte auch die Intensität staatlicher Ahndungsmaßnahmen verringert und manipuliert werden(16).

In der **5. These** heißt es, daß die Verbandsstrafe es gestatte, Delikte, deren Täter sich im Schutze des Verbandes der Ermittlung entziehen, zur Bestrafung zu bringen und damit die Allgemeinverbindlichkeit der Rechtsordnung auch gegenüber den Verbänden sichtbar zu machen(17). In der Tat nimmt die Gefahr, daß der Täter einer Verbandstat durch die Schaffung von Dachgesellschaften und die Verflechtung mit ausländischen Unternehmen und Wirtschaftsorganisationen anonym bleibt, immer mehr zu. Die Ermittlung des Einzeltäters wird dadurch erschwert, daß der strafrechtliche erhebliche Erfolg sich oft erst aus dem Zusammenwirken mehrerer Einzelakte ergibt, deren Bedeutungssinn der jeweils Handelnde oft gar nicht überblickt. Die mit der vertikalen Arbeitsteilung notwendigerweise verknüpfte Delegation von Verantwortung wirkt sich strafrechtlich dahin aus, daß im Ermittlungsverfahren häufig die Tatverantwortung auf die in der Unternehmenshierarchie an unterer und unterster Stelle Stehenden abgeschoben wird. Typisch sind auch gegenseitige Belastungen höherer Verantwortlicher (mit der regelmäßigen Folge der Verfahrenseinstellung) sowie die Einlassung, persönlich unterschriebene Schriftstücke infolge Arbeitsüberlastung inhaltlich nicht zur Kenntnis genommen oder infolge der Arbeitsüberlastung inhaltlich nicht überprüft zu haben. Aus der Arbeitsweise der heutigen Wirtschaft entsteht danach nahezu zwangsläufig ein Beweisnotstand, dem das Strafrecht bisher nicht entgegengetreten ist(18). Das einheitliche

---

13 vgl. Rotberg, S.223 f

14 vgl. Busch, S.122 f; Rotberg, S.224; Jescheck, DÖV 53,537,541 f; v.Weber, GA 54,237,241

15 vgl. Schünemann, S.58

16 vgl. Schünemann, S.59

17 vgl. Busch, S.122 f

18 vgl. Tiedemann, Gutachten zum 49. DJT (1972), C 55

Ganze wird in diesen Fällen erst sichtbar, wenn man die begangene Tat vom Gesichtspunkt der juristischen Person aus betrachtet. Dann wird offensichtlich, daß das Ganze von einer namentlich nicht feststellbaren Person gesteuert wird(19).

Als Ergebnis dieser Erörterungen kann somit festgehalten werden, daß ein kriminalpolitisches Bedürfnis besteht, juristische Personen als solche zu bestrafen.

b) Die Handlungsfähigkeit juristischer Personen

Unabhängig davon, ob der Handlungsbegriff kausal, final oder sozial bestimmt wird - Einigkeit besteht jedenfalls darüber, daß eine Handlung im strafrechtlichen Sinne mindestens ein "vom Willen getragenes **menschliches** Verhalten" voraussetzt. Die herrschende Meinung geht davon aus, daß juristischen Personen die natürliche Handlungsfähigkeit abgehe, da nur der Einzelmensch im Sinne eines natürlichen Handlungsbegriffs handeln könne(20). Die Handlung sei ein "ureigenes Produkt des Individuums"(21), sie müsse von einer psychischen Willensäußerung des Handelnden selbst begleitet sein(22).

Dagegen ist **Hafter** der Ansicht, daß juristische Personen handlungsfähig seien. Er begründet dies wie folgt: Ein Personenverband sei zwar kein Wesen aus Fleisch und Blut, er bilde aber trotzdem eine in sich geschlossene wirkliche Einheit dadurch, daß eine Anzahl Menschen von ihrem Individualwillen gleichsam einen Teil ablöse und einheitlich aufgehen lasse in einem außerhalb ihrer Individualsphäre liegenden Betätigungskreis. Die Einzelindividuen bildeten zwar die notwendige Grundlage der Verbindung, ihre Sondernatur erhalte diese aber durch den Zusammenschluß der Willensbestandteile der Einzelmenschen zu einem einheitlichen Wesen, das verschieden sei von den Einzelmenschen, die es bilden. Dieses Wesen stelle trotz seiner Verschiedenheit vom Einzelindividuum eine ebenso natürliche und wirkliche Lebenseinheit dar wie jeder einzelne Mensch(23). Von entscheidender Bedeutung für das Wollen und Handeln der Personenverbände sei der Begriff der **Organisation**, einer organismenähnlichen Gestaltung eines immateriellen, nichtsdestoweniger aber wirklichen Wesens. Weil bei der

---

19 vgl. Rotberg, S.225 f; Bauerle, Niederschr. Bd.4, S.325 f

20 so schon das RG: vgl. RGSt. 16,121,123; 28,103,105; 33,261,264; vgl. weiter Schönke-Schröder-Cramer, Rdnr.98 vor § 25; Schmidhäuser, AT, Kap.8 Rdnr.15 (S.195 f); Wessels, AT, § 3 II 3; Hartung, Referat zum 40. DJT, E 43; Engisch, Referat zum 40. DJT, E 23 f; Seiler, S.57; Marcuse GA 64 (1917), 478,495 f; Goetzeler, S.217 ff; R. Schmitt, S.181; Jescheck, SchwZStrR (1955) 70,243 ff und AT § 23 V; Lang-Hinrichsen, S.23 Fn 21

21 vgl. Maurach-Zipf, § 15 II A

22 vgl. Marcuse GA 64 (1917), 478,495

23 vgl. Hafter, S.47

Vereinigung von Menschen zu Verbänden der Zusammenschluß der Individualwillen zu einem sich von diesen abhebenden Sonderwillen das Wesentliche sei, handele es sich um die "Gestaltung dieses einheitlichen Willens". Man könne daher von einer Willensorganisation sprechen. Die Willensäußerung, insbesondere die Umsetzung in die Tat, geschehe beim Menschen durch die Organe (Hand, Mund, usw.). Ähnlich werde der Verbandswille und die Umsetzung desselben in die Tat **organisiert**(24). Während die den Individualwillen ausführenden menschlichen Organe willenlose Werkzeuge darstellten, seien die Organe des Personenverbandes selbständige Willenssubjekte, die ihre Willensbetätigung verteilen auf ihre Individualsphäre und die Sphären derjenigen Personenverbände, denen sie angehören. Bei einer sog. Verbandshandlung sei aber im Normalfall der das Interesse des Verbandes darstellende Einheitswille auch in dem einzelnen ausführenden Organ dominierend, das Organ fühle sich als Teil des Ganzen, es wolle mehr als nur für einen anderen, Fremden, handeln, also nicht nur Vertreter sein(25). Der Wille, den die Individuen zum Ausdruck bringen, sei eine Einheit, zusammengesetzt aus Willensteilen gerade dieser Organe, mit anderen Worten es handele sich um eine Darstellung des Ganzen durch einen Teil(26). Das führt Hafter zu der These, ein Personenverband habe die Fähigkeit, durch seine Organe zu wollen und zu handeln. Die Frage, wann sich im Verbandsleben eine von den Willen der einzelnen Individuen selbständige Willensmacht, ein Sonderwille des Verbandes abhebt, beantwortet Hafter mit folgenden Worten: Zunächst bilde sich ein - sich von den Individualwillen abhebender - Sonderwille bei einstimmigen Beschlüssen. Jedenfalls erfolge die Zustimmung zum Beschluß im Hinblick auf das Gesamtbedürfnis(27). In den anderen Fällen (Mehrheitsbeschlüsse usw.) sei es so, daß der einzelne Mensch zugleich mit der Erklärung, Mitglied des Verbandes zu sein oder werden zu wollen, seine Unterordnung unter Gesetz und Statuten und damit implicite kundgebe, er sei von vorneherein damit einverstanden, daß die Generalversammlung in bestimmter Form gewisse Beschlüsse fasse, daß der Direktor gewisse Geschäfte selbständig abschließe usw. Die einzelnen verfassungsmäßig beschließenden Organe schöpften gewissermaßen aus dem schon bereit liegenden "Willensvorrat des Verbandes". Wer sich daher z.B. als Aktionär bei einer Beschlußfassung in der Generalversammlung in der Minderheit befindet, bekunde damit zwar einen von der Mehrheit abweichenden Willen, zugleich habe er aber schon früher durch seinen Eintritt in den Verband und seine Unterwerfung unter dessen Verfassung erklärt, daß er einen Mehrheitsbeschluß des Verbandes anerkenne(28).

Der Verbandswille offenbare sich also entweder in einem Beschluß sämtlicher Verbandsmitglieder oder in einem Verbandsorgan, unter der Vor-

---

24 vgl. Hafter, S.49 f

25 vgl. Hafter, S.51

26 vgl. Hafter, S.52 f

27 vgl. Hafter, S.76

28 vgl. Hafter, S.80 f

aussetzung, daß es sich um ein verfassungsmäßig bestelltes Organ handele, das innerhalb seiner verfassungsmäßig begrenzten Zuständigkeit in verfassungsmäßiger Form tätig werde(29). Er werde ausgeführt entweder durch eine Gesamthandlung oder durch das Handeln von Einzelindividuen, die nicht notwendig Organe sein müßten; ausnahmsweise könne auch ein einzelner Mensch als Organ den Verbandswillen bilden und ausführen.

In diesem Sinne spricht sich auch **Jescheck**(30) aus: Jedenfalls die Handlungsfähigkeit der Personenverbände erscheine begründbar, denn das der strafrechtlichen Handlungslehre gemeinsame Merkmal eines vom Willen getragenen Verhaltens sei in dem Beschluß der Gesellschafterversammlung ebenso gegeben wie in der mittelbaren Täterschaft des Einzelmenschen.

Goetzeler wendet sich gegen die Argumentation, daß der Verbandswille, welcher durch Beschluß sämtlicher Mitglieder zustande komme, die gleiche Bedeutung wie das Wollen einer physischen Person habe und Ausdruck eines einheitlichen Bewußtseins sei. Er führt aus, diese Annahme beruhe auf einem Trugschluß, da ein einheitliches Bewußtsein voraussetze, daß alle bei der Beschlußfassung beteiligten Mitglieder den Antrag, über den abgestimmt wird, im gleichen Sinne auffassen und aus gleichen oder im wesentlichen übereinstimmenden Gründen genehmigen(31). Strafrechtlich gesehen bleibe auch im Falle der einstimmigen Beschlußfassung in der Regel der klaffende Zwiespalt zwischen Einzelbewußtsein und Einzelwillen einerseits und Gesamtbewußtsein und Gesamtwillen andererseits bestehen. Die Grundsätze über die natürliche Wesenheit der Handlung und des sie bedingenden Entschlusses verböten es, das Majoritätsproblem zur Grundlage strafrechtlicher Reaktion zu machen. Die Zugehörigkeit zum Verbande rechtfertige noch lange nicht den Schluß, daß jedes Mitglied mit jeder Handlung der Verbandsorgane einverstanden sei und daß die Handlungen der Verbandsorgane, die innerhalb des Verbandszweckes liegen, den Mitgliedern in strafrechtlich relevanter Weise zugerechnet werden(32). Es würde nach Goetzeler eine Verletzung elementarer strafrechtlicher Grundsätze bedeuten, wenn man annehmen wollte, daß der Beschluß eines Verbandsorgans strafrechtlich gleich sei mit dem Beschluß des Verbandes selbst, der keine Vorstellungsfähigkeit habe, weil er kein Organismus sei.

Gegen Hafter wendet sich auch **R. Schmitt**. Es sei eine psychologisch unhaltbare Vorstellung, daß das Mitglied bei seinem Eintritt in den Verband einen Teil seines Willens gleichsam ablege, damit die Verbandsorgane diesen abgespalteten und konservierten Willen bei Bedarf hervorholen und irgendeiner Körperbewegung unterlegen können. Außerdem könne nicht angenommen werden, daß das Mitglied mit seiner Betrittserklärung alle etwaigen Delikte der Verbandsorgane im voraus billigen wolle(33).

---

29 vgl. Hafter, S.82

30 ZStW 65,210,212

31 vgl. Goetzeler, S.223

32 vgl. Goetzeler, S.224 f

33 vgl. Schmitt, S.184 f

Gegen die Existenz eines eigenständigen Verbandswillens spricht sich auch **Seiler** aus. Der Verbandswille bestehe nur in der Zurechnung des Willens der Mehrheit der Verbandsmitglieder zum Verband. Durch diese Zurechnung entstehe kein neuer selbständig entscheidender, von den Mitgliedern unabhängiger, eigengesetzlicher Wille des Verbandes, gegen den sich dann eine selbständige, die Verbandsmitglieder nicht berührende Strafe richten könne(34). Die Rechtsordnungen könnten allerdings die Möglichkeit schaffen, daß die natürlichen Personen, die sich zu einem Verband zusammenschließen, durch Bestellung von Organen und deren Besetzung mit Organträgern, dem Personenverband die Handlungsfähigkeit verleihen. Das heiße jedoch nichts anderes, als daß Wille und Handlung der satzungsmäßigen Vertreter dem Verband zugerechnet würden. Es sei also nicht der Verband, der kausal handele, sondern die Organträger handelten für den Verband und das Gesetz rechne diese Handlungen dem Verband zu(35). Seiler meint allerdings, auch de lege ferenda widerspreche die rechtliche Handlungsfähigkeit juristischer Personen im Sinne eines Einstehenmüssens für Handlungen natürlicher Personen unserem Rechtsgefühl sowie dem Prinzip, daß eine strafrechtliche persönliche Maßnahme den Urheber der diese Sanktion begründenden Handlung treffen solle (Identitätsprinzip)(36).

Auch **Engisch** spricht sich gegen eine Zurechnung der Handlungen natürlicher Personen aus, mittels der die Handlungsfähigkeit der juristischen Person begründet werden könnte. Die Zurechnung sei eine juristische Konstruktion, die Handlung aber ein natürliches, dem Recht schon irgendwie vorgegebenes Gebilde. Handeln im Sinne eines natürlichen Handlungsbegriffs könne nur der Einzelmensch, auch wenn der Jurist dann geneigt sei, dieses natürliche Handeln dem Personenverband zuzurechnen, was auch immer einer besonderen Legitimation bedürfe. Engisch meint, wir gerieten in einen Zirkel, wenn wir die Verantwortlichkeit des Personenverbandes auf sein Handeln gründeten, dieses Handeln aber auf eine rechtliche Zuordnung(37).

Ähnlich argumentiert auch **Blauth**. Er führt aus: ein strafrechtlicher Handlungsbegriff könne selbst bei noch so großer normativer Ausrichtung auf ein Mindestmaß an ontologischem Substrat nicht verzichten. Dieser Anknüpfungspunkt im ontologischen Bereich gehe jedoch verloren, wenn man bereits im Bereich der Willenbildung den normativen Gedanken der Zurechnung zur Anwendung bringe. Ein derartiger Handlungsbegriff, der schon in seinen Grundlagen normativer Art sei und notwendigerweise auf jeglichen Ansatzpunkt in der Person des "Handelnden" - der juristischen Person - verzichte, könne im Strafrecht keine Berechtigung finden(38).

---

34 vgl. Seiler, S.57

35 vgl. Seiler, S.62

36 vgl. Seiler, S.69

37 vgl. Engisch, Referat zum 40. DJT, E 7,24

38 vgl. Blauth, S.14 f

Demgegenüber macht **Busch** in seiner Monographie den Gedanken der Zurechnung zur Begründung der Handlungsfähigkeit juristischer Personen fruchtbar. Er geht davon aus, daß Kollektivverantwortlichkeit etwas anderes sei als Individualverantwortlichkeit. Daß der Verband als solcher nicht handeln könne, sei nicht zu bezweifeln; aber auch kein Grund gegen seine Verantwortlichkeit. Die Frage sei, ob er für die Handlungen einzelner Menschen verantwortlich gemacht werden könne. Der Verbandswille sei nachweisbar. Nur sei er nicht dem Einzelwillen gleichzusetzen. Er sei im Verhältnis zwischen Verband und Genossen der Ausdruck für ein Sollen, im Verhältnis zwischen Verband und Außenwelt der Ausdruck für die Richtung gemeinschaftlichen Zweckstrebens und im Verhältnis zwischen Verband und Staat ein Ausdruck der Zurechnung(39).

Auch **Heinitz** argumentiert in diesem Sinne, wenn er darlegt, daß die Frage immer nur sei, wie weit der Wille lebender Menschen als psychische Tatsache dem Verband zugerechnet werden solle, und zwar wie immer man den Handlungsbegriff fasse, ob final i.e.S. oder sozial oder kausal(40).

Kampmann ist der Ansicht, die richtigen Blickmöglichkeiten eröffneten sich nur, wenn man sich von der Herrschaft der im Individualstrafrecht unbedingt anerkannten Begriffe zunächst einmal loslöse, um zu prüfen, ob nach dem Volksempfinden die Wesensmerkmale dieser alten Begriffe auch für die Kollektivverantwortlichkeit unbedingte Geltung beanspruchten. Es sei nicht der geeignete Weg unter dem Banne der Begriffe des Individualstrafrechts ohne weiteres zu folgern: Verbrechen ist Handlung, Handlung ist Wille, juristische Personen aber haben keinen Willen im Rechtssinne. Damit drehe man sich im Kreise. Die Frage, wer Verbrechenssubjekt sein könne, sei eine Frage des Inhalts der Strafgesetze und nicht eine aus allgemeinen Ableitungen zu beantwortende Frage. Man müsse sich nur die Tatsache der Anrechnung einzelmenschlichen Verhaltens zum Verband durch juristischen Denkakt stets vor Augen halten(41).

Für die Bejahung der Handlungsfähigkeit juristischer Personen tritt auch **v.Liszt** ein: auch die Körperschaft sei handlungsfähig, d.h. fähig, rechtliche relevante Willensbetätigungen vorzunehmen. Diese Ansicht stütze sich nicht auf mystische Vorstellungen, sondern auf Tatsachen des Lebens. Die Voraussetzungen für die Handlungsfähigkeit juristischer Personen seien auf dem Gebiete des Strafrechts grundsätzlich keine anderen als auf jenem des Zivilrechts oder des öffentlichen Rechts. Wer Verträge schließen könne, der könne auch betrügerische oder wucherische Verträge schließen oder die geschlossenen Verträge nicht halten(42).

---

39 vgl. Busch, S.69 f

40 vgl. Heinitz, Gutachten zum 40. DJT, S.65,84 f

41 vgl. Kampmann, S.35,37. Kampmann lehnt im Ergebnis - ausgehend von national-sozialistischen Rechtszustand - eine Bestrafung juristischer Personen allerdings ab

42 vgl. v.Liszt-Schmidt, Lehrbuch, S.155 f und Fn 4 S.154

Auch **Kamps** ist der Ansicht, daß es wenig sachgerecht und zweckmäßig erscheine, den Handlungsbegriff, wenn er nicht überhaupt allem Recht vorgegeben sei, als rechtlichen Grundbegriff für jedes Rechtsgebiet anders zu bestimmen. Zumindest um der Einheit der Rechtsordnung willen sei daher die Handlungsfähigkeit der Verbände im Strafrecht durchaus vertretbar. Kamps meint, es sei de lege lata zu unterscheiden zwischen der natürlichen Handlungsfähigkeit der Verbände, die heute mit Grund nicht mehr abgelehnt werden dürfe, und der strafrechtlichen Handlungsfähigkeit, die der Strafgesetzgeber bisher nicht anerkannt habe, die aber de lege ferenda problemlos anerkannt werden könnte(43).

Der **Bundesgerichtshof** ist in einer Entscheidung im 3. Band davon ausgegangen, daß die Aktiengesellschaft **selbst** einen Mehrerlös erzielt habe(44). Es ging in der Entscheidung um einen Verstoß gegen Preisvorschriften nach § 18 WiStG a.F. und um die Frage, wer im Falle einer Aktiengesellschaft den Mehrerlös abführen muß, d.h. wer ihn im Sinne des § 49 WiStG a.F. "erzielt" hat (vgl. auch den insoweit identischen Wortlaut des § 8 Abs.1 WiStG n.F.). In BGHSt. 5,95,98 bestätigte der Bundesgerichtshof, daß dieses Ergebnis auf der Ansicht beruhe, daß juristische Personen durch ihre Organe selbst handeln.

c) Die Schuldfähigkeit juristischer Personen

"Schuld ist Vorwerfbarkeit. Mit dem Unwerturteil der Schuld wird dem Täter vorgehalten, daß er sich für das Unrecht entschieden hat, obwohl er sich rechtmäßig verhalten, sich für das Recht hätte entscheiden können. Der innere Grund des Schuldvorwurfs liegt darin, daß der Mensch auf freie, verantwortliche, sittliche Selbstbestimmung angelegt und deshalb befähigt ist, sich für das Recht und gegen das Unrecht zu entscheiden, sein Verhalten nach den Normen des rechtlichen Sollens einzurichten und das rechtliche Verbotene zu vermeiden ..."(45).

Diese Definition dessen, was materiell den Schuldvorwurf begründet, durch den Bundesgerichtshof entspricht einer in der Literatur weit verbreiteten Meinung.

Weil der strafrechtliche Vorwurf sich nach dieser Definition aber auf ein sozial-ethisches Versagen bezieht, kann er nach Meinung vieler Autoren auf juristische Personen nicht übertragen werden(46). Das

---

43 vgl. Kamps, Ärztliche Arbeitsteilung und strafrechtliches Fahrlässigkeitsdelikt, S.33,35,286

44 vgl. BGHSt. 3,130,131

45 vgl. BGHSt. 2,194,200

46 vgl. Heinitz, Gutachten zum 40. DJT, S.65,85 f; Engisch, Referat zum 40. DJT, E 7,25; Hartung, Referat zum 40. DJT, E 43; Henkel, aus der Diskussion des 40. DJT, E 63 ff; Siegert, NJW 53,527,528; Lang-Hinrichsen, S.53 f Fn. 21; Niese, JZ 56,459,463; Jescheck, AT, § 23 V, ZStW 65,210,213 und Niederschr. Bd.1, S.295 ff;

Wesentliche liege in einer wertenden Betrachtung, die ergeben müsse, daß ein Versagen des Täters entweder in dem der Tat zugrundeliegenden Erkenntnisprozeß, ein Mangel an der erforderlichen Voraussicht des Unrechts und seiner Folgen, oder eine Fehlerhaftigkeit im Motivationsprozeß, eine tadelnswerte Willensbildung vorliege. Nur wenn das eine oder das andere oder beides gegeben sei, könne von einer Fehlerhaftigkeit des inneren Verhaltens des Täters gesprochen werden und demzufolge das Unwerturteil von der Tat auf den Täter übertragen werden. Die Schuld als Vorwerfbarkeit oder als sozial-ethisches Versagen sei damit etwas Höchstpersönliches, vielleicht das Persönlichste, das im Bereich der Wertungen denkbar sei(47).

Nur ein unabgeleiteter, nicht an die Individualwillen gebundener Gemeinwille stehe in der Freiheit, die die Sittlichkeit jeder Entscheidung ausmache. Wenn Schuld Willenschuld sei, dann könne ein Schuldvorwurf sich nur gegen einen unabhängigen Gemeinwillen richten. Es könne zwar nicht bestritten werden, daß Kollektive Realität als elementare soziale Phänomene besitzen. Aber ebenso wie die Gesamtheit nichts Selbständiges über den Gliedern sei, so könne auch der Gesamtwille nur als ein aus den Individualwillen abgeleiteter Wille gelten, der sich aus der Übereinstimmung der Einzelwillen herleite. Zwar sei es denkbar, einen Gesamtwillen aus der tatsächlichen Übereinstimmung der Einzelwillen abzuleiten und diesen Willen der Gesamtheit zuzurechnen. Diesem Gesamtwillen komme aber wegen seiner Abhängigkeit gegenüber den Individualwillen keine selbständige Subjektivität zu. Dem Gesamtwillen fehle als entscheidendes Merkmal des Individualwillens die (relative) Freiheit der Zielwahl. Die Wahl des Zieles sei vielmehr schon durch die Individualwillen determiniert. Das bedeute nichts anderes, als daß eine Gesamtheit als solche nicht auf sittliche Selbstbestimmung ausgerichtet sei. Eine Kollektivschuld im Sinne einer eigenständigen Schuld der Gesamtheit sei daher nicht denkbar(48).

Demgegenüber ist für **Hafter** mit dem Nachweis, daß der durch Gesamtbeschluß oder Organentschließung gebildete Wille verschieden ist von den Individualwillen der einzelnen Verbandsmitglieder, zugleich der Nachweis geleistet, daß mit dem Gesamtbeschluß oder der Organentschließung auch eine Sonderintelligenz, ein Sonderbewußtsein des Verbandes entstehe. Wie man bei der Handlungsfähigkeit von einer Willensorganisation sprechen könne, so könne im Bereich der Schuld von einer Bewußtseinsorganisation die Rede sein(49).

Fortsetzung der Anmerkung 46:

Welzel, § 19 II; gegen die Schuldfähigkeit juristischer Personen auch Bruns, JZ 54,251,254; H. Mayer, AT, S.46; Hafter, Lehrbuch, S.72, anders in: Delikts- und Straffähigkeit der Personenverbände

47 vgl. Henkel, Momentum Bambergense, Festgabe für Benedikt Kraft, 1955, S.106,112

48 vgl. Rothenpieler, Der Gedanke einer Kollektivschuld in jurisitscher Sicht, S.285 f; vgl. auch Kamps, Ärztliche Arbeitsteilung und strafrechtliches Fahrlässigkeitsdelikt S.286 f

49 vgl. Hafter, Delikts- und Straffähigkeit der Personenverbände, S.95

Busch befindet sich insofern mit der herrschenden Meinung in Einklang, als auch er der Ansicht ist, der Schuldvorwurf beziehe sich auf den Willensentschluß des Einzelnen zu einer rechtswidrigen Handlung. Soweit die Einzelbestrafung in Frage stehe, sei dies eine Forderung unseres kulturellen Bewußtseins. Busch ist jedoch der Ansicht, daß dieses "kulturelle Bewußtsein" Ausnahmen zulasse, wenn dringende Bedürfnisse des Gemeinschaftslebens es verlangen. Man könne deshalb nicht ohne weiteres sagen, daß eine kollektive Bestrafung unserem "kulturellen Bewußtsein" widerspreche(50).

Rotberg wählt einen anderen Ausgangspunkt. Er nimmt - davon ausgehend, daß die Deliktsfähigkeit juristischer Personen im bürgerlichen Recht unstreitig anerkannt ist - einen Vergleich mit dem Schuldbegriff des bürgerlichen Rechts im Bereich der unerlaubten Handlungen vor. Die vorsätzliche unerlaubte Rechtsgutsverletzung richte sich, wie der Katalog des § 823 Abs.1 BGB erkennen lasse, auch gegen hohe und höchste Werte in der Person jedes durch diese Norm geschützten Rechtsgenossen. Sie könne sehr wohl in hohem Maße vorwerfbar, weil sozial durchaus verwerflich sein. Bei § 826 BGB und § 1 UWG werde gerade die sittliche Vorwerfbarkeit des schädigenden Verhaltens zum Tatbestand einer bürgerlich-rechtlichen Handlung gemacht. Es sei also keineswegs der Gesichtspunkt sozial-ethischer Vorwerfbarkeit, der die Grenze zwischen bürgerlich-rechtlicher und strafrechtlicher Haftung bilde(51). Für die Schuldfähigkeit juristischer Personen spreche ein weiterer Gesichtspunkt(52). Die Rechtsprechung hat die Verbände für beleidigungsfähig erklärt, ihnen also eine selbständige Ehre zuerkannt. Nach dem Bundesgerichtshof(53) stehen Mensch und Gemeinschaft in unlösbarer Beziehung und deshalb sei die Beleidigungsfähigkeit von Personengesamtheiten anzuerkennen unter der Voraussetzung, daß sie eine rechtlich anerkannte gesellschaftliche (auch wirtschaftliche) Aufgabe (soziale Funktion) erfüllen und einen einheitlichen Willen bilden können. Daraus folgert Rotberg: wer Träger einer Ehre sei, also einen sozialethischen Wert für sich in Anspruch nehmen und seinen Schutz von Rechts wegen fordern könne, dem müsse dieser Wert im Falle eines Mißbrauchs seiner Rechtsstellung auch abgesprochen werden können. Das hierzu erforderliche Unwerturteil setze aber die Möglichkeit eines entsprechenden Vorwurfs voraus. Der Vorwurf richte sich gegen die Personengesamtheit als solche. Diese besitze kraft ihrer sozialen Aufgabe und Leistung einen über die Person ihrer Mitglieder hinausgreifenden und von ihr unabhängigen Eigenwert. Ihr "Ansehen" in der Öffentlichkeit sei ein nicht geringer Teil ihrer gesellschaftlichen Wirkkraft. Der Verband stehe daher genau wie der Einzelne unter dem Gesetz der Verpflichtung an das Ganze, der Wahrung der Grundnormen sittlichen Zusammenwirkens. Er müsse es sich deshalb ebenso wie der einzelne Bürger gefallen lassen, bei sozial-ethisch vorwerfbarem Verhalten mit den dafür notwendigen Mitteln, in groben Fällen mit Strafe zurechtgewiesen zu werden(54).

---

50 vgl. Busch, S.70

51 vgl. Rotberg, S.200 f

52 vgl. auch Bockelmann, Niederschr. Bd.4, S.329 f

53 vgl. BGHSt. 6, 186,190 f

54 vgl. Rotberg, S.201

Gegen diese Argumentation, daß die Schuld des Kollektivums aus seiner Ehrfähigkeit abgeleitet werden könne, wendet sich **Rothenpieler** mit der Begründung, daß Schuld und Ehre sich nicht in einem Verhältnis gegenüberstünden, nach dem gesagt werden könne, Schuld sei letztlich negative Ehre. Die Begriffe Schuldlosigkeit und Ehre seien nicht identisch. Diese Überlegung führe aber zwingend zu dem Schluß, daß das Wesen der Schuld nicht (zumindest nicht ausschließlich) darin bestehen könne, negative Ehre zu sein. Aus der Tatsache, daß Personenverbänden Ehre zuerkannt werde, könne jedenfalls nicht auf die Schuldfähigkeit eines Kollektivums geschlossen werden(55).

Schwander geht davon aus, daß die Zurechnung der Tat zum Verschulden beim Individualdelikt eine andere und viel unmittelbarere sei als beim Kollektivdelikt. Folglich sei der Schuldvorwurf, der an die Adresse des Menschen gerichtet sei, der juristischen Person gegenüber nicht begründet. Er ist jedoch der Ansicht, daß man der juristischen Person gleichwohl vorwerfen könne, daß ihr Organ oder sonst ein Glied ihrer Organisation und insofern sie selber im Rahmen ihres Tätigkeitsbereiches delinquiert habe. Man müsse deshalb auch der juristischen Person bestimmte Handlungen natürlicher Personen zur Schuld zurechnen. Allerdings handele es sich nicht um die gleiche Zurechnung wie beim Einzelmenschen, der sich seine Handlungen zurechnen lassen müsse, denn das Band, das den psychischen Vorgang mit dem äußeren Verhalten des Menschen verknüpfe, sei sehr viel enger als der Zusammenhang, welcher den psychischen Vorgang im Organ mit der juristischen Person selber verknüpfe. Schuldvorwurf und Vergeltung seien somit anderer Art als beim Individualdelikt, weil der Mensch sein Tun besser beherrsche als die juristische Person das Tun ihrer Organe. Das führt Schwander dazu, die strafrechtliche Verantwortlichkeit juristischer Personen im Rahmen eines Sonderstrafrechts für wünschenswert zu halten(56).

Baumann wehrt sich gegen das Argument der herrschenden Meinung, daß nur der Mensch sittlich verantwortlich sei. Es handele sich hier gerade nicht um sittliche, sondern um strafrechtliche Schuld. Das Recht bestimme seine Adressaten selbstherrlich, sei also auch in der Lage, Normen für die juristischen Person aufzustellen, die von eben diesen (durch ihre Organe) zu befolgen seien. Wer Zurechnungsendpunkt eines Verhaltens sei und wer für normwidriges Verhalten einzustehen habe, sage das Recht. Sittliches Verschulden könne zwar nur beim Organ, Verschulden im rechtlichen Sinne aber auch bei der juristischen Person liegen(57). Die Begehung strafrechtlichen Unrechts und nichts sonst erzeuge strafrechtliche Schuld. Verstöße gegen das Sittengesetz oder gegen göttliche Gebote erzeugten sittliche, aber nicht strafrechtliche Schuld(58). Da es im Strafrecht nicht um sittliche, sondern um soziale Verantwortung gehe, könnten auch Normen des Strafrechts eine Zu-

---

55 vgl. Rothenpieler, S.287 f

56 vgl. Schwander, Festgabe für Gutzwiller, 1959, S.603,618

57 vgl. Baumann, Grundbegriffe, S.157

58 vgl. Baumann, Grundbegriffe, S.154

rechnung des Verschuldens der handelnden Organe und damit die Schuldfähigkeit juristischer Personen anordnen(59).

Auch **v.Weber** ist der Ansicht, daß die Bedenken gegenüber einer Verbandsstrafe unter dem Aspekt des Schuldbegriffs nicht begründet seien. Eine Verletzung des Schuldbegriffs liege nicht vor. Selbstverständlich dürfe auch der Verband mit einer Strafe nur belegt werden, wenn er "etwas dafür kann", daß er die ihm eingeräumte soziale und rechtliche Stellung mißbraucht habe. Nur wenn man an einem psychologischen Schuldvorwurf festhalte, d.h. in den psychologischen Sachverhalten des Vorsatzes und der Fahrlässigkeit das Wesen der Schuld sehe, stoße man hier auf ein Hindernis. Auch bei einem normativen Schuldbegriff müsse man freilich auf die für den Verband handelnden Personen zurückgehen. Doch sei es nicht nötig, hier individuelle Schuld festzustellen und umgekehrt müsse nicht jede individuelle Schuld die Verantwortlichkeit des Verbandes ins Spiel bringen (z.B. bei Eigenmächtigkeit eines untergeordneten Organs)(60). Rechtlich hätten auch juristische Personen Pflichten, für deren Erfüllung sie einstehen müßten. Deshalb werde das rechtliche Werturteil über sie selbst gefällt. Im Wirtschaftsleben erkenne man das Prädikat des "ehrbaren Kaufmanns" auch Firmen zu, hinter denen eine Gesellschaft des Handelsrechts stehe, ebenso wie wir umgekehrt auch von unsoliden Schwindel- oder Schieberfirmen sprächen. Es sei nicht einzusehen, warum das Urteil, daß eine juristische Person die ihr im Handels- und Wirtschaftsverkehr bei Strafe obliegenden Rechtspflichten nicht erfüllt habe, nicht gefalle und warum nicht ihr selbst daraus ein Vorwurf gemacht werden solle. H. v.Weber stellt die Frage, wem dadurch Unrecht geschehe und beantwortet sie in dem Sinne, daß der juristischen Person, die Schiebergeschäfte gemacht habe, sicherlich kein Unrecht geschehe. Über sie allein aber werde dieses Urteil gesprochen. Die Körperschaftsstrafe widerspreche daher dem Prinzip der Schuldstrafe nicht(61).

Gegen das Argument v.Webers, daß eine juristische Person verantwortlich sein könne, "wenn sie etwas dafür kann", wenden sich **Wilmanns/ Urbach**. Sie meinen, hierdurch werde die Frage, die eine Zurechnungsvorschrift beantworten müsse, verwischt und die juristische Person einer willkürlichen Strafverfolgung ausgesetzt. Aus den darauf folgenden Ausführungen ergibt sich jedoch, daß die Autoren eine Zurechnung nicht grundsätzlich für ausgeschlossen halten. Sie bemängeln nur, daß bisher nicht mit der sonst im Strafrecht üblicherweise zu verlangenden Exaktheit dargetan worden sei, wann eine juristische Person "etwas dafür kann", und führen aus, daß eine solche Vorschrift sowohl in objektiver als auch in subjektiver Hinsicht eindeutig die Voraussetzungen abgrenzen müsse, unter denen das Handeln natürlicher Personen strafrechtlich einer juristischen Person zugerechnet werden könne.

---

59 vgl. Baumann, AT, § 23 III 1 b

60 vgl. v.Weber, DRiZ 51,153,155 f

61 vgl. v.Weber, GA 54,237,239 f

Allerdings könne man nicht einfach die für die Bestrafung einer juristischen Person erforderliche Schuldfeststellung dadurch ersetzen, daß man die Schuld der einzelnen für die juristische Person tätig gewordenen Personen feststelle und daraus ein Verschulden der juristischen Person abzuleiten versuche. Auf diese Weise käme man zu einer kollektiven Schuldfeststellung(62).

Für die Schuldfähigkeit juristischer Personen sprechen sich des weiteren **Münn** und **Wilfferodt** aus. **Münn** meint, man könne nicht sagen, daß die Bestrafung juristischer Personen gegen das Schuldprinzip verstoße. Die juristischen Personen seien in unserem heutigen Denken tatsächlich mehr als eine Fiktion. Er stellt die Frage, warum bei der tatsächlichen Gleichstellung der juristischen Person mit natürlichen Personen nicht auch das Unwerturteil, das in der Kriminalstrafe liege, über juristische Personen ausgesprochen werde(63). **Willferodt** führt aus: wenn unter Schuld die Vorwerfbarkeit der Lebensführung zu verstehen sei, so sei die GmbH, die sich strafbare Handlungen zuschulden kommen lasse, als "wirtschaftsfeindlich" anzusehen und das entspreche etwa dem, was wir bei natürlichen Personen als asozial bezeichnen. Die Schuldfähigkeit juristischer Personen sei demnach zu bejahen(64).

Auch das **Bundesverfassungsgericht** geht davon aus, daß die Anwendung strafrechtlicher Grundsätze nicht grundsätzlich ausgeschlossen sei, wenn das Rechtssubjekt eine juristische Person sei. Werde die juristische Person für strafrechtliches Handeln in Anspruch genommen, so könne allerdings nur die Schuld der für sie verantwortlich handelnden Personen maßgebend sein, da die juristische Person als solche nicht handlungsfähig sei(65).

d) Die Strafempfänglichkeit (Straffähigkeit) juristischer Personen

Nach **Kohler** kann die Strafe nur eine individuelle Strafe sein, denn sie beruhe auf der direkten Beziehung zwischen der ethischen Verwerflichkeit der Tat und der Genugtuung und Sühne. Genugtuung und Sühne aber seien mit dem Begriff des Leidens und des Schmerzes untrennbar verbunden. Durch alle Strafen solle ein Schmerzgefühl erzeugt werden und dieses solle als Sühne und Genugtuung dienen für die unethischen Übergriffe der Person. All dies beruhe aber auf seelischen Vorgängen, die nur bei der Einzelpersönlichkeit möglich sind und darum sei die Gerechtigkeitsstrafe nur als Strafe des Individuums denkbar(66).

---

62 vgl. Wilmanns/Urbach, BB 53,102 f

63 vgl. Münn, aus der Diskussion des 40. DJT, E 71 f

64 vgl. Wilfferodt, aus der Diskussion des 40. DJT, E 72 ff

65 vgl. BVerfGE 20,323,335 f

66 vgl. Kohler, GA 64 (1917), 500,503; anders sei es, soweit die Strafe nur Abschreckungsstrafe sei, deren Charakter nicht der von Sühne und Genugtuung sei

Auch **Jescheck** ist der Ansicht, daß Strafe im echten Sinne gegenüber Personenverbänden nicht möglich sei, denn die Grundsubstanz jeder Strafe müsse die ethische Beziehung zur Person des Verurteilten bleiben. Jede Strafe setze die Existenz einer in Fleisch und Blut lebenden Person voraus, die durch die Verurteilung zur Einsicht gerufen werde, wenn auch in vielen Fällen der Aufruf verhalle, ohne verstanden zu werden. Auch eine eigene stellvertetende Verantwortlichkeit des Verbandes für das Verschulden seiner Organe lasse sich nicht begründen, denn straffähig werde die Korporation auch dadurch nicht, daß man sie für fremde Schuld einstehen lasse und unerklärlich bleibe auch, wo man den Rechtsgrund einer solchen Haftung für fremde Schuld zu suchen hätte(67). Auch bedeute Strafe nicht nur Rechtsgütereinbuße, sondern die Erhebung eines Vorwurfes, der sich auf ein Versagen im Motivationsprozeß beziehe und deshalb nur gegenüber der einzelmenschlichen Persönlichkeit Sinn haben könne(68).

In diesem Sinne sprechen sich auch **Goetzeler**(69), **R. Schmitt**(70), **Hartung**(71) und **Heinitz**(72) aus. Heinitz fügt noch hinzu, daß die Strafe die sozialethisch richtige, zur Resozialisierung geeignete Behandlung des Täters darstellen müsse und daß ein solcher Strafbegriff nur auf natürliche Personen anwendbar sei.

Demgegenüber gehen andere von einem anderen Strafbegriff aus. Nach **Busch** ist Geltungsgrund des Rechts und seiner Normen nicht der psychische Zwang zur Motivation. Verbandstätigkeit sei gemeinschaftliche Machtausübung zu einem gemeinschaftlichen Zweck. Soweit diese Gegenstand rechtlicher Regelung sei, würden die in den Rechtssätzen enthaltenen Imperative sich an alle Genossen der Gemeinschaft und nicht nur an die zum Handeln berufenen Menschen wenden(73).

Hafter führt aus, daß durch die Strafe in gesetzmäßiger Weise rechtlich geschützte Interessen getroffen werden sollten. Ob dabei die "Nervenstränge" des Einzelnen stärker oder schwächer oder gar nicht reagierten, komme für den modernen Strafbegriff nicht immer in Betracht. Daß der Verband solche Interessenverletzungen nicht in der gleichen Weise fühle wie der einzelne Mensch, sei ganz nebensächlich. Eine solche gesetzmäßige Verletzung von Verbandsinteressen sei also Strafe i.e.S.(74).

Seiler meint, daß das Erfordernis der Strafempfänglichkeit nicht notwendig sei. Diese Auffassung müßte sonst in letzter Konsequenz zur

---

67 vgl. Jescheck, DÖV 53,593,542

68 vgl. Jescheck, SchwZStrR (1955) 70,243,259 f

69 vgl. Goetzeler, S.227

70 vgl. Schmitt, S.196

71 Referat zum 40. DJT, E 43

72 Gutachten zum 40. DJT, S.86

73 vgl. Busch, S.71

74 vgl. Hafter, S.126 ff

Straffreiheit unverbesserlicher Verbrecher führen. Eine Strafe verliere auch dann ihren Strafcharakter nicht, wenn sie nicht als Übel empfunden werde(75).

Auch **Rotberg** hat der These widersprochen, nach der ein Verband durch Strafe nicht ansprechbar sei. Ihren Zweck könnten Schuldvorwurf und Strafe schon dann erfüllen, wenn sie Motivationskraft für die Willensbildung und im weiteren Sinne für die Betätigung des Verbandes hätten. Er meint, es wäre lebenswidrig, die Ansprechbarkeit eines Verbandes durch das in der Strafe zum Ausdruck kommende Unwerturteil der staatlichen Gemeinschaft und durch den mit ihr verbundenen Rechtsgüterverlust schlechthin leugnen zu wollen. Der Verbandsstrafe komme besondere Wirkung gerade auch für das Wirksamwerden von Minderheiten zu(76).

e) Die Gerechtigkeit der Bestrafung juristischer Personen

Die Gegner der Verbandsstrafe bestreiten die Gerechtigkeit der Bestrafung juristischer Personen hauptsächlich mit dem Argument, daß durch die Mitbestrafung unschuldiger Mitglieder und der Doppelbestrafung der schuldigen Einzeltäter der Grundsatz des ne bis in idem (Verbot der Doppelbestrafung, Grundsatz der Einmaligkeit der Strafverfolgung, gewährleistet in Art.103 Abs.3 GG) verletzt werde(77).

Bei der Argumentation spielt die deutsche Nachkriegserfahrung eine große Rolle, die zu einer hohen Sensibilität gegenüber jeglicher Form der Kollektivhaftung geführt hat. **Henkel** weist z.B. darauf hin, daß es zwar das Kollektivum sei, das in weitem Ausmaß die Verhaltensweisen der Einzelnen und das Gesamtgeschehen bestimme. Es sei dann naheliegend, auch die Verantwortlichkeit für dieses Geschehen einem scheinbar autonom gewordenen Gesamtwillen aufzubürden. Gerade unsere tragische Erfahrung habe jedoch gezeigt, daß diese scheinbar kollektive Verantwortlichkeit sich eben doch am Einzelnen auswirke, denn in der Auseinandersetzung der großen Kollektive untereinander werde der Einzelne in einem Ausmaß belastet, das seiner persönlichen Schuldbeteiligung völlig inadäqut sei(78). Auch **Seiler** ist der Ansicht, daß auf diese Art die heute allgemein verpönte Kollektivstrafe wieder eingeführt werden solle und daß dieser Gedanke jedem gesunden Rechtsempfinden aufs Äußerste widerstrebe(79).

----

75 vgl. Seiler, S.84; vgl. auch Schwander, Festgabe für Gutzwiller, 1959, S.603,614

76 vgl. Rotberg, S.203 f

77 vgl. Heinitz, Gutachten zum 40. DJT, S.65,89 f; Engisch, Referat zum 40. DJT, E 7,38; Hartung, Referat zum 40. DJT, E 43 f; Goetzeler, S.228 f; R. Schmitt, S.196; Seiler, S.86; Jescheck, SchwZStrR (1955) 70,259 f; Huss ZStW 90,237,246

78 vgl. Henkel, Momentum Bambergense, Festgabe für Benedikt Kraft, 1955, S.106,127

79 Seiler, S.91

Hafter führt demgegenüber aus, die Schuld des Ganzen und die der handelnden Einzelpersonen müßten auseinandergehalten werden. Bei dieser Betrachtungsweise werde klar, daß jeder Teil nur gemäß seiner Schuld bestraft und der Grundsatz ne bis in idem nicht verletzt werde(80). Es würden strafweise nur diejenigen Rechtsgüter verletzt, die dem Verband als solchem zustehen: sein Vermögen, seine Ehre, seine Privilegien, usw. Bei gewissen Verbandsstrafen werde allerdings auch jedes einzelne Mitglied in Mitleidenschaft gezogen. Das bedeute aber nicht eine Bestrafung der einzelnen Verbandsmitglieder, sondern sei nur Folge der dem Verband auferlegten Strafe. die sich mit der Bedrängnis einer Familie vergleichen lasse, deren Haupt bestraft werde (81). Bei den Strafen, die notwendig auf jedes einzelne Verbandsmitglied zurückwirkten und bei denen ein Leiden der Einzelpersonen unabwendbar sei, müsse der Staat dem Einzelnen eine Entschädigung leisten(82).

Busch geht von der Schwierigkeit aus, den aktiven Tatanteil der einzelnen Verbandsgenossen festzustellen(83). Wollte man die Strafhaftung auf ursächliches Verhalten aller Genossen gründen, müßte ein für die Gesamtwirkung ursächlicher Tatanteil vermutet werden(84). Diese Vermutung entspreche zum Teil der Wirklichkeit, zum Teil entspreche sie ihr nicht. Nicht gegeben sei eine Entsprechung insbesondere bei den Aktiengesellschaften, bei denen sich das Moment der persönlichen Mitwirkung der Genossen verflüchtige. Da auch eine positiv-rechtliche Schuldbeziehung der einzelnen Verbandsgenossen zum Verbandsdelikt praktisch nicht feststellbar sei, müßte auch eine entsprechende Schuldvermutung aufgestellt werden(85). Busch kommt zu dem Zwischenergebnis, daß die kollektive Strafe demnach für einen kleineren oder größeren Teil der Verbandsgenossen Strafe ohne Einzeltatschuld sei, also an sich die Gerechtigkeit der Bestrafung juristischer Personen zu verneinen sei(86). Hierbei bleibt Busch jedoch nicht stehen, sondern fährt fort, daß unter einer gerechten Regelung schließlich eine gute Regelung zu verstehen sei. Hier diene der Strafzwang aber einem als gut bewerteten Zweck, nämlich der Unterdrückung sozialschädlicher Handlungen. Von reiner Zweckmäßigkeit könne deshalb keine Rede sein. Der Einzelne müsse allerdings als Persönlichkeit geachtet werden(87). Diese Persönlichkeitsachtung sieht Busch dadurch gewährleistet, daß in gewissen Lebensverhältnissen die Gefahr, daß Gemeinschaftsinteressen verletzt werden, so groß sei und die gefährdeten Gemeinschaftsinteressen so wichtig seien, daß die Rechtsordnung hier an den Einzelnen

---

80 vgl. Hafter, S.128,130

81 vgl. Hafter, S.131

82 vgl. Hafter, S.137 f

83 vgl. Busch, S.167

84 vgl. Busch, S.170

85 vgl. Busch, S.172 f

86 vgl. Busch, S.180

87 vgl. Busch, S.182

aufs äußerste gesteigerte Anforderungen stellen müsse, um die Vermeidung rechtswidriger Handlungen besorgt zu sein. Jene Lebensverhältnisse seien mit einem **gesteigerten strafrechtlichen Risiko** verbunden(88). Mit dem Beitritt zum Verband übernehme der einzelne Genosse, wenn die Strafbarkeit juristischer Personen festgelegt wäre, bewußt dieses Risiko(89). Diese Betrachtung müsse noch eine Ergänzung durch den **Gedanken der Schicksalsgemeinschaft** erhalten: die Strafhaftung des einzelnen Genossen sei Ausdruck und Folge seines Teilhabens an der Gemeinschaft und seiner Verbundenheit mit ihrem Schicksale. Der einzelne Genosse hafte aber nicht mit seinen individuellen Gütern, sondern nur mit den Gemeinschaftsgütern. Das Strafübel treffe ihn nur mittelbar und nach Maßgabe seines Teilhabens an den Verbandsgütern. Indem er also einerseits nur als Glied einer staatsunterworfenen Gemeinschaft und nur nach Maßgabe seines Teilhabens an dieser Gemeinschaft verantwortlich gemacht werde, andererseits aber auch gerade, weil er Mitglied der Gemeinschaft sei und als solches an ihr teilhabe, werde er als Persönlichkeit geachtet(90). Der Gedanke des gesteigerten strafrechtlichen Risikos und der Schicksalsgemeinschaft führen Busch also dazu, die Gerechtigkeit der Bestrafung juristischer Personen zu bejahen.

Gegen den Risikogedanken wendet sich **Jescheck** mit der Begründung, es handele sich um ein erlaubtes Risiko, das wohl Schadensersatz, niemals aber einen Schuldvorwurf nach sich ziehen könne(91). Auch **R. Schmitt** erscheint Busch's Gedanke der Schicksalsgemeinschaft nicht tragfähig. Es handele sich hierbei lediglich um eine wissenschaftliche Ausprägung des Sprichwortes "mitgegangen, mitgefangen, mitgehangen". Dieses Wort enthalte aber keine Rechtfertigung für das "Hängen", sondern nur den Verzicht auf eine Rechtfertigung und das schlecht verhohlene Eingeständnis begangenen Unrechts. Auch der Risikogedanke sei nicht haltbar, da die Herbeiführung einer strafrechtlichen Gefahr allein doch höchstens die Anwendung einer Sicherungsmaßregel rechtfertigen würde, niemals aber die Verhängung einer Strafe(92).

Zu den Befürwortern der Gerechtigkeit der Bestrafung juristischer Personen gehört dagegen **Schwander.** Er führt aus: Der organisierte Betrieb, der die Mittel vieler auf einen gemeinsamen Zweck hin zusammenfasse und in dem die einzelnen Mitglieder oft unbemerkt und ohne nachhaltige Wirkung wechseln könnten, werde immer mehr als Zelle der Wirtschaft betrachtet; er erscheine als solcher dem Ganzen gegenüber verantwortlich und werde dadurch zum Normadressaten. Die Nachteile, die die Mitglieder durch die Bestrafung der Körperschaft erleiden würden, bestünden nicht in einem Schuldspruch gegen die Mitglieder und auch nicht in deren persönlichen Verurteilung oder Bestrafung; sei seien damit lediglich Folgen eines Risikos, welches die

---

88 vgl. Busch, S.183

89 vgl. Busch, S.187

90 vgl. Busch, S.188

91 vgl. Jescheck SchwZStrR (1955) 70, 243 ff, 259 f

92 vgl. R. Schmitt, S.197 f

Mitglieder durch den Beitritt zur juristischen Person eingegangen seien und das sich nicht wesentlich vom Risiko wirtschaftlicher Rückschläge unterscheide(93). **Rotberg**, der die Gerechtigkeit der Verbandsstrafe ebenfalls in diesem Sinne begründet, führt zusätzlich aus: Die Mitglieder hätten durch ihren Beitritt aus der gesteigerten Kraft des Verbandes Nutzen gezogen oder doch ziehen wollen. Ihre Teilnahme habe den Wirkungsgrad des Verbandes und damit zugleich die Möglichkeit des Mißbrauchs erhöht. Das rechtfertige es, sie als Mitträger der gemeinschaftlichen Verbandsgefahr unter den mittelbaren Nachteilen, die die Verbandsbestrafung für sie zur Folge haben könne, leiden zu lassen. Diese Nachteile würden als mehr oder weniger vermeidliche Begleiterscheinungen der durch den Zusammenschluß erstrebten Vorteile gewöhnlich einkalkuliert. Es handele sich auch nicht um eine Doppelbestrafung. Die Verbandsstrafe treffe nur den Verband und ihn nur einmal. Daß der einzelne Schuldige außerdem zur Verantwortung gezogen werde, sei so selbstverständlich wie etwa das Nebeneinanderverfolgtwerden von Tatteilnehmern(94).

Auch **v.Weber** tritt für die Gerechtigkeit der Bestrafung juristischer Personen ein. Unsere Rechtsordnung ermögliche es Verbänden, im sozialen Leben tätig zu werden. In diesem Bereich müsse dem Mißbrauch der ihnen eingeräumten sozialen Freiheit auch die strafrechtliche Verantwortlichkeit entsprechen, sie sei ihr notwendiges Korrelat, geradezu eine Forderung der Gerechtigkeit. Die Mitglieder würden zwar von der Verbandsstrafe betroffen, dies sei jedoch auch bei der herkömmlichen Strafe nichts Äußergewöhnliches. Die Familie könne im Bestraften den Ernährer, ein Gläubiger den zahlungsfähigen Schuldner verlieren(95). Der Grundsatz ne bis in idem verbiete nicht, einen Täter für eine Tat mit mehreren Strafen zu belegen. Er stehe nur einer erneuten Aburteilung einer bereits rechtskräftig abgeurteilten Tat entgegen(96).

Der **Bundesgerichtshof** hat in einer Entscheidung vom 27.10.1953 ausgeführt, daß die Bestrafung (einer GmbH) nicht dadurch ausgeschlossen werde, daß durch die Geldstrafe unter Umständen schuldlose Gesellschafter betroffen werden könnten. Soweit das der Fall sein sollte, sei ihnen mittelbar auch der wirtschaftliche Nutzen des strafbarene Geschäfts zugutegekommen(97). Im Anschluß an diese Entscheidung spricht sich auch **Wilfferodt** für die Gerechtigkeit der Bestrafung juristischer Personen aus. Er meint, die Verfechter der Meinung, daß mit der Bestrafung juristischer Personen vielfach auch Unschuldige

---

93 vgl. Schwander, Festgabe für Gutzwiller, 1959, S.603,616 f

94 vgl. Rotberg, Festschrift für den DJT, 1960, Bd.II, S.193,204 ff

95 vgl. v.Weber, JZ 53, 293,294 f; vgl. auch DRiZ 51,153,156; GA 54,237,239; aus der Diskussion des 40. DJT, E 61 ff; vgl. auch Bockelmann, Die moderne Entwicklung der Begriffe Täterschaft und Teilnahme im Strafrecht, in: Deutsche Beiträge zum VII Internationalen Strafrechtskongreß Athen 1957, S.46,65

96 vgl. v.Weber, GA 54,237,239

97 vgl. die Entscheidung des Bundesgerichtshofs vom 27.10.1953 in: JR 54,190

betroffen würden, unterschieden nicht zwischen "bestraft" und "von einer Strafe betroffen" werden. Letzteres sei Fernwirkung jeder Kriminalstrafe. Bei Wirtschaftsgesellschaften sei darüber hinaus der Gesellschafter, Aktionär oder Genosse gar nicht "unschuldig" in diesem Sinne: wer im Wirtschaftsleben Vorteile ernten wolle, müsse auch Nachteile und drohende Gefahren in Kauf nehmen. Die Gerechtigkeit gegenüber Einzelkaufleuten, denen der Tatgewinn durch das Strafurteil wieder weggenommen werden solle, gebiete, ihn auch der Handelsgesellschaft, die das gleiche Delikt begangen habe, wieder abzunehmen. Sonst würden die Grundlagen eines Wettbewerbs unter gleichen Bedingungen verschoben(98).

---

98 vgl. Wilfferodt, JR 54,190 f

V. HINWEISE AUF PARALLELITÄTEN IN DER ARGUMENTATION VON VERTRETERN DER STAATEN DES WESTLICHEN UND DES ÖSTLICHEN KULTURKREISES

Der Gegenstand der Untersuchung wird hinsichtlich der ausländischen Rechtsordnungen, deren Erkenntnisse zur Lösung der Problematik beitragen sollen, beschränkt auf Staaten des westlichen Kulturkreises. Es spricht aber einiges dafür, daß auch in den Staaten des östlichen Kulturkreises ähnliche Argumente vorgebracht werden. Dieses Phänomen soll exemplarisch dargestellt werden anhand des Internationalen Strafrechtskongresses in Bukarest 1929, an dem u.a. Vertreter folgender Länder teilgenommen haben: Belgien (Niko Gunsburg, R. Mommaert), Kuba (Jose Augustin Martinez); Frankreich (J.-A. Roux); Italien (Silvio Longhi, Salvatore Cigala); Polen (Ettinger); Rumänien (Jean Radulesco) und Jugoslawien (Thomas Givanovitch), und der Arbeiten von M.E. Hacker, einem Rechtsgelehrten aus Ungarn, und Cemil Halit Bengü, einem Türken, der seine Doktorarbeit in Genf über das Thema der strafrechtlichen Verantwortlichkeit juristischer Personen geschrieben hat. Der Gedankengang der beiden zuletzt genannten Autoren wird hier deshalb wiedergegeben, weil sie sich - außerhalb der untersuchten Länder - besonders eingehend mit der Frage der Strafbarkeit juristischer Personen befaßt haben.

1. DER INTERNATIONALE STRAFRECHTSKONGRESS IN BUKAREST 1929

Auch in Bukarest waren folgende Kriterien Gegenstand der Auseinandersetzungen:

- kriminalpolitisches Bedürfnis der Bestrafung juristischer Personen
- Handlungs- und Schuldfähigkeit juristischer Personen, wobei hier allerdings - anders als im deutschen Recht - die Argumente zu Handlungs- und Schuldfähigkeit vermengt wurden, so daß eine getrennte Darstellung nicht möglich ist
- Strafempfänglichkeit juristischer Personen
- Gerechtigkeit der Bestrafung juristischer Personen

a) Das kriminalpolitische Bedürfnis der Bestrafung juristischer Personen

Schon damals - im Jahre 1929 - war unter den Teilnehmern des Kongresses die Tatsache unumstritten, daß ein kriminalpolitisches Bedürfnis besteht, Sanktionen gegen sozial gefährliche juristische Personen vorzusehen. So wurde ausgeführt: Unbestreitbar sei, daß die Anzahl der juristischen Personen sich in den letzten fünfzig Jahren beträchtlich erhöht und sich ihre Rolle in modernen Leben stark entwickelt habe. Unter diesen juristischen Personen befänden sich solche, die über ein derartiges Kapital und über derartige Einflußmöglichkeiten verfügten, daß die öffentliche Gewalt darüber beunruhigt sein müsse und man von der Entstehung eines neuen Geldfeudalismus sprechen könne, der für die Staatenwelt viel gefährlicher sei als der Feudalismus des Mittelalters(1). Weltweit bestehe die Notwendigkeit, den Staat und die staatliche Gesellschaft mittels des Strafrechts gegen rechtswidrige Handlungen juristischer Personen zu schützen, die über eine weit größere Machtfülle verfügten als Einzelpersonen. Die Handlungen dieser juristischen Personen bedrohten die Grundlagen der Organisation des Staates und der Gesellschaft(2). Insbesondere die Macht der Wirtschaftsverbände sei für die soziale Ordnung immer dann gefährlich, wenn diese Macht zum Schaden anderer eingesetzt werde. Angesichts dieser Tatsache verlange die Défense sociale(3) die Zulassung der Strafbarkeit juristischer Personen. Diese Strafbarkeit sei das notwendige Pendant zu den immer größeren Rechten, die den Verbänden heutzutage zugebilligt würden(4). Es sei nur logisch, daß eine juristische Person, die heute Rechte ausüben könne, die früher nur natürlichen Personen zustanden, gezwungen werden könne, ihre Pflichten zu erfüllen, und daß sie die Regeln des Strafrechts nicht verletzen dürfe(5).

Die Vorgänge innerhalb einer juristischen Person seien so kompliziert, daß es manchmal schwierig sei, einer Einzelperson schuldhaftes Verhalten nachzuweisen und die Verantwortlichkeit dieser Einzelperson zu rechtfertigen. Was die Einzelperson anbetreffe, müßte man aus diesem Grunde häufig auf die Strafverfolgung überhaupt verzichten. Infolge dessen blieben flagrante Mißstände wegen technischer Schwierigkeiten straflos. Das aber verletze das Gerechtigkeitsgefühl und übe einen demoralisierenden Einfluß aus(6).

Die Verurteilung der natürlichen Person allein lasse in der Öffentlichkeit den unguten Eindruck der Unfähigkeit der Strafverfolgungsbehörden zurück, denn die öffentliche Meinung verurteile vor allem die juristische Person. Im übrigen müsse man sich frage, ob nicht die juristische Person die ihrem Erfüllungsgehilfen/Repräsentanten auferlegte Geldstrafe bezahle und ob sie nicht diejenige sei, die den Gewinn aus der Handlung ziehe(7).

b) Handlungs- und Schuldfähigkeit juristischer Personen

Bei diesem Diskussionspunkt gingen die Meinungen auseinander. Zum Teil wurde vom Bestehen eines eigenständigen Willens der juristischen

---

1 vgl. Roux, R.I.D.P. 1929, 239,244

2 vgl. Cigala, R.I.D.P. 1929, 260,273

3 vgl. B.II.2.b)ff)

4 vgl. Radulesco, R.I.D.P. 1929, 286,301 f; ähnlich Givanovitch, R.I.D.P. 1929, 306

5 vgl. Martinez, R.I.D.P. 1929, 234,238

6 vgl. Ettinger, R.I.D.P. 1929, 274,280

7 vgl. Gunsburg/Mommaert, R.I.D.P. 1929, 219,230

Person - Voraussetzung für Handlungs- und Schuldfähigkeit - ausgegangen. Juristische Personen würden heute nicht mehr als abstrakte Wesen betrachtet, sondern als reale Wesen, die ihren eigenen Willen hätten. Nach den Schlußfolgerungen der Gruppensoziologie zeige sich in jeder sozialen Gruppe ein von den Einzelwillen verschiedener höherer Wille, der dieser Gruppe zuzuordnen sei(8). Die juristischen Personen würden deshalb in der Rechtwirklichkeit genauso behandelt wie natürliche Personen. Das sei jedenfalls der vom Zivilrecht und vom öffentlichen Recht eingenommene Standpunkt, den sich auch das Strafrecht zu eigen machen sollte(9).

Der Gegenstandpunkt wurde insbesondere von **Roux** und **Ettinger** vertreten. Roux führte aus, daß es sich bei einer juristischen Person um ein Gebilde handele, das nicht aus sich selbst heraus wollen und fühlen könne. Man sehe sich hier einem ähnlichen Gebilde wie einen seelenlosen Körper gegenüber, der gezwungen sei, mittels natürlicher Personen zu handeln. Nur diese seien in der Lage, einen Willen zu bilden. Der Vergleich einer juristischen Person mit einem lebenden Wesen, das ein Gehirn habe und eigene Organe, der oft vorgenommen worden sei, sei zwar ein glänzendes, aber eben nur ein Bild(10). Grundvoraussetzung jeder strafrechtlichen Verantwortlichkeit sei das Vorhandensein von Verstand, Willen und "Verschulden". Das Bewußtsein der Menschen erleide zwar, wenn sie versammelt seien, eine manchmal positive, manchmal negative Änderung. Aber es bleibe doch immer das Bewußtsein der Einzelmenschen. Es werde kein neues Bewußtsein - das der Menschenmenge - geschaffen, es werde kein neuer Wille - der der Menge - geboren, es handele sich vielmehr um eine Zusammensetzung aus - allerdings deformierten und modifizierten - Einzelwillen, die sich gegenseitig beeinflußt hätten(11).

---

8 vgl. Radulesco, R.I.D.P.1929, 286,298; Gunsburg/Mommaert, R.I.D.P. 1929, 219,226 f; Cigala, R.I.D.P. 1929, 260,266

9 vgl. Radulesco, R.I.D.P. 1929, 286,298

10 vgl. Roux, R.I.D.P. 1929, 239,240. Auf diese Worte Roux's wird in der späteren Diskussion - insbesondere in Frankreich - immer wieder Bezug genommen, weshalb sie hier im Wortlaut wiedergegeben werden: " ...Punir une personnne morale, c'est déclarer coupable d'un délit et sensible à la peine un être qui ne veut pas et ne sent pas par lui-même, quelque chose comme un corps sans âme, obligé d'agir par l'intermédiaire de représentants physiques, seuls capables de volontés, seuls susceptibles de comprendre la valeur morale de la peine...La comparaison que l'on a fait souvent de la personne morale avec un être vivant ayant un cerveau et des organes propres, demeure une image brillante mais n'est au fond, qu'une simple image ..."

11 vgl. Roux, R.I.D.P. 1929, 239,242. Auch diese Worte werden wegen der Berühmtheit, die sie später erlangt haben, hier im Wortlaut wiedergegeben: "...Il n'est pas crée un esprit nouveau, celui de la foule; il n'est pas donné naissance à une volonté nouvelle, celle de la multitude; celle-ci est la composante des volontés individuelles mais des volontés deformées, modifiées ayant agi et reagi les unes sur les autres ..." ähnlich Ettinger, R.I.D.P. 1929, 274, 277.

Einen von den beiden konträren Standpunkten abweichenden Gedankengang entwickelte **Givanovitch.** Er stellte zunächst fest, daß die Straftat als körperliches Substrat eine menschliche Handlung, also eine Körperbewegung oder die Unterlassung einer derartigen Bewegung erfordert. Juristische Personen seien jedoch fiktive Rechtssubjekte und **als solche** nicht in der Lage, Körperbewegungen vorzunehmen. Auch das subjektive Element der Straftat, ein psychisches Phänomen, könne bei der juristischen Person nicht vorliegen, da bei fiktiven Gebilden keine psychischen Prozesse ablaufen könnten. **Als solche** könnten juristische Personen also keine Straftäter sein. Givanovitch folgerte daraus, daß die juristische Person, soweit sie strafrechtlich verantwortlich sei, nicht ein Täter unter anderen Tätern sei, sondern eine Sonderform des Täters. Sie sei der "fiktive" Täter, im Gegensatz zu der anderen Sonderform, dem natürlichen Täter. Juristische Personen könnten auch nur für die Handlungen für strafrechtlich verantwortlich gehalten werden, die ihre Organe in ihrem Namen und in ihren Funktionen als gesetzliche Vertreter der juristischen Person vornähmen. Nur in diesen Fällen erscheine die Handlung logisch und juristisch als Handlung der juristischen Person selbst(12).

c) Strafempfänglichkeit juristischer Personen

Gegen die Auffassung, daß juristische Personen - mangels eigenem Gewissen - die Auswirkungen der Strafe nicht empfinden und auch nicht abgeschreckt werden könnten, wandten sich insbesondere **Radulesco, Cigala und Gunsburg/Mommaert.** Die juristische Person besitze ein eigenes Bewußtsein, das zur Voraussicht in der Lage sei und gebildet werde aus der Vereinigung der Einzelwillen ihrer Mitglieder, aus der ein der juristischen Person eigener Gemeinschaftswille entstehe. Die Verhängung einer Sanktion wirke sich dahingehend aus, daß sie indirekt auf diese vielen Einzelwillen einwirke und so eine Neuorientierung des Willens der fraglichen juristischen Person zur Folge habe. Deswegen könne der Zweck der Sanktion auch bei juristischen Personen erreicht werden(13). Insbesondere die Geldstrafe könne sowohl die anderen durch das Beispiel und die Drohung als auch die schuldige juristische Person durch die Ahndung der Tat abschrecken. Mindestens indirekt würden auch diejenigen betroffen, die für die juristische Person "gewollt" hätten und so dazu veranlasst, nicht wieder auf diese Art und Weise vorzugehen(14).

d) Die Gerechtigkeit der Bestrafung juristischer Personen

Unter diesem Gesichtspunkt wurde - wie im deutschen Recht - diskutiert, ob nicht dadurch, daß die juristische Person als solche bestraft

---

12 vgl. Givanovtich, R.I.D.P. 1929, 306,307 f

13 vgl. Radulesco, R.I.D.P. 1929, 286,300

14 vgl. Gunsburg/Mommaert, R.I.D.P. 1929, 219,227; Cigala, R.I.D.P. 1929, 260,267

würde, in Wirklichkeit ihre unschuldigen Mitglieder (mit-)bestraft würden und dadurch der Grundsatz, daß jeder nur für seine eigenen Taten einzustehen habe, verletzt werde. Von den Befürwortern der Strafbarkeit juristischer Personen wurde vorgebracht, daß die Mitglieder der juristischen Person ja nicht die Strafe selbst erleiden müßten, sondern nur ihre indirekten Auswirkungen, genauso wie die Verurteilung eines Familienvaters notwendig Auswirkungen auf die unschuldigen Familienmitglieder habe. Man müsse nur durch die Auswahl der Sanktionen darauf achten, daß diese indirekten Nachteile so gering wie möglich gehalten würden(15). Die juristischen Personen hätten hier für ihr eigenes Verhalten einzustehen(16). Es handele sich auch nicht um eine Doppelbestrafung, bei der die Schuldigen mit den Unschuldigen vermengt würden, denn die strafrechtliche Verantwortlichkeit der handelnden natürlichen Personen und die der juristischen Person sei völlig getrennt voneinander zu betrachten(17).

Roux wandte gegen diese Argumentation ein, es sei zwar richtig, daß die Auswirkungen der Strafe ganz allgemein nicht auf den Schuldigen beschränkt werden könnten. Die daraus gezogene Schlußfolgerung beruhe aber auf einem Mißverständnis des Prinzips der Höchstpersönlichkeit der Strafe. Dieses Prinzip besage nur, daß die direkte und unmittelbare Wirkung der Strafe auf den Täter beschränkt werden müsse. Hier sei es jedoch so, daß durch Geldstrafen Güter getroffen würden, die in Wirklichkeit das Eigentum der Mitglieder der juristischen Person seien. Die Strafe wirke sich also direkt und unmittelbar auf die Mitglieder aus(18). Der Grundsatz, daß die Minderheit die Konsequenzen der Entscheidungen der Mehrheit mitzutragen habe, möge seine Bedeutung im Zivilrecht haben, im Strafrecht erscheine er als ausgesprochen ungerecht. Wenn man ihn auch im Strafrecht durch die Einführung der Strafbarkeit juristischer Personen anerkennen wollte, bedeutete das keinen Fortschritt, sondern einen Rückfall in den Rechtszustand früherer Jahrhunderte(19). Man müsse sich die Frage stellen, ob nicht die Verurteilung Unschuldiger das Gerechtigkeitsgefühl stärker verletze als die Straflosigkeit Schuldiger(20).

Roux und **Ettinger** haben also unter dem Aspekt der Gerechtigkeit der Bestrafung juristischer Personen und dem ihrer Handlungs- und Schuldfähigkeit grundsätzliche Bedenken, gegen juristische Personen eine Strafe zu verhängen. Sie sprechen sich jedoch für ein Maßregelsystem aus, um den Erfordernissen einer wirksamen Défense sociale entgegenzukommen(21).

---

15 vgl. Radulesco, R.I.D.P. 1929, 286,299

16 vgl. Longhi, R.I.D.P. 1929, 246,249

17 vgl. Cigala, R.I.D.P. 1929, 260,268 ff

18 vgl. Roux, R.I.D.P., 239,240 f, so auch Ettinger, R.I.D.P. 1929, 274,278 f

19 vgl. Roux, R.I.D.P. 1929, 239,240,243

20 vgl. Ettinger, R.I.D.P. 1929, 274,280

21 vgl. Roux, R.I.D.P. 1929, 239,245; Ettinger, R.I.D.P. 1929, 274, 284

Nach diesen vorausgegangenen Beiträgen hat der 2. Internationale Strafrechtskongreß folgende **Stellungnahme** abgegeben:

"Der 2. Internationale Strafrechtskongreß stellt das ständige Anwachsen und die wachsende Bedeutung juristischer Personen fest und anerkennt, daß sie im modernen sozialen Leben soziale Machtfaktoren darstellen. Er erkennt, daß die rechtliche Ordnung jeder Gesellschaft stark gefährdet werden kann, wenn die Tätigkeit juristischer Personen eine Verletzung des Strafgesetzes darstellt und drückt den Wunsch aus:

1. daß im internationalen Strafrecht wirksame Maßnahmen der Sozialverteidigung gegen juristische Personen vorgesehen werden, wenn es sich um Delikte handelt, die mit dem Ziel, ein gemeinschaftliches Interesse dieser Personen zu befriedigen oder mit den von ihnen zur Verfügung gestellten Mitteln, begangen wurden und die deshalb ihre Verantwortlichkeit nach sich ziehen
2. daß die Verhängung von Maßnahmen der Sozialverteidigung gegenüber der juristischen Person eine strafrechtlichen Verantwortlichkeit für dasselbe Delikt derjenigen natürlichen Personen nicht ausschließen soll, denen die Verwaltung oder die Leitung der Interessen der juristischen Person obliegt oder die das Delikt mit den von der juristischen Person zur Verfügung gestellten Mitteln begangen haben"(22).

2. HACKER

Nach Hacker verfügen Personenmehrheiten über eine ungeheure Macht, die sich insbesondere im heutigen kapitalistischen Wirtschaftssystem

---

22 Le deuxième Congrès International de droit pénal: Constatant l'accroisement continuel et l'importance des personnes morales et reconnaissant qu'elles représentent des forces sociales dans la vie moderne; considérant que l'ordre légal de toute societé peut être gravement atteint quand l'activité des personnes morales constitue une violation de la loi pénale; émet le voeu:

1. Qu'il soit établi en droit pénal interne des mesures efficaces de défense sociale contre les personnes morales lorqu'il s'agit d'infractions perpétrées dans le but de satisfaire l'intérêt collectif des dites personnes ou avec des moyens fournis par elles et qui entraînent ainsi leur responsabilité
2. Que l'application des mesures de défense sociale à la personne morale ne doit pas exclure la possibilité d'une responsabilité pénale individuelle, pour la même infraction, des personnes physiques, qui ont l'administration ou la direction des intérêts de la personne morale ou qui ont commis l'infraction par des moyens fournis par la personne morale"
vgl. R.I.D.P. 1930, 10 f

zeige(23). Man billige juristischen Personen immer mehr Rechte zu. Ihre Pflichten müßten in Relation zu diesen Rechten stehen und deshalb seien wir gezwungen, die strafrechtliche Verantwortlichkeit juristischer Personen anzuerkennen. Ansonsten werde es immer schwieriger werden, die soziale Ordnung insbesondere gegen den wachsenden Einfluß des Kapitalismus und gegen große juristische Personen zu bewahren(24).

Juristische Personen existierten unabhängig von ihren Mitgliedern und von anderen Einzelpersonen. Das Zivil- und das Verwaltungsrecht behandele sie genauso wie Einzelpersonen. Sie könnten Güter besitzen, Schuldner und Gläubiger sein, eigene Rechte und Pflichten unabhängig von denen ihrer Mitglieder haben. Als Konsequenz dieser unabhängigen Existenz hätten sie auch einen eigenen Willen und könnten unabhängig von ihren Mitgliedern handeln. Diese unabhängige Existenz werde durch den Umstand unwiderlegbar bewiesen, daß der Wille und die Handlungen der juristischen Person oft vom Willen und den Handlungen ihrer einzelnen Mitglieder verschieden seien, nämlich dann, wenn die Handlungen nicht einstimmig beschlossen werden, sondern auf den Mehrheitsprinzip beruhten. Die Vereinigung der Einzelwillen, die Bildung und die Ausführung des gemeinschaftlichen Willens sei allerdings nur möglich, wenn ein dazu geschaffenes Organ vorhanden sei. Der Wille einer juristischen Person könne sich nur vermittels einer natürlichen Person realisieren(25).

Gegen das Argument, daß die Bestrafung der juristischen Person auch Unschuldige treffe, wendet Hacker ein, daß sich dessen jeder, der Mitglied der juristischen Person werde, bewußt sein müsse. Außerdem könne man nur so die wahren Übeltäter treffen, denn die Bestrafung der Organe bedeute nur eine Bestrafung der Werkzeuge der juristischen Person, die in der Regel die Straftaten nicht aus eigener Initiative heraus begehen würden. Ohne die strafrechtliche Verantwortlichkeit juristischer Personen wäre das Recht oft gezwungen, den wirklichen Straftäter unbestraft zu lassen(26). Außerdem müßten auch die unschuldigen Familienmitglieder unter der Bestrafung des Familienvaters leiden. Stärker als die Familienmitglieder würden die Mitglieder der juristischen Person aber auch nicht betroffen(27). Hacker hat allerdings, was die Verschuldensfähigkeit juristischer Personen anbetrifft, "gewisse Zweifel" und befürwortet deshalb die Anwendung von Maßregeln, die keine moralische Verurteilung beinhalteten(28).

---

23 vgl. Hacker, Les corporations et le problème de leur activité et responsabilité pénale, R.I.D.P. 1924, 128

24 vgl. Hacker, R.I.D.P. 1924, 128,135

25 vgl. Hacker, R.I.D.P. 1929, 128,130 ff

26 vgl. Hacker, R.I.D.P. 1924, 128,135

27 vgl. Hacker, R.I.D.P. 1929, 128,137

28 vgl. Hacker, R.I.D.P. 1929, 128, 137 ff

3. BENGÜ

Zu dem selben Ergebnis (Befürwortung von Maßregeln) kommt Bengü. Die Arbeit von Cemil Halit Bengü ist in zwei Teile gegliedert. Im **"theoretischen Teil"** setzt sich der Autor ausführlich mit der Fiktionstheorie und der Theorie der realen Verbandsperson und ihren Differenzierungen auseinander und kommt zu dem Ergebnis, daß es unmöglich sei, einen eigenen Willen der juristischen Person, unabhängig von den Einzelwillen der Mitglieder, festzustellen(29). In Wahrheit sei nur die Einzelperson Rechtssubjekt. Metaphysisch betrachtet sei es immer nur ein menschlicher Wille, der zugrunde liege, praktisch müsse oder könne dieser so angesehen werden, als bilde er den Willen der Gruppe. Was man als Willen der juristischen Person bezeichne, sei nichts anderes als der Wille ihrer Organe, der sich nach denselben psychologischen Vorgängen bilde, wie wenn die Organe für sich selber handeln wollten (30). Es sei für den Gesetzgeber im Bereich des Zivilrechts notwendig, auf die Theorie der Repräsentation zurückzugreifen, um die geschäftlichen Beziehungen zu erleichtern, im Strafrecht gehe das nicht, weil man nur einen wirklich schuldhaften Willen bestrafen könne(31). Wenn dieser eigene Wille der juristischen Person aber nicht vorhanden sei, könne er weder schuldhaft sein noch bestraft werden(32). Außerdem sei eine juristische Person nicht straffähig, denn Strafe setze ihrem Wesen nach ein Leiden voraus. Wer aber - wie die juristische Person'- keine Organe habe, die empfinden und fühlen können, könne auch nicht leiden. Darüber hinaus könnten die Strafzwecke nur erreicht werden wenn der Straftäter die moralische Bedeutung der Strafe verstehe. Auch das sei bei juristischen Personen nicht möglich(33).

Im **"praktischen Teil"** stellt Bengü allerdings fest, daß das System der Verantwortlichkeit der Einzelpersonen allein unzureichend sei. Es sei in der Tat äußerst schwierig, in dem komplexen Mechanismus einer juristischen Person die schuldige Einzelperson zu finden und ihre Schuld zu beweisen. Es gebe Fälle, in denen die Tatsache, daß ein Delikt begangen worden sei, objektiv erwiesen sei, eine Strafe jedoch mangels Nachweises des Verschuldens nicht ausgesprochen werden könne. Es sei für die juristischen Personen sogar möglich, der Justiz einen Pseudo-Straftäter auszuliefern und so den wahren Schuldigen der Strafverfolgung zu entziehen. In den seltenen Fällen, in denen die wahren Schuldigen ermittelt werden könnten, seien die diesen auferlegten Strafen weit davon entfernt, dem Gerechtigkeitsgefühl zu genügen und die menschliche Gesellschaft vor der Wiederholung der selben Handlungen durch andere zu bewahren. Die Häufigkeit der im Rahmen von juristischen Personen begangenen Delikte und die Unzulänglichkeit des Systems der Verantwortlichkeit der Einzelpersonen zeigten, daß

---

29 vgl. Bengü, La responsabilité penale des groupements de personnes (spécialement des personnes juridiques), S.69

30 vgl. Bengü, S.71

31 vgl. Bengü, S.75

32 vgl. Bengü, S.79

33 vgl. Bengü, S.84

die menschliche Gesellschaft sich einer Gefahr und der Notwendigkeit ihrer Bekämpfung gegenüber sehe(34). Die juristische Person stelle ein gefährliches Werkzeug dar, eine objektiv gefährliche Situation, gegen die man sich mit geeigneten Mitteln schützen müsse(35).

---

34 vgl. Bengü, S.111 ff

35 vgl. Bengü, S.115 ff; S.140 ff zählt der Autor die Maßregeln auf, die nach seiner Meinung auf juristische Personen anwendbar sind

B.

DER MEINUNGSSTAND IN GROSSBRITANNIEN, DEN USA, FRANKREICH, BELGIEN UND DEN NIEDERLANDEN

I. GROSSBRITANNIEN UND USA

1. ALLGEMEINE STRAFRECHTSGRUNDSÄTZE, DIE IN BEIDEN LÄNDERN GELTEN

a) Besonderheiten des (Straf-)Rechtssystems

In Großbritannien und in den USA gilt das anglo-amerikanische Recht. Es unterscheidet sich insofern wesentlich vom deutschen Recht, als bei uns dogmatische Überlegungen im Vordergrund stehen, während es im anglo-amerikanischen Recht eher pragmatische Gesichtspunkte sind, denen der Vorrang eingeräumt wird. Das anglo-amerikanische Strafrecht ist "nicht so sehr Gegenstand allgemeiner dogmatischer Überlegungen", es wird vielmehr "rein unter dem pragmatischen Gesichtspunkt des Dienstes an der öffentlichen Sicherheit, Ordnung und Wohlfahrt verstanden"(1).

Dieser Andersartigkeit der Denkweise entsprechen die beiden Rechtsquellen des anglo-amerikanischen Rechts: common law einerseits, statutes andererseits, wobei das Strafrecht sich in beiden Rechtsquellen findet. Das **common law** ist derjenige Teil des anglo-amerikanischen Rechts, der nicht auf der Gesetzgebung beruht(2), sondern auf der kontinuierlichen Folge richterlicher Fallentscheidungen(3), den sog. precedents. Nach der doctrine of the precedent besteht bei Entscheidungen der Obergerichte Bindungswirkung für die Untergerichte, soweit es um die ratio decidendi geht, nicht dagegen soweit nur obiter dicta vorliegen. In der Regel ist auch das Obergericht selbst an seine eigene frühere Entscheidung gebunden(4). Dabei bildet das common law der Bedeutung nach die Regel und das gesetzte Recht (**die statutes**) die Ausnahme(5). Der Grund für die nach wie vor sehr große Bedeutung des common law liegt darin, daß in Großbritannien zwar die wesentlichen Straftaten des common law in gesetzlichen Bestimmungen, den statutes, normiert wurden. Eine ähnliche Entwicklung fand auch in den USA statt, wo zunächst das englische Recht mit nur geringfügigen Modifikationen übernommen wurde. Der Bereich des statutory law wuchs und wächst hier ständig an (auf der Bundesebene das federal law,

---

1 vgl. Jescheck, SchwZStrR (1955) 70,243,256

2 vgl. Cross and Jones'Introduction, S.7

3 vgl. Grünhut, in: Das ausländische Strafrecht der Gegenwart, Bd.3, S.140

4 vgl. Cross and Jones'Introduction, S.9

5 vgl. Grünhut, S.180

auf der einzelstaatlichen Ebene das state law); die neuen Gesetze nahmen jedoch praktisch die meisten Delikte des common law auf und waren und sind im übrigen auch so auszulegen, daß sie mit dem common law in Einklang stehen. Darüber hinaus ist in Ermangelung von unserem Allgemeinen Teil entsprechenden allgemeinen Normen für diesen Bereich auf die generellen Regeln des common law zurückzugreifen(6).

Dieses Ineinandergreifen von Vorentscheidungen und Einzelgesetzen bewirkt, daß das anglo-amerikanische Recht in besonderem Maße anpassungs- und entwicklungsfähig ist, was wiederum dem pragmatischen Sinn seiner Rechtsanwender entspricht.

b) Strafzwecke (justification of punishment)

Auch in der Gewichtung der Strafzwecke zeigt sich die Besonderheit anglo-amerikanischen Rechtsdenkens. Die herrschende Meinung räumt dem Strafzweck der Generalprävention und der "protection of social interests" den Vorrang ein. In Commonwealth v.Ritter(7) betont das Gericht, daß das Element der Abschreckung einer der wichtigsten Strafzwecke sei. Diesen Aspekt hebt auch **Sayre**(8) hervor: Strafe werde denen auferlegt, die die Interessen der Allgemeinheit (social interests) verletzen oder bedrohen, zum Teil zum Zwecke der Besserung, zum Teil, um die Fortsetzung des asozialen Verhaltens (anti-social activity) zu verhindern und zum Teil, um andere abzuschrecken(9). Hauptziel des Strafrechts ist also, die Gesellschaft zu schützen. Die Strafe dient als Mittel, den Straftäter zu bessern und andere von ähnlichem Verhalten abzuschrecken. Zwar meint Hall, daß eine "integrative view", die alle Strafzwecke einschließt, also Schuldausgleich, Abschreckung und Besserung, sich einer steigenden Anerkennung erfreue(10), jedoch bleibt die Abschreckung (deterrence) der erhabenste (chief civilized) Zweck des Strafrechts(11).

---

6 vgl. Bähr, Strafbarkeit ohne Verschulden (strict liability) im Strafrecht der USA, S.30 ff; Honig, in: Das ausländische Strafrecht der Gegenwart, Bd.4, S.35,42 f

7 vgl. Supreme Court of Philadelphia, 1930, zitiert nach Kadish/ Paulsen, Cases and Materials, S.1,3

8 vgl. Sayre, Criminal responsibility for the acts of another, 43 H.L.R. (1930) 689,717; vgl. auch Note 60 H.L.R. (1946) 283,285

9 vgl. Kadish/Paulsen, Cases and Materials, S.136, Fn zu Commonwealth v. Koczwara (1959)

10 vgl. Hall, General Principles of Criminal law, S.303,308

11 vgl. Henry W. Edgerton, Corporate Criminal Responsibility 38 Y.L.J. (1927) 827,833

c) Grundlagen der strafrechtlichen Verantwortlichkeit

Grundsätzlich beruht die strafrechtliche Verantwortlichkeit im anglo-amerikanischen Recht auf zwei Voraussetzungen, die sich in der Maxime "An act does not make a person legally guilty unless the mind is legally guilty" zusammenfassen lassen(12). Mit anderen Worten ausgedrückt, setzt eine Straftat das Vorliegen einer objektiven und einer subjektiven Komponente voraus. Die objektive Komponente, die rechtwidrige Tatbestandsverwirklichung, wird als **actus reus** bezeichnet, die subjektive Komponente, die mens rea, betrifft die geistige Einstellung des Täters zu seiner Tat. Beide Elemente müssen zusammentreffen, um die Strafbarkeit eines Verhaltens zu begründen (principle of concurrence).

aa) actus reus

Der actus reus wird als die Handlung oder Unterlassung verstanden, die das Strafrecht zusammen mit allen Begleitumständen und Folgen bezeichnet. Ausgenommen hiervon ist nur die geistige Einstellung (der state of mind) des Angeklagten(13). Der actus reus ist das Ergebnis menschlichen Verhaltens, das das Recht zu verhindern sucht(14). Allerdings muß die zugrundeliegende Körperbewegung, um eine strafrechtlich erhebliche Handlung zu begründen, bewußt (voluntary) sein. Keine Handlungen sind deshalb Reflexbewegungen, Bewegungen, die im Schlaf oder in bewußtlosem Zustand oder unter Hypnose vorgenommen werden, oder Bewegungen, die durch vis absoluta erzwungen werden(15). Es ist auch ein allgemeines Prinzip des anglo-amerikanischen Strafrechts, daß niemand für das Handeln anderer strafrechtlich verantwortlich ist, es sei denn, er leitet den anderen an oder ermutigt ihn oder hilft ihm. Der Täter muß also persönlich handeln und selbst die verwerflichen Gedanken denken, wenn nicht der Gesetzgeber - was ihm im Rahmen seiner Souveränität grundsätzlich erlaubt ist - im Falle eines statutory crime etwas anderes festgelegt hat(16).

Wie im deutschen Recht sind auch im anglo-amerikanischen Recht Unterlassungsdelikte möglich, vorausgesetzt, der Täter hat eine rechtliche Pflicht zum Handeln und es ist ihm körperlich möglich, diese Handlung vorzunehmen, wobei festzustellen ist, daß der Bereich, in dem eine Pflicht zum Handeln besteht, ausgeweitet wurde(17).

---

12 vgl. Cross and Jones'Introduction, S.25; La Fave/Scott, Handbook on Criminal Law, S.192

13 vgl. Cross and Jones'Introduction, S.27 f

14 vgl. Kenny's Outlines of Criminal Law, S.17

15 vgl. La Fave/Scott, Handbook, S.177,180 f; Kadish/Paulsen, Cases and Materials, S.77

16 La Fave/Scott, Handbook, S.182

17 La Fave/Scott, Handbook, S.182 ff

bb) mens rea

Die mens rea umfasst neben dem Vorsatz (intent) auch die besondere, je nach Delikt erforderliche Absicht des Täters (specific intent, malice, scienter, usw.) und die recklessness, das ist diejenige Bewußtseinsform, bei der der Täter die konkrete Gefahr für das Handlungsobjekt erkennt, ohne den Eintritt des Erfolges als sicher vorauszusehen (Erfolgsverursachung unter bewußter Herbeiführung des Erfolgsrisikos)(18). Hinsichtlich der unbewußten Fahrlässigkeit (negligence) besteht Uneinigkeit(19). Die intention ist in zwei verschiedenen Formen anerkannt: einmal, wenn es dem Täter auf den Erfolg ankommt, unabhängig davon, wie groß die Wahrscheinlichkeit ist, daß dieser Erfolg aus seinem Verhalten resultiert; zum anderen, wenn der Täter weiß, daß sein Verhalten diesen Erfolg sicher herbeiführen wird, wie auch immer sein Wille in Bezug auf diesen Erfolg gestaltet sein mag(20). Dabei hat die mens rea nicht notwendig mit Begriffen wie schlechte Gesinnung oder Kenntnis des Bösen zu tun. Weder ist die Unkenntnis des Strafgesetzes seitens des Täters eine ausreichende Verteidigung noch die Auffassung des Täters, daß sein Verhalten nicht gegen die Sittenordnung verstoße. Es ist im allgemeinen auch irrelevant, ob der Täter aus einem "guten" oder "schlechten" Motiv heraus handelt(21). Die mens rea umfasst nicht das Bewußtsein, das Recht zu verletzen, sondern bezieht sich nur auf die einzelnen Bestandteile der Tat, die objektiv eine Rechtsverletzung darstellt(22). Die mens rea ist also die geistige Einstellung, die ihren Ausdruck in der bewußten Verwirklichung einer bestimmten Rechtsgutsverletzung findet. Das Prinzip der mens rea hat somit objektive ethische Bedeutung und ist von der Höhe der persönlichen Schuld des Täters, bei deren Festsetzung seine Motive eine Rolle spielen, verschieden(23).

Da im anglo-amerikanischen Recht mehr als im deutschen Recht prozessuales und materielles Recht ineinander verschlungen sind, darf hier eine Besonderheit dieses Rechtskreises - was den Nachweis der mens rea anbetrifft - nicht unerwähnt bleiben. Im anglo-amerikanischen Recht spielen Tatsachenvermutungen (presumptions of fact) eine sehr wichtige Rolle. In Großbritannien und in den USA kann schon die reine Tatsache, daß der Angeklagte die verbotene Handlung vorgenommen hat, den Schluß rechtfertigen, daß er es vorsätzlich, in Kenntnis aller Umstände, tat. Dies wird damit begründet, daß es dem gesunden Menschenverstand entspreche, daß Menschen normalerweise

---

18 vgl. Thomas Weigend, Zwischen Vorsatz und Fahrlässigkeit, ZStW 93 (1981) 656,674,688

19 vgl. Bähr, strict liability, S.25

20 vgl. La Fave/Scott, Handbook, S.195

21 vgl. Cross and Jones'Introduction, S.30

22 vgl. Bähr, Strict liability, S.25; Honig, Das ausländische Strafrecht der Gegenwart, Bd.4, S.107; Grünhut, Das ausländische Strafrecht der Gegenwart, Bd.3, S.194 ff; Kadish/Paulsen, Cases and Materials, S.83

23 vgl. Hall, General Principles, S.104

die Umstände, unter denen sie handeln, kennen und voraussehen, was aus ihrem Verhalten folgt(24).

Das mens rea Prinzip ist fester Bestandteil des common law. Grundsätzlich darf also niemand einer strafbaren Handlung für schuldig befunden werden, wenn nicht seine innere Einstellung schuldhaft ist (unless he has a guilty mind)(25). Bei statutes, die Delikte des common law aufnahmen, galt die mens rea Doktrin des common law fort: in die statutes wurde im Wege der Auslegung ein mens rea Erfordernis hineininterpretiert. Probleme ergaben und ergeben sich aber dann, wenn der Gesetzgeber dem common law unbekannte Delikte normierte bzw. normiert und darin das mens rea Erfordernis nicht ausdrücklich aufnahm bzw. aufnimmt. Für die Gerichte stellte sich die Frage, ob sie auch hier das mens rea Erfordernis in die Tatbestände hineininterpretieren sollten oder ob sie annehmen sollten, daß die neuen gesetzlichen Tatbestände alle Bedingungen der Strafbarkeit enthielten. Die Antwort der Gerichte auf diese Frage hat zu der besonderen Kategorie der strict liability Delikte geführt.

d) Ausnahmen vom Prinzip der mens rea

Sowohl die strict liability (Strafbarkeit ohne Verschulden) als auch die vicarious liability (stellvertretende strafrechtliche Verantwortlichkeit) sind Wegbereiter für die Zulassung der Strafbarkeit juristischer Personen.

aa) strict liability

Bei bestimmten Delikten ist im anglo-amerikanischen Strafrecht eine Strafbarkeit ohne Verschulden (strict liability) zulässig.

Im **common law** gab es nur drei Fälle der strict liability:

- public nuisance (Vergehen gegen die öffentliche Ordnung)
- criminal libel (Verleumdung)
- criminal contempt of court(26)(27).

---

24 vgl. Cross and Jones'Introduction, S.56 f; Honig, Das ausländische Strafrecht der Gegenwart, Bd.4, S.108

25 vgl. Grünhut, Das ausländische Strafrecht der Gegenwart, Bd.3, S.197

26 Der Ausdruck "contempt of court" deckt eine ganze Reihe nicht leicht einzuordnender Handlungen ab. Man kann sie grob einteilen in:

- unvorsätzliche Beeinflußung des Ausganges eines bestimmten Prozesses durch vorherige, die Unvoreingenommenheit der Beteiligten notwendigerweise beeinträchtigende Veröffentlichungen
- vorsätzliche Störung des Ausgangs eines bestimmten Prozesses

Demgegenüber wird die strict liability im **statutory law** in immer größerem Ausmaße anerkannt. Folgende geschichtliche Hintergründe haben diese Entwicklung begünstigt:

- Die industrielle Revoltuion vervielfältigte die Anzahl von Arbeitern, die Gefahren ausgesetzt sind, welche von immer mächtigeren und komplexeren, von neu entdeckten Energiequellen betriebenen Mechanismen herrühren und die den Arbeitgebern größere Sorgfaltsmaßnahmen abfordern.
- Die Verkehrsverhältnisse nahmen ein nie bekanntes Ausmaß an, das den Reisenden unerträglichen Risiken aussetzen würde, wenn Halter und Fahrer nicht neue Sorgfaltspflichten und Regeln beachten müßten.
- Das Anwachsen der Städte und Großstädte und die wachsende Bevölkerungsdichte in den Städten verlangten nach Regelungen zugunsten der öffentlichen Gesundheit und Wohlfahrt, wie sie früher nicht vorstellbar waren.
- Die breit gefächerte Güterverteilung würde zu einem Instrument breit gefächerter Schädigungen werden, wenn nicht diejenigen, die Lebensmittel, Getränke, Arzneimittel usw. vertreiben, gesteigerten Anforderungen genügen müßten.

Solche Gefahren haben ständig wachsende und detaillierte Vorschriften hervorgebracht, welche die Pflichten derjenigen Personen verschärfen, von denen die Herrschaft über bestimmte Industrie- und Handelszweige ausgeübt wird. Der beherrschte Bereich muß die öffentliche Gesundheit, Sicherheit oder Wohlfahrt gefährden können(28).

Es ist allerdings äußerst selten, daß der Gesetzgeber in diese Gesetze aufnimmt, daß das beschriebene Verhalten auch dann ein Delikt ist, wenn es ohne Verschulden begangen wird. Er unterläßt es lediglich, im Wortlaut des Gesetzes darauf hinzuweisen, daß Verschulden ein notwendiger Bestandteil ist. Damit standen und stehen die Gerichte vor der Frage, ob sie das mens rea Merkmal in die Tatbestände hineinlesen sollten oder ob sie die statutes wörtlich auslegen und mithin die Strafbarkeit des Täters unabhängig vom Verschulden aussprechen sollten.

Fortsetzung der Anmerkung 26:

- Ungebühr vor Gericht
- Beleidigung des Gerichts
- Nichtbefolgung gerichtlicher Anordnungen oder Verstöße gegen Verpflichtungserklärungen gegenüber dem Gericht ...

vgl. Contempt of Court Act 1981 - General Note, in: Current Law Statutes Annotated 1981 Part 6

27 vgl. Cross and Jones'Introduction, S.106

28 vgl. Morisette v.U.S., 342, U.S. 246,254 (1952); Bähr, Strict liability, S.80

Grundsätzlich besteht eine Vermutung, daß mens rea erforderlich ist (mens rea ist the rule rather than the exception to the principles of anglo-american jurisprudence)(29); diese Regel kann jedoch widerlegt werden, wenn offensichtlich ist, daß der Gesetzgeber das Gegenteil bezweckte. Das kann durch den Wortlaut des Gesetzes bewirkt werden, z.B. wenn in der Definition anderer Delikte des Gesetzes Worte wie "knowingly" auftauchen, in dem fraglichen Delikt jedoch nicht. Die Widerlegung kann sich auch aus dem Gegenstand des Gesetzes ergeben. Hier wird insbesondere auf die Unterscheidung **malum in se** und **malum prohibitum** abgehoben, wobei unter Delikten mala in se solche Delikte verstanden werden, die in sich selbst schon verwerflich sind, insbesondere solche, die für Leib und Leben gefährlich sind, während Delikte mala prohibita nur deswegen Delikte sind, weil sie vom Gesetzgeber verboten wurden(30). Bei mala prohibita wird davon ausgegangen, daß sie nicht im wirklichen Sinne kriminell, sondern im öffentlichen Interesse unter Strafe gestellt sind. Delikte in diesem Bereich sind deshalb leichter als Delikte der strict liability konstruierbar(31). Ein weiterer Gesichtspunkt ist der Schaden, der für die Öffentlichkeit aus dem fraglichen Delikt resultieren kann. Bei Delikten, die auf die Verhinderung eines schweren sozialen Schadens abzielen, wird auf das Erfordernis der mens rea eher verzichtet(32). Wichtig ist auch die für das Delikt vorgesehene Strafart: wenn die Begehung des Delikts mit Gefängnisstrafe bedroht ist, liegt es nahe, daß der Gesetzgeber nicht beabsichtigt hat, ein Delikt der strict liability zu schaffen(33). Auch die prozessuale Seite findet Berücksichtigung: je schwieriger es ist, in dem fraglichen Bereich die Wahrheit herauszufinden, desto mehr wird vermutet, daß der Gesetzgeber Strafbarkeit ohne Verschulden vorsehen wollte(34). Ein weiterer Aspekt hat die Entwicklung begünstigt, die dazu geführt hat, daß die strict liability heute fast allgemein anerkannt ist(35): In Großbritannien und in Nord-

---

29 vgl. nur Standard Oil Company of Texas v.U.S., 307 F.2d 120,126 (1962)

30 vgl. La Fave/Scott, Handbook, S.29; Perkins, Criminal Law, S.788

31 vgl. Cross and Jones'Introduction, S.109

32 vgl. Cross and Jones'Introduction, S.110; La Fave/Scott, Handbook, S.219

33 vgl. Cross and Jones'Introduction, S.111; La Fave/Scott, Handbook, S.219

34 vgl. La Fave/Scott, Handbook, S.219; zu den einzelnen Aspekten vgl. auch Regina v.Salter (1968) 2 Q.B.793,801 f; Sweet v.Parsley (1969) zitiert nach C & J Cases, S.63 ff

35 **zu Großbritannien** vgl. Regina v.Salter (1968) 2 Q.B.793; Sweet v.Parsley (1969) zitiert nach C & J Cases, S.63 ff; Lord Reid in: Tesco Supermarket, Ltd. v.Nattrass (1972) A.C.169 ff; Alphacell, Ltd. v.Woodward (1972) 2 All.E.R. 475, u.a. zu den **USA** vgl. Commonwealth v.Koczwara, Supreme Court of Pennsylvannia (1959) zitiert nach Kadish/Paulsen, Cases and Materials, S.136 ff; U.S. v.Freed 401 U.S.601,607 ff (1971) zitiert nach Kadish/Paulsen, S.142; U.S. v.Dotterweich, 320 U.S.277,280 f (1943); Morisette v.

amerika entscheiden grundsätzlich in allen Gerichtszweigen dieselben Richter. Es fiel den Richtern nicht schwer, das ihnen vom zivilrechtlichen Deliktsrecht (law of torts) vertraute Institut der Gefährdungshaftung auf das Strafrecht zu übertragen(36), zumal die aufgezählten Zweckmäßigkeitsgründe danach verlangten und die Zweckmäßigkeit (expediency) im anglo-amerikanischen Recht eine bedeutende Rolle spielt.

Es soll jedoch nicht unerwähnt bleiben, daß es auch Stimmen gibt, die sich gegen eine Haftung ohne Verschulden aussprechen. Kritik an der herrschenden Meinung übt insbesondere **Packer**. Er kennzeichnet die Rechtsprechung des Supreme Court treffend mit dem oft zitierten Satz: "Mens rea ist ein wichtiges Erfordernis, aber es ist kein verfassungsrechtlich gebotenes Erfordernis - ausgenommen manchmal"(37). Packer ist der Ansicht, daß es sowohl unwirksam als auch ungerecht sei, ein Verhalten zu bestrafen, das ohne Beziehung zu der geistigen Einstellung des Täters stehe. Es sei unwirksam, weil ein solches Verhalten den Handelnden weder als jemanden, der durch Strafe abgeschreckt werden soll oder durch dessen Bestrafung andere abgeschreckt werden sollen, noch als sozial gefährliches Individuum kennzeichne, das unschädlich gemacht oder gebessert werden müßte. Es sei ungerecht, weil der Handelnde dem Stigma der strafrechtlichen Verurteilung unterworfen werde, ohne moralisch tadelnswert gehandelt zu haben. Eine strafrechtliche Sanktion, die nicht an die mens rea anknüpfe, sei deshalb unangemessen(38). **Bähr** stellt darüber hinaus einen Verstoß gegen das principle of legality fest, das in etwa unserem in Art.103 Abs.2 GG normierten Bestimmtheitsgebot entspricht. Die Interpretationsregel, daß gesetzliche Tatbestände eng auszulegen sind, die Ausfluß dieses Prinzips ist, werde hier geradezu pervertiert, wenn sie dazu benutzt werde, den Strafbarkeitsbereich einer Norm durch den Verzicht auf eine ungeschriebene Strafbarkeitsvoraussetzung auszuweiten(39). Bähr ist des weiteren der Auffassung, daß die strict liability gegen die due process of law Garantie verstoße. Unter due process of law wird all das verstanden, "was unter den gegebenen Umständen einer bestimmten Zeit als das gerechte und angemessene Gleichgewicht zwischen staatlicher Autoritätsausübung und der Freiheit aller Rechtsunterworfenen betrachtet wird"(40). Das Argument, daß die Gerechtigkeit für den Einzelnen zurückzutreten habe zugunsten

----

Fortsetzung der Anmerkung 35:

U.S.342, U.S.249,253 ff (1952); Perkins/Boyce, Criminal Law and Procedure, S.453 f; grundsätzlich wohl auch La Fave/Scott, Handbook, S.222 f; u.a.

36 vgl. Bähr, Strict liability, S.81 f

37 "mens rea is an important requirement, but it is not a constitutional requirement, except sometimes" vgl. Packer, S.Ct.Review 1962, 107

38 vgl. Packer, S.Ct.Review 1962, 109

39 vgl. Bähr, Strict liability, S.102

40 vgl. Bähr, Strict liability, S.113

der überwiegenden Interessen der Allgemeinheit und daß die wirksame Durchsetzung des Rechts und der Schutz des öffentlichen Wohls die Strafbarkeit ohne Verschulden erforderten, hält er nicht für begründet. Bereits der psychologische Ausgangspunkt der Abschreckungstheorie sei äußerst fragwürdig, denn wie könne jemand von der Begehung einer Tat abgeschreckt werden, wenn er gar nicht imstande sei, den potentiellen Verstoß gegen seine Rechtspflichten zu erkennen(41)? Ein solcher, keinem übergeordneten Realzweck dienender Eingriff des Staates in die Freiheitssphäre des Bürgers stelle einen Verstoß gegen das verfassungsrechtliche Gebot des due process of law dar(42).

Diese kritischen Ansätze tauchen in ähnlicher Form auch bei anderen Autoren auf. Das ändert allerdings nichts an der Tatsache, daß sich die strict liability einer sehr breiten Anerkennung erfreut und insbesondere ständige Praxis der Gerichte ist. Sie ist deshalb als Bestandteil des anglo-amerikanischen Strafrechts den folgenden Ausführungen zugrundezulegen.

bb) vicarious liability (stellvertretende strafrechtliche Verantwortlichkeit)

Die strafrechtliche Verantwortlichkeit eines Geschäftsherrn (employer, master) für ein rechtswidriges Verhalten seines Gehilfen (employee, servant) im Rahmen des Beschäftigungsverhältnisses (in the course of business, within the scope of employment) beruht auf denselben Erwägungen, die zur Begründung der strict-liability-Doktrin angeführt werden. Die vicarious liability wird wegen der Art bestimmter Tätigkeiten im Bereich der Wirtschaft, den ihnen innewohnenden Gefahren und den Schwierigkeiten, ein konkretes Verschulden in der Ausführung solcher Geschäfte nachzuweisen, auferlegt(43). Begründet wird das damit, daß sie notwendig sei, um eine Abschreckungswirkung zu erzielen(44). Die vicarious liability sei zwar der Form nach strafrechtlich, ihrer Natur nach aber zivilrechtlich(45) und sie sei zum Schutze wichtiger Interessen der Allgemeinheit erforderlich(46). **Sayre** ist allerdings der Ansicht, daß die Doktrin der vicarious liability dann auf das Entschiedenste zurückgewiesen werden müsse, wenn es sich um ein Delikt handele, das seiner Art nach ein wirkliches Verbrechen sei(47).

---

41 vgl. Bähr, S.118 ff

42 vgl. Bähr, S.139

43 vgl. La Fave/Scott, Handbook, S.227

44 vgl. Sayre, Criminal responsibility for the acts of another, 43 H.L.R. (1930) 689,722

45 vgl. Commonwealth v.Koczwara (1959) zitiert nach Kadish/Paulsen, Cases and Materials, S.136 ff

46 vgl. Sayre, 43 H.L.R. (1930) 689,722 f

47 so auch Commonwealth v.Koczwara (1959) zitiert nach Kadish/Paulsen, Cases and Materials, S.137; La Fave/Scott, Handbook, S.227

Der Grundsatz, daß Schuld persönlich sei, gehöre nämlich zum Kernbestandteil der strafrechtlichen Verantwortlichkeit(48). Auf der anderen Seite sei Hauptziel des Strafrechts der Schutz der Interessen der Allgemeinheit. Man bediene sich heute des Strafrechts auch in Bereichen, die nichts mit moralischer Schuld zu tun haben. Das sei legitim, weil hier die Interessen der Allgemeinheit die Interessen des Individuums bei weitem überwiegen würden. Der allem Strafrecht zugrundeliegende Konflikt zwischen dem Interesse der Allgemeinheit an Sicherheit und Ordnung und dem Interesse des Einzelnen, in seiner Freiheit nur dann eingeschränkt zu werden, wenn er moralisch verwerflich gehandelt habe, müsse deshalb hier zugunsten der Allgemeinheit gelöst werden(49).

Dies betont auch der **Supreme Court of the United States** in einem im Jahre 1943 entschiedenen Fall, der wegen seiner Bedeutung hier näher dargestellt wird(50). Dem Urteil lag folgender Sachverhalt zugrunde: Die Buffalo Pharmacal Company, Großhändlerin in pharmazeutischen Produkten, und Dotterweich, ihr Präsident, wurden beschuldigt, mit Artikeln gehandelt zu haben, deren chemische Zusammensetzung auf den Etiketten nicht ganz richtig angegeben war, und damit einen Verstoß gegen den Federal Food, Drug and Cosmetic Act (21 U.S.C.A. §§ 301 ff) begangen zu haben. Die Gesellschaft hatte die fertigen Produkte vom Erzeuger bezogen, neu verpackt und dabei ihre eigenen Aufdrucke verwendet. Es gab keine Anzeichen dafür, daß Dotterweich die Fehlbezeichnung kannte oder davon hätte wissen müssen. Trotzdem bestätigte der Supreme Court die Verurteilung Dotterweichs. Die Mehrheit des Gerichts stellte fest, der Gesetzgeber habe bei Vorschriften der vorliegenden Art auf das konventionelle Schulderfordernis verzichtet. Im Interesse eines wichtigeren Rechtsgutes bürde der Gesetzgeber das Risiko einer Person auf, die zwar ansonsten unschuldig sei, aber in verantwortungsvoller Beziehung zu einer öffentlichen Gefahr stehe(51). Der Gesetzgeber habe es vorgezogen, das Risiko denen aufzuerlegen, die wenigstens die Möglichkeit hätten, sich über die zum Schutze der Konsumenten bestehenden Vorschriften zu informieren, anstatt das Risiko einer unschuldigen und völlig hilflosen Öffentlichkeit anzulasten(52).

Der Lehre der vicarious liability wurde der Weg geebnet durch die Übernahme der im zivilrechtlichen Schadensersatzrecht geltenden respondeat superior rule, nach der der Arbeitgeber (master) für die vom Arbeitnehmer (servant) und der Auftraggeber (principal) für die

---

48 vgl. Sayre, 43 H.L.R. (1930) 689,717

49 vgl. Sayre, 43 H.L.R. (1930) 689,717 ff

50 vgl. U.S. v.Dotterweich, 320 U.S.277 (1943)

51 vgl. U.S. v.Dotterweich, 320 U.S.277,281 (1943)

52 vgl. U.S. v.Dotterweich, 320 U.S.277,285 (1943). Die dissenting opinion von 4 Richtern kritisierte das Konzept der vicarious liability mit dem Hinweis, daß es ein fundamentales Prinzip des angloamerikanischen Rechts sei, daß Schuld persönlich ist und daß nur der Gesetzgeber - durch eine ausdrückliche und unzweideutige Regelung - die Macht habe, jemanden für das Verhalten anderer verantwortlich zu machen. Vgl. S.286 ff

vom Beauftragten (agent) in Ausführung der übertragenen Verpflichtungen begangenen schädigenden Handlungen (torts) haftet(53). Die respondeat superior Regel wurde nach und nach auch in das strafrechtliche statutory law übernommen, zum Teil durch ausdrückliche Anordnung des Gesetzgebers, zum Teil im Wege der Auslegung des Gesetzes, wobei für die Auslegung dieselben Kriterien maßgebend sind wie bei der strict liability(54).

So sehr sich strict und vicarious liability in ihrer Entstehung und in ihrem Anwendungsbereich ähneln, so sind sie doch keineswegs identisch. Während bei der strict liability vom Schulderfordernis abgesehen wird, nicht aber von der Ausübung einer rechtswidrigen Tat (dem actus reus) durch den Täter, wird bei der vicarious liability darauf verzichtet, daß der Täter den objektiven Tatbestand in eigener Person verwirklicht, indem ihm der actus reus eines anderen zugerechnet wird. Bei der strict liability muß also der Täter selbst die notwendigen Handlungen oder Unterlassungen (nicht) ausgeführt haben, es wird nur auf das Verschuldenserfordernis verzichtet. Bei der vicarious liability ist es dagegen das Erfordernis des persönlichen actus reus, auf das verzichtet wird, es bleibt aber das Erfordernis eines Verschuldens seitens des Gehilfen bestehen. Es ist jedoch üblich, daß ein Gesetz, das vicarious liability vorsieht oder im Wege der Auslegung dafür gehalten wird, gleichzeitig auch strict liability normiert - in einem solchen Fall muß weder eine Handlung oder eine Unterlassung seitens des Geschäftsherrn, noch irgendein Verschulden nachgewiesen werden(55)(56).

Die Kritik, die vereinzelt an dem Konzept der vicarious liability geübt wird, ist identisch mit den bei der strict liability aufgeführten kritischen Ansatzpunkten(57).

e) Sonstiges

aa) Deliktskategorien

Im Gegensatz zum deutschen Strafrecht kennt das anglo-amerikanische Recht keine Unterscheidung zwischen "echten" Delikten und reinen Ordnungswidrigkeiten. Die bei uns bestehende Einteilung in Verbrechen, Vergehen und Ordnungswidrigkeiten ist diesem Rechtskreis nicht ge-

---

53 vgl. Dietl/Moss/Lorenz, Dictionnary of legal, commercial and political terms I

54 vgl. La Fave/Scott, Handbook, S.224 f

55 vgl. La Fave/Scott, Handbook, S.223 f; Bähr, Strict liability, S.142 f

56 zur vicarious liability vgl. auch noch Glanville Williams, Criminal Law, The General Part, S.274 ff; Harris's Criminal Law, S.53 f; The Law Commission Working Paper Nr.43 S.(3) ff

57 vgl. Bähr, Strict liability, S.145 f

läufig. Es gibt zwar die Kategorie der sog. "regulatory and public welfare offenses", die relativ geringe Strafen vorsehen. Das sind Delikte, die zu den mala prohibita(58) gezählt werden und bei denen in der Regel sowohl strict als auch vicarious liability zulässig ist, die aber genauso als "offenses" bezeichnet werden, wie schwerere Delikte. Diese Delikte, die in der Sache dem Ordnungswidrigkeitenrecht des deutschen Rechts entsprechen, würden jedoch in anderen Rechtskreisen nicht als "Straftaten" bezeichnet werden(59).

In **Großbritannien** gibt es lediglich die prozessuale Einteilung in "indictable" und "summary" offenses. Bei den "summary" offenses erfolgt die Verurteilung in einem summarischen Verfahren, in dem nach Lage der Akten ohne Durchführung einer förmlichen Beweisaufnahme entschieden wird, während "indictable" offenses im Schwurgerichtsverfahren abgeurteilt werden, sofern der Angeklagte nicht auf dieses Verfahren verzichtet und Aburteilung durch einen Einzelrichter vorzieht (60). In den **USA** besteht dagegen eine Unterteilung in "felonies" (in diese Kategorie fallen alle Delikte, die die Todesstrafe oder Freiheitsstrafe über ein Jahr vorsehen), "misdemeanors" (das sind alle anderen Delikte) und "petty offenses" (das sind misdemeanors, die eine Freiheitsstrafe bis zu sechs Monaten oder eine Geldstrafe bis zu fünfhundert Dollar oder beides androhen)(61).

bb) Gesellschaften, die für eine strafrechtliche Verantwortlichkeit in Frage kommen (entities liable to criminal prosecution)

In **Großbritannien** kommt nur die juristische Person (corporation) für eine strafrechtliche Verantwortlichkeit in Frage. Andere Formen wirtschaftlicher Organisationen wie die Personengesellschaft (partnership) oder die Gewerkschaft (trade union) werden, obowhl sie für bestimmte Zwecke mit Attributen einer juristischen Person ausgestattet sind, nicht als "Personen" betrachtet und können deshalb auch nicht der strafrechtlichen Verantwortlichkeit unterworfen sein, es sei denn, der Gesetzgeber ändert diese Regel ausdrücklich ab(62). Das **amerikanische** Federal Law differenziert dagegen nicht zwischen corporations und sonstigen Gesellschaften (unincorporated associations)(63). Das gilt jedoch nur, wenn der Gesetzgeber die Anwendbarkeit von Kriminal-

---

58 vgl. B.I.1.d)aa)

59 vgl. The Law Commission Working Paper Nr.44, S.21; La Fave/ Scott, Handbook, S.33

60 im einzelnen vgl. dazu Cross and Jones'Introduction, S.424 ff

61 Title 18 § 1 U.S.C.A.

62 vgl. Leigh, The criminal liability of corporations in English law, S.44

63 vgl. Staff Memoranda on Responsibility for crimes involving corporations and other entities, Working paper of the National Commission on Reform of Federal Criminal Law 1970, Vol.I, S.163,165

strafen auf unincorporated associations ausdrücklich vorsieht(64). Im übrigen ist die Personengesellschaft für die Straftaten der Mitgesellschafter oder der Arbeitnehmer der Gesellschaft nicht verantwortlich. Selbst wenn ein Gesetz stellvertretende Verantwortlichkeit vorsieht, sind im allgemeinen die Gesellschafter als Individuen und nicht die Personengesellschaft als Einheit verantwortlich, denn nach traditioneller Betrachtungsweise hat eine Personengesellschaft keine von den einzelnen Gesellschaften verschiedene Existenz(65).

Es ergeben sich also im anglo-amerikanischen Recht gewisse Differenzen zu dem sonst im Rahmen dieser Arbeit gebrauchten Begriff der "juristischen Person"(66).

cc) Doctrine of ultra vires

Die inhaltliche Beschreibung dieser Lehre ist deshalb von Bedeutung, weil sie zum Teil als Hindernis für die Strafbarkeit juristischer Personen angesehen wurde und wird. Diese Lehre begrenzt die rechtsgeschäftliche Bewegungsfreiheit von Gesellschaften durch den satzungsmäßig festgesetzten Geschäftszweck (objects clause). Eine der Folgen der Überschreitung dieser Grenzen ist an sich die Nichtigkeit bzw. Anfechtbarkeit des Rechtsgeschäftes. Diese Wirkung wird in der Praxis vielfach durch eine sehr weitgehende Fassung des Geschäftszweckes verhindert. In den USA ist außerdem durch Rechtsprechung und Gesetz überwiegend durchgesetzt worden, daß ultra vires Geschäfte im Außenverhältnis nicht nichtig sind(67).

2. GROSSBRITANNIEN

a) Darstellung der Entwicklung der Strafbarkeit juristischer Personen in der Rechtsprechung bis zum heutigen Stand

Die Doktrin der strafrechtlichen Verantwortlichkeit juristischer Personen wurde von den Gerichten im Laufe der Jahre im Lichte gesetzgeberischer Intentionen, die aus bestimmten Gesetzen entnommen wurden, entwickelt. Die Prinzipien, auf denen die Strafbarkeit juristischer Personen beruht, können daher nur dadurch erschlossen werden, daß man sich mit den einzelnen Entscheidungen, dem case-law, beschäftigt(1).

----

64 vgl. La Fave/Scott, Handbook, S.237

65 vgl. La Fave/Scott, Handbook, S.235

66 vgl. A.I.2.

67 vgl. Dietl/Moss/Lorenz, Dictionnary of legal, commercial and political terms; Leigh, Criminal liability of corporations, S.8 f

1 vgl. M.E. Bennum, Corporate Criminal liability, X th International Congress on Comparative Law, Budapest 1978, VA 3/1

Wegen der Notwendigkeit, der Entwicklung schrittweise zu folgen, können deshalb die Argumente nicht unter die fünf Kriterien (Handlungsfähigkeit, Schuldfähigkeit, Strafempfänglichkeit, kriminalpolitisches Bedürfnis) eingeordnet werden.

Ursprünglich ging man auch in Großbritannien davon aus, daß eine juristische Person keine Seele habe, nicht wollen und deshalb auch nicht selbst handeln könne(2). Es wurde auch gesagt, daß juristische Personen Gebilde seien, die nur die Befugnisse hätten, die in der Gründungsurkunde oder in der Satzung niedergelegt seien. Diese Befugnisse würden einer juristischen Person jedoch nie zur Begehung von Delikten verliehen. Deshalb sei jedes Delikt notwendig ultra vires und könne der juristischen Person nicht zugerechnet werden(3). Vor dem Interpretation Act 1889 wurde die strafrechtliche Verantwortlichkeit juristischer Personen (corporate liability) nur bei public nuisance (Delikte gegen die öffentliche Ordnung) und bei Delikten des geschriebenen Rechts, wenn eine juristische Person es pflichtwidrig unterließ, eine gesetzliche Pflicht zu erfüllen, zugelassen. Es bestand auch eine Verantwortlichkeit für Delikte gegen die öffentliche Wohlfahrt (public welfare offenses). Die Zivilgerichte hatten im Laufe der Zeit entschieden, daß juristischen Personen Vorsatz zugeschrieben werden könne. Ihre Ergänzung fand diese Entwicklung durch die Grundsätze der inzwischen anerkannten vicarious liability(4).

1889 wurde der Interpretation Act 1889 erlassen, der in sect.2(1) folgende Definition der "person" enthält: "Der Ausdruck "Person" soll bei der Auslegung jedes Gesetzes, das sich auf ein Delikt mit Verurteilung im summarischen Verfahren oder aufgrund eines Schwurgerichtsverfahrens bezieht, eine juristische Person einschließen, solange nicht eine gegenteilige gesetzgeberische Absicht deutlich wird. Das gilt unabhängig davon, ob das Delikt in einem vor oder nach Wirksamwerden dieses Gesetzes in Kraft getretenen Gesetz enthalten ist"(5).

Diese beiden Aspekte - vicarious liability im zivilrechtlichen Schadensersatzrecht und die gesetzliche Auslegungsregel - trugen dazu bei, die Verantwortlichkeit für Delikte mit mens rea Erfordernis, für die Arbeitgeber stellvertretend verantwortlich sind, auf juristische Personen auszudehnen(6).

Zusammenfassend läßt sich die Reichweite der Verantwortlichkeit juristischer Personen bis zum Jahre 1915 so ausdrücken: Die Verantwortlich-

----

2 Lord Thurlow wird der Ausspruch zugeschrieben: "It has no soul to damn and no body to kick", zitiert nach Leigh, The criminal liability of corporations in English law, S.4

3 vgl. Leigh, Criminal liability of corporations, S.3

4 vgl. Leigh, Criminal liability of corporations, S.15

5 "In the construction of every enactment relating to an offense punishable on indictment or on summary conviction whether contained in an Act passed before or after the commencement of this Act, the expression "person" shall, unless the contrary intention appears, include a body corporate"

6 vgl. Leigh, Criminal liability of corporations, S.23

keit juristischer Personen bestand für Delikte gegen die öffentliche Ordnung und für Delikte, bei denen strict liability und/oder vicarious liability möglich war. Die Verantwortlichkeit wurde damals jedoch nicht auf schwere Straftaten im herkömmlichen Sinne ausgedehnt, bei denen die mens rea als notwendiger Bestandteil betrachtet wurde.

1915 wurde der Fall **Lennard's Carrying Company Ltd. v.Asiatic Petroleum Company Ltd.**(7) entschieden, der wegen der berühmten Worte von Viscount Haldane L.C. in die Geschichte der Strafbarkeit juristischer Personen eingegangen ist und dem deshalb, obwohl es in dem Rechtsstreit um Schadensersatz, also um Zivilrecht ging, auch hier gebührend Rechnung getragen werden soll. Der Rechtsstreit ist auch deshalb bedeutsam, weil in diesem Zusammenhang die alter ego Theorie vom House of Lords zum ersten Mal erörtert wurde. Darüber hinaus sind die Zusammenhänge zwischen Zivil- und Strafrecht im englischen Recht - wie schon erwähnt - viel enger als im deutschen Recht: Eine Unterscheidung zwischen zivilrechtlicher und strafrechtlicher Handlungsfähigkeit macht die englische Rechtsprechung z.B. nicht(8). Es ging in der Entscheidung um Schadensersatz, den die Asiatic Petroleum Company für den Verlust durch Feuer einer ihr gehörenden Schiffsladung Benzin von der Lennard's Carrying Company verlangte. Die Lennard's Carrying Company berief sich auf sect.502 des Merchant Shipping Act 1894, der vorsieht, daß der Eigentümer eines britischen Schiffes für die Fälle von Feuerverlust nicht verantwortlich ist, die ohne sein ganz persönliches Verschulden oder Mitwissen (without his fault or privity) geschehen. Die Schuldform des actual fault or privity ist so persönlich orientiert, daß eine Anwendung der Grundsätze der stellvertretenden Haftung nicht in Frage kam(9). Das House of Lords sah sich also vor das Problem gestellt, daß notwendig - wenn die Company überhaupt verantwortlich sein sollte - eine Unterscheidung zwischen ihren persönlichen Handlungen und den Handlungen ihrer Vertreter (agents) getroffen werden mußte. Der Sachverhalt war so gestaltet, das der größte Teil der Geschäfte von J.M. Lennard als geschäftsführendem Direktor geleitet wurde, während der Vorstand als solcher keine Kenntnis von der Seeuntüchtigkeit des Schiffes hatte. **Viscount Haldane L.C.** führte aus:

> "Eine juristische Person ist ein abstraktes Gebilde. Sie hat weder einen eigenen Intellekt noch einen eigenen Körper; ihr handelnder und lenkender Wille muß deshalb in der Person von jemandem gesucht werden, der für manche Zwecke als Vertreter bezeichnet werden mag, der aber in Wirklichkeit der lenkende Intellekt und Wille, das eigentliche ego und Persönlichkeitszentrum der juristischen Person ist. Diese Person kann den Weisungen der Aktionäre in der Hauptversammlung unterworfen sein, diese Person kann im Vorstand selbst sein oder es kann so sein,

---

7 (1915) A.C.705

8 vgl. Willms, Die Strafbarkeit der "company" im englischen Recht, S.56

9 vgl. Willms, S.53

daß dieser Person aufgrund der Satzung der Gesellschaft eine Autorität verleihen wird, die auf gleicher Stufe mit der des Vorstandes steht und daß sie von der Hauptversammlung ernannt wird...Wenn Mr. Lennard der lenkende Geist der Company war, dann muß sein Handeln ein Handeln gewesen sein das identisch ist mit dem Handeln der Gesellschaft selbst, sonst ist die Gesellschaft überhaupt nicht verantwortlich."

Dies wird vom House of Lords bejaht und daraus die Folgerung gezogen, daß also

"Verschulden und Mitwissen von jemandem vorliegt, der nicht nur ein Angestellter oder Vertreter ist, für den die Company aufgrund des Grundsatzes respondeat superior verantwortlich ist, sondern von jemandem, für den die Gesellschaft die Verantwortlichkeit trifft, weil sein Handeln das Handeln der Gesellschaft selbst ist"(10).

Mit diesen Worten trifft das House of Lords zum ersten Mal eine Unterscheidung zwischen Organen der Gesellschaft, die mit der Gesellschaft identifiziert werden, und bloßen Angestellten oder Vertretern, für die lediglich eine vicarious liability in Frage kommt. Handlungen innerhalb des Wirkungskreises der Organe gelten nunmehr als Handlungen der juristischen Person selbst.

Im Jahre 1917 folgte dann die Entscheidung **Mousell Brothers Ltd. v. London and North-Western Railway Co.**(11), ein Strafrechtsfall, dem eine Schlüsselrolle in der Entwicklung der Strafbarkeit juristischer Personen zugewiesen wird und der oft als "Meilenstein auf dem Pfad zur strafrechtlichen Verantwortlichkeit juristischer Personen" bezeichnet

----

10 (1915) A.C.705,713 f: "A corporation is an abstraction. It has no mind of his own any more than it has a body of his own; its active and directive will must consequently be sought in the person of somebody who for some purposes may be called an agent, but who is really the directing mind and will of the corporation, the very ego and centre of personnality of the corporation. That person may be under the direction of shareholders in general meeting, that person may be the board of directors itself, or it may be and in some corporations it is so, that the person has an authority coordinate with the board of directors given to him under the articles of association and is appointed by the general meeting of the company...If Mr. Lennard was the directing mind of the company then his action must, unless a corporation is not to be liable at all, have been an action which was the action of the company itself...the fault or privity is the fault or privity of somebody, who is not merely a servant or agent for whom the company is liable upon the footing respondeat superior but somebody for whom the company is liable because his action is the very action of the company itself..."

11 (1917) 2 K.B.836

wird(12). Die Richter hatten über folgenden Sachverhalt zu entscheiden: Die Mousell Brothers Limited wurde angeklagt, in betrügerischer Absicht die Zahlung von Frachtkosten umgangen und damit einen Verstoß gegen den Railway Clauses Consolidation Act 1845 begangen zu haben. Der Betrug wurde von dem Zweigstellenleiter und einem Buchhalter in der Zweigstelle in Manchester verübt. Die Strafverfolgungsbehörde plädierte auf Verurteilung der juristischen Person als solcher. Sie begründete ihren Antrag nicht mit dem Argument, daß die juristische Person stellvertretend für ihre Vorstandsmitglieder, Vertreter und Angestellten strafrechtlich hafte, sondern damit, daß die juristische Person nur durch ihre Organe handeln könne und sie deshalb für deren Handlungen persönlich die Verantwortlichkeit treffe. Der Interpretation Act 1889 wurde zum Beweis dessen herangezogen, daß der Gesetzgeber in der Regel wolle, daß juristische Personen strafrechtlich verantwortlich seien. Das Gericht verurteilte die juristische Person jedoch auf der Grundlage der vicarious liability für die Handlungen ihres Zweigstellenleiters und lieferte dabei die klassische Definition der Umstände, unter denen einen Geschäftsherrn die stellvertretende strafrechtliche Verantwortlichkeit trifft. In den Worten von **Atkin, L.J.** lautet sie:

> "...beachtet werden müssen der Gegenstand des Gesetzes, die verwendeten Worte, die Natur der Pflicht, die Person, die sie normalerweise erfüllt und die Person, die bestraft wird(13)."

J. Atkin ist der Ansicht, daß ein Angestellter die Absicht, die Zahlung zu umgehen, sehr wohl haben könne, da er es ja sei, der mit der konkreten Angelegenheit zu tun habe. Die Strafe werde dem Arbeitgeber für die Handlung seines Angestellten auferlegt, wenn dieser das im Gesetz beschriebene Delikt mit der vom Gesetz beschriebenen geistigen Einstellung begehe. Unter der Voraussetzung, daß dies einer der Fälle sei, in denen ein Arbeitgeber für die Handlungen seines Angestellten strafrechtlich verantwortlich sein könne, bestehe keine Schwierigkeit mehr, zu entscheiden, daß eine juristische Person der Arbeitgeber sein könne. Wenn für die strafrechtliche Verantwortlichkeit des Arbeitgebers nicht erforderlich sei, daß er selbst die mens rea habe, befinde sich die juristische Person in genau derselben Situation wie ein sonstiger Arbeitgeber(14).

Die hier hervorgehobenen Aspekte, namentlich die Erforschung der Art der Pflicht und der Person, von der sie normalerweise erfüllt wird, tauchen in den Gerichtsurteilen, die sich mit der strafrechtlichen Verantwortlichkeit juristischer Personen befassen, immer wieder auf. Inso-

----

12 "milestone on the path to corporate criminal liability", vgl. Leigh, Criminal liability of corporation, S.29

13 "...regard must be had to the subject of the statute, the words used, the nature of the duty laid down, the person upon whom it is imposed, the person by whom it would in ordinary circumstances be performed, and the person upon whom the penalty is imposed..." (1917) 2 K.B.836,845

14 (1917) 2 K.B.836,846

fern, als damit der vicarious liability juristischer Personen im Strafrecht zur Anerkennung verholfen und die entscheidenden Kriterien dieser Sonderform strafrechtlicher Verantwortlichkeit geprägt wurden, kann die Entscheidung in der Tat als "Meilenstein auf dem Pfad zur strafrechtlichen Verantwortlichkeit juristischer Personen" betrachtet werden. Zu beachten ist jedoch, daß dieselben Kriterien von den Gerichten später auch zur Begründung der strafrechtlichen Verantwortlichkeit der juristischen Person herangezogen werden, wie noch gezeigt werden wird.

Bis kurz vor dem 2. Weltkrieg war jedoch die **eigene** strafrechtliche Verantwortlichkeit juristischer Personen von der Rechtsprechung nicht anerkannt(15). Der vollen strafrechtlichen Verantwortlichkeit juristischer Personen wurde erstmals durch die drei **1944er Fälle** zum Durchbruch verholfen(16). Der erste dieser Fälle war **Director of Public Prosecutions v.Kent and Sussex Contractors, Ltd.**(17). Die Anklage warf der Gesellschaft vor, sie habe - um gemäß den Motor Fuel Rationing Order (Nr.3), 1941 Treibstoffbezugsscheine zu erhalten - in Täuschungsabsicht eine vom "Transportmanager" der Gesellschaft unterschriebene Urkunde gebraucht, die in einem wesentlichen Punkt falsch war und sie habe in dieser Urkunde Informationen geliefert, von denen sie gewußt habe, daß sie in einem wesentlichen Punkt falsch waren. Sie habe somit gegen reg. 82(1) und (2) der Defence (General) Regulations verstoßen(18). Das Delikt setzte ein subjektives Element voraus, einen "intent to deceive" und "guilty knowledge". Es fiel nicht in die Kategorie der Delikte, bei denen vicarious liability möglich ist. **Viscount Caldecote C.J.** behandelte die These, daß eine juristische Person schuldhaftes Wissen und die Absicht, eine strafbare Handlung zu begehen, haben könne, als feststehenden Rechtssatz. Eine juristische Person könne zwar bestimmter Delikte, wie z.B. Hochverrat oder solcher Delikte, für die nur Todesstrafe oder Freiheitsstrafe vorgesehen ist, nicht für schuldig befunden werden, es gebe aber eine Anzahl strafbarer Handlungen, deretwegen eine juristische Person verurteilt wer-

----

15 vgl. The law commission working paper Nr.44, S.8

16 vgl. R.v.I.C.R. Haulage, Ltd. (1944) K.B.551; Moore v.Bresler Ltd (1944) All.E.R.515; Director of Public Prosecutions v.Kent and Sussex Contractors, Ltd. (1944) K.B.146

17 vgl. (1944) K.B.146

18 reg.82 der Defence (General) Regulations 1939 lautet:
"(1) If, with intent to deceive, any person
(a) ...for the purposes of any of these regulations or of any order...made under any of these regulations...
(c) produces, furnishes, sends or otherwise makes use of, for the purposes aforesaid, any book, account, estimate, return, declaration or other document which is false in a material particular; he shall be guilty of an offense
...(2) If, in furnishing any information for the purposes...of any order...made under any of these regulations, any person makes any statement which he knows to be false in a material particular ...he shall be guilty of an offense..."

den könne(19). Man müsse sich immer die Position einer Gesellschaft vergegenwärtigen, die völlig verschieden sei von der eines Individuums, einer natürlichen Person. Wenn man sich darüber im klaren sei, bestehe kein Problem, das Wissen und Wollen der Organe der Gesellschaft zuzurechnen, denn

> "die Direktoren oder Hauptgeschäftsführer einer Gesellschaft sind zwar ihre Vertreter, aber sie sind mehr. Eine Gesellschaft ist unfähig zu handeln, zu sprechen oder sogar zu denken, soweit nicht ihre Organe für sie gesprochen, gehandelt, gedacht haben(20)".

Es sei hinreichend nachgewiesen worden, daß die konkrete juristische Person durch die einzigen Personen, die für sie handeln oder sprechen oder denken könnten, in betrügerischer Absicht gehandelt und eine Erklärung abgegeben habe, die als in einem wesentlichen Punkte unrichtig bekannt war. Das sei ausreichend, die Gesellschaft dieser Delikte für schuldig zu befinden.

Die zweite der drei berühmten Entscheidungen von 1944 ist **R.v.I.C.R. Haulage, Ltd.**(21). Die Gesellschaft war wegen einer strafbaren Verabredung zu betrügerischem Handeln (common law conspiracy to defraud) angeklagt, also einem traditionellen Delikt, das als wesentlichen Bestandteil mens rea verlangt und bei dem keine vicarious liability möglich ist. Die I.C.R. Haulage Ltd. hatte sich vertraglich verpflichtet, an eine andere Gesellschaft bestimmte Waren zu liefern. Dabei hatten der Hauptgeschäftsführer der Gesellschaft und neun weitere Personen verabredet, ihrem Vertragspartner mehr an Waren in Rechnung zu stellen, als diesem in Wahrheit geliefert worden war.

Der Court of Criminal Appeal war der Ansicht, daß die Delikte, deretwegen eine juristische Person nicht verurteilt werden könne, die Ausnahmen von der allgemeinen Zulässigkeit ihrer Verurteilung bildeten. Diese Ausnahmen seien auf die Begrenzungen zurückzuführen, die einem künstlichen Gebilde, wie sie eine juristische Person darstelle, unvermeidlich anhafteten. Delikte, die ihrer Art nach nicht von juristischen Personen begangen werden könnten, wie z.B. Meineid oder Bigamie, zählten zu diesen Ausnahmen. Des weiteren gehörten in diesen Bereich Delikte, bei denen die einzige vorgesehene Strafart eine körperliche sei. Der hinter dieser Ausnahme stehende Grund bestehe darin, daß ein Gericht sich nicht dadurch lächerlich machen sollte, daß es sich auf ein Verfahren einlasse, bei dem auf einen eventuellen Schuldspruch keine effektive Sanktionsmöglichkeit folgen könnte(22). Im kon-

---

19 (1944) K.B.149

20 "...although the directors or general managers of a company are its agents, they are something more. A company is unable of acting or speaking or even of thinking except insofar as its officers have acted, spoken or thought" (1944) K.B.154 f

21 (1944) K.B.551

22 "...the basis on which this exception rests being that the Court will not stultify itself by embarking on a trial in which, if a verdict of guilty is returned no effective way of sentence can be made" (1944) K.B.551 ff

kreten Fall bestätigte der Court of Criminal Appeal das Urteil der ersten Instanz, das die juristische Person verurteilt hatte, unter Hinweis darauf, daß diese Entscheidung nicht bedeute, daß eine juristische Person automatisch in allen Fällen strafrechtlich verantwortlich sei, in denen ein Vertreter im Rahmen seines Beschäftigungsverhältnisses ein Delikt begehe. Die Verantwortlichkeit sei allerdings dann zu bejahen, wenn bewiesen sei, daß die Straftat des Vertreters einschließlich seiner geistigen Einstellung, seines Vorsatzes, seines Wissens oder Glaubens die Handlung der juristischen Person sei. Ob dieser Beweis erbracht sei, hänge von der Art der Beschuldigung ab, von der Position des Organs oder Vertreters in der Hierarchie der juristischen Person und von den anderen relevanten Tatsachen und Umständen des Falles(23). Im Falle R.v.I.C.R. Haulage, Ltd. reichten die bewiesenen Tatsachen bei weitem zur Begründung eines Urteils aus, das die Handlungen des Hauptgeschäftsführers mit den Handlungen der Gesellschaft und den von dieser Person begangenen Betrug mit dem Betrug der Gesellschaft identifizierte.

Die Quintessenz der Entscheidung kann dahingehend zusammengefasst werden, daß eine juristische Person durch die Handlungen und geistige Einstellung eines höheren Angestellten, mit dem sie identifiziert werden kann, eine Straftat begehen kann, daß es aber Delikte gibt, die ihrer Art nach oder wegen der vorgesehenen Strafart juristische Personen als Täter ausschließen.

Die dritte Entscheidung ist **Moore v.I.Bresler, Ltd.**(24). In dieser Entscheidung ging es um einen Steuerbetrug nach sect.35(2) des Finance(2) Act, 1940(25). Dieser Betrug war verübt worden vom Sekretär der Gesellschaft, der zugleich Hauptgeschäftsführer einer Filiale in Nottingham und alleinverantwortlich für die Führung der Geschäftsbücher war, und dem Verkaufsleiter jener Filiale. Die beiden hatten der Gesellschaft gehörende Ware verkauft und den Erlös für sich behalten. Um diesen Vorgang der Gesellschaft gegenüber zu vertuschen, fertigten sie die Verkaufssteuererklärung, die zu errichten in ihren Tätigkeitsbereich fiel, falsch an, indem sie den wahren Umsatz der Gesellschaft um den in die eigene Tasche gewirtschafteten Betrag verringerten. Dadurch verringerte sich auch die von der Gesellschaft zu entrichtende Verkaufssteuer. Obwohl die beiden zu ihren eigenen Gunsten gehandelt hatten, stellte **Viscount Caldecote**, L.C.J. fest, daß sie im Rahmen ihrer Befugnisse gehandelt hätten (within the scope of their authority). Die beiden Männer seien wichtige Angestellte der Gesellschaft und hätten deshalb die Aufstellungen und Steuererklärungen als diejenigen Organe der Gesellschaft, die dazu befugt seien, abzugeben. Ihre Handlungen

---

23 "...must depend on the nature of the charge, the relative position of the officer or agent, and the other relevant facts and cirumstances of the case ..." (1944) K.B.551 ff

24 (1944) All.E.R.515

25 Diese Vorschrift lauted: "If, with intent to deceive, any person for the purpose of this Act...makes use of...any document which is false in a material particular, he shall be liable to a penalty of £ 500"

seien also identisch mit den Handlungen der Gesellschaft(26). **Humphreys, J.** fügte hinzu: es sei schwierig, sich zwei Personen vorzustellen, deren Handlungen die Gesellschaft mehr binden könnten oder von denen im Rahmen ihres Beschäftigungsverhältnisses gesagt werden könne, daß sie offensichtlicher Vertreter der Gesellschaft seien, als vom Sekretär und Hauptgeschäftsführer einer Filiale und vom Verkaufsleiter jener Filiale. Es sei völlig eindeutig, daß die Verkäufe der Waren der Gesellschaft rechtlich und tatsächlich von jenen Personen als Vertreter und mit Ermächtigung der Gesellschaft vorgenommen worden seien. Der Verkauf geschehe deshalb nicht weniger mit Ermächtigung des Geschäftsherrn, weil der Gehilfe vorhabe, den Ertrag des Verkaufes in die eigene Tasche zu wirtschaften(27).

Die drei 1944er Fälle haben zwar eine neue Entwicklung eingeleitet, eine klare Linie jedoch noch nicht vorgezeichnet. Das einzige Urteil, in dem deutlich zwischen eigener und stellvertretender strafrechtlicher Verantwortlichkeit unterschieden wurde, ist R.v.I.C.R. Haulage, Ltd. In den anderen beiden Entscheidungen wurden Elemente der eigenen und der stellvertretenden Verantwortlichkeit vermengt(28).

Die folgenden Entscheidungen brachten mehr Klarheit. Zunächst ist hier die Entscheidung **H.L. Bolton (Engineering) Co, Ltd. v. T.J. Graham & Sons, Ltd.**(29) zu nennen. Es handelt sich zwar um einen Zivilrechtsstreit, der sich damit zu befassen hatte, ob eine juristische Person als Gutsbesitzer die notwendige Absicht haben kann, ein Pachtgut für ihre eigenen Zwecke in Besitz zu nehmen. Die Ausführungen von **Denning L.J.** haben jedoch weit über den Fall hinaus Bedeutung erlangt und werden in anderen - auch in strafrechtlichen - Entscheidungen immer wieder aufgenommen(30). Lord Denning gebraucht folgende Worte:

> "Eine juristische Person kann in vieler Hinsicht mit einem menschlichen Körper verglichen werden. Sie hat ein Gehirn und ein Nervenzentrum, das ihr Verhalten kontrolliert. Sie hat auch Hände, die die Werkzeuge halten und im Einklang mit den Anweisungen vom Zentrum handeln. Einige der Menschen innerhalb der juristischen Person sind reine Angestellte und Vertreter, die nicht mehr als Hände sind, die die Arbeit tun und von denen nicht gesagt werden kann, daß sie den Intellekt oder Willen der Gesellschaft darstellen. Andere sind Direktoren und Geschäftsführer, die den lenkenden Geist und Willen der Gesellschaft repräsentieren und ihr Handeln kontrollieren. Die geistige Einstellung dieser Geschäftsführer ist die geistige Einstellung

---

26 (1944) All.E.R.516

27 (1944) All.E.R.517

28 vgl. Leigh, Criminal liability of corporations, S.35 f

29 (1957) 1 Q.B.159

30 vgl. nur John Henshall (Quarries), Ltd. v.Harvey (1965) 1 All.E.R. 725; Tesco Supermarkets, Ltd. v.Nattrass (1972) A.C.153 ff

der Gesellschaft und wird vom Recht als solche behandelt. ...In den Fällen, in denen das Recht ein eigenes Verschulden als Voraussetzung für die zivilrechtliche Schadensersatzpflicht verlangt, ist das Verschulden des Geschäftsführers das eigene Verschulden der Gesellschaft... So ist es auch im Strafrecht: wenn das Recht Verschulden als Voraussetzung einer Straftat verlangt, macht das Verschulden der Direktoren und Geschäftsführer die Gesellschaft selbst schuldig... Ob die Absicht der Organe und Vertreter die Absicht der Gesellschafter darstellt, hängt von der Art der betreffenden Angelegenheit ab, der Stellung des Organs oder Vertreters in der Hierarchie der Gesellschaft und den anderen Tatsachen und Umständen des Falles...(31)"

Daß eine eigene Verantwortlichkeit der juristischen Person nur dann in Frage kommt, wenn die "brains" tätig geworden sind und das erforderliche Wissen haben, wird von **Lord Parker** in der strafrechtlichen Entscheidung **John Henshall (Quarries) Ltd. v.Harvey** im Anschluß an Lord Denning's Ausführungen mit Nachdruck betont. Zu den "brains", mit denen die juristische Person identifiziert werden kann, könne ein Direktor gehören, ein geschäftsführender Direktor, der Sekretär oder ein verantwortliches Organ der Gesellschaft. Damit sei man aber weit davon entfernt, zu sagen, daß einer Gesellschaft das Wissen jedes Angestellten angelastet werden könne: Das Wissen der "Hände" werde - im Gegensatz zu dem des "Gehirns" - der Gesellschaft nicht lediglich deshalb zugerechnet, weil es die Pflicht des Angestellten sei, jene spezielle Aufgabe auszuführen. Es könne jedoch Fälle geben, in denen ein Geschäftsherr mit dem Wissen seines Gehilfen identifiziert werde und zwar dann, wenn eine wirkliche Übertragung des Aufgabenkreises vorliege. Wenn ein Geschäftsherr die Leitung des Geschäfts vollständig

---

31 "...a company may in many ways be likened to a human body. it has a brain and a nerve centre which control what it does. It also has hands which hold the tools and act in accordance with directions from the centre. Some of the people in the company are mere servants and agents who are nothing more than hands to do the work and cannot be said to represent the mind or will. Others are directors or managers who represent the directing mind or will of the company and control what it does. The state of mind of these managers is the state of mind of company and is treated by the law as such...In cases where the law requires personal fault as a condition of liability in tort, the fault of the manager will be the personal fault of the company...So also in the criminal law, in cases where the law requires a guilty mind as a condition of a criminal offense, the guilty mind of the directors and managers will render the company itself guilty...Whether the intention (of its officers and agents) is the company's intention depends on the nature of the matter under consideration, the relative position of the officer or agent and the other relevant facts and circumstances of the case..." (1957) 1 Q.B.159,172 f

auf einen anderen übertrage, könne er sich durch eine derartige Übertragung seiner Verantwortlichkeit nicht entziehen(32).

In der Entscheidung **Tesco Supermarkets, Ltd v.Nattrass**(33) schließlich hatte das House of Lords Gelegenheit, sich dazu zu äußern, wann eine juristische Person mit der handelnden natürlichen Person identifiziert werden kann. Dies geschah sehr ausführlich unter Zusammenfassung und Präzisierung der bisherigen Grundsätze. Der Entscheidung, die den vorläufigen Schlußpunkt in der Entwicklung der Strafbarkeit juristischer Personen setzte, lag folgender Sachverhalt zugrunde: Die Tesco Supermarket Ltd. war angeklagt, auf einem Plakat, das in einem ihrer Läden, der von einem Mr. Clement geleitet wurde, Waren zu einem geringeren Preis angepriesen zu haben als dem, zu dem sie tatsächlich angeboten wurden und damit gegen sect.11(2) des Trade Description Act 1968(34) verstoßen zu haben. Sect.20(1) des Trade Description Act 1968 normiert ausdrücklich, daß eine juristische Person sich dann nach diesem Gesetz strafbar machen kann, wenn die betreffende Handlung mit ausdrücklicher oder stillschweigender Einwilligung eines Direktors, Geschäftsführers, Gesellschaftssekretärs oder eines ähnlichen Organs der juristischen Person begangen worden sei(35). In dem Laden war es üblich, die ganze, mit normalem Preis ausgezeichnete Ware aus dem Verkaufsbereich abzuziehen, wenn reduzierte Ware angeboten wurde. Als der Vorfall sich ereignete, war jedoch keine mit dem reduzierten Preis ausgezeichnete Ware vorrätig. Deshalb verkaufte eine Miss Rogers mit normalem Preis ausgezeichnete Ware zum normalen Preis. Hätte Mr. Clement diese Tatsache gekannt, hätte er entweder das Plakat entfernt oder die Ware zum reduzierten Preis verkauft. Die Gesellschaft berief sich auf sect.24(1) des Trade Description Act 1968, nach dem der Angeklagte sich u.a. durch den Beweis dessen entlasten kann, daß das Delikt auf die Handlung und das Verschulden **einer anderen Person** zurückzuführen ist und daß er alle vernünftigerweise von ihm zu erwartenden Vorsichtsmaßnahmen getroffen und die gehörige Sorgfalt angewandt hatte, um zu verhindern, daß ein derartiges Delikt von ihm

---

32 vgl. John Henshall (Quarries), Ltd. v.Harvey (1965) 1 ALL.E.R. 725

33 (1972) A.C.153 ff

34 sect.11(2) Trade Description Act 1968 lauted: "If any person offering to supply any goods gives, by whatever means, any indication likely to be taken as an indication that the goods are being offered at a price less than that at which they are in fact being offered, he shall, subject to the provisions of this Act, be guilty of an offence."

35 sect.20(1) Trade description Act 1968: "Where an offense under this Act which has be committed by a body corporate is proved to have been committed with the consent or connivance of ...any director, manager, secretary or other similar officer of the body corporate...he as well as the body corporate shall be guilty of the offence..."

selbst oder einer unter seiner Aufsicht stehenden Person begangen wird(36).

Das House of Lords mußte also zunächst entscheiden, ob Mr. Clement jemand war, mit dem die juristische Person zu identifizieren war, der also als die juristische Person handelte oder ob er "another person" im Sinne von sect.24(1) Trade Description Act 1968 sein konnte. **Lord Reid** setzte sich in seiner oft zitierten Rede zunächst mit der Persönlichkeit auseinander, die der juristischen Person kraft einer gesetzlichen Fiktion zugeschrieben werde und erläuterte den Unterschied zwischen eigener und stellvertretender Verantwortlichkeit der juristischen Person:

> "Eine natürliche Person hat einen Intellekt, der Wissen oder Vorsatz haben oder fahrlässig sein kann und sie hat Hände, um ihre Entschlüsse auszuführen. Eine juristische Person hat nichts davon: sie muß durch natürliche Personen handeln, wenn auch nicht immer durch ein- und dieselbe Person. Dann spricht oder handelt die natürliche Person nicht für die Gesellschaft. Sie handelt als Gesellschaft und ihr Intellekt, der ihre Handlungen leitet, ist der Intellekt der Gesellschaft. Es kann dann keine Rede von einer stellvertretenden Verantwortlichkeit der Gesellschaft sein. Die betreffende Person handelt nicht als Angestellter, Repräsentant oder Bevollmächtiger, sie ist eine Verkörperung der Gesellschaft oder man könnte sagen, sie hört und spricht durch die Person der Gesellschaft und ihre geistige Einstellung ist diejenige der Gesellschaft. Wenn es eine schuldhafte geistige Einstellung ist, dann ist diese Schuld die Schuld der Gesellschaft. Es muß - wenn die zugrundeliegenden Tatsachen festgestellt sind - eine Rechtsfrage sein, ob die Person, die bestimmte Dinge tut, als die Gesellschaft betrachtet wird oder nur als Angestellter oder Vertreter der Gesellschaft. Im letzteren Fall kann die Verantwortlichkeit der Gesellschaft nur eine stellvertretende sein ...Ich vermag nicht einzusehen, warum die Art der angeklagten Tat zu einer unterschiedlichen Behandlung führen soll. Wenn der schuldige Mensch rechtlich mit der Gesellschaft identifizierbar ist, dann war sein Handeln das Handeln der Gesellschaft, ob sein Delikt nun schwer oder leicht war, und wenn er nicht mit ihr identifizierbar ist, dann ist keine seiner Handlungen, ob schwer oder nicht, Handlung der Gesellschaft selbst ...Ein Vorstand kann einen Teil seiner Leitungsfunktionen übertragen und dadurch den Bevollmächtigten im Rahmen des übertragenen Wirkungskreises zur Ver-

---

36 "...shall be a defence for the person charged to prove (a)that the commission of the offense was due...to the act or default of another person...and (b) that he took all reasonable precautions and exercised all due diligence to avoid the commission of such an offense by himself or any person under his control"

körperung der Gesellschaft machen. Hier hat der Vorstand jedoch nie einen Teil seiner Funktionen übertragen...(37)"

Danach war Mr. Clement also "another person" im Sinne des sect.24(1) des Trade Description Act 1968 und die Gesellschaft konnte den Entlastungsbeweis führen(38).

Viscount Dilhorne beschreibt die Person, mit der die juristische Person identifiziert werden kann, als jemanden, der die tatsächliche Kontrolle über die Tätigkeiten der juristischen Person oder über einen Teil von ihnen inne hat und der niemand anderem in der Gesellschaft für die Art und Weise, in der er seine Aufgaben erfüllt in dem Sinne verantwortlich ist, daß er dessen Anordnungen unterworfen wäre(39). **Lord Diplock** setzt nochmals bei der juristischen Person als Abstraktion an, die unfähig sei, eine körperliche Handlung auszuführen oder eine geistige Einstellung, ein Bewußtsein, zu haben. Dennoch sei sie rechtlich eine Person, die in der Lage sei, Rechte auszuüben und recht-

---

37 "A living person has a mind which can have knowledge or intention or be negligent and he has hands to carry out his intentions. A corporation has none of these: it must act through living persons, though not always through one and the same person. Then the person who acts is not speaking or acting for the company. He is acting as the company and his mind who direct his acts ist the mind of the company. There is no question of the company being vicarious liable. He is not acting as a servant, representative, agent or delegate. He is an embodiment of the company, or, one could say, he hears and speaks through the persona of the company, within his appropriate sphere, and his mind is the mind of the company. If it is a guilty mind then that guilt is the guilt of the company. It must be a question of law whether once the facts have been ascertained, a person in doing particular things is to be regarded as the company or merely as the company's servant or agent. In that case any liability of the company can only be a statutory or vicarious liability...I do not see how the nature of the charge can make any difference: if the guilty man was in law identifiable with the company then whether the offense was serious or venial his act was the act of the company but if he was not so identifiable then no act of his, serious or otherwise, was the act of the company itself...A board of directors can delegate part of their functions of management so as to make their delegate an embodiment of the company within the sphere of the delegation. But here the board never delegated any part of their functions...
(1972) A.C.153,170-175

38 so auch Lord Morris of Borth-y-Gest, (1972) A.C.153,175,180

39 "...a person who is in actual control of the operations of the company or of part of them and who is not responsible to another person in the company for the manner in which he discharges his duties in the sense of being under his orders" (1972) A.C.153, 187

lichen Verantwortlichkeiten unterworfen zu werden, was auch beinhalte, daß ihr nicht nur die körperlichen Handlungen, die in Wirklichkeit von einer natürlichen Person ausgeführt werden, sondern auch deren geistige Einstellung zugerechnet würden. Da nun das Strafrecht jemanden **grundsätzlich** nur für seine eigenen Straftaten verantwortlich mache, müsse die Frage gestellt werden, welche Person oder Personen als juristische Person selbst und nicht nur als ihre Vertreter behandelt werden sollen. Die Antwort auf diese Frage sei dadurch zu finden, daß man mit der juristischen Person diejenigen natürlichen Personen identifiziere

> "denen durch die Gründungsurkunde und die Satzung der juristischen Person oder gemäß der Satzung durch eine Übertragung seitens der Direktoren oder durch die Hauptversammlung die Ausübung der Befugnisse der juristischen Person anvertraut sind"(40).

Zusammenfassend kann man sagen, daß die strafrechtliche Verantwortlichkeit juristischer Personen von der Rechtsprechung inzwischen als allgemeines Prinzip anerkannt ist. Diese Verantwortlichkeit ist eine eigene und als solche von der stellvertretenden Verantwortlichkeit, die juristische Personen im selben Umfang wie natürliche Personen trifft, zu trennen. Die eigene Verantwortlichkeit juristischer Personen reicht sehr viel weiter als die stellvertretende Verantwortlichkeit, der enge Grenzen gesetzt sind. Eine juristische Person kann heute für sehr viele Delikte verantwortlich sein, auch für schwere Delikte, die ein subjektives Element voraussetzen und ungeachtet der Tatsache, daß die Persönlichkeit juristischer Personen nur fiktiver Art ist(41). Die eigene Verantwortlichkeit juristischer Personen kann jedoch nur dann und nur insoweit bestehen, als sie mit den für sie handelnden Personen identifiziert werden kann. Obwohl inzwischen in groben Zügen geklärt ist, welche Personen das sind - sie müssen jedenfalls zur "brain area" gehören - bestehen im Einzelfall bei der Prüfung, ob eine Person zur "brain area" gehört und welche weiteren Voraussetzungen erfüllt sein müssen, Unklarheiten. Bisher von der Rechtsprechung für diesen Identifizierungsprozeß herausgearbeitete Kriterien sind: es muß sich handeln um Direktoren und Geschäftsführer, die den lenkenden Geist und Willen der juristischen Person darstellen(42) bzw. um solche Personen, denen durch die Gründungsurkunde und die Satzung oder aufgrund der Satzung durch die Direktoren oder durch die Hauptversammlung die Ausübung der Befugnisse der juristischen Person anvertraut ist(43). Anerkannt ist auch, daß der Vorstand nur einen Teil seiner Leitungs-

---

40 "...by identifying those natural persons who by memorandum and articles of association or as a result of action taken by the directors or by the company in general meeting persuant to the articles are entrusted with the exercise of the powers of the company" (1972) A.C.153,199

41 vgl. The Law Commission working paper Nr.44, S.3

42 vgl. H.L. Bolton (Engineering) Co. Ltd. v.Graham & Sons, Ltd. (1957) 1 Q.B.159,172; als wichtiges Kriterium bestätitgt in Tesco's case (1972) A.C.153

43 vgl. Lord Diplock in Tesco's case (1972) A.C.153,179

funktionen delegieren und dadurch den Bevollmächtigten im Rahmen der übertragenen Befugnisse zur Verkörperung der Gesellschaft machen kann(44). Voraussetzung ist jedoch immer, daß die pönalisierte Handlung von dem Handelnden im Rahmen der ihm übertragenen Befugnisse vorgenommen wird(45). In den Worten von Viscount Dilhorne muß es sich um jemanden handeln, der eine tatsächliche Kontrolle über die Tätigkeiten der Gesellschaft oder einen Teil von ihnen ausübt und der niemand anderem in der Gesellschaft für die Art und Weise, in der er seine Aufgaben erfüllt, in dem Sinne verantwortlich ist, daß er dessen Anordnungen unterworfen wäre. Ob das der Fall ist, hängt von der Organisation der jeweiligen Gesellschaft ab(46).

Ob es sich bei der mit der juristischen Person zu identifizierenden natürlichen Person um das alter ego der juristischen Person handelt oder nicht, ist allerdings umstritten. Lord Reid in Tesco's case ist der Ansicht, daß es irreführend sei, hier von "alter ego" zu reden. Die handelnde Person sei nicht "eine andere", sondern werde mit der juristischen Person identifiziert. Auch beim Individuum gebe es schließlich keine verschiedenen Ichs(47). Lord Pearson meint, daß diejenigen, die hohe Führungspositionen bekleideten, das "ego" der juristischen Person darstellten, während das "alter ego" von solchen Personen gebildet werde, denen die Kontrolle und Leitung eines Bereiches der juristischen Person mit vollen Entscheidungsbefugnissen übertragen worden sei(48). Da jedoch in der Sache Einigkeit besteht, kann es dahingestellt bleiben, ob die Identifizierung nach der "alter ego Theorie" oder dem "principle of identification" vorgenommen wird.

Auch das Verhalten kleinerer Angestellter ist nicht völlig bedeutungslos; auch dafür kann die juristische Person verantwortlich sein. In diesen Fällen handelt es sich allerdings ausschließlich um eine vicarious liability, die nur dann zur Anwendung gelangt, wenn die bereits erörterten Voraussetzungen(49) vorliegen(50).

b) Der Meinungsstand in der Literatur

Die ganz herrschende Meinung in der Literatur befürwortet grundsätzlich die Strafbarkeit juristischer Personen. Kritik an der Rechtsprechung wird im wesentlichen nur deshalb geübt, weil die Rechtsprechung in manchen Punkten zu unpräzise erscheint.

---

44 vgl. Lord Reid in Tesco's case (1972) A.C.153,174 f; John Henshall (Quarries) Ltd. v.Harvey (1965) 1 All.E.R.725

45 vgl. z.B. Moore v.Bresler, Ltd. (1944) All.E.R. 515 ff

46 (1972) A.C.153,187

47 (1972) A.C.153,169 ff

48 (1972) A.C.153,193

49 vgl. B.I.1.d)bb)

50 vgl. M.E. Bennum, Corporate Criminal liability, X th International Congress on Comparative law, Budapest 1978 VA 3/5

aa) "alter ego theory" bzw. "principle of identification"

Winn schlug im Jahre 1929 vor, diejenigen Personen, mit deren Handeln die juristische Person identifiziert werden kann, anhand folgender Fragen zu ermitteln: Wurde die Handlung unmittelbar durch die Hauptrepräsentanten der Gesellschaft in ihrer Verbundenheit als Vorstand angeordnet? War es nur eine Handlung innerhalb eines Bereichs von Handlungen, die vorzunehmen der Handelnde grundsätzlich ermächtigt war? Oder war es eine Handlung, die ohne jede Ermächtigung vorgenommen wurde(1)? Nur im ersten Fall sei die Handlung mit der Handlung der Gesellschaft identisch, in den anderen Fällen könne eine Handlung der juristischen Person - wenn überhaupt - so nur aufgrund der respondeat superior Regel vorliegen, also nur eine stellvertretende Verantwortlichkeit der juristischen Person auslösen(2). Die "primary representatives" der juristischen Person, die die gesamten Befugnisse der juristischen Person innehaben und ausüben, sind nach Winn im Vorstand verkörpert und zwar in ihm als Ganzes, nicht in den einzelnen Mitgliedern. Als handelnde Einheit bestehe die Gesellschaft eben nur aus jenen Männern, die in ihrer besonderen Eigenschaft handeln. Die Politik der Gesellschaft sei die von jenen Männern formulierte; ihr Gehirn sei das Gehirn der juristischen Person. Vertrauen in eine Gesellschaft werde durch die Aufnahme eines Mannes von erwiesener Fähigkeit und Lauterkeit in den Vorstand ausgelöst und durch seine Absetzung untergraben. In ihrer körperschaftlichen Verbundenheit seien die "primary representatives" die Substanz, auf der die Abstraktion (die juristische Person) beruhe und deshalb sei die juristische Person in jedem Augenblick mit ihnen identifizierbar(3).

Glanville William schlägt andere Unterscheidungskriterien vor: Erstens sei zu unterscheiden zwischen directive und executive servants, also zwischen leitenden und ausführenden Angestellten. Nur die Handlungen und geistigen Einstellungen derjenigen, die die Kontrolle über die juristische Person ausüben, könnten ihr zugeschrieben werden. Das seien normalerweise die Direktoren, aber auch ein Geschäftsführer könne davon erfasst sein, wenn er maßgeblichen Einfluß habe. Es sei auch vernünftig, einen Zweigstellenleiter als Organ der juristischen Person zu betrachten. Zweitens sei zwischen corporate business und private business (Angelegenheiten der juristischen Person und Angelegenheiten privater Art) zu unterscheiden. Es sei offensichtlich, daß die Handlung eines Direktors außerhalb seiner gesellschaftlichen Aufgaben der juristischen Person nicht zugerechnet werde(4).

Nach Ansicht der Verfasser des **working paper Nr.44** müssen - im Falle der Übertragung von Befugnissen seitens des Vorstandes - die über-

---

1 vgl. Winn, The criminal liability of corporations, C.L.J. 398,409 (1929)

2 vgl. Winn, C.L.J. 398,409 (1929); zustimmend Welsh, The criminal liability of corporations, L.Q.R. 345,360 (1946)

3 vgl. Winn, C.L.J. 398,408,410 f (1929)

4 vgl. Glanville Williams, Criminal Law, The General Part, S.857 f

tragenden Leitungsfunktionen wesentlich sein. Was wesentlich sei, hänge von der Bedeutung der übertragenen Funktionen im Verhältnis zum gesamten Tätigkeitskreis der juristischen Person ab. Darüber hinaus müsse es sich um einen Teil handeln, der sachlich zu den Tätigkeiten der juristischen Person gehöre. Die mit der juristischen Person zu identifizierende Person mache die juristische Person selbstverständlich nur so lange und nur insoweit verantwortlich, als die Person im Namen der juristischen Person handele oder diesen Eindruck erwecken wolle. Entgegen Moore v.Bresler(5) sei die juristische Person nicht mit denjenigen Personen zu identifizieren, die beabsichtigten, durch ihr Handeln der juristischen Person zu schaden. Das wäre ungerecht, denn man würde dadurch die juristische Person und ihre Aktionäre für etwas bestrafen, durch das die juristische Person selbst betrogen und ihre Aktionäre geschädigt worden seien. Irrelevant für den Identifizierungsprozess sei dagegen, ob die Ernennung der in Frage kommenden Person gültig sei oder nicht(6).

Nach der Auffassung von **Leigh** konnte bis jetzt keiner der Präzisierungsversuche eine Lösung anbieten, aufgrund derer die Strafbarkeit juristischer Personen rechtlich zufriedenstellend begründet werden könnte. Besonders in Fällen, in denen die Befugnisse weit gestreut seien, sei es sinnlos, die strafrechtliche Verantwortlichkeit auf das Handeln der Primärorgane der juristischen Person zu stützen. Dies könne darüber hinaus zu einer im wesentlichen fiktiven Zuschreibung der Verantwortlichkeit führen. Es bestehe die Gefahr, daß die Verantwortlichkeit sogar dann auferlegt werde, wenn die Handlungen im Gegensatz zu der ausdrücklichen Gesellschaftspolitik ausgeführt wurden. Leigh schlägt vor - de lege lata - bei schweren Delikten die Verantwortlichkeit auf die Handlungen zu beschränken, die von denjenigen, die die Kontrolle über die juristische Person ausüben, im Einklang mit der Gesellschaftspolitik vorgenommen werden. Er meint, es sollte - de lege ferenda - ein prima facie Beweis eingeführt werden. So könnten z.B. Handlungen, begangen durch hohe leitende Angestellte, oder wiederholte Verletzungen einer gesetzlichen Vorschrift durch Arbeitnehmer jeder Stufe zunächst dafür sprechen, die Handlungen der juristischen Person zuzurechnen(7).

Im übrigen wird auch von der Literatur auf die von der Rechtsprechung herausgearbeiteten Kriterien abgehoben: auf die "directors or managers who represent the directing mind and will of the corporation and control what it does"(8); "persons in control of the corporation", "senior officers in the course of their employment"(9). Ob diese Voraussetzungen erfüllt sind, ist wiederum nach der Satzung der Gesellschaft zu beurteilen(10).

----

5 (1944) All.E.R.515

6 vgl. The law commission working paper Nr.44, S.25-27

7 vgl. Leigh, Criminal liability of corporations, S.126 f

8 vgl. Halsbury's Laws of England, Vol.9, paras.1379

9 vgl. Harris'Criminal Law, S.105 f

10 vgl. Burrows, The responsibility of corporations under criminal law, Journal of criminal science 1948, S.1 ff; Harris's Criminal Law, S.106; Cross and Jones Introduction, S.98 f

bb) Kriminalpolitisches Bedürfnis (social policy)

Winn geht von dem Phänomen des Gruppengeistes aus, das dazu führen könne, daß Menschen in einer Versammlung einer Politik zustimmen, die sie allein und als Privatmann abgelehnt hätten. Das treffe auch für die Direktoren zu. Von daher ergebe sich die Notwendigkeit für eine Sanktion, die eine sorgfältige Auswahl der Direktoren und die Überwachung ihrer Tätigkeiten erzwingen solle. Die Mitglieder könnten durch eine der juristischen Person selbst auferlegte wirkungsvolle Sanktion dazu veranlasst werden, deren Verhalten entsprechend bestimmter Normen zu gestalten. Wenn und soweit sie ihre Direktoren kontrollieren könnten, verlange die Rechtsordnung, daß sie in ihrer körperschaftlichen Verbundenheit verantwortlich seien. Es sei natürlich für den einzelnen Aktionär unmöglich, die Direktoren zu überwachen. Man könne aber eine Art Ombudsmann einsetzen, dessen Aufgabe es wäre, die Aktionäre von jeder illegitimen Handlung in Kenntnis zu setzen, durch die die Direktoren die Interessen der juristischen Person gefährden könnten(11).

Gegen diese Theorie wurde eingewandt, sie sei unrealistisch, denn inzwischen sei allgemein bekannt, daß die Aktionäre in großen Gesellschaften praktisch keine Kontrollmöglichkeit über die Leitung der Gesellschaft hätten(12). Sie könnten ihre Rechte nur in der Hauptversammlung ausüben und sie hätten wahrscheinlich auch weder detaillierte Kenntnisse von dem Geschäftsgebaren der Gesellschaft noch die Möglichkeit, diese Kenntnisse zu erwerben. Es sei auch zweifelhaft, ob man ihnen so eine strenge Überwachungspflicht auferlegen sollte(13). Was die Kapitalanlage in Gesellschaften u.a. so attraktiv mache, sei ja gerade, daß man damit auch Personen, die sich in wirtschaftlichen Angelegenheiten nicht so auskennen, eine Möglichkeit biete, Kapital anzulegen(14). Diese Faktoren sprächen gegen die Annahme, die Kontrolle seitens der Aktionäre sei wirksam genug, um zu gewährleisten, daß eine gegen die juristische Person gerichtete Sanktion den betreffenden Organen wirklich zum Nachteil gereiche. Es sei auch fraglich, wie sinnvoll es sei, einen Ombudsmann einzusetzen. Denn wenn es um das Verhalten des Topmanagement gehe, werde der Vertreter der Aktionäre merken, daß die Untersuchung wesentlicher Tatsachen, die von den "Kontrolleuren" der juristischen Person verheimlicht werden, beträchtliche Schwierigkeiten bereite(15).

Leigh wendet sich auch schon gegen den Ausgangspunkt Winn's, daß nämlich die Kriminalität juristischer Personen auf den gegenseitigen verderblichen Einfluß der Direktoren, auf den Gruppengeist, zurückzuführen sei. Leigh ist der Ansicht, daß strafrechtlich relevantes Verhalten von einer derartigen Intensität seitens des Topmanagements doch

---

11 vgl. Winn, C.L.J. 398,411 f (1929)

12 vgl. Glanville Williams, Criminal Law, The General Part, S.863

13 vgl. working paper Nr.44, S.32 f; Leigh, Criminal liability of corporations, S.151

14 vgl. Leigh, S.152

15 vgl. Leigh, S.152 f

eher selten sei. Die Rechtsprechung habe sich in den meisten Fällen mit leitenden Angestellten der mittleren Ebene zu befassen gehabt und erbringe wenig Beweis für eine derartige Gruppendynamik. Den Grund hierfür sieht Leigh in der zunehmenden Vielfalt der Tätigkeiten juristischer Personen und der Dezentralisierung der leitenden Funktionen. Funktionen müßten heute zwangsläufig delegiert werden und ihre Ausübung müsse in weiten Bereichen selbständig erfolgen können. Das wiederum bedeute, daß Gesetzesverletzungen als Ergebnis der Tätigkeit eines Angestellten, an den leitende Funktionen übertragen wurden, vorkommen könnten. Das könne aus der Sicht der höchsten Leitungsebene durchaus den Interessen der juristischen Person zuwiderlaufen(16). Wenn man davon ausgehe, daß Gesetzgeber und Rechtsprechung der Führungsebene der jurisitschen Person eine Überwachungsfunktion auferlegen wollten, dann sei es angesichts dieser Tatsachen unrealistisch, die Verantwortlichkeiten auf Handlungen zu beschränken, die vom Topmanagement angeordnet oder toleriert werden. Strafrechtliche Verantwortlichkeit für schwere Delikte solle jedoch nicht nur die sorgfältige Ausübung einer Überwachungsfunktion gewährleisten, sondern beruhe auch auf Bestrafung und Abschreckung des individuellen Täters. Ob die strafrechtliche Verantwortlichkeit juristischer Personen diese Funktionen erfülle, sei fraglich(17).

Als für die Strafbarkeit juristischer Personen sprechend wird ferner hervorgehoben, daß es häufig unmöglich wäre, eine zur Abschreckung der juristischen Person geeignete hohe Strafe zu verhängen, wenn nur Individuen verfolgt werden könnten und die Geldstrafe nach deren persönlichen Verhältnissen zu bemessen wäre. Außerdem könnte der Nutzen, den die Gesellschaft aus der Gesetzesverletzung ziehe, nicht gebührend berücksichtigt werden(18).

Auch dieses Argument blieb nicht ohne Widerspruch. **Leigh** meint, Gerechtigkeitserwägungen verböten es, Geldstrafen drastisch zu erhöhen, denn das würde bedeuten, daß den Aktionären Schaden zugefügt werde, um sie zu veranlassen, jene Personen zu bestrafen, von denen wir annähmen, daß sie für die Begehung des Delikts verantwortlich seien(19).

Die dahinter stehende Befürchtung ist, daß letzendlich die Aktionäre, also Unschuldige, bestraft werden. Dagegen wendet sich Winn mit dem Argument, daß die Mitglieder einer juristischen Person einer Strafe nicht in ihrer Eigenschaft als Individuum, sondern nur in ihrer körperschaftlichen Verbundenheit ausgesetzt seien. Die Sanktion werde von allen getragen, genauso wie die Früchte des rechtswidrigen Unternehmens von allen genossen worden seien. Die Strafe treffe die Aktionäre auch nicht härter als die unschuldigen Familienangehörigen anderer Verurteilter(20).

---

16 vgl. Leigh, S.139

17 vgl. Leigh, S.140

18 vgl. working paper Nr.44, S.35

19 vgl. Leigh, S.155

20 vgl. Winn, C.L.J. 398,412 (1929)

Die Verfasser des **working paper Nr.44** betrachten diesen Aspekt differenziert. Zunächst wird festgestellt, daß die Aktionäre, indem sie Anteile der Gesellschaft erwerben, sich bewußt dem schwankenden wirtschaftlichen Schicksal der Gesellschaft unterwerfen. Es könne deshalb argumentiert werden, daß sie auch Verluste der Art, wie sie aus der Verurteilung der Gesellschaft für ein Delikt resultieren, als einen dieser Risikofaktoren in Kauf nehmen müßten. Man könnte sagen, daß solche Verluste nicht als dem Aktionär zu Unrecht auferlegte Strafe betrachtet werden sollten, sondern als unvermeidliche Folge des eingegangenen Risikos. Diese Argumente träfen aber eher auf Geldstrafen für leichtere Delikte zu als auf Geldstrafen für schwere Delikte. Das Risiko von Rechtsverletzungen auf dem Gebiet des Handeltreibens könne einem Aktionär angelastet werden. Diesselben Erwägungen seien aber auf das Risiko, daß sich Direktoren in schwere Delikte verstricken, nicht anwendbar(21).

Auch **Leigh** befürwortet die Gerechtigkeit der Bestrafung juristischer Personen, soweit es um regulatory oder public welfare offenses geht, denn bei diesen Delikten gehe es darum, bestimmte Schutzvorschriften durchzusetzen. In solchen Fällen könne eine Geldstrafe, die der juristischen Person jeden aus der Rechtsverletzung herrührenden Gewinn abnehme, zur Befolgung der Gesetze führen. Abstrakt gesehen sei es zwar auch hier ungerecht, die Aktionäre zu bestrafen, es müsse aber daran erinnert werden, daß der den Aktionär treffende Anteil hier relativ gering sei und daß den Aktionären kein negatives Stigma anhafte(22).

Williams weist darauf hin, daß es in den Fällen, in denen das Delikt aus einem in dem ganzen Unternehmen üblichen Verhalten resultiere, sogar ungerecht wäre, eine Person zu isolieren und zu bestrafen, auch wenn ihr nachgewiesen werde, daß sie das konkrete Delikt begangen habe. Denn der Einzelne sei oft schwerem wirtschaftlichem Druck unterworfen, der ihn dazu zwinge, sich konform mit den Praktiken der Gesellschaft zu verhalten(23).

Als Argument für das kriminalpolitische Bedürfnis wird von **Winn** außerdem noch die abschreckende Wirkung der Bestrafung der juristischen Person hervorgehoben. Die Direktoren würden sich hüten, den good will ihres Unternehmens durch eine Verurteilung der juristischen Person zu gefährden. Diese abschreckende Wirkung setze genau da an, wo sie am nötigsten sei: bei den Direktoren in ihrer Funktion als Direktoren, d.h. beim denkenden Element der juristischen Person, indem ihre Beziehung zur juristischen Person in Mitleidenschaft gezogen werde und nicht nur ihre privaten Interessen. In dem persönlichen Prestigeverlust, der einer Verurteilung der juristischen Person auf dem Fuße folge und in der Verringerung des Gesellschaftskapitals, von dem in der Regel ein guter Teil den Direktoren gehöre, liege eine Strafe, die wenige leichten Herzens in Kauf nähmen(24). Von der ab-

---

21 vgl. working paper Nr.44, S.33

22 vgl. Leigh, S.149 f

23 vgl. Glanville Williams, Criminal law, The General Part, S.865

24 vgl. Winn, C.L.J. 398,412 ff (1929); zustimmend Welsh, L.Q.R. 345,361 (1946)

schreckenden Wirkung der Bestrafung juristischer Personen geht auch Williams aus, wenn er ausführt: zumindest diejenigen Personen, die verantwortungsvolle Positionen bekleiden, hätten Loyalitätsgefühle gegenüber dem Unternehmen, und dieses Gefühl könne sie veranlassen, ihr Verhalten zu ändern, wenn das Unternehmen seinerseits strafrechtlich belangt werden könne. Es könne sein, daß entweder der Übeltäter sich selbst bessere oder daß seine Vorgesetzten ihn kontrollieren oder entlassen, um einen Wiederholungsfall zu verhindern(25).

Die Verfasser des **working paper Nr.44** und **Leigh** differenzieren dagegen zwischen regulatory offenses (leichtere Delikte mit Ordnungswidrigkeitencharakter) und schwereren Delikten. Die Strafverfolgung der juristischen Person symbolisiere einen Mangel an Kontrolle seitens der juristischen Person und es liege im Interesse der Allgemeinheit, den Namen dieser juristischen Person in das öffentliche Bewußtsein zu rücken. Das Ziel der regulatory offenses sei es oft, die Befolgung bestimmter Regeln zu gewährleisten z.B. was Lebensmittel, Arzneimittel und andere Konsumgüter betreffe. Das könne wahrscheinlich durch die "negative Reklame" einer Verurteilung bewirkt werden. Dadurch werde ein starker Verantwortlichkeitssinn unter den Direktoren und den Angestellten der Gesellschaft mobilisiert, der danach strebe, den Schaden, den die "Reklame" verursache, zu verringern. Es sei jedoch sehr zweifelhaft, ob die Angst vor dieser Art von "Reklame" bei schwereren Delikten einen abschreckenden Faktor darstelle. Wenn die Direktoren einer Gesellschaft ein kriminelles Unternehmen ins Auge fassten, sei es wahrscheinlicher, daß die Furcht vor persönlicher Entdeckung, Bestrafung und Prestigeverlust sie abschrecke(26).

Das Argument, der juristischen Person müsse die ungerechtfertigte Bereicherung (unjust enrichment) wieder abgenommen werden, hat kaum Befürworter gefunden. Zunächst würde das zur Folge haben, daß die Geldstrafe jedenfalls nicht größer sein dürfte als der der Öffentlichkeit zugefügte Schaden oder umgekehrt als der von der Gesellschaft aus dem Delikt gezogene Nutzen(27). Es sei außerdem sehr zweifelhaft, ob das Ziel der Entschädigung durch Strafverfolgung durchgesetzt werden sollte. Auch rein praktische Erwägungen sprächen dagegen, denn die Höhe des Nutzens/Gewinns könne nur durch komplexe Kostenanalysen herausgefunden werden. Jede rigorosere Lösungsmöglichkeit, die vielleicht zulässig wäre, wenn das Ziel der Bestrafung in der Abschreckung läge, sei unzulässig, wenn es um Entschädigung gehe. Außerdem sei das Ziel der Kriminalstrafe noch nie eine Entschädigung in Geld gewesen und es lasse sich kein Grund erkennen, warum auf dem Gebiet der Strafbarkeit juristischer Personen eine Ausnahme zugelassen werden sollte(28).

----

25 vgl. Glanville Williams, Criminal Law, The General Part, S.864

26 vgl. working paper Nr.44, S.33 f; Leigh, Criminal liability of corporations, S.160

27 vgl. Glanville Williams, Criminal Law, The General Part, S.864

28 vgl. Leigh, Criminal liability of corporations, S.144

Das am häufigsten zur Begründung des kriminalpolitischen Bedürfnisses der Bestrafung juristischer Personen vorgebrachte Argument ist, daß die komplexe Struktur vieler großer Gesellschaften es nahezu unmöglich mache, die schuldigen Einzeltäter mit dem im Strafrecht erforderlichen Grad des Beweises zu ermitteln(29). Man müsse sich weiter vor Augen führen, daß der Verantwortliche, mit dem die juristische Person identifiziert werden könne, ermittelt werden müsse, um die Gesellschaft überhaupt verantwortlich zu machen. Dann liege im Ausnutzen der prozessualen Vorteile aber nichts Ungerechtes oder Systemwidriges(30).

Leigh ist auch hier anderer Ansicht. Er ruft zunächst in das Gedächtnis zurück, daß die Verurteilung einer juristischen Person voraussetzt, daß ein konkreter Täter, der eine hohe Position bekleidet, mit ihr identifiziert werden kann. Wenn man also eine juristische Person verurteile, ohne ein Verschulden seitens des Topmanagements nachzuweisen, bedeute das, daß aufgrund einer Vermutung bestraft werde. Ein Verdacht sei aber kein Beweis. Man könne zwar über die Möglichkeit, daß das Topmanagement in die Begehung von Delikten verwickelt sei, nicht hinwegsehen. Es sei auch zutreffend, daß der Beweis gegen solche Personen unter Umständen - aus verschiedenen Gründen - nicht geführt werden könne. Z.B. könne es sein, daß ein Untergebener gegen seinen Vorgesetzten nicht aussage, aus Angst, seinen eigenen Arbeitsplatz zu gefährden. Die Strafverfolgung habe unter Umständen bestimmte Dokumente, die in den Archiven der juristischen Person geheimgehalten werden, nicht zur Verfügung. Dennoch seien Behauptungen, daß die Strafbarkeit der juristischen Person zur Lösung des Problems notwendig sei, phantasielos. Das Anonymitätsproblem könne entweder durch eine Beweisreform oder durch die Gesetzgebung, die Direktoren prima facie für solche Delikte verantwortlich machen könnte, angegangen werden(31).

Trotz einzelner kritischer Stimmen besteht also auch in der Literatur ein allgemeiner Konsens dahingehend, daß ein kriminalpolitisches Bedürfnis besteht, juristische Personen zu bestrafen. Juristische Personen seien dazu geschaffen worden, die Organisation der menschlichen Gesellschaft zu erleichtern. Es gebe keinen Grund, warum das Recht solche Institutionen nicht für alle zu ihren Gunsten begangenen Delikte, solange die Strafen weder unmöglich noch absurd seien, auch strafrechtlich verantwortlich machen sollte(32), zumal sie über größere Macht verfügten und größeres Unheil bewirken könnten als Einzelpersonen(33).

---

29 vgl. nur Cross and Jones'Introduction, S.101

30 vgl. working paper Nr.44, S.37 f

31 vgl. Leigh, Criminal liability of corporations, S.142 f

32 vgl. Burrows, The responsibility of corporations under criminal law, Journal of criminal Science 1948, 1,19

33 vgl. Winn, C.L.J. 398,415 (1929)

c) **Verantwortlichkeit der Organe und Mitglieder (Responsibility of officers and members)**

Der Vollständigkeit halber soll nicht unerwähnt bleiben, daß dann, wenn eine juristische Person wegen der Handlung eines ihrer Angestellten oder eines Organs verurteilt wird, dieser Angestellte oder dieses Organ ebenfalls verurteilt werden kann. Dies kann grundsätzlich auf zwei verschiedene Arten geschehen:

(a) Der erste gesetzliche Grundty erklärt jeden Direktor, Geschäftsführer, Gesellschaftssekretär oder jedes andere Organ, mit dessen ausdrücklicher oder stillschweigender Zustimmung das Delikt begangen wird, ebenfalls für das Delikt verantwortlich. Die Beweislast liegt hier bei der Strafverfolgung. Als Beispiel hierzu mag der Theft Act 1968 dienen(1). Sect.18(1) das Theft Act lautet: "Wenn bewiesen ist, daß ein von einer juristischen Person gemäß sect.15,16 oder 17 dieses Gesetzes begangenes Delikt mit ausdrücklicher oder stillschweigender Zustimmung eines Direktors, Geschäftsführers, Gesellschaftssekreätrs oder anderen Organs der juristischen Person, oder einer Person, die vorgibt, in einer derartigen Eigenschaft zu handeln, begangen wurde, macht sich diese Person genauso wie die juristische Person selbst nach diesem Gesetz strafbar ...(2)"

(b) Nach dem zweiten gesetzlichen Grundtyp muß das Organ den Entlastungsbeweis führen. Ein Beispiel hierfür ist der Official Secret Act 1920, sect.8|5|(3), der folgendermaßen lautet: "Wenn die eines Delikts ...schuldige Person eine Gesellschaft oder eine juristische Person ist, ist jeder Direktor oder jedes Organ der Gesellschaft oder der juristischen Person desselben Delikts schuldig, es sei denn, er weist nach, daß die Handlung oder Unterlassung, aus der das Delikt besteht, ohne sein Wissen oder seine Zustimmung erfolgt ist(4)."

---

1 weitere Nachweise bei Glanville Williams, Criminal Law, The General Part, S.867

2 "Where an offense committed by a body corporate under sect.15,16 or 17 of this Act is proved to have been commited with the consent or connivance of any director, secretary or other similar officer of the body corporate or any person who was purporting to act in any such capacity, he as well as the body corporate shall be guilty of that offense..."

3 weitere Nachweise bei Glanville Williams, Criminal Law, The General Part, S.868 f

4 "Where the person guilty of an offense ...is a company or corporation, every director or officer of the company or corporation shall be guilty of the like offense unless he proves that the act or commission constituting the offense took place without his knowledge or consent."

3. USA

a) Der Meinungsstand in der Rechtsprechung

Wie in Großbritannien ging man auch in den USA ursprünglich davon aus, daß eine juristische Person keine Straftaten begehen könne: sie habe keine Seele und sei deshalb unfähig, den im Strafrecht erforderlichen Vorsatz zu bilden; sie habe keinen Körper und könne deshalb nicht eingesperrt werden.

In dem Maße, in dem Wachstum und Entwicklung der juristischen Personen in der modernen Geschäftswelt zunahmen, änderte sich diese Sicht der Dinge jedoch. Den Beginn machten die strict liability Delikte, denn bei ihnen war kein subjektives Element erforderlich und die Strafe (eine Geldstrafe), war so, daß sie auch einer juristischen Person auferlegt werden konnte(1).

Schon **1899** entschied der **Supreme Court of Massachusetts** jedoch, daß eine juristische Person auch für bestimmte Delikte, die als notwendiges Element eine Absicht (specific intent) voraussetzen, strafrechtlich verantwortlich sein könne. Es sei nicht schwieriger, einer juristischen Person im Strafverfahren eine Absicht zuzuschreiben, als im Zivilprozeß. In keiner der beiden Verfahrensarten könne die juristische Person festgenommen oder ins Gefängnis gebracht werden, aber ihr Vermögen könne ihr weggenommen werden, ob man das nun als Kompensation für ein privates Übel oder als Strafe für ein der Allgemeinheit gegenüber begangenes Übel betrachte. Es ging in der Entscheidung um verleumderische Zeitungsartikel, die einen contempt of court(2) bedeuteten. Der Verleger der Zeitung war eine juristische Person. Das Gericht führte aus, daß Zivilklagen gegen juristische Personen wegen Veröffentlichungen verleumderischer Artikel häufig unzureichend seien. Eine juristische Person könne deshalb wegen Verleumdung verurteilt werden. Es sei kein Grund zu erkennen, weshalb die juristische Person, die den Artikel veröffentliche, nicht wegen contempt of court verurteilt werden sollte(3).

In einer Entscheidung aus dem Jahre **1904**, in der es um die rechtswidrige Beschäftigung von Kindern unter dem gesetzlich erlaubten Alter ging, führte der **Supreme Court of Colorado** aus, daß juristische Personen, soweit es ihre besondere Natur erlaube, im selben Umfang wie natürliche Personen den Gesetzen des Landes unterworfen seien. Prima facie bedeute das Wort "person" in einem Strafgesetz "Person im Rechtssinne" und schließe deshalb juristische Personen ein, wenn sie vom Zweck des Gesetzes erfasst würden (if they are within the spirit and purpose of the statute). Im Hinblick auf den Zweck des einschlägigen Gesetzes - die Beschäftigung von Kindern unter einem bestimmten Alter zu verhindern - war das Gericht der Auffassung, daß das Ziel des

---

1 vgl. La Fave/Scott, Handbook on Criminal Law, S.228 f

2 vgl. dazu B.I.d)aa) Fn.26

3 vgl. Telegramm Newspaper Co. v.Commonwealth, 52 N.E.445,446 (1899)

Gesetzgebers nicht erreicht werden könne, wenn man juristische Personen von dem Gesetz ausnehme. Deshalb würden juristische Personen offensichtlich vom Zweck des Gesetzes erfasst. Eine juristische Person könne nur durch ihre Vertreter handeln. Deren im Rahmen ihrer Befugnisse (within the scope of their authority) vorgenommenen Handlungen seien aber Handlungen der juristischen Person selbst, und zwar selbst dann, wenn die konkreten Handlungen von der juristischen Person verboten worden seien(4).

Der Aspekt des **Handelns im Rahmen der Befugnisse/des Beschäftigungsverhältnisses** (within the scope of their authority/employment) wurde auch vom **Supreme Court of the United States** in der grundlegenden Entscheidung **New York Central & Hudson River Railroad Company v. U.S. (1909)** als entscheidendes, die Strafbarkeit der juristischen Person auslösendes Kriterium hervorgehoben. Der Entscheidung lag folgender Sachverhalt zugrunde: Es war bewiesen worden, daß der "traffic manager" der Railroad Company und sein Vertreter verschiedenen Firmen ungesetzliche Rabatte gewährt hatten. Dieses Verhalten stellte einen Verstoß gegen den Elkins Act 1903 dar(5). Die Railroad Company war aufgrund dieser Bestimmungen verurteilt worden. In ihrem gegen die Verurteilung eingelegten Rechtsmittel brachte die Verteidigung vor, daß diese Vorschriften verfassungswidrig seien. Die Tatsache, daß der juristischen Person die Begehung von Straftaten zugeschrieben werde, bedeute, daß man durch die Bestrafung der juristischen Person in Wirklichkeit die unschuldigen Aktionäre bestrafe und sie ihres Vermögens beraube, ohne daß ihnen rechtliches Gehör gewährt werde, also ohne due process of law. Diese Vorschriften würden die juristische Person auch von der Unschuldsvermutung (presumption of innocence) ausschließen, die im Strafverfahren Teil des due process sei. Da der Vorstand und die Aktionäre rechtlich gesehen ein Delikt nicht erlauben könnten, könne eine juristische Person kein Delikt der hier angeklagten Art begehen. Der Supreme Court of the United States bestätigte indes das Urteil der Vorinstanz. Zur Begründung erinnerte das Gericht zunächst an die im zivilrechtlichen Schadensersatzrecht bestehende Rechtslage, die es wie folgt zusammenfasst: im zivilrechtlichen Schadensersatzrecht könne die juristische Person für Schäden verantwortlich ge-

---

4 vgl. Overland Cotton Mill.Co. v.People, 75 P.924,925 f (1904)

5 Der Elkins Act sieht u.a. vor: "(1) That anything done or ommited to be done by a corporation common carrier subject to the act to regulate commerce and the acts amendatory thereof, which, if done or ommitted to be done by any director or officer thereof...or person acting for or employed by such corporation, would constitute a misdemeanor under said acts, or under this act shall also be held to be a misdemeanor committed by such corporation; and upon conviction thereof, it shall be subject to the like penalties as are prescribed in said acts or by this act, with reference to such persons...In construing and enforcing the provisions of this section, the act, ommission, or failure of any officer, agent or other person acting for or employed by any common carrier, acting within the scope of his employment, shall in every case, be also deemed to be the act, ommission or failure of such carrier, as well as that of the person"

macht werden, die aus Handlungen ihres Vertreters im Rahmen seines Beschäftigungsverhältnisses (within the scope of his employment) resultierten. In solchen Fällen werde die Verantwortlichkeit zugeschrieben, weil die Handlung im Betrieb des und zugunsten des Unternehmers vorgenommen werde und weil die Gerechtigkeit verlange, daß der Unternehmer dem Geschädigten Schadensersatz leiste. Eine juristische Person werde im zivilrechtlichen Schadensersatzrecht auch für Handlungen verantwortlich gemacht, die nicht in die allgemeinen Befugnisse des Vertreters fielen, die der Vertreter aber für die juristische Person vornehme. In solchen Fällen sei keine ausdrückliche Anordnung seitens der juristischen Person erforderlich, um die Handlung zu einer autorisierten zu machen(6). In dem zu entscheidenden Fall ging es nun aber um die strafrechtliche Verantwortlichkeit einer juristischen Person für eine von einem bevollmächtigten Vertreter der Gesellschaft in Ausübung der ihm übertragenen Befugnisse vorgenommene Handlung. Der Supreme Court war der Ansicht, daß die juristische Person hierfür strafrechtlich verantwortlich sei und begründete dies mit den später immer wieder zitierten Worten:

> "Wenn wir den die zivilrechtliche Verantwortlichkeit regierenden Grundsatz anwenden, bedeutet es nur einen weiteren Schritt zu entscheiden, daß die Handlung des Vertreters, der die ihm übertragenen Befugnisse ausübt, im Interesse der Rechtsordnung dadurch kontrolliert wird, daß seine Handlung seinem Arbeitgeber zugeschrieben und die juristische Person, für die er handelt, bestraft wird(7)."

Es stimme zwar, daß es einige Delikte gebe, die ihrer Art nach nicht von einer juristischen Person begangen werden könnten. Es gebe aber eine sehr große Anzahl von Delikten, bei denen das Strafbare lediglich im vorsätzlichen Tun der gesetzlich verbotenen Dinge bestehe. Hier sei kein Grund zu erkennen, warum juristischen Personen nicht Wissen und Wollen ihrer Vertreter angelastet werden sollte, die im Rahmen der ihnen übertragenen Befugnisse handelten. Wenn das nicht so wäre, blieben viele Delikte ungestraft. Die folgenden Ausführungen, die in späteren Urteilen immer wieder wiederholt werden, drücken diesen pragmatischen Aspekt besonders deutlich aus:

> "Das Recht muß zwar die Rechte aller beachten und diejenigen juristischer Personen genauso wie die von natürlichen Personen. Das Recht kann jedoch seine Augen nicht vor der Tatsache schließen, daß heutzutage der größte Teil wirtschaftlicher Unternehmungen durch juristische Personen ausgeführt wird und daß insbesondere der innerstaatliche Handel fast ausschließlich in ihren Händen

---

6 29 S.Ct.304,306 (1909)

7 "Applying the principle governing civil liability, we go only a step farther in holding that the act of the agent, while exercising the authority delegated to him..., may be controlled, in the interest of public policy by imputing his act to his employer and imposing penalties upon the corporation for which he is acting on the premises" 29 S.Ct.304,307 (1909)

liegt. Würde man - wegen der alten und veralteten Lehre, daß eine juristische Person kein Delikt begehen könne'- von jeder Bestrafung absehen, dann würde das bedeuten, daß man praktisch das einzige Mittel, diesen Bereich wirksam zu beaufsichtigen und Mißbräuche zu verhindern, aus der Hand gebe(8)."

Den Aspekt, daß viele Strafgesetze zum Schutze der Öffentlichkeit wirkungslos wären, wenn man sie nicht auf juristische Prsonen anwende, betont auch der **Supreme Court of North Carolina**(9).

In einer Entscheidung aus dem Jahre **1911**, in der es um die wissentliche Verletzung des Gesetzes über die Regelung der Einwanderung von Ausländern in die USA (Act to regulate the immigration of aliens into the United States) ging, stützte sich der **Supreme Court of Arizona** auf ähnliche Erwägungen. Sect.4 des Gesetzes schließt in den Anwendungsbereich "jedermann, jede Gesellschaft, Personengesellschaft oder juristische Person" ein ("any person, company, partnership or corporation"). Sect.5 verlangt, daß das Delikt nach sect.4 wissentlich begangen wurde. Daß dieses erforderliche Wissen auch bei einer juristischen Person vorliegen könne, begründet der Supreme Court wie folgt:

> "Eine juristische Person ist ebenso wie eine natürliche Person in der Lage, einen schuldhaften Vorsatz zu bilden und das notwendige Wissen zu haben, vorausgesetzt, die Organe der juristischen Person, die den Willen der juristischen Person formulieren, haben dieses Wissen oder diesen Vorsatz(10)."

Im übrigen gelte folgendes: Es werde von jedem vermutet, daß er alles wisse, was er aufgrund von Nachforschungen in Erfahrung bringen könne, wenn er Tatsachen kenne, die Nachforschungen nahelegen(11).

In der Entscheidung **United States v.Nearing**(12) ging es um die Frage, inwiefern juristische Personen ein Delikt, das eine besondere Absicht

---

8 "While the law should have regard to the rights of all and to those of corporations no less than to those of individuals, it cannot shut his eyes to the fact that the great majority of business transactions in modern times are conducted through these bodies, and particularly that interstate commerce is almost entirely in their hands, and to given them immunity from all punishment because of the old and exploded doctrine that a corporation cannot commit a crime would virtually take away the only means of effectually controlling the subject-matter and correcting the abuses aimed at" S.Ct.304,307 (1909)

9 State v.Ice & Fuel Co.,81 S.E.737,738 (1914)

10 "...a corporation, as well as an individual, is capable of forming a guilty intent and capable of having the knowledge necessary, provided the officers of the corporation capable of voicing the will of the corporation have such knowledge or intent" Grant Bros. Const.Co. v.U.S.,114 P.955,957 (1911)

11 114 P.955,957 (1911)

12 252 F.223 (1918)

voraussetzt, begehen können. Es ging inbesondere darum, inwieweit eine Zeitungsverlagsgesellschaft für die Handlungen verantwortlich ist, die ihre Organe mit dem erforderlichen Vorsatz initiiert haben. Das Gericht beantwortete die Frage dahingehend, daß es keine Wesensverschiedenheit zwischen der zivilrechtlichen und der strafrechtlichen Verantwortlichkeit juristischer Personen gebe, wenn diese auf Vorsatz oder einer rechtswidrigen Absicht beruhe. In beiden Fällen handele es sich nur darum, der juristischen Person die geistige Einstellung ihrer Vertreter zuzuschreiben. Die strafrechtliche Verantwortlichkeit müsse zwar nach der Zugehörigkeit der Handlung zu den Befugnissen des handelnden Angestellten beurteilt werden, aber weder die ultra vires Lehre noch die Schwierigkeit, Vorsatz oder Motive zuzuschreiben, sollten als Faktoren betrachtet werden, die das Ergebnis beeinflußen können(13).

Auch in der Entscheidung **Egen v.U.S.**(14), in der es um von Organen der juristischen Person gezahlte illegale Gelder an Politiker ging, war von der Verteidigung vorgebracht worden, daß die Handlungen der Organe ultra vires gewesen seien und daß die juristische Person in Ermangelung der Billigung des Handeln seitens des Vorstandes sich nicht strafbar gemacht habe. Das Gericht war jedoch auch hier der Ansicht, daß es nur darauf ankomme, ob der handelnde Vertreter oder das handelnde Organ die ihm von der juristischen Person anvertrauten Befugnisse zugunsten der juristischen Peron einsetze und im Rahmen seines Beschäftigungsverhältnisses im Betrieb des Arbeitgebers handele. Wenn das aber der Fall sei, dann werde die Handlung der juristischen Person zugeschrieben, ob sie nun von Anweisungen gedeckt sei, die der Vertreter oder das Organ erhalten habe oder ob sie dazu im Gegensatz stehe, ob sie rechtmäßig oder rechtswidrig sei(15).

In den im folgenden dargestellten Entscheidungen geht es um die **Position, die der Handelnde** innerhalb der Hierarchie der juristischen Person **innehaben muß**, um die Strafbarkeit der juristischen Person begründen zu können.

Der Court of Appeals of New York hatte in der Entscheidung **People v.Canadian Fur Trappers Corporation**(16) zu beurteilen, ob und unter welchen Umständen Diebstahl (larceny), der auch im amerikanischen Recht den Vorsatz zu stehlen und Zueignungsabsicht voraussetzt, von juristischen Personen begangen werden kann. Festgestellt worden war folgender Sachverhalt: eine Mrs. Stanley hatte bei der angeklagten juristischen Person einen Pelzmantel gekauft. Sie hatte eine Anzahlung geleistet und es wurde vereinbart, daß ihr der Pelzmantel nach Zahlung der Restsumme geliefert werden sollte. Dazu kam es jedoch nicht, weil irgend jemand im Dienste der angeklagten juristischen Person in der Zwischenzeit den Pelzmantel erneut verkauft hatte. Mrs. Stanley wurde ein - zuvor an eine Vera M. Owen verkaufter - Mantel

---

13 vgl. U.S. v.Nearing, 252 F.223,231 (1918)

14 137 F.2d 369 (1943)

15 137 F.2d 369,379 (1943)

16 248 N.Y.159 (1928), zitiert nach Perkins/Boyce, Cases and Materials, S.338 ff

mit der Behauptung geliefert, es sei der von ihr erstandene Mantel. Die Strafverfolgungsbehörde versuchte zu beweisen, daß die Organe der Gesellschaft die Arbeitnehmer angewiesen hätten, lediglich zur Aufbewahrung vorgesehene Mäntel erneut zu verkaufen, und daß dieses Vorgehen den Geschäftspraktiken der Gesellschaft entspreche. Dieser Beweis war jedoch nicht erbracht worden.

Das Gericht stellte fest, daß ein von der juristischen Person begangener Diebstahl zweifellos zu bejahren wäre, wenn bewiesen worden wäre, daß derartige - auf Anweisungen der Organe beruhende - Geschäftspraktiken in der Tat bestünden. Die juristische Person sei nur für solche Handlungen strafrechtlich verantwortlich, die durch die **Organe** der Gesellschaft erlaubt worden seien. Darüber hinaus bestehe eine Verantwortlichkeit für solche Handlungen, die durch die Art der Unternehmensorganisation der juristischen Person und ihren Organen bekannt gewesen seien und folglich von ihrer Erlaubnis gedeckt sein müßten. Der Vorsatz des Vertreters allein, der nicht gleichzeitig der Vorsatz der juristischen Person sei, reiche nicht aus. Das Gericht hob deshalb das Urteil der Vorinstanz auf und wies zur weiteren Tatsachenfeststellung zurück(17).

Um die Zurechnung eines "intent to steal", des Vorsatzes, Eigentum der USA widerrechtlich zu verwenden, ging es auch in der Entscheidung **Magnolia Motor & Logging Co. v.U.S.**(18). Hier war jedoch bewiesen, daß der Präsident und ordnungsgemäß bevollmächtigte Vertreter der Company für und zugunsten der Company handelte. Sein Vorsatz wurde der Gesellschaft problemlos zugerechnet(19).

Daß **auch kleinere Angestellte** die strafrechtliche Verantwortlichkeit juristischer Personen auslösen können, wurde erstmals ausdrücklich vom **Supreme Court of Illinois** in der Entscheidung **Regan v.Kroger & Baking Company**(20) aus dem Jahre 1944 hervorgehoben. Die Entscheidung hatte sich mit Verletzungen des Emergency Price Control Act 1942 zu befassen. In einem der Läden der Company waren Waren zu einem Preis verkauft worden, der den im Gesetz festgelegten Höchstpreis überstieg. Nach der Legaldefinition des Gesetzes(21) umfasst das Wort "Person" eine(n) "natürliche Person, juristische Person, Personengesellschaft, Verband". Von der Gesellschaft war vorgebracht worden, daß die Verkäufe von ihren Vertretern vorgenommen worden seien, ohne vorheriges Wissen oder nachträgliche Genehmigung seitens der juristischen Person. Das Gericht führte aus: Es dürfe zwar kein Strafgesetz durch Auslegung ausgedehnt werden, es sei jedoch auch zutreffend, daß die Bedeutung eines Strafgesetzes nicht entstellt werden sollte

---

17 bei Perkins/Boyce, S.339 ff

18 264 F.2d 950 (1959)

19 264 F.2d 950,953 (1959); s. auch Mininsohn v.U.S., 101 F.2d 477, 478 (1939): "...It is well settled law that the guilty intent of officers of a corporation may be imputed to the corporation itself in order to prove the guilt of the corporation"

20 54 N.E.2d 210 (1944)

21 vgl. sect.302(h), 50 U.S.C.A. Appendix § 942(h)

durch eine Auslegung, die so restriktiv sei, daß sie den Zweck des Gesetzes vereitele. Das erklärte Ziel des Emergency Price Control Act 1942 sei die Preisstabilisierung, das Verhindern abnormaler Preissteigerungen usw.(22). Es sei unvorstellbar, daß der Gesetzgeber bei der Fassung dieses umfassenden Gesetzeszweckes nicht bedacht haben sollte, daß ein großer Teil des Einzelhandelsgeschäfts heutzutage in den Händen juristischer Personen sei, von denen viele sog. Ladenketten betreiben würden. Es könne nicht Ziel des Gesetzgebers gewesen sein, nur die Arbeitnehmer der juristischen Person zu bestrafen und die juristische Person nur dann, wenn die Handlungen der Arbeitnehmer von der Leitung des Unternehmens ausdrücklich angeordnet oder gebilligt worden seien. Das Gericht meinte, man könne dem Gesetzgeber nicht eine derartige Unfähigkeit bescheinigen. Umgekehrt sei es für köperschaftlich organisierte Unternehmen nicht zu belastend, wenn ihnen die Pflicht auferlegt werde, ihre Geschäfte im Einklang mit dem Gesetz auszuführen und zwar durch ihre zu diesem Zweck ausgewählten Vertreter oder Arbeitnehmer, unabhängig davon, wie deren Beziehung zu der juristischen Person gestaltet sei. Ziel des Gesetzes sei nämlich, gesetzeskonformes Verhalten durchzusetzen, nicht untergeordnete Arbeitnehmer zu bestrafen(23). Das gelte

> "ohne Rücksicht auf die Tatsache, daß solche Repräsentanten einen **niederen**, nicht-amtlichen Status **innerhalb der juristischen Person innehaben**, keine Befugnisse bei der Gestaltung der Gesellschaftspolitik und keine Stimme bei der Annahme der Gesellschaftspraktiken haben(24)".

Hier habe sich die juristische Person in die Geschäfte eingelassen. Sie habe den finanziellen Nutzen aller von den Kunden verlangten überteuerten Preisen gehabt. Die juristische Person müsse deshalb

> "mit den Handlungen derer stehen oder fallen, die sie freiwillig ausgewählt hat, damit sie sie in den besonderen hier betroffenen geschäftlichen Angelegenheiten vertreten(25)".

Auch in der Entscheidung **C.I.T. Corporation v.U.S.** wird nur auf die übertragene Funktion abgestellt, die dafür ausschlaggebend sei, ob das handelnde Organ oder der handelnde Vertreter die juristische Person strafrechtlich verantwortlich machen könne(26).

---

22 vgl. sect.1,50 U.S.C.A. Appendix § 901

23 54 N.E. 2d 210,219 f (1944)

24 "...regardless of the fact that such representatives are minor in character and have no official status in the corporation and no authority in the formation of its policies, and no voice in the adoption of its practices" 54 N.E. 2d 210,220 (1944)

25 "It must stand or fall by the acts of those whom it voluntarily selected to represent it in the particular transactions here involved" 54 N.E. 2d 210,220 (1944)

26 150 F.2d 85,89 (1945): "It is the function delegated to the corporate officer which determines his power to engage the corporation in a criminal transaction"

Um eine Verletzung der auf § 2 Emergency Price Control Act 1942 beruhenden Revised Maximum Price Regulation Nr.426 ging es in der Entscheidung **U.S. v.George Fish,Inc.**(27). Der juristischen Person, einer Großhändlerin in Obst und Gemüse, wurde vorgeworfen, "rechtswidrig, willentlich und wissentlich" (unlawfully, wilfully and knowingly) durch ihren Verkäufer gegen die Vorschriften der Price Regulation verstoßen zu haben. Das Gericht führte aus: solange ein Vertreter im Rahmen seines Beschäftigungsverhältnisses handele, werde nicht unterschieden zwischen Organen und Vertretern und anderen Personen, die Positionen mit unterschiedlich hohen Verantwortungsgraden bekleiden würden. Das scheine die einzig sinnvolle Schlußfolgerung zu sein, insbesondere im vorliegenden Fall, in dem die durch das Gesetz verbotenen Verkäufe nahezu ausschließlich von untergeordneten Verkäufern ausgeführt wurden und nicht von den führenden Köpfen der juristischen Person. Schließlich solle das Gesetz abschreckend wirken. Würde man aber die Möglichkeit der strafrechtlichen Verantwortlichkeit juristischer Personen auch für Handlungen kleinerer Angestellter nicht anerkennen, so würde das bedeuten, daß der Täter, der aus der Tat Nutzen ziehe, Narrenfreiheit genieße und Umgehungsmöglichkeiten Tür und Tor geöffnet würden(28).

Eingehend befasste sich auch der **Supreme Court of Massachusetts** im Jahre 1971 in dem Fall **Commonwealth v.Beneficial Co.**(29), in dem es um Bestechung ging, mit der Position des Handelnden innerhalb der Hierarchie der juristischen Person unter den modernen Verhältnissen. Zunächst äußerte sich das Gericht allerdings wie folgt zur theoretischen Begründung der Verantwortlichkeit juristischer Personen: da eine juristische Person eine rechtliche Fiktion sei, die nur aus Individuen bestehe, habe sie keine Existenz, die verschieden sei von der Existenz derer, die sie mit Befugnissen ausgestattet und zum Handeln bevollmächtigt habe, unabhängig davon, ob diese Individuen nun Direktoren, Organe, Aktionäre oder Angestellte seien. Die entscheidende Frage sei also nicht, ob der juristischen Person eine stellvertretende Haftung auferlegt werden sollte, sondern ob die Handlungen und der Vorsatz natürlicher Personen - ob sie nun Organe, Direktoren oder Angestellte seien - als Handlungen der juristischen Person selbst behandelt werden sollten(30). Die Gerichte untersuchten dazu in der Regel den Bereich der Befugnisse, den die juristische Person ihren Vertretern übertragen habe, damit sie die Geschäfte ausführen, in deren Verlauf sie auch die strafbare Handlung vorgenommen haben.

Es könne nun sein, daß die dieser Regel und die der respondeat superior zugrundeliegenden Prinzipien im allgemeinen dieselben seien.

---

27 154 F.2d 798 (1946)

28 "The purpose of the Act is a deterrent one; and to deny the possibility of corporate responsibility for the acts of minor employees is to immunize the offender who really benefits and open wide door for evasion" 154 F.2d 798,801 (1946)

29 275 N.E. 2d 33 (1971), zitiert nach Kadish/Paulsen, Criminal Law and its processes, Cases and Materials, S.397 ff

30 bei Kadish/Paulsen, S.399

Dennoch sei den Ausführungen des erstinstanzlichen Gerichts, denen das Berufungsgericht beipflichtet, zu entnehmen, daß bei der Frage der strafrechtlichen Verantwortlichkeit mehr an Beweis (a greater quantum of proof) erforderlich sei als in Zivilrechtsstreitigkeiten. Das Nebeneinander des traditionellen Erfordernisses des Strafrechts, Schuld so zu beweisen, daß vernünftige Zweifel schweigen, und der respondeat superior Regel rechtfertige die Anwendung der oben genannten Regel auf die Strafverfolgung einer juristischen Person wegen eines Deliktes, das eine spezifische Absicht voraussetze, voll und ganz(31). **Zur Position des Handelnden** führte das Gericht folgendes aus: Wichtige Faktoren seien Größe und Verflechtung vieler großer moderner Gesellschaften, die die Übertragung größerer Befugnisse auf kleinere Angestellte erforderten. In einer großen Gesellschaft mit zahlreichen und verschiedenen Abteilungen könne es sogar so sein, daß ein Organ oder ein Vertreter der juristischen Person in einer hohen Position mit einem speziellen Bereich der Tätigkeiten der juristischen Person nichts zu tun habe, während ein weniger hoch gestellter Angestellter größere Befugnisse bei der Bewältigung der tagtäglichen Routineaufgaben der juristischen Person habe. Der Titel oder das Amt der betreffenden Person solle zwar betrachtet werden, aber nicht das entscheidende Kriterium sein. Als entscheidend sieht das Gericht vielmehr folgendes an: Es müsse bewiesen werden, daß die juristische Person den Vertreter in eine Position eingesetzt habe, in der er genügend Befugnisse und Verantwortlichkeit habe, um bei der Vornahme des konkreten Geschäfts - bei der er auch die strafbare Handlung verübt habe - für die juristische Person und zu ihren Gunsten zu handeln. Das müsse nicht in Bezug auf die Verantwortlichkeit und die Befugnisse des Vertreters im Hinblick auf die gesamten Geschäfte der juristischen Person beurteilt werden, sondern nur hinsichtlich seiner Position in Bezug auf den konkreten Bereich, in dem er für die juristische Person arbeite. Als Faktoren seien z.B. zu nennen:

- das Ausmaß an Kontrolle und Befugnissen, die das Individuum über und innerhalb der juristischen Person ausübe
- das Ausmaß und die Art, in dem Gelder der juristischen Person zu dem Delikt verwendet würden
- ein wiederholtes Muster an strafbarem Verhalten, das auf die Duldung oder Billigung der Handlungen des Vertreters seitens der juristischen Person hinweise(32).

Das Gericht stellt sich also nicht auf den Standpunkt des Model Penal Code(33), mit dem es sich ausdrücklich auseinandersetzt, nach dem grundsätzlich Angestellte in einer hohen Position innerhalb der Hierarchie der juristischen Person in die Begehung des Delikts verwickelt sein müssen.

Die nun folgenden Entscheidungen haben zu tun mit der Frage, ob die juristische Person auch dann strafrechtlich verantwortlich ist, wenn

---

31 bei Kadish/Paulsen, S.403

32 bei Kadish/Paulsen, S.403 f

33 vgl. B.I.3.c)aa)

sie **Gegenanweisungen gegeben oder die** betreffende **Handlung verboten** hat.

In der Entscheidung **U.S. v.Armour & Co.**(34) ging es um Verletzungen des Emergency Price Control Act. In 3 von 5 Zweigstellen im Philadelphia Bereich waren verbotene Koppelungsgeschäfte (tie-in sales) vorgenommen worden, obwohl die Gesellschaft nachweislich die Geschäftsführer der Zweigstellen angewiesen hatte, Koppelungsgeschäfte nicht zu erlauben, und in Versammlungen auch die Verkäufer darüber informiert hatte, daß Koppelungsgeschäfte unzulässig seien. Dennoch wurde die Armour & Co. verurteilt. Das die Verurteilung bestätigende Berufungsgericht begründet seine Entscheidung wie folgt: die Geschäftsführer und die verschiedenen Verkäufer der drei Filialen hätten alle Befugnisse im Zusammenhang mit dem Verkauf der Produkte der Gesellschaft gehabt, und es sei bewiesen, daß sie in dieser Eigenschaft das gesetzliche Verbot, Kopplungsgeschäfte vorzunehmen, verletzt hätten. Zwar habe die Zentrale der Gesellschaft anscheinend wiederholt vor einem derartigen Verhalten gewarnt. Die Armour & Co., die eine sehr starke Stellung auf dem Lebensmittelsektor habe, könne jedoch ihrer Verantwortlichkeit nicht durch den Hinweis auf ihr ausgeklügeltes Verbindungssystem zwischen Zentrale und Filialen und auf ihre informativen Versammlungen entgehen. Die Überprüfung und Ausscheidung derartiger offensichtlich illegaler Praktiken sei nicht schwieriger als die Überprüfung anderer Einzelheiten in einem überregionalen Industrieunternehmen. Der Unternehmer

> "wird von dieser Pflicht nicht deshalb frei, weil der Umfang der Geschäfte eine persönliche Überwachung unmöglich macht und Vertrauen in bzw. auf Untergebene erzwingt. Er muß dann mit denen, die er zum Handeln auswählt, stehen oder fallen...Es ist nicht ein Fall der respondeat superior Regel. Es ist der Fall der Nichtvornahme einer nicht übertragbaren Aufgabe(35)".

Das Gericht bezieht sich im übrigen auf die Ausführungen in U.S. v.George Fish(36) und bestätigt aus diesen Gründen die Verurteilung der juristischen Person.

In der Entscheidung **Continental Baking Company v.U.S.**(37) war von der Verteidigung ebenfalls vorgebracht worden, daß die fragliche Handlung nicht mehr im Rahmen der Befugnisse der Geschäftsführer gelegen und sogar gegen ausdrückliche Anordnungen verstoßen habe und des-

----

34 168 F.2d 342 (1948)

35 "...does not rid himself of that duty because the extent of the business may preclude his personal supervision, and compel reliance on subordinates. He must then stand or fall with those whom he selects to act for him...It is not an instance of respondeat superior. It is the case of the non-performance of a nondelegable duty" 168 F.2d 342,343 f (1948)

36 154 F.2d 798,801 (1946)

37 281 F.2d 137 (1960)

halb keine strafrechtliche Verantwortlichkeit der juristischen Person nach sich ziehen könne. Es ging in der Entscheidung um Preisabsprachen für Backwaren mit Marktwettbewerbern, die gegen den Sherman Anti-Trust Act verstießen. Das Gericht stellte zunächst fest, daß die Frage der Verantwortlichkeit juristischer Personen eine sehr schwierige sei, da sie mit Begriffen wie "Befugnisse" (authority) und "Handlungen im Rahmen des Beschäftigungsverhältnisses" (acts within the scope of employment) zu tun habe. Das Gericht meinte aber, aus der Fülle der entschiedenen Fälle, in denen zum Teil verschiedene Theorien der strafrechtlichen Verantwortlichkeit juristischer Personen angewandt wurden, einen gemeinsamen Nenner ableiten zu können, den es in folgende Worte fasste:

> "Ein Organ oder ein Vertreter der juristischen Person mit ausdrücklichen allgemeinen Befugnissen, der/das im allgemeinen eine einigermaßen verantwortliche Position innehat, führt eine strafbare Handlung aus, die in Beziehung zu den Geschäften der juristischen Person als Arbeitgeber steht. Unter solchen Umständen haben die Gerichte entschieden, daß die juristische Person für die strafbare Handlung so lange verantwortlich ist, als die Handlung in unmittelbarem Zusammenhang mit der Erfüllung der Pflichten steht, die zu erfüllen das Organ oder der Vertreter die allgemeine Befugnis hat. Insoweit muß die juristische Person so betrachtet werden, als habe sie die strafbare Handlung erlaubt(38)."

Das Gericht ist allerdings der Ansicht, daß es sich bei den Begriffen der "apparent authority" oder "implied autority" eher um eine Zuflucht zu einer juristischen Etikettierung als um eine Begründung der strafrechtlichen Verantwortlichkeit handele. Die wahre Begründung der strafrechtlichen Verantwortlichkeit, bei der das öffentliche Wohl auf dem Spiele stehe, sei in U.S. v. Armour & Co.(39) dargelegt worden. Auf den vorliegenden Fall angewandt, bedeuteten diese Grundsätze, daß die juristische Person strafrechtlich verantwortlich sei. Gehandelt hatte der "general manager" der Filiale, der für die erfolgreiche Routineabwicklung der Geschäfte im Gebiet Memphis verantwortlich war. Dementsprechend groß waren seine Befugnisse. Im allgemeinen war er für die Preispolitik zuständig. Wenn er dabei illegale Preisabsprachen eingehe und Tätigkeiten seiner Untergebenen gutheiße oder zu ihnen ermutige, die schriftlichen Anweisungen der Zentrale zuwiderliefen, könne die juristische Person die Verantwortlichkeit für seine Handlungen nicht in Abrede stellen(40).

---

38 "There is an officer or agent of a corporation with broad express authority, generally holding a **position of some responsibility**, who performs a criminal act related to the corporate principal's business. Under such circumstances the courts have held that so long as the criminal act is directly related to the performance of the duties, which the officer or agent has the broad authority to perform the corporate principal is liable for the criminal act also, and must be deemed to have authorized the criminal act" 281 F.2d 137,149 (1960)

39 168 F.2d 342,344 (1948)

40 281 F.2d 137,150 (1960)

In den im folgenden dargestellten Entscheidungen wird ein anderer Aspekt der corporate criminal liability problematisiert: die **Frage des Erfordernisses eines (beabsichtigten) Vorteils für die juristische Person.**

In **Old Monastery Co. v.U.S.** führte das Gericht aus:

> "Wir akzeptieren den Vorteil (für die juristische Person) nicht als Prüfstein der strafrechtlichen Verantwortlichkeit juristischer Personen. Der Vorteil ist bestenfalls eine beweiserhebliche Tatsache, nicht jedoch eine Wirksamkeitsvoraussetzung(41)."

Das ist jedoch nicht unumstritten. Die damit befassten Gerichte haben den Fall, daß Angestellte der juristischen Person, die nach außen in Erfüllung ihrer Pflichten handeln, in Wirklichkeit aber mit einer dritten Person zusammenarbeiteten, um diese dritte Person zu bereichern, wobei diese Tat praktisch einen Diebstahls des Eigentums der juristischen Person zur Folge hatte, verschieden beurteilt. Der **United States District Court** verurteilte die juristische Person in der ersten Instanz mit der Begründung, daß es bei der Frage, ob Verhalten und Wissen jener Angestellten der juristischen Person zugerechnet werde,nicht darum gehe, ob die Handlung im Einklang mit oder im Gegensatz zu der Gesellschaftspolitik stehe. Der Prüfstein sei vielmehr die Funktion des Angestellten(42). Was die Angestellten aber getan hätten, sei zwar ungesetzlich gewesen, habe sich aber im Rahmen ihres Pflichtenkreises gehalten. Der **Court of Appeal** war hier jedoch anderer Ansicht und hob das Urteil der ersten Instanz auf(43). Das Gericht führte mit folgenden Ausführungen auf sein Ergebnis hin: Da das Gesetz ein subjektives Element als Bestandteil der Straftat voraussetze, müßten die üblichen Grundsätze angewandt werden, um der leblosen juristischen Einheit das erforderliche Wissen zuzuschreiben. Die juristische Person könne nun zwar auch durch Handlungen kleinerer Angestellter strafrechtlich verpflichtet werden. Es könne heutzutage auch nicht mehr eingewandt werden, daß die bloße Verletzung von Anweisungen seitens der juristischen Person diese vor der strafrechtlichen Verantwortlichkeit bewahre. Diese Erkenntnisse seien Teil der respondeat superior Regel und anerkannte Prinzipien im zivilrechtlichen Schadensersatzrecht. Der Grund hierfür liege darin, daß das Recht - wenn es ein brauchbares Instrument sein wolle - die theoretische Logik den Anforderungen des gesunden Menschenverstandes anpassen müsse. So sei auch das logische Paradoxon, daß die juristische Per-

---

41 "We do not accept benefit as a touchstone of corporate criminal liability; benefit, at best, is an evidential, not an operative fact" 147 F.2d 905,908 (1945)

42 "the test, in deciding whether the conduct and knowledge of these employees should be imputed to the employer, does not turn on action consistent with or contrary to company policy, but instead the touchstone is the function of the employee" vgl. U.S. v. Thompson-Powell Drilling Company et al. 196 F.Suppl.571,574 (1961)

43 vgl. Standard Oil Company of Texas v.U.S. 307 F.2d 120 (1962)

son als rechtliches Gebilde durch das Recht geschafen werde, mit der Macht, das Recht zu verletzen, zu akzeptieren. Die logische Begründung für die strafrechtliche Verantwortlichkeit der juristischen Person liege in den vertrauten Begriffen des zivilrechtlichen Schadensersatzrechts:

- einer Absicht, der juristischen Person einen Vorteil zu bringen und
- einer Handlung eines Vertreters im Rahmen seines Pflichtenkreises.

Es habe zwar viele Fälle gegeben und es werde auch in Zukunft viele geben, in denen eine juristische Person strafrechtlich verantwortlich sei, ohne daß ihr aus der Tat ein Nutzen erwachsen sei. Während aber die Realisierung des Vorteils keine wesentliche Bedeutung habe, sei entscheidend für die Gleichstellung der Handlung des Vertreters mit der juristischen Person die **Absicht**, der juristischen Person einen Vorteil zu verschaffen(44). Sonst handele es sich nicht um eine Handlung im Rahmen des Beschäftigungsverhältnisses (within the scope of employment). Aus diesem Grunde sei der bloße "Funktions"-Test allein unzureichend, wenn es sich auch offensichtlich um einen bedeutenden Faktor handele. Durch die Tätigkeiten der untreuen Angestellten, deren Verhalten darauf gerichtet gewesen sei, Dritte anstelle ihres Arbeitgebers (der juristischen Person) zu begünstigen, habe die angeklagte juristische Person hier das für das Delikt erforderliche subjektive Element nicht vermittelt bekommen(45).

Daß eine Förderung der geschäftlichen Interessen der juristischen Person vorauszusetzen ist, wurde auch in der Entscheidung **U.S. v.Carter** betont. Dort waren alle Voraussetzungen erfüllt: der Präsident, der "chief executive officer" der Gesellschaft war, hatte im Rahmen seines Beschäftigungsverhältnisses gehandelt zur Förderung der geschäftlichen Interessen seiner Gesellschaft. Unter diesen Umständen, so wurde ausgeführt, sei der Nachweis eines **tatsächlichen** Vorteils für die juristische Person nicht wesentlich zur Begründung ihrer Verantwortlichkeit(46).

Definitionen von Handlungen im Rahmen des Beschäftigungsverhältnisses und der Anscheinsvollmacht finden sich in der Entscheidung **U.S. v.American Radiator & Standard Sanitary Corporation.** Handlungen im Rahmen des Beschäftigungsverhältnisses sind "solche, die zugunsten der juristischen Person vorgenommen werden und einen direkten Bezug zur Erfüllung derjenigen Pflichten haben, die zu erfüllen der Angestellte allgemein ermächtigt ist." Anscheinsvollmacht ist die Vollmacht "deren Vorliegen Außenstehende vernünftigerweise annehmen können, indem sie von der Position innerhalb der Hierarchie der Gesellschaft, die der Vertreter bekleidet, von den Verantwortlichkeiten, die ihm zuvor verliehen wurden, und von den sein vorheriges Verhalten begleitenden Umständen ausgehen". Auch hier wird wieder betont, daß

---

44 "But while benefit is not essential in terms of result, the purpose to benefit the corporation is decisive in terms of equating the agent's action with that of the corporation" 307 F.2d 120,128 (1962)

45 307 F.2d 120,128 f (1962)

46 311 F.2d 934,942 (1963)

dann, wenn die Handlung im Rahmen des Beschäftigungsverhältnisses des Vertreters oder seiner Anscheinsvollmacht liegt, die juristische Person strafrechtlich dafür verantwortlich ist, selbst wenn die Handlung im Gegensatz zu konkreten Anweisungen stehe(47).

Hinzuweisen ist noch auf von der Rechtsprechung entschiedene **Besonderheiten:**

- Daß auch eine Art "collective knowledge" ausreicht, um das für die Strafbarkeit juristischer Personen erforderliche subjektive Element der Tat feststellen zu können, wurde entschieden in **Inland Freight Lines v.U.S.** Es ging um sich widersprechende Papiere. Kein Vertreter oder Repräsentant der Gesellschaft kannte ihre Gegensätzlichkeit. Da ein Vertreter/Repräsentant jedoch Kenntnis vom wesentlichen Inhalt des einen Papiers und der andere vom wesentlichen Inhalt des anderen hatte, war das Gericht der Auffassung, daß die Kenntnis beider der juristischen Person zuzuschreiben sei und daß sich daraus das erforderliche subjektive Element ergebe(48).
- Unter bestimmten Umständen kann eine juristische Person auch für die Handlungen einer anderen Gesellschaft oder deren Angestellte verantwortlich sein(49). Das kann insbesondere dann der Fall sein, wenn die Repräsentanten der einen Gesellschaft, die offenbar eine entscheidende Kontrollfunktion ausüben, sich aktiv und unmittelbar an den Tätigkeiten einer anderen beteiligen. Eine derartige Verantwortlichkeit besteht auch dann, wenn eine verwirrende Vermischung von Tätigkeiten zweier oder mehrerer juristischer Personen stattfindet, die ein gemeinsames Unternehmen ausführen und dabei die Getrenntheit der jeweiligen juristischen Einheit entschieden mißachten oder wenn eine ernsthafte Ungewißheit über die Art und Eigenschaft, in der die verschiedenen Gesellschaften und ihre jeweiligen Repräsentanten handeln, besteht. Unter solchen Umständen braucht ein Gericht, wenn es eine oder mehrere aus einer Gruppe von in engen Verbindungen stehenden juristischen Personen verurteilt, nicht mit peinlicher Genauigkeit herauszufinden, welche von ihnen wirklich verantwortlich war(50).
- Die Aussetzung einer Strafe zur Bewährung ist in geeigneten Fällen auch bei juristischen Person möglich(51).
- Obwohl die juristische Person nur durch ihre Vertreter handeln kann, ist deren vorherige Verurteilung keine Voraussetzung der Strafverfolgung der juristischen Person(52).

----

47 433 F.2d 174,204 (1970)

48 191 F.2d 313,315 (1951)

49 vgl. My Bread Baking Co. v.Cumberland Farms, Inc., 233 N.E. 2d 748 (1968)

50 233 N.E. 2d 748,752 (1968); vgl. auch Commonwealth v.Beneficial Co., bei Kadish/Paulsen, S.406

51 vgl. U.S. v.Atlantic Richfield Co., 465 F.2d 58,61 (1972)

52 vgl. U.S. v.General Motors Corporation, 121 F.2d 376,411 (1941)

Zusammenfassend läßt sich der Stand der Rechtsprechung wie folgt darstellen: Es ist zunächst erforderlich, daß der Handelnde im Rahmen seiner Befugnisse/seines Beschäftigungsverhältnisses (within the scope of his authority/employment) gehandelt hat(53). Bei Erfüllung dieser Voraussetzung ist die juristische Person jedoch selbst dann strafrechtlich verantwortlich, wenn sie Gegenanweisungen gegeben oder die konkreten Handlungen verboten hat(54). Die Position, die der Handelnde selbst innerhalb der Hierarchie der juristischen Person innehaben muß, um die strafrechtliche Verantwortlichkeit der juristischen Person zu begründen, ist allerdings nicht ganz unumstritten. Während eine Mindermeinung maßgeblich auf eine Erlaubnis bzw. ein Wissen von der Handlung seitens der Organe abstellt(55) oder verlangt, daß das Organ oder der Vertreter eine Stellung von einigem Gewicht innehat(56), steht die herrschende Meinung - im Gegensatz zu der herrschenden Meinung in Großbritannien - auf dem Standpunkt, daß auch kleinere Angestellte die strafrechtliche Verantwortlichkeit juristischer Personen auslösen können(57). Nicht ganz unumstritten ist auch der "benefit"-Aspekt: Während zum Teil lediglich auf die Funktion des Angestellten abgestellt wird(58) oder der Vorteil lediglich als Beweisanzeichen betrachtet wird(59), ist nach anderer Ansicht die Absicht, der juristischen Person einen (Vermögens-)Vorteil zu verschaffen, unerläßliche Voraussetzung der strafrechtlichen Verantwortlichkeit juristischer Personen(60).

b) Der Meinungsstand in der Literatur

Zum Teil wird in der Literatur die Strafbarkeit juristischer Personen ganz problemlos begründet. So finden sich z.B. bei **Bishop** die Aus-

---

53 vgl. nur New York Central & Hudson River Railroad Co. v.U.S. 29 S.Ct. 304 (1909); U.S. v.Nearing, 252 F.223 (1918)

54 vgl. Overland Cotton Mill Co. v.People, 75 P.924 (1904); U.S. v. Armour & Co. 165 F.2d 342 (1948); Egen v.U.S. 137 F.2d 369 (1943); Standard Oil Co. of Texas v.U.S. 307 F.2d 120,127 (1962); U.S. v.American Radiator & Standard Sanitary Corporation 433 F.2d 174,204 (1970)

55 vgl. People v.Canadian Fur Trappers 248 N.Y. 159 (1928)

56 vgl. Continental Baking Company v.U.S. 281 F.2d 137 (1960)

57 vgl. Regan v.Kroger Grocery & Baking Co. 54 N.E. 2d 210 (1944); U.S. v.George F. Fish, Inc. 154 F.2d 798 (1946); Standard Oil Co. of Texas v.U.S. 307 F.2d 120,172 (1962); vgl. auch die Konkretisierung in Commonwealth v.Beneficial Co. 275 N.E.2d 33 (1971)

58 vgl. C.I.T.Corporation v.U.S. 150 F.2d 85 (1945); U.S. v.Thompson-Powell Drilling Co. 196 F.Suppl. 571,574 (1961)

59 vgl. Old Monastery Co. v.U.S., 147 F.2d 905 (1945)

60 vgl. Standard Oil Company of Texas v.U.S. 307 F.2d 120,128 (1962); U.S. v.Carter 311 F.2d 934,942 (1963)

führungen, daß die Ziele, Motive und der Vorsatz der Organe und der Vertreter der juristischen Personen genauso identisch mit denen der juristischen Personen selbst seien wie die ausgeführten Handlungen. Wenn das unsichtbare, nicht mit Händen greifbare Phänomen, das wir als juristische Person bezeichnen. Berge abtragen, Täler zuschütten, Eisenbahnschienen verlegen und Eisenbahnen auf ihnen fahren lassen könne, dann könne es dies auch wollen und dabei sowohl verwerflich als auch ehrenhaft handeln. Eine juristische Person könne zwar nicht aufgehängt werden, es bestehe aber kein Grund, weshalb ihr nicht eine Geldstrafe auferlegt werden sollte(1). Unproblematisch erscheint - insoweit - auch **Synder** die Strafbarkeit juristischer Personen, wenn er ausführt, daß keine kriminelle Handlung ihrer Art nach so sei, daß eine juristische Person nicht dafür verantwortlich sein könne(2). Im übrigen besteht in der Literatur weitgehend Einigkeit über die Möglichkeit und die Zweckmäßigkeit der Bestrafung juristischer Personen. Umstritten sind jedoch sowohl die Rechtsnatur dieser Bestrafung als auch einzelne Aspekte ihrer Zweckmäßigkeit.

aa) Rechtsnatur der Bestrafung juristischer Personen

Gerhard O.W. **Mueller** bezeichnet die corporate criminal liability in einer sehr humorigen, blumigen Beschreibung als hybrides Gebilde, das zusammengebraut sei aus stellvertretender strafrechtlicher Verantwortlichkeit (vicarious liability), Strafbarkeit ohne Verschulden (strict/ absolute liability), einer Prise mens rea - wenn auch einer ziemlich degenerierten mens rea -, einigen Genen aus dem Schadensersatzrecht und einigen aus dem Gesellschaftsrecht(3).

Diejenigen Autoren, die sich überhaupt mit der Rechtsnatur der Bestrafung juristischer Personen befassen, nehmen überwiegend an, daß es sich um eine Form der vicarious liability handele. Da eine juristische Person nur durch ihre Vertreter handeln könne und da in Wahrheit die Aktionäre diejenigen seien, die bestraft würden, wenn die juristische Person verurteilt werde, sei die Strafbarkeit juristischer Personen notwendig eine stellvertretende Verantwortlichkeit(4). Wenn die juristische Person nicht für Handlungen des "inner circle", sondern auch für Handlungen kleinerer Angestellter verantwortlich ge-

----

1 "Though a corporation cannot be hung, there is no reason, why it may not be fined..." vgl. Bishop on Criminal Law, S.304 ff, §§ 417,423

2 vgl. Orvill C. Snyder, An introduction to criminal justice, S.732

3 vgl. Mueller, Mens rea and the corporation, 19 Pi.L.R. 21 (1957)

4 vgl. Note, 60 H.L.R.283 (1946); La Fave/Scott, Handbook, S.231; Frederic P. Lee, Corporate Criminal Liability, 28 Col.L.R., S.3, 13 (1928); Model Penal Code, Tentative Draft Nr.4, S.146,148; Staff memoranda on responsibility involving corporations and other artifical entities, Working papers of the National Commission on Reform of Federal Criminal Law 1970, Vol.I, S.163,189

macht werde, liege eine "vicarious liability twice removed" (stellvertretende Verantwortlichkeit im doppelten Sinne) vor, d.h. die Aktionäre seien zum einen für den "inner circle" stellvertretend verantwortlich und zum anderen für die von diesem ausgewählten Angestellten, auf deren Anstellung und Überwachung die Aktionäre keinen Einfluß hätten(5). Die herrschende lehre in den USA geht also - im Gegensatz zu der in Großbritannien vertretenen Meinung (alter ego theory, principle of identifiaction), die zwischen vicarious liability und eigener Verantwortlichkeit der juristischen Person unterscheidet(6) - davon aus, daß es sich bei der corporate criminal liability um eine Form der vicarious liability handele.

Soweit ersichtlich bezweifelt nur **Edgerton** die Richtigkeit dieser Betrachtungsweise. Die juristische Person und ihre Repräsentanten seien nicht so klar und vollständig voneinander zu trennende Wesen wie ein menschlicher Arbeitgeber und sein Vertreter. Eine juristische Person könne ohne Zuhilfenahme von Wesen, die von ihr verschieden seien weder handeln noch sprechen und deshalb bestehe überhaupt keine Möglichkeit, zwischen ihrer Sprache oder ihrer Bewegung und derjenigen ihrer Repräsentanten zu unterscheiden, wenn und soweit diese dienstlich tätig würden(7).

bb) ultra vires Einwand

Edgerton führte zu Recht schon 1927 aus, daß der ultra vires Charakter einer geschäftlichen Handlung keinen logischen Grund liefere, die juristische Person von der Verantwortlichkeit für das Delikt freizustellen. Der ultra vires Charakter bedeute nichts mehr, als daß der juristischen Person vom Staat nicht die Berechtigung verliehen worden sei, ein Delikt zu begehen; offensichtlich sei dazu aber niemand berechtigt(8).

cc) social policy (kriminalpolitisches Bedürfnis)

Als wichtigstes, für die Notwendigkeit der Bestrafung juristischer Personen sprechendes Argument wird der Abschreckungsgedanke hervorgehoben. Es scheine evident zu sein, daß diesem erhabensten Strafzweck gedient werde, wenn die strafrechtliche Verantwortlichkeit juristischer Personen kumulativ zu der strafrechtlichen Verantwortlichkeit ihrer Repräsentanten hinzukomme. Wenn die juristische Person selbst nicht verfolgt und bestraft werden könne, würde sie oft durch in ihrem

----

5 vgl. Mueller, 19 Pi.L.R. 21,41 f (1957)

6 vgl. B.I.2.b)aa)

7 vgl. Henry W. Edgerton, Corporate Criminal Responsibility, 36 Y.L.J. 827,840 (1927)

8 vgl. Edgerton, 36 Y.L.J. 827,839 (1927)

Unternehmen begangene Delikte eher gewinnen als verlieren und ihre Direktoren, Aktionäre und Vertreter wären - aus Loyalität zu ihr oder aus der Hoffnung heraus, ihre eigene Position zu verbessern - geneigt, das Risiko einer persönlichen Verantwortlichkeit zugunsten eines Vorteils für die juristische Person auf sich zu nehmen. Auf der anderen Seite sei die Gefahr, daß die juristische Person durch eine Geldstrafe einen Verlust erleide, und daß als Folge davon die eigene Position des Handelnden gefährdet werde, in Verbindung mit der persönlichen Verantwortlichkeit geeignet, den Handelnden von der Begehung der Tat abzuhalten(9). Es gebe wahrscheinlich Fälle, in denen der innerhalb der juristischen Person ausgeübte Druck stark genug sei, um Einzelpersonen dazu zu veranlassen, persönliche Verantwortung zugunsten eines Gewinns für die juristische Person in Kauf zu nehmen, insbesondere dann, wenn die angedrohten Strafen relativ gering seien und das Delikt kein Verhalten beinhalte, das von der menschlichen Gesellschaft als höchst unmoralisch qualifiziert werde. Deshalb habe die Androhung einer Strafe für die juristische Person selbst insoweit tatsächlich abschreckende Wirkung(10) und nur darauf komme es an(11). Von einer sozialen Betrachtungsweise aus erscheint es wünschenswert, die disziplinierende Wirkung des Strafrechts zur Regelung der wirtschaftlichen Betätigungen juristischer Personen einzusetzen, da sonst viele Gesetze mit Ordnungswidrigkeitscharakter (regulatory statutes) zur Wirkungslosigkeit verdammt wären(12).

Edgerton führt aus, daß der Abschreckungsgedanke auch noch auf einer anderen Ebene wirke: er könne auch die Vorgesetzten und die Aktionäre dahingehend beeinflussen, daß sie Untergebene von Straftaten abhalten. Die Bestrafung der juristischen Person selbst sei für die Aktionäre ein starkes Motiv, darauf zu achten, daß die Geschäfte rechtmäßig geführt werden. Auch die Vorgesetzten seien in stärkerem Maße geneigt, Kriminalität seitens ihrer Untergebenen zu begünstigen, wenn allein die Untergebenen Strafe zu erwarten hätten. Anders stelle sich die Sachlage dar, wenn diese Straftaten der juristischen Person selbst und damit auch den Direktoren, Geschäftsführern usw. schaden könnten(13). Es stimme zwar, daß der Einfluß, den ein kleiner Aktionär in einer großen Gesellschaft ausüben könne, im allgemeinen sehr gering sei. Trotzdem solle der juristischen Person Strafe auferlegt werden, da die Strafe hier mehr Gutes bewirken als Schaden anrichten könne: der einzige Schaden liege in dem Unrecht, das den wirklich unschuldigen Aktionären angetan werde, die nichts mit dem Delikt zu tun gehabt hätten und für die auch keine Möglichkeit es zu verhindern, bestanden habe. Dieses Unrecht sei zu beklagen, sei aber dieselbe Art von Unrecht, das demselben unschuldigen Aktionär angetan werde, wenn

---

9 vgl. Edgerton, 36 Y.L.J. 827,833 (1927); zum letzten Aspekt vgl. auch staff memoranda, S.190

10 vgl. Model Penal Code, Tentative Draft Nr.4 (1955), S.146,148 f

11 vgl. Clark and Marshall, A treatise on the law of crimes, S.402

12 vgl. Justin Miller, Handbook of Criminal Law, S.149 f

13 vgl. Edgerton, 36 Y.L.J. 827,835 ff (1927)

die juristische Person zivilrechtlich schadensersatzpflichtig gemacht werde. Hier wie dort komme man bei einer Abwägung der verschiedenen Interessen zu dem Ergebnis, daß sein Interesse dem Interesse der Allgemeinheit untergeordnet werden müsse(14). Dadurch, daß die Aktionäre für eine nachlässige Überwachung ihrer Vertreter bestraft würden, könne sozial unerwünschtes Verhalten verhindert werden. Gleichzeitig genüge die Bestrafung juristischer Personen dem Sühnewunsch der Öffentlichkeit und erhöhe die Wahrscheinlichkeit, daß der Urheber des Delikts seine mächtige Stellung in der Wirtschaftsgemeinschaft verliere. Daß auch unschuldige Aktionäre darunter zu leiden hätten, müsse im Interesse einer wirksamen Durchsetzung des Rechts in Kauf genommen werden(15). Die vicarious liability habe hier auch weniger einschneidende Folgen als bei einer natürlichen Person, denn der einzelne Aktionär entgehe dem sozialen Unwerturteil, das normalerweise mit einer Verurteilung verbunden sei, und sein wirtschaftlicher Verlust sei begrenzt auf seine Einlage/seinen Anteil am Gesellschaftsvermögen. Sein persönliches Vermögen werde in der Regel von einer Verurteilung der juristischen Person nicht betroffen(16).

Den Aspekt des "unschuldigen Aktionärs" - als gegen die Strafbarkeit juristischer Personen sprechendes Argument - hebt insbesondere **Lee** hervor. Als gerechtfertigt sähe Lee eine Mitverantwortlichkeit des Aktionärs selbst dann noch an, wenn dieser einzelne integre Aktionär von der Mehrheit überstimmt wird. Die Rechtsordnung müsse ein effektives Mittel besitzen, diejenigen, die die Verantwortlichkeit für die Leitung der Gesellschaft innehaben, zu kontrollieren. Heutzutage hätten die Aktionäre jedoch nur noch die **theoretische Möglichkeit**, die Angelegenheiten der juristischen Person zu kontrollieren, denn der Vorstand und andere hohe Angestellte könnten unter den Verhältnissen in modernen Großbetrieben in einem großen Bereich eigenverantwortlich handeln. Die Kontrollmöglichkeit über das Management sei nur noch sehr gering(17).

Im **Tentative Draft Nr.4** findet sich der Hinweis, daß die große Masse von Gesetzen, die nach strafrechtlicher Verantwortlichkeit juristischer Personen verlangten, den weit verbreiteten Glauben seitens des Gesetzgebers nahelege, daß eine derartige Verantwortlichkeit notwendig sei, um die Rechtspolitik im Bereich der Delikte mit Ordnungswidrigkeitscharakter wirksam durchzusetzen. Es sei zu hoffen, daß zur Rechtfertigung der (Mit-)Bestrafung Unschuldiger mehr Gründe aufgeführt werden könnten, als nur die Schwierigkeiten, die Schuld des wirklich Schuldigen nachzuweisen(18). Dieser Hinweis wird von **Mueller** aufge-

---

14 vgl. Edgerton, 36 Y.L.J. 827,836 f (1927)

15 vgl. Note, 48 C.L.R. 794,797 f (1948)

16 vgl. Model Penal Code, Tentative Draft Nr.4, S.148

17 vgl. Frederic P. Lee, 28 Col.L.R. 186 f u. 197 (1928); vgl. auch Note, 89 Y.L.J. 353,356 f (1979); zum mangelnden Einfluß der Aktionäre in großen Gesellschaften vgl. auch Note, 92 H.L.R. 1229, 1242 (1979)

18 vgl. Model Penal Code, Tentative Draft Nr.4, S.149 f

griffen. Mueller betrachtet diese Ausführungen als Zeichen dafür, daß alles, was zugunsten der Strafbarkeit juristischer Personen vorgebracht werde, vorsichtig als Vermutung und Glaubensbekenntnis ausgedrückt werden sollte, da wirtschaftswissenschaftliche und soziologische Untersuchungen fehlten(19). Der Ruf nach empirischen Untersuchungen wird unterstützt von **Orland**(20). Orland kann seinen Ausführungen zwar Daten zugrundelegen, die vom Statistical Analysis and Reports Devision of the United States Courts für den Autor aufbereitet wurden, meint aber, diese Daten seien unergiebig, da sie nur Ausdruck der Tatsache seien, **daß** der Gesetzgeber das Strafrecht als Instrument der wirtschaftlichen und sozialen Kontrolle der Tätigkeiten juristischer Personen einsetze, nicht jedoch den Beweis dafür erbrächten, daß den Verurteilungen wirklich strafbares Verhalten zugrunde gelegen habe(21).

Diese Hinweise auf den mangelnden empirischen Nachweis der Notwendigkeit der Bestrafung juristischer Personen sollen jedoch den Abschreckungseffekt als solchen noch nicht in Frage stellen. Nach Meinung anderer Autoren ist die der juristischen Person auferlegte Geldstrafe jedoch deshalb unwirksam, weil die wirtschaftlichen Kosten der Geldstrafe auf den Kunden abgewälzt würden(22).

Von den Befürwortern des rechtspolitischen Bedürfnisses der Bestrafung juristischer Personen wird weiterhin vorgebracht, daß es unter Umständen evident sei, daß unter dem Deckmantel der juristischen Person ein Delikt begangen wurde, aber unklar sei durch welche Einzelperson(23). Der Grund hierfür liege darin, daß die Verantwortlichkeiten innerhalb der juristischen Person so breit gefächert seien und so viele bei Entscheidungen mitwirkten, daß es häufig unmöglich sei festzustellen, wer gehandelt habe oder es unterlassen habe zu handeln(24). Bei dieser Verschleierung der Verantwortlichkeiten spielten zwei aufeinander bezogene Prozesse eine entscheidende Rolle: Interne Kontrollsysteme sollten gewährleisten, daß die Pläne höherer (hoher) Angestellter entsprechend ihren Anweisungen ausgeführt würden, während innere Kommunikationssysteme zum Teil sicherstellen sollten, daß Informationen

---

19 vgl. Mueller, 19 Pi.L.R. 21,26 ff (1957)

20 vgl. Orland, Reflexions on corporate crime: Law in search of theory and scholarship, American Criminal Law Review 1980, 501 ff

21 vgl. Orland, American Criminal Law Review 1980, 501,519. Die Daten entstammen den Jahren 1976-1980. In dieser Zeit waren von den Bundesgerichten 574 juristische Personen verurteilt worden, 155 wegen Wettbewerbsbeschränkungen (anti-trust), 106 wegen Betrugs, 61 wegen Verstößen gegen den Motor Carrier Act, 36 wegen Verstößen gegen die Lebensmittel- und Arzneimittelgesetzgebung (food and drug), 11 wegen landwirtschaftlichen Delikten (agriculture) und 25 wegen Postdelikten (use of mail)

22 vgl. Note, 71 Y.L.J. 280,285 (1961); Note, 60 H.L.R. 283,286 (1946); Orland, American Criminal Law Review 1980, 501,516

23 vgl. Edgerton, 36 Y.L.J. 827,834 (1927)

24 vgl. Model Penal Code, Tentative Draft Nr.4, S.150; Staff memoranda, S.164

über die Ausführung der Programme zu den Planenden zurückkehren würden. Lücken in einem oder in beiden dieser Prozesse könnten die Zuschreibung der Verantwortlichkeit zu einem bestimmten Individuum schwierig oder unmöglich machen: die Übertragung von Entscheidungs- und Überwachungsfunktionen der hohen Leitungsebene nach unten durch verschiedene Ebenen und über verschiedene Abteilungen könnten den Nachweis bestimmter notwendiger Verantwortlichkeiten mißlingen lassen und die Informationsvermittlung durch ein genauso komplexes System hindurch könne aus denselben Gründen nicht gewährleistet sein(25). Deshalb sei es notwendig, die juristische Person selbst zu bestrafen. **Mueller** wendet sich gegen diese Begründung mit einer kontinental-europäischem Denken vertrauten Argumentation: wenn ein Delikt nicht bewiesen werden könne, könne eben keine Verurteilung erfolgen(26).

Als für die Strafbarkeit juristischer Personen sprechend wird weiterhin vorgebracht, daß auf den einzelnen Handelnden unter Umständen Druck von höherer Seite ausgeübt werde, so daß es verwerflich sei, ihn zu verfolgen und zu verurteilen(27). Die Interaktionsprozesse im Rahmen der juristischen Person könnten einen sehr starken Einfluß auf deren Angestellte haben. Gesellschaften entwickelten häufig interne Normen und Zielstrukturen, die die Wertvorstellungen und Handlungen ihrer leitenden Angestellten formen könnten(28).

Außerdem müsse der juristischen Person die ungerechtfertigte Bereicherung, die ihr aus der Begehung eines Delikts erwachse, wieder abgenommen werden(29). Dagegen wird eingewandt, daß die Wegnahme rechtswidrig erlangter Gewinne keine Aufgabe des Strafrechts sei(30).

Keine Bedenken gegen eine Strafbarkeit juristischer Personen, soweit es um strict liability Delikte geht, hat **George F. Canfield.** Er wendet sich jedoch entschieden dagegen, wenn und soweit ein Gesetz mens rea voraussetzt. In diesen Fällen wolle das Recht nur diejenigen bestrafen, die persönlich schuldhaft gehandelt hätten(31).

Im Ergebnis spricht sich auch der Verfasser der **Note in der Harvard Law Review 1979** gegen eine Strafbarkeit juristischer Personen und für "civil sanctions" aus(32). Der Autor räumt zwar ein, daß Geldstrafen auf juristische Personen abschreckende Wirkung ausüben könnten, solange sie hoch genug seien, der juristischen Person jeden Vorteil zu

---

25 vgl. Note, 89 Y.L.J. 353,357 f (1979)

26 vgl. Mueller, Mens rea and the corporation, 19 Pi.L.R. 21,45 (1957)

27 vgl. Staff memoranda, S.200

28 vgl. Note, 89 Y.L.J. 353, 357 (1979)

29 vgl. Model Penal Code, Tentative Draft Nr.4, S.150

30 vgl. La Fave/Scott, Handbook, S.232

31 vgl. Canfield, Corporate Responsibility for Crime, 14 Col.L.R. 469, 474,477 (1914)

32 vgl. Note, 92 H.L.R. 1229 (1979)

entziehen, der aus ihrem rechtswidrigen Verhalten resultiere. Die Begründung hierfür liege darin, daß die Entscheidung einer juristischen Person, das Strafrecht zu verletzen, im allgemeinen eine vorherige Berechnung der Wahrscheinlichkeit einer Strafverfolgung und die Härte der zu erwartenden Strafe einschließe(33). Dennoch ist der Autor der Ansicht, daß es zwingende Gründe gebe, die juristische Person eher durch zivilrechtliche als durch strafrechtliche Sanktionen abzuschrecken. Das Strafrecht werde sonst eingesetzt, um ein Verhalten zu "reglementieren", das nicht in und aus sich selbst heraus verwerflich sei, und um Sanktionen aufzuerlegen, ohne daß Verschulden vorliege. Der Gebrauch von strafrechtlichen Sanktionen für Ziele mit reinem "Reglementierungs"-Charakter stelle aber eine gravierende Abweichung von den traditionellen Zielen des Strafrechts - Abschreckung und Sühne - dar(34).

dd) Reformvorschläge

Verschiedene Autoren begrüßen zwar grundsätzlich die Strafbarkeit juristischer Personen, gehen aber davon aus, daß das gegenwärtige Sanktionssystem bzw. die gegenwärtig verhängten Strafen nicht wirksam genug seien.

Ein Vorschlag geht dahin, ein System zu etablieren, das die Regierung in die Lage versetze, der verurteilten juristischen Person alle rechtswidrig erlangten Vorteile zu entziehen. Den durch die Tat Betroffenen solle Schadensersatz verschafft werden, und den ausführenden Organen der juristischen Person die Pflicht auferlegt werden, darauf zu achten, daß in dem Bereich der Tätigkeiten der juristischen Personen, den sie kontrollieren, Delikte verhindert werden(35).

Ein anderer Vorschlag geht davon aus, daß das Recht zur Zeit nicht darauf gegründet sei, die Entscheidungsprozesse innerhalb der juristischen Person zu verstehen, das Recht aber gerade diese Prozesse formen müsse, um Kriminalität seitens juristischer Personen zu verhindern(36). Der Autor stellt drei Modelle vor, die jeweils verschiedene Reaktionsmöglichkeiten für den Gesetzgeber implizieren(37).

Ausgehend von den komplexen Organisationsstrukturen und Interaktionsprozessen in einer juristischen Person wird als alternative Sanktion vorgeschlagen, daß seitens der Gerichte diese internen Prozesse neu strukturiert werden sollten(38).

----

33 92 H.L.R. 1229,1365 f (1979)

34 92 H.L.R. 1229,1369 (1979)

35 vgl. Note, 71 Y.L.J. 280 (1961). Näheres zu diesem System S.298 ff aaO

36 vgl. Note 85 Y.L.J. 1091,1099 (1976)

37 vgl. dazu 85 Y.L.J. 1091,1106 ff (1976)

38 vgl. 89 Y.L.J. 353,364 ff (1979)

Orland geht davon aus, daß gegenwärtig neutrales Verhalten juristischer Personen überkriminalisiert und wirklich schuldhaftes Verhalten juristischer Personen zu wenig verfolgt werde. Orland meint, Delikte juristischer Personen würden in einem kapitalistischen System, das Profitmaxierung als normal betrachte, nur als kapitalistische Auswirkung, als Tugend, nicht als Laster beurteilt. Daraus resultiere ein Schlechtfunktionieren der Strafjustiz in Bezug auf Delikte juristischer Personen. Der Gesetzgeber habe Tausende von Strafgesetzen erlassen, die juristische Personen erfassen sollten, die Strafverfolgungsbehörden würden aber nur wenige davon durchsetzen(39). Wenn Geldstrafen wirklich abschreckende Wirkung haben sollten, müßten sie erhöht werden. Ein Geldstrafensystem berge aber folgende Schwierigkeiten in sich: 1. seien die Richter mit der Auferlegung drastischer Geldstrafen sehr zurückhaltend, aus Angst, unschuldigen Aktionären zu schaden, und 2. bestehe die Gefahr, daß die Geldstrafen in Gestalt höherer Preise an die Kunden weitergegeben würden. Deshalb hält Orland die Möglichkeit, die Strafe zur Bewährung auszusetzen und der juristischen Person Auflagen zu erteilen, für die geeignete Sanktionsmöglichkeit(40).

ee) Versuch einer dogmatischen Begründung der Schuldfähigkeit juristischer Personen

Soweit ersichtlich hat nur ein Autor den Versuch unternommen, die dogmatische **Möglichkeit** der Strafbarkeit juristischer Personen zu untersuchen und nicht nur die Zweckmäßigkeit ihrer Bestrafung. **Mueller** geht davon aus, daß das schwierigste Problem im Rahmen der Strafbarkeit juristischer Personen darin bestehe, wie einem gehirn- und seelenlosen Wesen ethische Schuld anzurechnen sei, und wie diese Zurechnung mit dem Rechtsgrundsatz, daß jegliche strafrechtliche Verantwortlichkeit auf dem bewußten persönlichen Schlechthandeln beruhen müsse, vereinbart werden könne(41). Mueller ist der Ansicht, daß diese Vereinbarkeit hergestellt werden könne, allerdings nur mit einer möglichen Begründung: Wenn durch die Androhung einer Sanktion die Aktionäre gezwungen werden könnten, bei der Auswahl und Überwachung der leitenden Angestellten, insbesondere des Vorstandes, die größtmögliche Vorsicht anzuwenden, dann sei die der juristischen Person auferlegte Geldstrafe, die sich in einem Verlust für die Aktionäre auswirke, die Bestrafung der Aktionäre für ihre eigene Fahrlässigkeit oder ihr mangelndes Interesse. Diese Argumentation beruhe jedoch auf den folgenden Prämissen: 1) daß die Aktionäre in der Tat die Befugnis hätten, den Vorstand auszuwählen und zu überwachen; 2) daß die Rechtsverletzung nicht trotz solch äußerst vorsichtiger Auswahl und Überwachung geschehe; 3) daß der durch die Geldstrafe bewirkte Ver-

---

39 vgl. Orland, American Criminal Law Review 1980, 501,511

40 vgl. Orland, S.516 f

41 vgl. Mueller, Mens rea and the corporation, 19 Pi.L.R. 21,38 (1957)

lust nicht auf die Kunden abgewälzt werde; 4) daß das Delikt in der Tat auf die Handlung eines Mitgliedes des Vorstandes usw. zurückzuführen sei(42).

Die juristische Person könne nur für die Handlungen der von den Aktionären gewählten Organe, insbesondere der Mitglieder des Vorstandes, und derjenigen, die den "inner circle" der juristischen Person darstellten, verantwortlich gemacht werden. Sie seien das "mens", der Geist oder das Gehirn der juristischen Person. Handlungen der Mitglieder dieser Gruppe und solche, die von ihnen ermächtigt, verlangt oder befohlen worden seien, seien Handlungen der juristischen Person selbst und machten sie strafrechtlich verantwortlich(43). Es sei jedoch nicht begründbar, die strafrechtliche Verantwortlichkeit der juristischen Person auf niedrigere Angestellte, auf Personen, die nicht Mitglied des "inner circle" seien, zu erstrecken, denn in einem derartigen Fall fehle der juristischen Person nicht nur die mens rea, sondern sogar die geistige Selbstbestimmung. Die "Hand" habe sich hier ohne Anordnung des Gehirns bewegt(44). Diese vicarious liability twice removed, die Verantwortlichkeit auch für die Handlungen von Personen, auf deren Anstellung und Überwachung die Aktionäre keinerlei Einfluß ausüben könnten(45), fällt also nach Mueller nicht mehr in den mit dem Schuldprinzip vereinbaren Begründungszusammenhang. Die Vereinbarkeit könnte nur dann hergestellt werden, wenn man einen Entlastungsbeweis dahingehend zulasse, daß der leitende Angestellte, der die Pflicht habe, den Bereich, in dem das Delikt geschehen sei, zu überwachen, die gebührende Sorgfalt aufgewendet habe, um die Begehung des Delikts zu verhindern(46/47). **La Fave/Scott** schließen sich bei mens rea Delikten der Auffassung Mueller's an, daß hier nur eine Verantwortlichkeit für den "inner circle" begründbar sei(48).

c) Model Penal Code and Study Draft of a new Federal Criminal Code (Title 18, United States Code)

Sowohl der Model Penal Code als auch der Study Draft of a new Federal Criminal Code befassen sich - mit Unterschieden im einzelnen - mit der Strafbarkeit juristischer Personen.

---

42 vgl. Mueller, S.39

43 vgl. Mueller, S.40 f

44 vgl. Mueller, S.41

45 vgl. Mueller, S.42

46 so wie das in sect.2.07(5) 1. Teil des Model Penal Code geschehen ist, vgl. B.I.3.c)aa)

47 vgl. Mueller, S.42 f

48 vgl. La Fave/Scott, Handbook, S.233

aa) Sect.2.07 Model Penal Code

Der im Jahre 1962 vom American Law Institute angenommene Model Penal Code, der als Richtlinie für das State Law bestimmt ist, hat in Sect. 2.07 die Strafbarkeit juristischer Personen zum Gegenstand.

Sect.2.07 sieht folgendes vor:

(1) Eine juristische Person kann für die Begehung eines Delikts verurteilt werden, wenn

a) das Delikt in einer Übertretung(1) besteht oder in einem Gesetz außerhalb dieses Code definiert ist und in dem Delikt die gesetzgeberische Absicht, juristische Personen strafbar zu machen, deutlich wird, vorausgesetzt, die Handlung wird von einem Vertreter der juristischen Person im Rahmen seines Beschäftigungsverhältnisses zugunsten der juristischen Person ausgeführt, es sei denn, daß das das Delikt definierende Gesetz die Vertreter, für deren Verhalten die juristische Person verantwortlich ist, oder die Umstände, unter denen die juristische Person verantwortlich ist, bezeichnet. Solche Bestimmungen sind anwendbar

oder

b) das Delikt darin besteht, daß eine der juristischen Person auferlegte Pflicht nicht erfüllt wird

oder

c) die Begehung des Delikts vom Vorstand oder einem hohen leitenden Angestellten, der zugunsten der juristischen Person im Rahmen seines Beschäftigungsverhältnisses handelt, erlaubt, verlangt, befohlen, ausgeführt oder grob fahrlässig geduldet wurde

(2) Im Falle eines Delikts, das Strafbarkeit ohne Verschulden vorsieht, wird eine gesetzgeberische Absicht, der juristischen Person für derartige Delikte Strafbarkeit aufzuerlegen, vermutet, es sei denn, eine gegensätzliche Absicht wird deutlich

(3) ...

(4) ...

(5) Bei jeder Strafverfolgung einer juristischen Person ... wegen der Begehung eines Delikts nach Abs.(1)a) ..., das nicht ein Delikt mit Strafbarkeit ohne Verschulden ist, stellt es eine wirksame Verteidigung dar, wenn die angeklagte juristische Person zur Überzeugung des Gerichts nachweist, daß der leitende Angestellte, der für den Bereich, in dem das Delikt geschah, die Verantwortung trägt, die gebührende Sorgfalt angewandt hat, um die Begehung des Delikts zu verhindern. Dies gilt jedoch dann

---

1 vgl. dazu 1.04 Model Penal Code

nicht, wenn es unvereinbar wäre mit dem gesetzgeberischen Zweck, der dem speziellen Delikt zugrundeliegt(2).

Der Tentative Draft Nr.4 (1955), der auf S.146 ff diese Bestimmungen kommentiert, befaßt sich im wesentlichen mit der Zweckmäßigkeit der Bestrafung juristischer Personen(3).

Kritik am Model Penal Code, der mit der "superior agent rule" eine Annäherung an das englische Recht erkennen läßt, findet sich insbesondere bei **Leigh**(4), **Mueller**(5) und dem Autor **der Note in der Har-**

---

2 (1) A corporation may be convicted of the commission of an offense if

(a) the offense is a violation or the offense is defined by a statute other than the Code in which a legislature purpose to impose liability on corporations plainly appears and the conduct is performed by an agent acting in behalf of the corporation within the scope of his office or employment except that if the law defining the offense designates the agents for whose conduct the corporation is accountable or the circumstances under which it is accountable, such provisions shall apply;

or

(b) the offense consists on an ommission to discharge a specific duty or affirmative performance imposed on corporations by law

or

(c) the commission of the offense was authorized, commanded performed or recklessly tolerated by the board of directors or by a high managerial agent acting in behalf of the corporation within the scope of his office or employment

(2) When absolute liability is imposed for the commission of an offense, a legislative purpose to impose liability on a corporation shall be assumed, unless the contrary plainly appears

(3) ...

(4) ...

(5) In any prosecution of a corporation ... for the commission of an offense included within the terms of subsection (1)(a) ...of this section, other than an offense for which absolute liability has been imposed it shall be a defense if the defendant proves by a preponderance of evidence that the high managerial agent having supervisory responsibility over the subject matter of the offense employed due diligence to prevent its commission. This paragraph shall not apply if it is plainly inconsistent with the legislative purpose in defining the particular offense

3 vgl. B.I.3.b)cc)

4 The criminal liability of corporations in English Law S.123 f

5 Mens rea and the corporation, 19 Pi.L.R. 21,41 ff (1957)

vard Law Review 1979[6].

bb) Study draft of a New Federal Criminal Code (Title 18, United States Code) The National Commission on Reform of Federal Criminal Law (1970)

Der Study Draft, der im Unterschied zum Model Penal Code das Federal Law (Bundesrecht) zum Gegenstand hat, umschreibt in **§ 402** die Voraussetzungen der Strafbarkeit juristischer Personen. Diese Voraussetzungen sind:

"(1) Eine juristische Person kann verurteilt werden wegen

a) jeden Delikts, das zur Förderung ihrer Angelegenheiten begangen wird aufgrund von Verhaltensweisen, die von irgendeiner oder mehreren der nachfolgend aufgezählten Personen in Verletzung einer Pflicht, die Geschäfte der juristischen Person wirksam zu überwachen, selbst praktiziert, ermächtigt, verlangt, befohlen, gebilligt oder grob fahrlässig geduldet werden:

(i) dem Vorstand

(ii) einem ausführenden Organ oder einem anderen Repräsentanten, der eine Position mit vergleichbaren Befugnissen in Bezug auf die Formulierung der Gesellschaftspolitik oder die leitende Überwachung von untergeordneten Arbeitnehmern bekleidet

(iii) jeder Person, die die juristische Person überwacht und mitverantwortlich ist für ihre Gesellschaftspolitik, ob diese Person ein Organ der juristischen Person ist oder nicht

(iv) jeder anderen Person, für deren Handeln oder Unterlassen das Gesetz, das das Delikt definiert, die Strafbarkeit der juristischen Person vorsieht

b) jeden Delikts, das aus dem Unterlassen besteht, eine bestimmte, juristischen Personen gesetzlich auferlegte Pflicht zu erfüllen

c) jeden leichteren Delikts, das durch einen Vertreter der juristischen Person zur Förderung ihrer Angelegenheiten begangen wird

d) jeden Delikts, für das eine natürliche Person ohne Nachweis der Schuld verurteilt werden kann und das durch einen Vertreter der juristischen Person zur Förderung ihrer Angelegenheiten begangen wird.

(2) Es ist keine hinreichende Verteidigung für die juristische Person, daß die natürliche Person, auf deren Verhalten die Strafbarkeit der juristischen Person gegründet ist, freigesprochen, nicht ver-

---

6 92 H.L.R. 1229,1251 ff (1979)

folgt oder nicht verurteilt oder wegen eines andern Delikts verurteilt wurde, oder daß deren Strafverfolgung ein Hindernis entgegensteht oder daß sie aus anderen Gründen dem Recht nicht unterworfen ist(7)."

Ausführungen zur Begründung dieses Entwurfs, die sich primär mit der Zweckmäßigkeit der Bestrafung juristischer Personen befassen(8), finden sich in **Staff Memoranda** on Responsibility for crimes involving corporations and other entities(9).

Der **Unterschied zwischen Model Penal Code und Study Draft of a new Federal Criminal Code**, zwischen State Law und Federal Law, liegt darin, daß nach dem Study Draft im Einklang mit den Bundesgerichten der Status des Handelnden in der Hierarchie der juristischen Person unwesentlich ist. Darüber hinaus wird im Study Draft die Verteidigung nicht zugelassen, die juristische Person habe das rechtswidrige Handeln nicht erlaubt, die Handlungen seien ohne Kenntnis der Organe und Direktoren davon vorgenommen bzw. verboten worden und die Verantwortlichen hätten sich bemüht, die rechtswidrigen Handlungen seitens ihrer Untergebenen zu verhindern.

---

7 § 402 (1) Liability defined. A corporation may be convicted of: (a) any offense committed in furtherance of its affairs on the basis of conduct done, authorized, ratified or recklessly tolerated in violation of a duty to maintain effective supervision of corporate affairs, by any of the following or a combination of them: (i) the board of directors (ii) an executive officer or any other agent in a position of comparable authority with respect to the formulation of corporate policy or the supervision in a managerial capacity of subordinate employees; (iii) any person, whether or not an officer of the corporation, who controls the corporation or is responsibly involved in forming its policy; (iv) any other person for whose act or ommission the statute defining the offence provides corporate responsibility for offenses; (b) any offense consisting of an ommission to discharge a specific duty of affirmative conduct imposed on corporations by law (c) any misdemeanor commited by an agent of the corporation in furtherance of its affairs; or (d) any offense for which an individual may be convicted without proof of culpability, committed by an agent of the corporation in furtherance of its affairs

(2) Defense precluded: It is no defense that an individual upon whose conduct liability of the corporation for an ofense is based has been acquitted, has not been prosecuted or convicted or has been convicted of a different offense, or is immune from prosecution or is otherwise not subject to justice.

8 vgl. B.I.3.b)cc)

9 vgl. Working papers of the National Commission on Reform of Federal Criminal Law 1970 Vol.I. S.163 ff

d) Strafbarkeit der für die juristische Person Handelnden

Wie im englischen Recht sind auch im amerikanischen Recht die Handelnden selbst für die Begehung der Straftaten im Rahmen der juristischen Person verantwortlich, wenn sie ermittelt und ihnen die jeweils erforderlichen Elemente der Straftat nachgewiesen werden können(1).

e) Gesetze, deren Verbote sich schon kraft gesetzlicher Anordnung auch gegen juristische Personen richten

Über die bei den einzelnen Entscheidungen zum Teil schon erwähnten Gesetze hinaus finden sich Beispiele in Titel 18 of the United States Code, der sich speziell mit Straf- und Strafprozeßrecht befaßt(1), in Titel 7, der Gesetze über die Landwirtschaft zum Gegenstand hat(2), in Titel 15, der die Handelsgesetze beinhaltet(3), in Titel 21, der das Lebensmittel- und Arzneimittelrecht behandelt(4), und in Titel 33, der mit dem Wasser- und Schiffahrtsrecht zu tun hat(5). Gesetzestechnisch geschieht das in der Regel so, daß sich vor dem jeweiligen Gesetz eine Legaldefinition befindet, die festlegt, daß Begriffe wie "person" oder "whoever" auch juristische Personen erfassen.

---

1 vgl. nur U.S. v.Dotterweich, 320 U.S.277 (1943); U.S. v.Wise 370 U.S.405 (1962); La Fave/Scott, Handbook, S.230; vgl. auch Model Penal Code Sect.2.07(6); Study Draft § 404; Beispiele für Gesetze, die jenen natürlichen Personen speziell Strafbarkeit auferlegen, sind aufgeführt in Appendix B des Staff Memoranda, S.209

1 vgl. z.B. 18, U.S.C.A. §§ 402,591,831,921

2 vgl. z.B. 7, U.S.C.A. §§ 2,4,62,63,75,92(k),136

3 vgl. 15, U.S.C.A. § 7

4 vgl. 21, U.S.C.A. § 610

5 vgl. 33, U.S.C.A. § 1001; weitere Beispiele werden in Appendix A zu Staff Memoranda, S.207 f aufgeführt

II. FRANKFREICH

1. DER AVANT-PROJET DEFINITIF DE CODE PENAL 1978

In dem französischen Entwurf für ein neues Strafgesetzbuch aus dem Jahre 1978, der anders als der geltende Code Pénal die strafrechtliche Verantwortlichkeit bestimmter juristischer Personen vorsieht, finden sich folgende Bestimmungen:

Art.37 Die Vorschriften der Art.38 und 39 sind auf alle Verbände, deren Tätigkeitsbereich auf dem Gebiet des Handels, der Industrie und der Finanzen liegt, anwendbar.

Art.38 (1) Unbeschadet der gegen natürliche Personen gerichteten Strafverfolgungen ist jeder Verband für eine Straftat strafrechtlich verantwortlich, die aufgrund einer Entschlußfassung seiner Organe, in seinem Namen und im gemeinschaftlichen Interesse begangen wurde.

(2) Wenn die Straftat nicht im gemeinschaftlichen Interesse begangen wurde, sind die einzelnen Mitglieder des Verbandes - natürliche Personen oder Verbände - für die Tat strafrechtlich verantwortlich, aufgrund deren Willensentschluß und in deren Interesse der Tatbestand verwirklicht wurde.

Art.39 Wenn der Verband geschaffen oder sein Verbandszweck umgewandelt wurde, um die Begehung der Straftat zu erleichtern, kann der unter den Voraussetzungen des vorstehenden Artikels verfolgte Verband durch Gerichtsurteil aufgelöst werden(1).

Diese Vorschriften werden ergänzt durch ARt.63,64 des Entwurfs, der sich mit den auf Verbände anwendbaren Sanktionen beschäftigt. Im einzelnen sind dort vorgesehen:

Art.63 Auf die in Art.37 definierten Verbände sind folgende Sanktionen anwendbar:

---

1 Art.37 Les dispositions des articles 38 et 39 sont applicables à tout groupement dont l'activité est de nature commerciale, industrielle ou financière

Art.38 (1) Sans préjudice des poursuites exercées contre les personnes physiques, tout groupement est pénalement responsable du délit qui a été commis par la volonté deliberée de ses organes, en son nom et dans l'intérêt collectif

(2) Lorsque le délit n'a pas été commis dans l'intérêt collectif, sont pénalement responsables de l'infraction les membres du groupement, personnes physiques ou groupements, par la volonté et dans l'intérêt desquels les faits ont été accompli

Art.39 Lorsqu'il a été crée ou detourné de son objet pour faciliter la commission du délit, le groupement poursuivi dans les conditions prévues par l'article précédent peut être dissous par décision du tribunal

1. Die auf Vergehen anwendbaren Geldstrafen, deren Höchstbetrag verdoppelt wird.

2. Die Auflösung in den Fällen des Art.39.

Art.64 In den gesetzlich vorgesehenen Fällen sind auf die in Art.37 definierten Verbände folgende Sanktionen anwendbar:

1. Für die Dauer von sechs Monaten bis zu fünf Jahren oder endgültig die Schließung eines, mehrerer oder aller Betriebe eines Unternehmens, das/die zur Begehung der Straftat gedient hat/haben.

2. Das Verbot, während einer Dauer von einem Jahr bis zu fünf Jahren eine bestimmte berufliche Tätigkeit oder einen Teil von ihr auszuüben.

3. Der Ausschluß von öffentlichen Märkten während einer Dauer von einem Jahr bis zu fünf Jahren oder endgültig.

4. Das Verbot, während einer Dauer von einem Jahr bis zu fünf Jahren Schecks auszustellen.

5. Das Verbot, während einer Dauer von einem Jahr bis zu fünf Jahren oder endgültig, zur öffentlichen Zeichnung aufzurufen(2).

6. Die Unterstellung unter gerichtliche Aufsicht während einer Dauer von einem Jahr bis zu fünf Jahren.

7. Die Einziehung.

---

2 Der "Aufruf zu öffentlicher Zeichnung" (appel public à l'épargne) hat im französischen Gesellschaftsrecht folgende Bedeutung: Nach Art 73 ff des Gesetzes Nr.66-537 vom 24. Juli 1966 über die Handelsgesellschaften können Aktiengesellschaften auf zwei verschiedene Arten gegründet und ihr Kapital erhöht werden, nämlich durch Aufruf zu öffentlicher Zeichnung und ohne Aufruf zu öffentlicher Zeichnung. Nach Art 72 des Gesetzes über die Handelsgesellschaften gelten folgende Gesellschaften als durch Aufruf zu öffentlicher Zeichnung zustandegekommen: 1. diejenigen, deren Wertpapiere offiziell bei einer Wertpapierbörse zum Handel zugelassen sind, ab Zulassung oder 2. diejenigen, die zum Absatz von Wertpapieren jedweder Art die Hilfe von Banken, Finanzunternehmen oder Börsenmaklern oder sonstige Publizitätsmaßnahmen in Anspruch nehmen. Diese Form der Gründung/Kapitalerhöhung ist an ein relativ kompliziertes, sehr förmliches Verfahren gebunden (im einzelnen s.Art.74 ff des Gesetzes). Die Gründung/Kapitalerhöhung ohne Aufruf zu öffentlicher Zeichnung ist einfacher und billiger, weil der Gesetzgeber hier der Tatsache Rechnung getragen hat, daß die Zeichner der Wertpapiere identisch mit den Gründen sind und auf diese Weise öffentliche Interessen weniger im Spiel sind (Dalloz, Encyclopédie juridique, Répertoire des sociétés, Rdnr.339,341). Sie hat den entscheidenden Nachteil, daß die Wertpapiere nicht bei einer Wertpapierbörse zum Handel zugelassen sind oder mittels Banken usw. abgesetzt werden können.

8. Die Veröffentlichung der Verurteilung durch öffentlichen Aushang oder durch jedes andere Mittel(3).

In der **Kommentierung** wird zur Begründung der Einführung dieser Vorschriften und damit der strafrechtlichen Verantwortlichkeit von Verbänden u.a. folgendes ausgeführt: Die Artikel 37,38 und 39 seien eine völlige Neuerung und führten den Grundsatz der strafrechtlichen Verantwortlichkeit von Verbänden ein. Dieser Grundsatz sei sicher weit entfernt von den Vorstellungen des klassischen Strafrechts, das nur natürlichen Personen die Fähigkeit zuschreibe, strafrechtlich verantwortlich zu sein. Die Gesetzbücher des 19. Jahrhunderts hätten auf der einen Seite die auf Verschulden gegründete moralische Verantwortlichkeit, die einen persönlichen, einsichtigen und freien Willen voraussetze, zur unverzichtbaren Voraussetzung der strafrechtlichen Zurechnung gemacht, und auf der anderen Seite das Prinzip der Höchstpersönlichkeit der Strafe verkündet. Sie hätten deshalb die Vorstellung nicht zulassen können, daß die juristische Person, der man zudem einen fiktiven und abstrakten Charakter verlieh, angeschuldigt und bestraft werden könnte. Man komme aber nicht umhin festzustellen, daß eine starke legislative Bewegung - allerdings bis jetzt nur in Teilbereichen - sich auf eine neue Konzeption hin orientierte. Die heutige Welt entspreche in der Tat nicht mehr der des 19. Jahrhunderts. Die Entwicklung neuer industrieller Strukturen habe ein Anwachsen von Verbänden nach sich gezogen, die eine überragende wirtschaftliche, soziale und sogar politische Rolle spielten. Dieser Tatsache werde vom Zivil- und Handelsrecht bereits und müsse jetzt auch vom Strafrecht Rechnung getragen werden. Ein Wirtschaftsverband habe sein Eigenleben, unabhängig von dem seiner Mitglieder; dieses Eigenleben charakterisiere sich durch einen Willen und eine Tätigkeit, die den Willen und die Tätigkeit der oft austauschbaren Mitglieder beherrschten. Die Kommission war deshalb der Ansicht, daß ein neues Gesetzbuch sich nicht mehr mit provisorischen Lösungen zufriedengeben, sondern das neue und unbestreitbare Prinzip der strafrechtlichen Verantwortlichkeit von Verbänden bejahren sollte. Das Dogma

---

3 Art.63 Sont applicables aux groupements définis par l'art 37 les sanctions suivantes: 1. Les amendes applicables en matière correctionnelle, dont le maximum est porté au double. 2. La dissolution dans les cas prévus par l'art.39

Art.64 Sont applicables aux groupements définis par l'art.37, lorsque la loi les prévoit, les sanctions suivantes: 1. La fermeture, pour une durée de six mois à cinq ans ou à titre définitif, de l'un, de plusieurs ou de l'ensemble des établissements de l'entreprise qui a servi à commettre l'infraction 2. L'interdiction d'exercer pour une durée d'un an á cinq ans, tout ou partie d'une activité professionnelle 3. L'exclusion des marchés publics pour une durée d'un an à cinq ans ou à titre définitif 4. L'interdiction d'emettre des chèques pour une durée d'un an à cinq ans 5. L'interdiction de faire appel public à l'épargne pur une durée d'un an à cinq ans ou à titre définitif 6. Le placement pour une durée d'un an à cinq ans, sous surveillance judiciaire 7. La confiscation spéciale 8. La publicité de la condamnaticn par affichage ou par tout autre moyen.

von der Nicht-Verantwortlichkeit juristischer Personen sei zum Anachronismus geworden. Die Kommission gründe ihre Entscheidung auf die reale Existenz des Verbandes, Ausdruck eines tatsächlichen Gemeinschaftswillens, der verboten werden könne, der handeln und auch schuldhaft handeln könne. Die Kommission, die sich darauf hätte beschränken können, den Grundsatz der strafrechtlichen Verantwortlichkeit juristischer Personen festzustellen, habe in ihrer Analyse der Tatsachen noch weiter gehen wollen. Sie habe den tatsächlichen Gemeinschaftswillen und nicht eine juristische Fiktion treffen wollen. Die Kommission habe deshalb das Prinzip der strafrechtlichen Verantwortlichkeit des Verbandes (und nicht der juristischen Person) festgelegt. Diesem Prinzip liegt eine Definition des Cour de Cassation zugrunde, nach der die Rechtsfähigkeit nicht durch das Gesetz geschaffen werde, sondern im Grundsatz jedem Verband eigne, vorausgesetzt, er habe die Möglichkeit des gemeinschaftlichen Ausdrucks. Das Prinzip finde seine Grundlage auch in der Position des europäischen Strafrechts, das in einer der Verordnungen auf das Unternehmen abziele. Die Schwierigkeit bestehe darin, die Realität dieses Verbandes festzustellen. Die Kommission habe diese Verantwortlichkeit bewußt auf Verbände beschränkt, die auf dem Gebiet des Handels, der Industrie und der Finanzen tätig werden, weil die Probleme besonders in diesem Bereich auftauchen würden.

Die Kommission habe übrigens nicht gewollt, daß die strafrechtliche Verantwortlichkeit der Verbände einen Deckmantel darstelle, hinter dem sich die persönlichen Verantwortlichkeiten verstecken könnten und sie habe dieser Entscheidung Ausdruck gegeben. Art.38(1) sei deshalb in Worten abgefaßt worden, die die Notwendigkeit eines gemeinsamen Wollens und einer gemeinschaftlichen Handlung kennzeichneten. Die Kommission, die um die Wahrung der Interessen und der Minderheiten - insbesondere die kleiner Aktionäre und der Arbeitnehmer einer Handelsgesellschaft - besorgt gewesen sei, habe dieser Besorgnis in Art.38 (2) Ausdruck verliehen, in dem dort hervorgehoben werde, daß dann "wenn das Delikt nicht im gemeinschaftlichen Interesse begangen wurde", die einzelnen Mitglieder des Verbandes strafrechtlich verantwortlich seien "aufgrund deren Willensentschluß und in deren Interesse der Tatbestand verwirklicht wurde"(4). Die strafrechtliche Verantwortlichkeit der Verbände wird - wie die Kommission feststellt - auch eine Ergänzung des Strafverfahrensrechts erfordern, in der die Modalitäten der Vertretung des Verbandes vor Gericht zu regeln seien, die im Grundsatz durch denjenigen gewährleistet sein werde, der im Zeitpunkt des Urteilsspruchs gesetzlicher Vertreter des Verbandes sei(5).

J. Robert, der der Kommission in all diesen Punkten beipflichtet, stellt fest, daß dem Gesetzentwurf das Verdienst gebühre, die strafrechtliche Verantwortlichkeit juristischer Personen mit viel Fingerspitzengefühl festzulegen, und daß es erstaunlich wäre, wenn es sich hier nicht um das Strafrecht der Zukunft handeln würde. Auch **Raymond Gassin**

---

4 vgl. Avant-projet définitif de Code Pénal, S.41 f

5 vgl. Avant-projet définitif de Code Pénal, S.43

bezeichnet den Entwurf als glückliche Innovation(6). Demgegenüber finden sich bei **Mireille Delmas-Marty**(7) bei grundsätzlicher Befürwortung des von der Kommission aufgestellten Prinzips kritische Bemerkungen hinsichtlich der Ausgestaltung der Bestimmungen im einzelnen. M. Delmas-Marty kritisiert zunächst, daß durch die Definition der verantwortlichen Verbände bestimmte juristische Personen ausgeschlossen werden, insbesondere die nicht-wirtschaftlichen Vereine und die Gewerkschaften. Nach ihrer Ansicht drängt sich eine für alle Verbände identische Verantwortlichkeit um so mehr auf, als eine gesetzgeberische Strömung mehr und mehr zulasse, daß Gewerkschaften und nicht-wirtschaftliche Vereine zivilrechtlich klagen könnten. Die Begründung, die für die Verantwortlichkeit der Handelsgesellschaften angegeben werde - Gefahr der Straflosigkeit, wenn das im Interesse und durch Beschluß der Gesellschaft begangene Delikt keiner natürlichen Person angelastet werden kann - gelte im gleichen Umfang für die Gewerkschaften und die nicht-wirtschaftlichen Vereine(8). Problematisch sei auch, daß das wesentliche Kriterium der strafrechtlichen Verantwortlichkeit des Verbandes darin bestehe, daß das Delikt "im gemeinschaftlichen Interesse" begangen wurde. Die größte Schwierigkeit liege nämlich darin, dieses Interesse zu definieren(9). Auch sei die Frage der Wahrung der Interessen dritter Personen, insbesondere von Gläubigern und Arbeitern, nicht gelöst(10). Man müsse sich des weiteren fragen, wie bei den Verbänden ohne Rechtspersönlichkeit die Sanktionen vollstreckt werden könnten. Ein Verband ohne eigene Rechtspersönlichkeit habe kein eigenes Vermögen. Wer solle hier die Geldstrafe bezahlen? Wer werde von dem Verbot, der Einziehung, der Schließung des Betriebes usw. betroffen(11)?

Im übrigen ist die Autorin der Ansicht, daß der Avantprojet eine Konzeption der persönlichen strafrechtlichen Verantwortlichkeit des Verbandes zugrundelege, die unmittelbar auf dessen Verschulden beruhe. Studien der Sozialpsychologie bestätigten die Existenz dieses "tatsächlichen gemeinschaftlichen Willens" (vouloir collectif reel), auf den die Verfasser des avant-projet sich bezögen(12).

Bevor die Frage gestellt werden kann, ob aus der "völligen Neuerung", die die Bestimmungen des Avant-projet einführen(13), Folgerungen für

---

6 vgl. J. Robert, L'avant-projet de Code Pénal, J.C.P. 1976, I 2813, Nr.42 ff, 48; Raymond Gassin, Observations présentées au nom de la Faculté de Droit et de Science politique et de L-Institut des Sciences Pénales et de Criminologie de l'Université de Droit, d'Economie et des Sciences d'Aix-Marseilles, S.52

7 vgl. R.I.D.P. 1980, S.39 ff

8 vgl. R.I.D.P. 1980, 39,43 ff

9 vgl.R.I.D.P. 1980, 39,47 ff

10 vgl. R.I.D.P. 1980, 39,50

11 vgl. R.I.D.P. 1980, 39,50 f

12 vgl. R.I.D.P. 1980, 39,45 f

13 vgl. oben bei der Darstellung der Kommentierung des Avant-projet

die Lösung der Frage im deutschen Strafrecht gezogen werden können, muß im folgenden untersucht werden, ob und inwieweit das französische Strafrecht, seine Grundsätze, seine Gesetze, der Streitstand in Rechtsprechung und Lehre eine Übertragung der im Avant-projet aufgestellten Grundsätze - wenigstens teilweise - gestatten.

2. GRUNDLAGEN DER STRAFRECHTLICHEN VERANTWORTLICHKEIT IM FRANZÖSISCHEN STRAFRECHT

a) Deliktskategorien

Das französische Strafrecht hat die früher auch im deutschen Strafrecht bestehende Dreiteilung der Straftaten in Verbrechen (crime), Vergehen (délit) und Übertretungen (contraventions) beibehalten. Nach dem Code Pénal liegt eine Übertretung dann vor, wenn im Gesetz für die Straftat eine "Polizeistrafe" (peine de police) vorgesehen ist, d.h. Freiheitsstrafe von einem Tag bis zu zwei Monaten oder Geldstrafe von 20 bis 6000 frcs (Art 1 iVm Art 465,466 Code Pénal). Ein Vergehen liegt dann vor, wenn im Gesetz eine Vergehensstrafe (peine correctionnelle) vorgesehen ist, d.h. eine Freiheitsstrafe von zwei Monaten bis zu fünf Jahren oder eine Geldstrafe über 6000 frcs (Art 1 iVm Art 9,40 Code Pénal und Art 381 Code de Procédure Pénal). Sehen die Gesetze dagegen eine Leibesstrafe oder eine entehrende Strafe vor (Todesstrafe, lebenslange Freiheitsstrafe oder zeitige Freiheitsstrafe von fünf bis zu zehn Jahren, Sicherungsverwahrung auf Zeit oder lebenslang, Verbannung, Aberkennung der bürgerlichen Ehrenrechte), so handelt es sich um ein Verbrechen (Art 2 iVm Art 6-8 Code Pénal).

b) Voraussetzungen einer Straftat

Eine Straftat liegt auch im französischen Strafrecht nur dann vor, wenn die Handlung im Gesetz beschrieben und mit Strafe bedroht ist (élément légal), wenn sie ausgeführt oder mit ihrer Verwirklichung wenigstens schon begonnen wurde (élément matériel), und zwar durch einen mit einem freien und bewußten Willen begabten Menschen (élément moral). Darüber hinaus muß die Handlung rechtswidrig sein (élément injuste). Im einzelnen ergeben sich jedoch Unterschiede zum deutschen Strafrecht, insbesondere was das subjektive Element (élément moral) anbetrifft).

aa) L'élément légal

Der Grundsatz "nullum crimen, nulla poena sine lege" ist fester Bestandteil des französischen Strafrechts und schon in Art.5, 8 der Erklärung der Menschenrechte von 1789 enthalten, die durch die Präambel der Verfassung vom 4. Oktober 1958 feierlich bestätigt wurde (s. auch Art.4 Code Pénal). Nur das vom Parlament verabschiedete Gesetz kann Verbrechen und Vergehen in ihren tatbestandlichen Voraussetzungen festlegen und mit Strafe bedrohen (Art.34 der Verfassung). Demgegenüber werden die Voraussetzungen der Übertragungen durch Regierungsverordnungen, einen Akt der Exekutive also, festgelegt, in denen auch die Strafen vorgesehen sind (Art.37 der Verfassung). Übertretungen unterliegen somit, sowohl was die Festlegung ihrer Voraussetzung als auch die ihrer Folgen anbetrifft, der Verordnungsgewalt der Regierung.

bb) L'élément matériel

Der objektive Tatbestand kann sowohl durch positives Tun als auch durch Unterlassen begangen werden, wobei das Unterlassen allerdings nur dann der Verwirklichung eines Tatbestandes durch ein positives Tun entspricht und den Täter den im Begehungsdelikt vorgesehenen Strafen unterwirft, wenn dies gesetzlich ausdrücklich vorgesehen ist(1).

cc) L'élément moral

Die Verwirklichung des objektiven Tatbestandes muß auf dem Willen des Täters beruhen. Die Verbindung zwischen Handlung und Täter stellt das élément moral, das subjektive Element der Straftat, dar. Ob es sich um ein Verbrechen, ein Vergehen oder eine Übertretung handelt - eine Straftat liegt nur dann vor, wenn der Täter den Willen und das Bewußtsein gehabt hat, den entsprechenden strafrechtlichen Tatbestand zu verletzen. Das Willenselement, das für das Vorliegen einer Straftat stets erforderlich ist, spielt jedoch weder überall dieselbe Rolle, noch hat es überall denselben Umfang: man unterscheidet zwischen intention und faute(2). Die **intention criminelle** oder der dol criminel entspricht Absicht und Vorsatz im deutschen Strafrecht(3). Demgegenüber ist bei den Delikten, die keinen Vorsatz erfordern (Fahrlässigkeitsdelikte, die meisten Übertretungen, auch einige Vergehen), als subjektives Element nur "einfaches Verschulden", die "faute pénal" erforderlich. Der Fahrlässigkeitsvorwurf besteht nach Art. 319 und 320 des Code Pénal entweder in "einer Ungeschicklichkeit, einem Sorgfaltsverstoß, einer Nachlässigkeit oder der Nichtbeachtung von Vorschriften" (Art.319 Code Pénal) oder in einem "Mangel an Geschicklichkeit und Vorsicht" (Art.320 Code Pénal). Das "Verschulden" bei Übertretungen, die keinen Vorsatz erfordern, setzt dagegen weder einen Sorgfaltsverstoß noch eine Nachlässigkeit voraus; die Tatsache der Verletzung der gesetzlichen oder der Verwaltungsvorschriften ist ausreichend, um aus ihr das Vorliegen des subjektiven Elements abzuleiten(4). Diese Delikte werden oft als "**infractions matérielles**" be-

---

1 vgl. Stefani/Levasseur/Bouloc, Droit pénal géneral, S.187

2 vgl. Stefani/Levasseur/Bouloc, Droit pénal géneral, S.213 f

3 Näheres bei Stefani/Levasseur/Bouloc, S.216 ff

4 vgl. Stefani/Levasseur/Bouloc, S.227 ff

zeichnet und charakterisieren sich durch außerordentlich geringe Anforderungen an das élément moral, eine disziplinierende Funktion (die sie erfüllen sollen), eine relativ geringe Störung der Allgemeinheit, eine geringe Strafe(5).

Das wirkt sich einmal auf dem Gebiet des Beweises aus: während der Fahrlässigkeitsvorwurf der Art.319,320 Code Pénal ebenso wie der Vorsatz bei den Vorsatzdelikten von der Anklage bewiesen werden muß, muß das "Verschulden" bei Übertretungen (es sei denn, es handelt sich um solche, die vorsätzlich oder fahrlässig begangen werden müssen) durch die Staatsanwaltschaft nicht bewiesen werden. Die zweite Auswirkung betrifft das (Nicht-)Erfordernis eines Schadens: Der Fahrlässigkeitsvorwurf zieht nur dann die strafrechtliche Verantwortlichkeit des Täters nach sich, wenn ein körperlicher Schaden daraus entstanden ist und wenn zwischen Sorgfaltsverstoß und Schaden ein Kausalzusammenhang besteht. Dagegen wird die "Übertretungsschuld" unabhängig von jedem schädlichen Erfolg bestraft, einzig und allein deshalb, weil der Täter gegen eine im Interesse der öffentlichen Sicherheit erlassene Vorschrift verstoßen hat(6).

Allerdings hat die Rechtsprechung entschieden, daß die Übertretung im Falle von höherer Gewalt nicht strafbar sei und die meisten Strafrechtsautoren sind der Ansicht, daß Rechtsfertigungsgründe und Gründe, die die Zurechenbarkeit ausschließen (Geisteskrankheit oder Zwang) die "Übertretungsschuld" beseitigen und es somit an einer strafbaren Übertretung fehlt(7). **G. Levasseur** ist der Auffassung, daß die Entwicklung der sog. "faute contraventionelle ("Übertretungsverschulden"), die das subjektive Element auf eine hauchdünne Basis reduziere, wenn der Täter sich nur noch durch den Nachweis höherer Gewalt vom Strafvorwurf befreien könne, beunruhigend sei. Wenige ausländische Gesetzgebungen seien in diesem Bereich so weit gegangen wie das französische Recht. Es sei sehr erstaunlich, daß es möglicherweise die strict liability des englischen Rechts sei, die am meisten Ähnlichkeit mit den französischen Lösungen aufweise(8).

Zusammenfassend läßt sich feststellen: die Vorsatzdelikte, zu denen die Verbrechen, die meisten Vergehen und sogar einige Übertretungen gehören, verlangen ein vorsätzliches bzw. absichtliches Handeln. Sie sind nur dann strafbar, wenn dieser Vorsatz bzw. diese Absicht bewiesen ist. Dagegen setzen die Straftaten, die keinen Vorsatz bzw. keine Absicht erfordern und zu denen die Fahrlässigkeitsdelikte, die meisten Übertretungen und sogar bestimmte Vergehen gehören - solche, die trotz Gutgläubigkeit des Täters strafbar sind (Fischerei-, Jagd , Zoll-Delikte, bestimmte Straftaten gegen die Arzneimittelgesetzgebung, gegen die Wirtschaftsgesetzgebung, gegen die Gesetze über die Gründung

---

5 vgl. Marie-Elisabeth Carier, Journées d'études, S.54

6 vgl. Stefani/Levasseur/Bouloc, S.231 ff

7 vgl. Stefani/Levasseur/Bouloc, S.228; Pradel. Droit pénal I, S.417

8 vgl. Georges Levasseur, Le droit criminel francais et le droit comparé in: Livre du centenaire de la societé de legislation comparé, S.260,265

und den ordnungsgemäßen Ablauf in einer Handelsgesellschaft, Delikte gegen die Umweltschutzgesetzgebung) - lediglich ein "einfaches Verschulden" (die sog. "faute") voraus, das in der bloßen Verletzung von Vorschriften bestehen kann und das die Staatsanwaltschaft manchmal sogar nicht einmal beweisen muß(9).

dd) Responsibilité, culpabilité, imputabilité (Zusammenhang zwischen strafrechtlicher Verantwortlichkeit, Verschulden (iSv Vorsatz, Fahrlässigkeit, faute) und Zurechenbarkeit einer Straftat)

Die **"culpabilité"** setzt schuldhaftes Handeln im weiteren Sinne voraus - im französischen Recht wird darunter Vorsatz, Fahrlässigkeit und faute contraventionelle verstanden - und entspricht somit dem subjektiven Element der Straftat. Die Zurechenbarkeit einer Straftat (**imputabilité**) besteht darin, dieses Verschulden dem zuschreiben zu können, der sie begangen hat. Sie setzt ein Bewußtsein und einen freien Willen voraus. Im Falle von Geisteskrankheit oder Zwang ist die Zurechenbarkeit ausgeschlossen und deshalb auch keine eigentliche strafrechtliche Verantwortlichkeit möglich. Mit anderen Worten: Während das "Verschulden" (die culpabilité) das subjektive Element der Straftat darstellt, d.h. die Beziehung zwischen dem Täter und seinem Verhalten, kennzeichnet die Zurechenbarkeit einen Zustand, eine Fähigkeit des Täters selbst. Strafrechtliche Verantwortlichkeit (responsibilité pénale) liegt nur dann vor, wenn sowohl culpabilité als auch imputabilité vorliegen. Diese Verantwortlichkeit ist ethisch geprägt. Die Pflicht, die Strafe zu erleiden, ist eine Folge der "faute" und die Strafe eine Sanktion der "faute". Das setzt voraus, daß die Menschen in ihren Handlungen frei sind, das Gute und das Schlechte kennen, das, was erlaubt und das, was verboten ist, und in voller Freiheit und mit klarem Willen die Straftat begehen(10).

ee) Principe de la personnalité des peines (Grundsatz von der Höchstpersönlichkeit der Strafe; Grundsatz der Beschränkung des staatlichen Strafanspruchs auf den Täter)

Dieser Grundsatz, der in Rechtsprechung und Lehre - auch insbesondere in der die strafrechtliche Verantwortlichkeit juristischer Personen betreffenden Kontroverse - immer wieder betont wird, bedeutet, daß grundsätzlich keine Strafverfolgung stattfinden und keine Strafe ausgesprochen werden darf gegen jemanden, der weder Täter noch Mittäter noch Teilnehmer einer Straftat war. Jeder ist nur für seine eigenen Taten verantwortlich(11).

---

9 vgl. Stefani/Levasseur/Bouloc, S.233; Pradel, Droit pénal I, S.416

10 vgl. Stefani/Levasseur/Bouloc, S.287 f

11 vgl. nur Stefani/Levasseur/Bouloc, S.241,269 f

ff) Strafzwecke (les buts de la peine)

Wie im deutschen Strafrecht ist die Strafe auch im französischen Strafrecht gekennzeichnet durch den Abschreckungs-, den Sühne- und den Resozialisierungsgedanken. Diese drei Aspekte hat es immer gegeben und gibt es immer noch, der Akzent hat sich aber nach und nach vom Abschreckungs- auf den Resozialisierungsgedanken verlagert(12).

Ein auch im Streitstand zur strafrechtlichen Verantwortlichkeit juristischer Personen immer wieder auftauchender Begriff ist der der **défense sociale** (Sozialverteidigung). Die Défense sociale, eine internationale Bewegung, die ihre "französische" Ausprägung durch **Marc Ancel** gefunden hat, sieht die Funktion des Strafrechts darin, die Gesellschaft und ihre Mitglieder gegen die Kriminalität zu schützen(13). Für die Anwendung der Strafgesetze wird gefordert, jegliche "metaphysischen" Begriffe zu vermeiden(14). Die Défense sociale will die Vorstellung einer Pflicht des Menschen gegenüber seinem Mitmenschen entwickeln und erreichen, daß das Individuum eine Art Sozialmoral berücksichtigt(15). Wichtig für die Défense sociale ist der Begriff der Realitätsnähe; sie will gegenüber den sozialen Tatsachen und den Erfordernissen des Lebens in einer menschlichen Gesellschaft eine realistische Verhaltensweise einnehmen(16).

c) La responsibilité du fait d'autrui (strafrechtliche Verantwortlichkeit für das Verhalten Dritter) - eine Ausnahme vom principe de la personnalité des peines und vom Grundsatz der faute personelle?

Grundsätzlich ist die strafrechtliche Verantwortlichkeit eine höchstpersönliche Verantwortlichkeit, es gilt das principe de la personallité des peines(17). In den letzten Jahren haben allerdings mehrere Gesetze bestimmte Fälle der strafrechtlichen Verantwortlichkeit des Leiters eines Unternehmens für Delikte zugelassen, die von seinen Angestellten, Erfüllungsgehilfen oder Arbeitern begangen wurden. Einer dieser gesetzlich geregelten Fälle ist Art.56 der ordonnance Nr.45-1484 du 30 juin 1945 relative à la législation économique. Danach sind alle diejenigen, die mit der Leitung eines Betriebes betraut sind, auch für die Delikte derjenigen verantwortlich, die ihnen unterstehen oder über die sie eine Kontrolle ausüben(18).

---

12 vgl. Stefani/Levasseur/Bouloc, S.380

13 Ancel. La défense nouvelle sociale, S.35

14 Ancel, S.98

15 Ancel, S.104

16 Ancel, S.154; zur Défense sociale vgl. auch Göppinger, Kriminologie, S.40 f

17 vgl. B.II.2.b)ee)

18 weitere Nachweise bei Stefani/Levasseur/Bouloc, Droit pénal général, S.275 f

Darüber hinausgehend hat die **Rechtsprechung** auf der Basis anderer Bestimmungen den Anwendungsbereich der responsibilité pénale du fait d'autrui ausgedehnt. Der Cour de Cassation bestätigt zwar, daß grundsätzlich jeder nur für seine eigenen Taten bestraft werden darf, führt aber weiterhin aus, daß eine strafrechtliche Verantwortlichkeit für das Verhalten anderer in besonderen Fällen entstehen könne, nämlich dann, wenn gesetzliche Vorschriften die Pflicht auferlegten, das Handeln eines Gehilfen oder eines Angestellten zu überwachen(19).

Die Voraussetzungen dieser responsibilité du fait d'autrui sind:

(a) die körperliche Ausführung einer Straftat durch einen anderen, wobei es sich bei den in Frage kommenden Straftaten idR nicht um Vorsatzdelikte handelt(20). Die Rechtsprechung hat allerdings keine Bedenken, auch Vorsatzdelikte in diesen Bereich einzubeziehen. In der Lehre wird diese Ausdehnung entschieden abgelehnt. Aus der Tatsache, daß derjenige, der das Verhalten Dritter strafrechtlich zu verantworten hat, diese Verantwortlichkeit nur deshalb tragen muß, weil er selbst fahrlässig gehandelt hat(21), müsse man logischerweise ableiten, daß er nur für die von dem andern begangenen Taten einzustehen habe, die keinen Vorsatz erfordern. Man könne sich nur mit großer Mühe vorstellen, daß der Leiter eines Unternehmens, der nur fahrlässig gehandelt hat, für das Vorsatzdelikt eines anderen strafrechtlich verantwortlich sei. Ein Täter sei nur dann strafbar, wenn er den vom Gesetz als Voraussetzung der jeweiligen Straftat verlangten Verschuldensgrad erfülle(22).

(b) Es muß sich handeln um "reglementierte" Industriezweige oder Berufe, in denen dem Unternehmensleiter die gesetzliche Verpflichtung obliegt, die Einhaltung bestimmter Vorschriften zu gewährleisten (23). Der Begriff des "reglementierten Unternehmens/Berufs" wird von den Gerichten allerdings weit ausgelegt. So wird die responsibilté pénale du chef de l'entreprise nicht nur dann zugelassen, wenn die Unternehmen einer Spezialgesetzgebung unterworfen sind (z.B. Apotheken), sondern auch dann, wenn sie allgemeine Gesetze

---

19 "Si,en principe, nul n'est passible de peines qu'à raison de son fait personnel la responsabilité pénale peut cependant naître du fait d'autrui dans les cas exceptionnels où certaines obligations légales imposent le devoir d'exercer une action directe sur les faits d'un auxiliaire ou d'un préposé" vgl. nur Cass.Crim.28 fevrier 1956 Bull.Nr.205

20 vgl. Stefani/Levasseur/Bouloc, S.279

21 vgl. S.180

22 vgl. Merle/Vitu, Traité de droit criminel I, S.606; Marc Puech, Les grands arrêts de la jurisprudence criminelle I, Observations, S.375; Marie-Elisabeth Cartier, Journées d'études, S.56

23 "dans les industries ou professions reglementées où le chef d'entreprise a l'obligation légale d'assurer le respect de certaines prescriptions" Cass.Crim.28-2-1956, Bull.Nr.205; 10-7-1963, Bull.Nr. 255; 6-5-1969 Bull.Nr.154, u.a.

beachten müssen, z.B. Arbeitsschutz- und Sozialversicherungsgesetze, die allen Handels- und Industriebetrieben gleichermaßen obliegen(24). Man kann sich sogar fragen, ob der Begriff der "entreprise reglementée" nicht schon so verwässert wurde, daß er jede praktische Bedeutung verloren hat(25).

In den Augen der **Rechtsprechung** stellt die responsibilité pénale du fait d'autrui/de l'entreprise, wenn diese Voraussetzungen erfüllt sind, keinen Verstoß gegen den Grundsatz der Höchstpersönlichkeit der Strafe dar, denn sie sei auf die Verletzung einer Überwachungspflicht gegründet, die dem Angeklagten in seiner Eigenschaft als Unternehmensleiter vom Gesetz entweder ausdrücklich oder inzident auferlegt worden sei. Die Fahrlässigkeit des Unternehmensleiters muß jedoch von der Staatsanwaltschaft - ebenso wie bei den sog. infractions matérielles (26) - nicht bewiesen werden. Sie wird aufgrund der Tatsache, daß die Straftat von dem Untergebenen begangen wurde, vermutet. In den neuesten Urteilen des Cour de Cassation wird dieser Vermutung sogar ein unwiderlegbarer Charakter beigelegt. Der Unternehmensleiter kann sich weder durch den Nachweis mangelnden Verschuldens entlasten noch durch den Nachweis von Zwang(27). Auch die Abwesenheit des Unternehmensleiters, die nicht auf höherer Gewalt beruht, befreit ihn nicht von seiner Verantwortlichkeit(28).

Diese Rechtsprechung wird in der **Literatur** zum Teil kritisiert, da sie eine Orientierung auf die Risikotheorie hin bedeute und den Unternehmensleiter zu einer Geisel mache, die systematisch für Straftaten einstehen müsse, die sie weder vorhersehen noch verhindern konnte(29). **Légal** ist zwar auch der Ansicht, daß es sich häufig um eine reine Fiktion handele. Man müsse jedoch berücksichtigen, daß es sich hier idR um "infractions matérielles" handele, bei denen die Handlung unabhängig vom Vorliegen des Vorsatzes bestraft werde. Die zugrundeliegende kriminalpolitische Absicht bestehe darin, Mängel im Sozialverhalten zu erfassen, deren Wiederholung eine Gefahr für die Gesellschaft darstelle. Diese Straftaten seien nur mit geringer Strafe bedroht und diesbezügliche Verurteilungen würden das Ansehen ihres Urhebers nicht wirklich herabsetzen und in den Augen der öffentlichen Meinung nicht als Verletzung des Gerechtigkeitsgefühls empfunden werden(30). Außerdem müsse man auch sehen, daß die Rechtsprechung dem Unternehmensleiter als Ausgleich ein Mittel zur Verfügung stelle, dem

----

24 vgl. Stefani/Levasseur/Bouloc, S.279

25 so Marie-Elisabeth Cartier, Journées d'études, S.50

26 vgl.B.II.2.b)cc)

27 vgl. Pradel. Droit penal I, S.459 f; Merle/Vitu, S.606 f; Legal, Rev.sc.crim.1965, S.647,650; Puech, Les grands arrêts, S.376; jeweils mit weiteren Nachweisen

28 vgl. Cass.Crim.11 juin 1970, Bull.Nr.201

29 vgl. Merle/Vitu, Traité de droit criminel I, S.606; Pradel. Droit penal I, S.460

30 vgl. Légal, Rev.sc.crim.1965, 647,650

Damoklesschwert der Verurteilung zu entgehen: das Mittel der **Delegation**(31). In der Tat läßt die Rechtsprechung die Möglichkeit der Delegation der Überwachungspflicht unter bestimmten Voraussetzungen zu, die, wenn die Voraussetzungen erfüllt sind, den Unternehmensleiter von seiner Verantwortlichkeit befreien und den Delegierten verantwortlich machen. Erforderlich ist zunächst, daß das Unternehmen eine Größe hat, die es seinem Leiter unmöglich macht, die Kontrolle der verschiedenen Abteilungen persönlich zu gewährleisten(32).

Darüber hinaus muß der Unternehmensleiter den Beweis erbringen, daß die Straftat in einer der Abteilungen begangen wurde, deren Leitung er einem Angestellten übertragen hatte, der von ihm mit den Befugnissen ausgestattet wurde, die erforderlich sind, um wirksam für die Einhaltung der gesetzlichen Vorschriften sorgen zu können, und der über die entsprechende Autorität verfügt(33). Vorausgesetzt ist weiterhin, daß die Befugnisse wirklich übertragen wurden, daß die Übertragung einen konkreten und begrenzten Gegenstand hat und begleitet wird von der Bereitstellung der erforderlichen Mittel, was eine gewisse Dauer der Ausübung der übertragenen Funktionen voraussetzt(34). Auch darf der Delegierte nur jemand sein, der im Unternehmen beschäftigt ist und auf den der Unternehmensleiter ausreichenden Einfluß hat(35).

In der Literatur ist die **dogmatische Begründung** dieser Responsibilité pénale du fait d'autrui/de l'entreprise nicht ganz unumstritten. Zum Teil wird auf die dem Unternehmensleiter obliegende Überwachungspflicht und den daraus resultierenden persönlichen Fahrlässigkeitsvorwurf abgestellt(36); es handele sich also nicht eigentlich um eine responsibilité pénale du fait d'autrui, sondern eher um eine persönliche Verantwortung für ein deliktisches Verhalten, das körperlich auf einen anderen zurückzuführen sei(37). Was die Verschuldensvermutung anbetrifft, so sieht **Pradel** sie dadurch als gerechtfertigt an, daß nur auf diese Weise die Beachtung der dem Unternehmensleiter oder dem Eigentümer obliegenden gesetzlichen Pflichten erreicht werden könne. Außerdem habe der Verantwortliche die Begehung des Delikts verhindern können; daß die Tat trotzdem begangen wurde, beweise, daß er

---

31 vgl. Légal, Rev.sc.crim.1965, 647,651; Merle/Vitu, S.607

32 vgl. Cass.Crim. 3-1-1964, Gaz.Pal.1964.I.313; Pradel, S.462; Légal Rev.sc.crim.1965, 647,652

33 "s'il établit que l'infraction a été commise dans un des services dont il avait délégué la direction à un préposé investi par lui et pourvu de la compétence et de l'autorité pour veiller efficacement à l'observation de la loi" vgl. nur Cass.Crim. 15-10-1958, Bull.Nr.627; 23-1-1975 D.1976. 315; 15-12-1976 Bull.Nr.369; Stefani/ Levasseur/Bouloc, S.282; Pradel, S.462; Légal, Rev.sc.crim.1965, 647,652

34 vgl. Pradel, S.462

35 vgl. Cass.Crim. 6-5-1964 Bull.Nr.151

36 vgl. Stefani/Levasseur/Bouloc, S.284 f; Merle/Vitu, S.604

37 vgl. Stefan/Levasseur/Bouloc, S.284 f

seine Machtbefugnisse mißbräuchlich eingesetzt habe. Was das Delikt anbetreffe, sei der Unternehmensleiter **mittelbarer Täter**(38). Der Gedanke der mittelbaren Täterschaft und der **Machtbefugnisse** ist auch für **Vitu**(39) wesentlich, wenn er ausführt: es sei der Wunsch nach einer wirksamen Strafverfolgung gewesen, der dazu geführt habe, auf den mittelbaren Täter die Verfolgung der durch den Tatmittler begangenen deliktischen Handlung auszudehnen. Diese Sorge sei besonders offensichtlich im Bereich der gegen soziale oder industrielle Vorschriften verstoßenden Straftaten. Mit zunehmender Ausdehnung des Kapitalismus handelten der Industrielle und der Kaufmann vor allem vermittels von Arbeitnehmern. Zur wirksamen Durchsetzung der Einhaltung der Vorschriften, die bestimmten beruflichen Tätigkeiten auferlegt seien, müsse - soweit wie das irgendwie möglich sei - diejenige Person verantwortlich gemacht werden, die die Macht und das Kapital in den Händen halte. Die Bestrafung des mittelbaren Täters verleihe der Sanktion eine nicht zu vernachlässigende Abschreckungswirkung.

Marie-Elisabeth Cartier ist sogar der Auffassung, daß der Macht-Gedanke - den sie ebenfalls für wesentlich erachtet - heute derjenige sei, der von den meisten Autoren befürwortet werde. Der Unternehmensleiter müsse verantwortlich sein, weil er die Macht innehabe, auch die Macht, die Begehung des Delikts zu verhindern(40).

Zusammenfassend kann festgehalten werden, daß zwar die Begründungen variieren, daß aber die Zulässigkeit der responsibilité pénale du fait d'autrui/du chef de l'entreprise insgesamt nicht in Zweifel gezogen wird.

Eine grundsätzliche Ablehnung dieses Rechtsinstituts findet sich - soweit ersichtlich - nur bei **Monteilhet.** Der Autor ist der Ansicht, daß eine derartige Verantwortlichkeit des Unternehmensleiters eine völlige Verkennung der tatsächlichen Gegebenheiten des industriellen Lebens und eine Ungerechtigkeit darstelle. Die daraus resultierenden Konsequenzen könnten gravierend sein, denn es könne eine Entmutigung der Bemühungen eines Unternehmensleiters daraus entstehen. Was nütze es denn noch, sich nach bestem Wissen und Gewissen zu bemühen? Die Verurteilung erfolge ja sowieso(41)! Monteilhet meint, die von der Rechtsprechung zugelassene Möglichkeit der Delegation müsse sehr großzügig interpretiert werden bzw. das Rechtsinstitut der responsibilitße pénale du fait d'autrui überhaupt aufgegeben werden. Die zivilrechtliche Haftung des Unternehmensleiters reiche vollkommen aus(42).

----

38 vgl. Pradel, S.464

39 L'orientation moderne des notions d'auteurs de l'infraction et de participation à l'infraction, VIIe Congrès International de droit pénal, Rapport francais Athenes 1957, S.42,55

40 Journées d'etudes, S.63 f

41 Insoweit gleicher Ansicht Marc Puech, Observations zu Cass.Crim. 25-4-1968 J.C.P. 1969 I 16100

42 La responsabilité pénale de l'employeur du fait de ses préposés, J.C.P. 1952 I 1060

Die Verfasser des **avant-projet définitif** sind jedoch nicht dieser Mindermeinung, sondern der herrschenden Meinung gefolgt und haben in Art.30 Abs.2 die responsibilité pénale du fait d'autrui unter folgende Voraussetzungen gestellt:

> "Täter ist und wir als solcher bestraft, wer
>
> 1. ...
> 2. durch eine wissentliche Unterlassung oder durch Sorglosigkeit durch eine ihm unterstehende Person die mit Strafe bedrohten Parlaments- oder Regierungsgesetze verletzen läßt, deren Einhaltung zu gewährleisten ihm persönlich obliegt(43)".

3. DIE STRAFRECHTLICHE VERANTWORTLICHKEIT JURISTISCHER PERSONEN IM GELTENDEN FRANZÖSISCHEN STRAFRECHT

a) Gesetzliche Vorschriften

Der französische Gesetzgeber hat nur in einigen wenigen Fällen(1) die strafrechtliche Verantwortlichkeit juristischer Personen vorgesehen. Da aber eine ausdrückliche Regelung im Code Pénal fehlt, kann daraus kein allgemeines Prinzip abgeleitet werden(2).

Die wichtigsten Beispiele sind die drei Ordonnances (Regierungsgesetze) aus dem Jahre 1945:

- **Ordonnance Nr.45-920 du 5 mai 1945 relative a la poursuite des entreprises de presse, d'édition, d'information et de publicité coupables de collaboration avec l'ennemi**, die inzwischen allerdings aufgehoben ist(3). Danach kann jede Gesellschaft, die mit dem Presse-, Verlags-, Informations- oder Werbewesen zu tun hat und die durch ihre Verwaltungs- oder Leitungsorgane oder durch ein Mitglied dieser Organe, das in ihrem Namen und für ihre Rechnung handelt und in der Kriegszeit die geltenden Gesetze verletzt hat, aufgelöst und die Einziehung ihres Vermögens zugunsten des Staates vorgesehen werden, vorausgesetzt, die zur Last gelegten Tatsachen sind Ausdruck der Absicht, feindliche Unternehmen zu begünstigen.

---

43 Est auteur de l'infraction et puni comme tel celui qui

1. ...
2. Par ommission volontaire ou incurie, laisse enfreindre par une personne placée sous son autorité les prescriptions légales ou reglementaires pénalement sanctionnées dont la charge d'assurer le respect lui est personnellement imposée"

1 erörtert werden hier nur Vorschriften nach Inkrafttreten des Code Pénal

2 vgl. Mireille Delmas-Marty, R.I.D.P. 1980, 39,40

3 vgl. Mireille Delmas-Marty, R.I.D.P. 1980, 39,40

Dasselbe gilt für Vereine und Gewerkschaften (Art.1,9 der Ordonnance)(4). In Art.10 Abs.2 ist bei Gesellschaften für diejenigen Mitglieder, die während der Begehung des Delikts weder eine leitende noch eine verwaltende Funktion ausgeübt haben und zumindest versucht haben, sich den strafbaren Tätigkeiten der juristischen Person zu widersetzen oder denen ein derartiger Widerstand völlig unmöglich war, eine teilweise oder völlige Entschädigung vorgesehen(5). Begründet werden diese Vorschriften damit, daß eine strafbare Handlung häufig nur deshalb geschehen könne, weil eine natürliche Person im Namen und mit den Mitteln der juristischen Person handele. Die Verantwortlichkeiten der Einzelpersonen würden manchmal so hinter der Verantwortlichkeit der juristischen Person verschwimmen, ja sogar verschwinden, daß es unmöglich sei, eine konkrete Einzelverantwortlichkeit festzustellen. Selbst wenn aber eine Einzelverantwortlichkeit nachgewiesen werden könne, bleibe im Vordergrund weiter die Verantwortlichkeit der juristischen Person bestehen. Eine Sanktion, die wirkungsvoll sein solle, müsse beide, das Individuum und die juristische Person treffen. Die strafrechtliche Verantwortlichkeit der juristischen Person bringe normalerweise eine Vermutung der Verantwortlichkeit ihrer Mitglieder mit sich, die jedoch aus Gerechtigkeitsgründen in den Fällen des Art.10 II entfalle. Es sei nur gerecht, für die unschuldigen Mitglieder einer Gesellschaft eine Entschädigung vorzusehen, die dem Wert ihres Anteils entspreche(6).

- **Ordonnance du 30 mai 1945 relative à la répression des infractions à la reglementation des changes**
  In Art.12 dieser ordonnance ist vorgesehen, daß bei Delikten gegen Devisenbestimmungen, die juristische Person selbst der Strafver-

---

4 **Art.1** - Est pénalement responsable dans les conditions determinées par la présente ordonnance et sera punie des peines prévues à l'article 9 ci-dessous toute entreprise de publication de journaux ou d'écrits périodiques, toute agence d'information, de publicité ou de reportage photographique constituée on société, association ou syndicat de droit ou de fait, de presse, d'édition, d'information ou de publicité qui, par ses organes de direction ou d'administration ou de l'un d'entre eux, agissant en son nom et pour son compte a, en temps de guerre, enfreint les lois pénales en vigueur lorsque les faits reprochés revèlent l'intention de favoriser les entreprises de toute nature de l'ennemi. - Il en est ainsi...
Art.9 - La peine applicable aux entreprises de presse, d'édition, d'information ou de publicité visée par la présente ordonnance, est celle de la dissolution de la personne morale et la confiscation générale du patrimoine au profit de l'Etat

5 Art.10 II: Toutefois, s'agissant de sociétés, pourraient béneficier d'une indemnisation totale ou d'une indemnisation partielle ...ceux de ses membres qui n'auront pas exercé, depuis la commission de l'infraction, aucune fonction de direction ou d'administration et qui se seront opposés ou auront tenté de s'opposer à l'exercice de l'activité criminelle de la personne morale ou qui auront été dans l'impossibilité absolue de le faire:

6 vgl. Exposé des motifs, Journal Officiel de la République francaise 1945, 2571

folgung und den in dieser ordonnance vorgesehenen Geldstrafen ausgesetzt ist, unbeschadet der gegen die handelnden natürlichen Personen gerichteten Strafverfolgungen. Dies gilt allerdings nur unter der Voraussetzung, daß die Delikte durch Vorstandsmitglieder, Geschäftsführer oder Direktoren einer juristischen Person oder durch eine dieser Personen, die im Namen und für Rechnung der juristischen Person handeln, begangen werden(7).

- **Ordonnance 45-1484 du 30 juin 1945 relative à la constatation, la poursuite et la repression des infractions à la legislation économique** Nach Art.49 II der ordonnance kann das Gericht bei Delikten gegen die Wirtschaftsgesetzgebung(8), die zugunsten einer juristischen Person begangen werden, das Verbot, die berufliche Tätigkeit, in deren Rahmen das Delikt begangen wurde, auszuüben, auch gegen die juristische Person aussprechen(9).

Weitere Beispiele für Fälle, in denen der Gesetzgeber das Verhalten juristischer und natürlicher Personen gleichermaßen sanktioniert, sind:

Art.74 du decret du 23 mars 1967 relatif au registre du commerce. Danach ist jede im Handelsregister eingetragene natürliche und **juristische** Person verpflichtet, auf allen ihren Rechnungen und auf ihrer gesamten - ihren Tätigkeitsbereich umfassenden und von ihr oder in ihrem Namen unterschriebenen - Korrespondenz, den Sitz der Geschäftsstelle des Gerichts anzugeben, bei dem sie eingetragen ist. Jeder Verstoß gegen diese Vorschrift wird mit einer Geldstrafe bestraft.

Art.1 und 18 de la loi du 2 janvier 1970 reglementant les conditions d'exercise des activités relatives à certaines opérations portant sur les immeubles et les fonds de commerce. Nach Art.1 sind die Vorschriften dieses Gesetzes auf alle natürlichen und **juristischen** Personen anwendbar, die gewöhnlich an Geschäften mitwirken, die auf Wirtschaftsgüter anderer Auswirkungen haben und zu tun haben mit 1. Verkauf, Kauf ... 2. ... In Art.18 sind die Voraussetzungen festgelegt, unter denen jede dieser Personen bestraft werden kann.

Art.68 de la loi du 31 decembre 1971 portant réforme de certaines professions judiciaires et jurdiques. Art.67 spricht für bestimmte Personen, die wegen bestimmter Delikte verurteilt wurden, ein Verbot aus, rechtsberatende Tätigkeiten auszuüben. Gemäß Art.68 kann gegen eine juristische Person, deren leitender Direktor wegen einer der in Art.67

---

7 Art.12 Lorsque les infractions à la reglementation des changes sont commises par les administrateurs, gérants ou directeurs d'une personne morale, ou de l'un d'entre eux agissant au nom et pour le compte de la personne morale independamment des poursuites intentées contre ceux-ci la personne morale elle-même pourra être poursuivie et frappée des peines pécuniaires prévues à la présente ordonnance

8 zum Anwendungsbereich vgl. Art.1 der ordonnance

9 Art.49 II: Si l'infraction a été commise pour le compte d'une personne morale du droit privé, l'interdiction peut être également prononcée contre cette personne morale quant à l'exercice de la profession à l'occasion de laquelle l'infraction a été commise

aufgezählten Delikte verurteilt wurde, das in Art.67 vorgesehene Berufsverbot ausgesprochen werden(10).

b) Der Standpunkt der Rechtsprechung

Die französische Rechtsprechung lehnt die strafrechtliche Verantwortlichkeit juristischer Personen im Grundsatz ab, läßt jedoch unter bestimmten Voraussetzungen Ausnahmen zu. Als Grundsatz gilt, daß eine juristische Person strafrechtlich nicht verantwortlich ist, daß vielmehr diese Verantwortlichkeit ihre Vertreter/Organe trifft(11). Die Gesellschaft als solche kann für die von ihren leitenden Direktoren oder Erfüllungsgehilfen begangenen Straftaten nur zivilrechtlich zur Verantwortung herangezogen werden(12). Begründet wird dies in ständiger Rechtsprechung damit, daß die Geldstrafe eine wirkliche Strafe sei, Strafen jedoch - von gesetzlich ausdrücklich vorgesehenen Ausnahmen abgesehen - höchstpersönlichen Charakter hätten und deshalb nicht gegenüber einer juristischen Person ausgesprochen werden könnten(13). Daß der Gesetzgeber jedoch Ausnahmen vom principe de la personnalité des peines vorsehen und daraus die strafrechtliche Verantwortlichkeit juristischer Personen abgeleitet werden kann bzw. daß er in Spezialvorschriften die strafrechtliche Verantwortlichkeit juristischer Personen direkt normieren kann, ist in der Rechtsprechung allgemein anerkannt(14). Das gilt insbesondere dann, wenn das entsprechende Gesetz, das auch eine strafrechtliche Verantwortlichkeit für das Verhalten Dritter vorsehen kann, keine Unterscheidung zwischen natürlichen und juristischen Personen trifft und wenn darin Delikte ge-

----

10 vgl. die Nachweise weiterer - vereinzelter - Gesetze bei Mireille Delmas-Marty, R.I.D.P. 1980, 39,40 und Droit pénal des affaires, S.442

11 vgl. Cass.Crim. 2-12-1905 S.1908-I-558; Cass.Crim. 4-2-1944 Bull. Nr.38

12 vgl. Cass.Crim. 3-2-1955 Bull.Nr.86; Cass.Crim. 26-11-1963 Gaz. Pal. 1964-I-189

13 "...attendu que l'amende est une peine; que toute peine est personnelle sauf les exceptions spécialement prévues par la loi; qu'elle ne peut donc être prononcée contre une société commerciale, être moral, laquelle ne peut encourir qu'une responsabilité civile ..." vgl. Cass.Crim. 8.3.1883 S.1885-I-470; Cass.Crim.25.3.1904 S.1906-I-104; Cass.Crim. 10.1.1929 Gaz.Pal. 1929-I-395; Cass.Crim. 6.7.1954 Bull.Nr.250; Cass.Crim. 26.11.1963 Gaz.Pal. 1964-I-189

14 vgl. über die in Fn.13 zitierten Entscheidungen hinaus noch Cass.Crim. 6.4.1894 S.1894-I-376; Cass.Crim. 16.5.1930 Gaz.Pal. 1930-II-32; Cass.Crim. 27.4.1955 Bull.Nr.210; Cass.Crim. 3.6.1955 Bull.Nr.273; Cass.Crim. 27.2.1968 Bull.Nr.61; Cass.Crim. 6.2.1975 Bull.Nr.43 und die in Fn.16 in Bezug genommenen Entscheidungen

regelt sind, die keinen Vorsatz erfordern, also rein "materielle" Gesetze(15) darstellen(16).

Mit der strafrechtlichen Verantwortlichkeit aufgrund der ordonnance vom 5. Mai 1945(17), in der der Gesetzgeber ausdrücklich bestimmte Verhaltensweisen bestimmter juristischer Personen mit Strafe bedroht bzw. bedrohte, befassen sich u.a. die Entscheidungen des Cour d'Appel de Dijon(18) und des Cour d'Appel de Paris(19). In diesen Entscheidungen wird zum Ausdruck gebracht, daß die strafrechtliche Verantwortlichkeit der juristischen Person völlig verschieden sei von der ihrer Mitglieder und daß folglich die gegen die juristische Person gerichtete Strafverfolgung unabhängig von den Strafverfolgungen gegen natürliche Personen zu beurteilen sei, so daß die Auflösung der juristischen Person und die Einziehung ihres Vermögens auch dann ausgesprochen werden könnten, wenn dem Direktor usw. kein strafbares Verhalten nachgewiesen werden konnte(20). Die Bestimmung des Art.1 der Ordonnance beziehe sich nicht ausschließlich auf die gesetzlichen Vertreter des Unternehmens, sondern auf alle Organe, die rein tatsächlich an der Unternehmensleitung beteiligt gewesen seien. Die Tatsache, daß das Verfahren gegenüber dem gesetzlichen Vertreter eingestellt wurde, stelle deshalb keinen Hinderungsgrund für die Strafverfolgung der juristischen Person wegen durch ihre Leitungsorgane vorsätzlich begangener Straftaten dar(21).

Soweit der Standpunkt der Rechtsprechung. Ein berühmt gewordenes Urteil des Cour de Cassation in Zivilsachen aus dem Jahre 1954, das eine Absage an die Fiktionstheorie beinhaltet, hatte zwar eine allmähliche Änderung der Rechtsprechung in Strafsachen erwarten lassen - dieser Umschwung hat jedoch nicht stattgefunden. In dieser Entscheidung heißt es: "Die Rechtsfähigkeit wird nicht vom Gesetz geschaffen; sie eignet grundsätzlich jedem Verband, vorausgesetzt, er hat die Möglichkeit eines gemeinschftlichen Ausdrucks, die erforderlich ist zur Durchsetzung erlaubter Interessen, die es infolgedessen wert sind, rechtlich anerkannt und geschützt zu werden"(22).

---

15 vgl. B.II.2.b)cc)

16 vgl. Cass.Crim. 24.12.1864 S.1866-I-454; Cass.Crim. 4.11.1898 S.1901-I-57; Cass.Crim. 7.3.1918 D.1921-I-217; Cass.Crim. 17.7.1926 S.1927-I-395; Cass.Crim. 18.2.1927 S.1928-I-291; Cass.Crim. 14.10. 1953 D.1954-47; Cass.Crim. 6.3.1958 D.1958-465

17 vgl. B.II.3.a)

18 vom 20.5.1946 vgl. D.1947-253

19 vom 21.12.1949 vgl. D.1950-434

20 vgl. Cour d'Appel de Dijon 20.5.1946 D.1947-253

21 vgl. Cour d'Appel de Paris 21.12.1949 D.1950-434

22 vgl. Cass.Civ.28 janvier 1954 D.1954-217 "La personnalité civile n'est pas une création de la loi; elle appartient en principe à tout groupement pourvu d'une possibilité d'expression collective pour la défense d'intérêts licites, dignes, par suite, d'être juridiquement reconnus et protégés" vgl. auch note, Levasseur J.C.P. 1954-II-7978 und Mireille Delmas-Marty, R.I.D.P. 1980, 39,41

c) Der Meinungsstand in der Literatur

Im Gegensatz zu der grundsätzlichen Ablehnung der strafrechtlichen Verantwortlichkeit juristischer Personen durch die Rechtsprechung ist die Lehre im Frankreich des 20. Jahrhunderts nahezu geschlossen der Ansicht, daß die strafrechtliche Verantwortlichkeit juristischer Personen wünschenswert und möglich sei.

Anders war allerdings der Standpunkt der herrschenden Lehre im 19. Jahrhundert. Damals ging man davon aus, daß juristische Personen keine strafrechtliche Verantwortlichkeit treffen könne, denn die Normen des Code Pénal seien nur auf natürliche Personen anwendbar, die über einen Verstand und über einen Willen verfügten. Es sei rechtlich unmöglich, einer juristischen Person, die weder eine tatsächliche Existenz noch einen eigenen Willen habe, Verschulden zuzurechnen. Die strafrechtliche Verantwortlichkeit verlange jedoch persönliches Verschulden. Außerdem seien die vom Gesetz für natürliche Personen vorgesehenen Strafen auf juristische Personen unanwendbar. Jedenfalls würde man unvermeidlich auch die Mitglieder der juristischen Person (mit-)bestrafen, die mit der Straftat nichts zu tun hätten, und das sei unvereinbar mit dem Grundsatz der Höchstpersönlichkeit der Strafe, nach dem die Strafe nur dem auferlegt werden dürfe, der persönlich die strafbare Handlung begangen habe(23).

Erörtert wird das Problem also auch in Frankreich - wie in Deutschland und wie vom 2. Internationalen Strafrechtskongress im Jahre 1929 in Bukarest(24) - unter den Gesichtspunkten:

- kriminalpolitisches Bedürfnis der Bestrafung juristischer Personen
- Handlungs- und Schuldfähigkeit juristischer Personen
- Strafempfänglichkeit juristischer Personen
- Gerechtigkeit der Bestrafung juristischer Personen

aa) Kriminalpolitisches Bedürfnis der Bestrafung juristischer Personen

Schon im Jahre 1899 stellte **Mestre** fest, daß Verbände durch die ungeregelte Ausübung ihrer Macht die Gesellschaftsordnung erheblich leichter gefährden könnten als eine Einzelperson(25).

Der technische Fortschritt, das Entstehen von immer komplexeren wirtschaftlichen Strukturen habe dazu geführt, daß es heute kein bedeutendes Unternehmen mehr gebe, das nicht die Rechtsform einer Handelsgesellschaft habe. Gleichzeitig sei dadurch das Entstehen einer besonderen Kriminalität bewirkt worden. Gesellschaftsfeindliche Verhaltensweisen, die sich ein Individuum gar nicht vorstellen könne oder deren

---

23 vgl. Stefani/Levasseur/Bouloc, Droit pénal général, S.291

24 vgl. A.IV.2. und A.V.1.

25 vgl. Mestre, Les personnes morales et le problème de leur responsabilité pénale, S.4

Vornahme ihm gar nicht möglich wäre; liefen Gefahr, unbestraft zu bleiben(26). Es sei deshalb wünschenswert, juristische Personen nicht nur im Wege der zivilrechtlichen Haftung in Anspruch zu nehmen, sondern ihnen auch geeignete Strafen aufzuerlegen(27). Der Einfluß des Milieus auf Entstehung und Entwicklung der Kriminalität sei eine Tatsache und Untersuchungen über die Kriminalität von Gruppen hätten bewiesen, daß die Gruppe ein von den sie bildenden Einzelmenschen verschiedenes Wesen sei. In diesem verschmolzenen Gebilde gehe das "Wohl" des Ganzen dem Wohl des Einzelnen vor, denn die Ansteckung durch das schlechte Beispiel sei gewaltig(28). Die strafrechtliche Verantwortlichkeit juristischer Personen erlaube, nicht nur die schuldigen Einzelnen zu erreichen, sondern auch das Gemeinwesen, in dessen Schutz und unter dessen Deckmantel sie gehandelt hätten und das ihr Handeln durch die Fülle der ihm gehörenden materiellen Mittel verstärkt habe(29). Wegen der komplexen Organisationsstrukturen großer Gesellschaften sei es häufig sehr schwierig, einen schuldigen Einzelnen zu ermitteln(30). Selbst wenn das aber gelinge - wer erkenne nicht, daß sein Handeln ihm von der juristischen Person vorgeschrieben und von den ihr zur Verfügungen stehenden gewaltigen Mitteln erleichtert und verstärkt worden sei(31)? Außerdem seien diese natürlichen Personen auf der einen Seite häufig insolvent und auf der anderen Seite bestehe die Gefahr, daß hier ein Unschuldiger bestraft werde, denn man bestrafe die natürliche Person stellvertretend für den Verband oder jedenfalls für ein schuldhaftes Verhalten, das nicht nur ihr zuzurechnen sei(32).

Im übrigen komme es durchaus vor, daß die Gesellschaft nach der Verurteilung eines leitenden Angestellten zu einer Geldstrafe in der Hauptversammlung beschließe, die Bezahlung der Geldstrafe zu übernehmen. Das sei insbesondere dann der Fall, wenn der leitende Angestellte im Einklang mit dem Gesellschaftsinteresse und dem Willen der Aktionäre gehandelt habe(33).

---

26 vgl. Marc Puech, Observations zu Cass.Crim. vom 25.4.1968 J.C.P. 1969.I.16100

27 vgl. Magnol, R.I.D.P. 1946, 58,59; Vouin, Manuel de droit criminel 1949, S.276,278; Ancel, Les sanctions en matière de droit pénal économique, S.851,864; Garraud, Précis de droit criminel, S.86

28 vgl. Garraud, Précis de droit criminel, S.88

29 vgl. Vitu, L'orientation moderne des notions d'auteurs de l'infraction et de participation à l'infraction, S.42,43,46

30 vgl. Faivre, Revue de science criminelle et de droit comparé 1958, 547,566

31 vgl. Levasseur, Rev.dr.pén.et crim. 1954-55, 827,830

32 vgl. Levasseur, Rev.dr.pén.et crim. 1954-55, 827,841; Pradel, S.1977, 115,118; Stefani/Levasseur/Bouloc, Droit pénal général, S.292

33 vgl. Pradel, S.1977,115,118

bb) Handlungs- und Schuldfähigkeit juristischer Personen

Im Jahre 1901 führte **Roux** noch aus, die Annahme, daß eine reale Person aus einer Vereinigung von Einzelmenschen resultiere, sei gleichbedeutend mit der Annahme, ein vom Menschen gewolltes Wesen könne aus dem Nichts entstehen. Damit würde man dem Menschen aber -gegen jegliche wissenschaftliche Erkenntnis und entgegen den tatsächlichen Verhältnissen - eine schöpferische Macht verleihen(34). Der Autor stellt sich damit auf den Boden der Fiktionstheorie und wendet sich gegen die Theorie von der realen Verbandsperson.

Mestre hatte dagegen gegen die Fiktionstheorie schon 1899 ein Beispiel aus dem öffentlichen Recht ins Feld geführt: den Staat, der ja auch nur aus einer Vereinigung von Einzelmenschen bestehe. Der Staat, dessen Wille sich in Form von Gesetzen allen gegenüber durchsetze, dessen Bestand sich durch die Jahrhunderte hindurch fortsetze, habe aber eine zwar immaterielle Existenz, aber dennoch eine Existenz, die der des Individuums an Intensität und Realität weit überlegen sei. Könne man sich wirklich vorstellen, daß eine Fiktion Steuern erhebe, Kriege erkläre und Kriege führe(35)?

Die heutige Lehre steht auf dem Standpunkt, daß juristische Personen keine Fiktionen seien(36). Sie seien reale Wesen, die der Gesetzgeber nicht schaffe, sondern die er nur registriere und deren Tätigkeit er reglementiere(37).

Juristische Personen demonstrierten ihr Dasein und ihr charakteristisches Personsein durch einen tatsächlich vorhandenen gemeinschaftlichen Willen (volonté collective), der verschieden sei von den Einzelwillen der Mitglieder(38). Die juristische Person sei sehr wohl willensfähig, sie setze diesen Willen sogar voraus, da sie aus der Begegnung der Einzelwillen ihrer Mitglieder entstehe und ihr ihren Fortbestand verdanke. Der gemeinschaftliche Wille, der sie belebe, sei kein Mythos, er werde in jeder wichtigen Etappe ihres Bestehens durch die Hauptversammlung, die Beratung und die Beschlußfassung in der Hauptversammlung ihrer Mitglieder oder in ihrem Verwaltungsrat oder ihrem Vorstand konkretisiert(39). Dieser gemeinschaftliche

---

34 vgl. Roux, note zu Cass.Crim. 4-11-1898 S.1901-I-57,58

35 vgl. Mestre, Les personnes morales et le problème de leur responsabilité pénale, S.191

36 vgl. Valeur, La responsabilité pénale des personnes morales dans les droits francais et anglo-americains, S.64; Richier, De la responsabilité des personnes morales, S.122

37 vgl. Magnol, R.I.D.P. 1946, 58,59

38 vgl. Magnol, R.I.D.P. 1946, 58,59; Valeur, S.64; Vitu, L'orientation moderne..., S.42,45; Vouin, Manuel de droit criminel, S.277; Pradel, Droit Pénal I, 467; Pradel, S.1977,115,117; Rouquet, Rev. dr.pén.et crim. 1975-76, 698,701; Mireille Delmas-Marty, Droit pénal des affaires, S.438

39 vgl. Merle/Vitu, Traité de droit criminel I,743; Mireille Delmas-Marty, Droit pénal des affaires, 438

Wille sei auch in der Lage, schuldhaft zu handeln und im Tätigkeitskreis der juristischen Person Delikte zu begehen(40), denn er könne auf erlaubte und verbotene Ziele ausgerichtet werden(41). Das Zivilrecht anerkenne das im Bereich des Art.1382 des Code Civil schon lange und es sei kein Grund ersichtlich, diese Lösung nicht auch im Strafrecht anzunehmen. Im Gegenteil, es handele sich um einen regelrechten juristischen Stilbruch, um einen Mangel an Logik, eine systematische Verkennung sozialer Gegebenheiten, wenn man im Strafrecht die im Zivilrecht gezogenen Schlußfolgerungen nicht anwende(42).

Zweifellos seien die juristischen Personen nicht in der Lage, selbst die körperliche Tätigkeit vorzunehmen, die ihren deliktischen Willen in die Tat umsetze. Aber sie seien geistiger Urheber dieser Tätigkeit und müßten deshalb als mittelbare Täter dafür einstehen(43).

Die Lehre geht also vom Bestehen eines gemeinschaftlichen Willens, der volonté collective aus, wobei dieses Ergebnis in der Regel allerdings nicht näher begründet wird. Häufig beziehen sich die Autoren statt einer näheren Begründung auf Mestre, dessen hier kurz wiedergegebener Gedankengang also auch anderen als Untermauerung ihrer These dient. **Mestre** stellte zunächst fest, daß der Grund dafür, weshalb sich Menschen zusammentun, darin liege, daß sie einen stärkeren Willen und eine starke Durchführungskraft erstrebten. Sie würden ihren individuellen Willen als zu schwach empfinden, ein derartiges Ergebnis zu erreichen: durch den Zusammenschluß verwirklichten sie nicht nur eine Addierung, sondern eine Multiplizierung ihrer Kraft(44). Die Einzelwillen würden im Verband "gebündelt" und vereinheitlicht, um das Existieren als Verband, das Vertragsschlüsse, d.h. Willenserklräungen voraussetze, zu ermöglichen. Genauso wie es beim Staat die Unterscheidung zwischen der "volonté de tous" und der "volonté générale" (Jean-Jacques Rousseau) gebe, könne man in unserem Bereich zwischen den Einzelwillen aller Mitglieder der juristischen Person und einem davon verschiedenen gemeinschaftlichen Willen unterscheiden(45). Die Verbindung der einzelnen individuellen Elemente eines Verbandes - im Hinblick auf ein gemeinsames Ziel - ziehe zwangsläufig die Bildung einer neuen "Individualität" nach sich(46). Aus der Verbindung der Einzelwillen entstehe die volonté générale, die an ein abstraktes, dennoch aber reales Kollektivwesen geknüpft sei(47). Es sei schwierig, den realen Charakter des Staates zu leugnen, dasselbe müsse für die juristischen Personen gelten(48). Juristische Personen seien also

---

40 vgl. Magnol, R.I.D.P. 1946, 58,59; Merle/Vitu, 743; Mireille Delmas-Marty, Droit pénal des affaires, 438

41 vgl. Magnol, R.I.D.P. 1946, 58,59; Pradel, S.1977,115,117

42 vgl. Richier, S.115

43 vgl. Merle/Vitu, S.743 f

44 vgl. Mestre, S.137

45 vgl. Mestre, S.141 ff

46 vgl. Mestre, S.197

47 vgl. Mestre, S.200

48 vgl. Mestre, S.201

Kollektivwesen, die einen realen Willen hätten, den sie in verschiedene Richtungen betätigen und grundsätzlich auch auf vom Strafrecht verbotene Ziele ausrichten könnten(49).

Allerdings konnte auch Mestre die Frage nicht beantworten, **wie** das eigene Leben des Verbandes und damit die volonté collective/générale aus dem Nebeneinander von Individuen entsteht. Er bezeichnete die Frage als mysteriöses Problem, als Problem des Ursprungs und der Natur des Lebens überhaupt. Was man feststellen könne, sei den Ausgangspunkt - das individuelle Leben - und den Endpunkt - das Leben des Verbandes. Über ihre Natur könne man nur Hypothesen anstellen (50).

Erforderlich für die strafrechtliche Verantwortlichkeit einer juristischen Person ist allerdings - darüber besteht Einigkeit - daß die deliktische Handlung mittels eines **Organs** begangen wurde, die Tätigkeit eines bloßen Bevollmächtigten genügt nicht(51). Streitig ist jedoch, ob das Organ darüber hinaus in den Grenzen seiner ihm gesetzlich oder satzungsmäßig verliehenen Aufgaben gehandelt haben muß(52).

Ein gegen die Handlungsfähigkeit juristischer Personen sprechender Grund wurde früher aus dem Grundsatz ihrer Spezialität hergeleitet: Juristischen Personen werde vom Staat nur die Befugnis verliehen, ein bestimmtes - rechtlich erlaubtes - Ziel zu verfolgen, nicht hingegen die Befugnis, Delikte zu begehen. Dagegen wurde und wird von den Befürwortern der strafrechtlichen Verantwortlichkeit juristischer Personen vorgebracht, daß das Prinzip der Spezialität nur eine administrative Bedeutung habe und keinesfalls den Schluß auf die Unmöglichkeit, Straftaten zu begehen, zulasse. Ziel der Persönlichkeit des Individuums sei es zweifellos auch nicht, Straftaten zu begehen und dennoch habe das Recht diesen Willen anerkannt und ihm gewisse Grenzen gesetzt(53). Ein so (miß-)verstandenes Prinzip der Spezialität würde gleichzeitig bedeuten, daß man juristischen Personen die Fähigkeit absprechen müßte, für sie ungünstige Verträge abzuschließen, weil das im Gegensatz zu dem von ihnen verfolgten Ziel stünde(54).

cc) Strafempfänglichkeit juristischer Personen

Daß juristische Personen strafempfänglich sind, ist in der heutigen Doktrin nahezu unumstritten. Begründet wird das einmal damit, daß

---

49 vgl. Mestre, S.210

50 vgl. Mestre, S.198

51 vgl. Mestre, S.225,253 ff; Valeur, S.66 f; Richier, S.145 ff; Vitu, L'orientation moderne, S.42,50; Donnedieu de Vabres, note zu Cour d'Appel de Paris vom 21.12.1949 D.1950,434 und R.I.D.P. 1950, 339,345

52 bejahend Mestre, S.225,253 ff; Richier, S.147; verneinend Vitu, L'orientation moderne, S.42,52

53 vgl. Mestre, S.262 ff; Vouin, Manuel de droit criminel, S.277

54 vgl. Valeur, S.65

ein Verband als solcher Rechte und Pflichten habe und zivilrechtlich Schuldner einer bestimmten Geldsumme sein könne. Weshalb solle der Staat einen solchen Verband dann nicht auflösen - was der Todesstrafe bei natürlichen Personen entspreche -, ihm die Ausübung bestimmter Rechte untersagen, sein Vermögen durch Geldstrafen vermindern dürfen(55)?

Zum anderen wird gegen das Argument, die Strafzwecke könnten bei juristischen Personen nicht erreicht werden, eingewandt: die Strafe habe ja nicht nur die Funktion, den Straftäter zu bessern, sondern auch eine abschreckende und präventive Funktion und diesen Zweck könne sie auch bei juristischen Personen erreichen(56). Darüber hinaus sei gar nicht sicher, daß es wirklich unmöglich sei, Maßnahmen zu finden, die auch eine Art Besserung der juristischen Person erreichen könnten. Eine vertiefte Studie von Buchhaltung, Unternehmensleitung oder Tätigkeitsbereich einer Gesellschaft wäre wahrscheinlich im Hinblick auf geeignete Strafsanktionen sehr hilfreich(57). Auch **Levasseur** ist der Ansicht, daß Strafen juristischen Personen gegenüber eine Besserungswirkung haben könnten, indem sie durch die Kraft der Überzeugung eine Verhaltensänderung bewirken und die "soziale Wiedereingliederung" der juristischen Person gewährleisten könnten. Letzteres insbesondere durch ein vom Bewährungsdenken beeinflußtes Strafensystem: durch eine Art von Staatsaufsicht, unter die man juristische Personen stellen könne(58). **Rouquet** weist allerdings darauf hin, daß der Richter, insbesondere in einem Fall, in dem er die (zeitweise) Schließung eines Betriebes ausspreche, sorgfältig die Auswirkungen einer derartigen Entscheidung bedenken müsse. Die zeitweise Schließung eines Industrie- oder Handelsbetriebes könne gravierende Auswirkungen nicht nur auf die unmittelbar betroffene juristische Person haben, sondern auch auf andere Unternehmen, die mit dem deliktischen Verhalten überhaupt nichts zu tun hätten(59).

dd) Gerechtigkeit der Bestrafung juristischer Personen

Hier wird ausgeführt: da eine juristische Person eine Straftat begehen könne, sei es keinesfalls ungerecht, ihr die strafrechtlichen Folgen aufzuerlegen. Die juristische Person habe die Straftat begangen, also

----

55 vgl. Mestre, S.276; Vouin, Manuel de droit criminel, S.277

56 vgl. Pradel, Droit pénal I, S.468; Stefani/Levasseur/Bouloc, Droit pénal général, S.292; Merle/Vitu, Traité de droit criminel I, S.744; Vouin, Manuel de droit criminel, S.277; Vitu, L'orientation moderne, S.42,54

57 vgl. Merle/Vitu, S.744

58 vgl. Levasseur, Rev.dr.pén.et crim. 1975-76, S.707,713; so auch Rouquet, Rev.dr.pén.et crim. 1975-76, S.698,704

59 vgl. Rouquet, Rev.dr.pén.et crim. 1975-76, S.705

sei sie es, die bestraft werden müsse(60). Eher wäre es ungerecht, nur die Organe zu verfolgen und sie für ein schuldhaftes Verhalten zu bestrafen, das nicht oder nicht ausschließlich auf sie zurückzuführen sei, und bei dessen Ausarbeitung und Ausführung sie nur eine zwar notwendige, aber oft nur eine zweitrangige Rolle gespielt hätten (61). Es würde sicherlich einem gesunden Gerechtigkeitsempfinden widerstreben, einen Einzelnen für alle zu bestrafen, umgekehrt sei es aber weniger schockierend, einen Einzelnen im Verband und als Bestandteil des Verbandes mittels der Bestrafung des Verbandes zu treffen. Der Grundsatz von der Höchstpersönlichkeit der Strafe würde gröblich mißverstanden, wenn man jemanden für das Verschulden anderer büßen ließe(62). Was das Argument anbetreffe, daß durch die Bestrafung der juristischen Person ihre unschuldigen Mitglieder mitbestraft würden, so müsse man zwischen der Strafe und ihren notwendigen Auswirkungen unterscheiden. Sicherlich litten die Mitglieder unter der Verringerung des Gesellschaftsvermögens, unter der Auflösung usw., aber das sei nur eine indirekte Auswirkung der gegenüber der juristischen Person verhängten Strafe und genausowenig eine Strafe wie die Auswirkungen, die die Familienmitglieder eines verurteilten Familienvaters träfen(63).

Man müsse im übrigen darauf achten, die Strafen so zu organisieren, daß sie unmittelbar die juristische Person treffen und dieses Ergebnis sei relativ leicht zu erreichen, wenn man den Grundsatz nicht aus den Augen verliere, daß juristische Personen eigene Rechte und eigene Pflichten haben(64). Es sei auch gar nicht nur negativ zu beurteilen, daß die Mitglieder des Verbandes in gewisser Hinsicht unter der Verbandsstrafe litten. Man könne dann erwarten, daß sie daraufhin auf ihre führenden Mitglieder Druck ausüben, damit diese nicht mehr rechtswidrig handeln bzw. daß sie diese gegebenenfalls absetzen würden(65). Darüber hinaus kenne auch das geltende Strafrecht zahlreiche Maßnahmen (z.B. die Einziehung), die einen realen Charakter hätten und unterschiedslos Schuldige und Unschuldige träfen(66). Es stimme auch nicht, daß Schuldige und Unschuldige gleichermaßen "be-

---

60 vgl. Mestre, S.278; Valeur, La responsabilité pénale des personnes morales dans les droits francais et anglo-americains, S.68 f

61 vgl. Mestre, S.277; Richier, De la responsabilité des personnes morales, S.130 f; Levasseur, Rev.dr.pen.et crim.1954-55, S.827,841; Pradel, S.1977, S.115,118; Mireille Delmas-Marty, Droit pénal des affaires, S.438 f

62 vgl. Levasseur, Rev.dr.pén.et crim. 1954-55, 827,841 f und Rev. dr.pén.et crim. 1975-76, 707,712

63 vgl. Mestre, S.282; Richier, S.125; Vouin, Manuel de droit criminel, S.278; Magnol, R.I.D.P. 1946, 58,59 f; Bouzat, Traité théorique, S.311 f

64 vgl. Mestre, S.287

65 vgl. Magnol, R.I.D.P. 1946, 58,59 f; Bouzat, Traité théorique, S.311 f; Vitu, L'orientation moderne,42,46

66 vgl. Vitu, L'orientation moderne, S.42,46

straft" würden, denn die strafrechtliche Verantwortlichkeit der juristischen Person schließe die persönliche Verantwortlichkeit des handelnden Organs nicht aus(67). Dabei handele es sich nicht um einen Verstoß gegen das Verbot der Doppelbestrafung, denn der Grund dafür, daß ein- und dieselbe Handlung zwei Strafen nach sich ziehe, liege darin, daß zwei Personen zur Verwirklichung des Delikts erforderlich gewesen seien(68).

ee) Autoren, die die strafrechtliche Verantwortlichkeit juristischer Personen im Grundsatz bejahren, jedoch Anpassungsmaßnahmen für erforderlich halten

Magnol meint, es sei nicht ausreichend, nur den Grundsatz der strafrechtlichen Verantwortlichkeit juristischer Personen festzulegen, vielmehr seien bestimmte Anpassungsmodalitäten erforderlich. Man müsse definieren, wann die Straftat eine persönliche Angelegenheit der natürlichen Person sei und deshalb nur ihre Verantwortlichkeit nach sich ziehe und unter welchen Voraussetzungen die Straftat einen Kollektivcharakter habe, wann sie der juristischen Person selbst zugeschrieben werde. Der Autor sieht die Ordonnance vom 5. Mai 1945 relative à la poursuite des entreprises de presse ...(69) als Beispiel und Vorbild für eine derartige Regelung(70). **Duvergne** und **Herzog** sind der Ansicht, daß sich die Anpassungsmaßnahmen im Bereich des Prozeßrechts als besonders schwierig herausstellen würden(71).

ff) Autoren, die eine Bestrafung juristischer Personen ablehnen, ein Maßregelsystem bzw. eine zivilrechtliche Verantwortlichkeit jedoch begrüßen

Faivre meint, das Fehlen der Willensfähigkeit erscheine als einziges ernstzunehmendes Hindernis für die strafrechtliche Verantwortlichkeit juristischer Personen(72). Auf der anderen Seite sei aber ein tatsächlich gefährlicher Zustand festzustellen, der durch die juristische Person geschaffen werde und der die Anwendung von Maßregeln rechtfertige, die dazu bestimmt seien, die juristische Person, das Instrument

---

67 vgl. Valeur, S.68 f; Richier S.130 f; Magnol, R.I.D.P. 1946, 58, 59 f; Bouzat, Traité théorique, S.311 f; Vouin, Manuel de droit criminel, S.278

68 vgl. Mestre, S.273

69 vgl. B.II.3.a)

70 vgl. Magnol, R.I.D.P. 1946, 58,62 ff

71 vgl. Duvergne/Herzog, Revue de science criminelle et de droit comparé 1962, 798,799

72 Faivre, Revue des science criminelle et de droit comparé 1958, 547,553

der Straftat, zu erreichen(73). Die Maßnahmen der défense sociale sollten auf diesen mächtigen Apparat einwirken, um einen mit den sozialen Interessen vereinbaren Gebrauch dieser Machtfülle zu erreichen(74). Die juristische Person sei für die Handlung ihres Organs in Ausübung seiner Funktionen verantwortlich. Die Identifizierung mit einer schuldigen Einzelperson sei nicht mehr wichtig, denn die Entscheidung der in geheimer Abstimmung beratenden Hauptversammlung, die die individuellen Verantwortlichkeiten unter dem Deckmantel der Anonymität verstecke, werde zu dem strafrechtlich erheblichen Verschulden, das den Rückgriff auf eine Maßnahme der défense sociale rechtfertige(75).

Roux führt aus, eine Maßregel sei nicht die moralische Sanktion eines Verschuldens, sie sei - im Gegensatz zur Strafe - nicht dazu bestimmt, Leiden aufzuerlegen, um die verletzte soziale Ordnung wieder herzustellen. Sie ziele vielmehr nur darauf ab, die Gefahren abzuwenden, die der menschlichen Gesellschaft von bestimmten Wesen oder Sachen drohten. Während die Strafe nur auf natürliche Personen anwendbar sei, könne eine Sicherungsmaßregel auch unbelebte Sachen treffen und wenn die Gefahr in der Sache selbst liege, auch deren Zerstörung vorsehen. Während die Strafe nur auf ein mit Verstand und Willen ausgestattetes Wesen anwendbar sei, könne eine Sicherungsmaßregel auch gegen Wesen ausgesprochen werden, denen Verstand und Willen fehlen. Ob es sich um einen Verrückten oder um eine juristische Person handele, die Maßregel könne angewandt werden, um von der sozialen Ordnung die Gefahr, der sie ausgesetzt sei, abzuwenden(76).

Im Jahre 1901 noch hatte derselbe Autor das Problem von einer anderen Seite betrachtet. Roux hatte sich hier auf dem Standpunkt gestellt, daß die Zulassung der strafrechtlichen Verantwortlichkeit juristischer Personen nur vom Gesetzgeber als Ausnahme vom Grundsatz der Höchstpersönlichkeit der Strafe vorgesehen werden könne. Es gebe keinen Grundsatz, der nicht gesetzgeberische Ausnahmen zulasse, wenn diese notwendig seien, um den Zweck des Strafrechts - die soziale Sicherheit - zu erreichen. Eine solche Notwendigkeit sei jedoch im Bereich juristischer Personen nicht festzustellen, denn es gebe ja die Möglichkeit - ohne von den anerkannten wesentlichen Prinzipien des Strafrechts abweichen zu müssen -, die Anwendung der Strafgesetze zwar auf juristische Personen auszudehnen, aber über die zivilrechtliche Haftung. Der Gesetzgeber brauche nur vorzusehen, daß sie für die Zahlung der gegen ihre Erfüllungsgehilfen ausgesprochenen Strafen verantwortlich seien(77).

---

73 Faivre, S.565

74 Faivre, S.568

75 Faivre, S.570 f

76 vgl. Roux, note zu Cass.Crim. vom 7.3.1918 D.P.1921-I-217 in S.1921-I-89; für Maßregeln auch Garraud, Précis de droit criminel, S.87

77 vgl. Roux, note zu Cass.Crim. vom 4.11.1898 S.1901-I-57; vgl. auch Nast, note zu Cass.Crim. vom 7.3.1918 D.P.1921-I-217 f

III. BELGIEN UND NIEDERLANDE

Ein Überblick ist hier zur Abrundung erforderlich, aber auch hinreichend. In Bezug auf Beglien ist der Überblick deshalb hinreichend, weil die Rechtslage im belgischen Recht der im französischen Recht stark ähnelt: die Voraussetzungen für das Vorliegen einer Straftat sind identisch, hier wie dort gibt es eine responsibilité du fait d'autrui/de l'entreprise. Das niederländische Strafrecht ist dagegen wesentlich von Zweckmäßigkeitsgesichtspunkten geprägt(1) und weist insoweit Parallelen zu dem pragmatisch ausgerichteten anglo-amerikanischen Recht auf.

1. BELGIEN

Von eigen Ausnahmen abgesehen liegt der belgischen Gesetzgebung der Grundsatz zugrunde, daß juristische Personen strafrechtlich nicht verantwortlich sind(2). Allerdings ist auch hier - wie in Frankreich - die Kommission für eine Reform des Strafgesetzbuches der Ansicht, daß es wünschenswert wäre, die Strafbarkeit juristischer Personen vorzusehen(3). Allgemein anerkannt ist, daß die gesetzlichen Vertreter der juristischen Personen und die anderen natürlichen Personen, durch die die juristische Person gehandelt hat, für die durch die juristische Person begangenen Straftaten verantwortlich sind(4). Wenn auch eine strafrechtliche Sanktion nicht direkt gegen eine juristische Person ausgesprochen werden kann, so ist es doch möglich, sie mittels der Strafe zu treffen, die den für sie handelnden Personen auferlegt wird: sie kann zunächst für die Bezahlung dieser Geldstrafen zivilrechtlich zur Verantwortung gezogen werden. Diese zivilrechtliche Haftpflicht kann sich auch auf die Einziehung erstrecken. Die Veröffentlichung der Verurteilung des Organs kann ebenfalls Auswirkungen auf die juristische Person haben. Andere Maßnahmen, die juristische Personen direkt oder indirekt treffen können, haben einen verwaltungs- oder zivilrechtlichen Charakter. In gravierenden Fällen kann durch ein Zivilgericht die Auflösung der juristischen Person ausgesprochen werden(5).

Die **Rechtsprechung** steht der strafrechtlichen Verantwortlichkeit juristischer Personen im Grundsatz ablehnend gegenüber: Der belgische Cour de Cassation führt in ständiger Rechtsprechung aus, daß die

---

1 vgl. Schaffmeister, ZStW 85 (1973), 782,788

2 zu den Ausnahmen vgl. Screvens, Rev.dr.pén.et crim. 1980, S.163, 166 Fn.5; D'Haenens, Rev.dr.pén.et crim. 1975-76, 731,735 ff

3 vgl. Screvens, Rev.dr.pén.et crim. 1980, 163,167

4 vgl. Constant, Rapport général au X.Congrès International de droit comparé, Budapest 1978, La protection pénale de l'environnement en droit belge, S.565 ff, 599; Screvens, Rev.dr.pén.et crim. 1980, S.163,166

5 im einzelnen vgl. Screvens, Rev.dr.pén.et crim. 1980, S.163,167 f

strafrechtliche Verantwortlichkeit eine höchstpersönliche sei und deshalb Strafen auf juristische Personen nicht anwendbar seien(6). **D'Haenens** ist allerdings der Ansicht, daß man aus den zahlreichen Urteilen des Cour de Cassation ableiten könne, daß in den Augen des Gerichts eine juristische Person zwar nicht als Straftäterin betrachtet werden könne, daß das aber nur bedeute, daß sie nicht der strafrechtlich verantwortliche Täter sein, nicht aber, daß sie keine Straftat begehen könne. Die juristische Person könne - nach dieser Rechtsprechung - Straftaten begehen, strafrechtlich verantwortlich seien allerdings nur ihre Organe(7).

In der **Lehre** wird **zum kriminalpolitischen Bedürfnis** wie folgt Stellung genommen: In verschiedenen Bereichen habe sich die Kriminalität von Verbänden dermaßen entwickelt, daß sie ein äußerst beunruhigendes Phänomen darstelle. Sobald es sich um große, manchmal sogar multinationale Unternehmen handele, tauchten häufig angesichts der sehr weitgehenden Verteilung der Verantwortlichkeiten und Aufgaben unüberwindbare Schwierigkeiten auf. Was beweise denn die festgestellte Tat anders als ein Schlechtfunktionieren der juristischen Person selbst, das die Folge der undurchsichtigen Verteilung der Verantwortlichkeiten auf verschiedenen Ebenen sei? Diese Ver- und Aufteilung bringe es auch mit sich, daß häufig nicht mit dem sonst für das Strafrecht erforderlichen Grad von Gewißheit bewiesen werden könne, welches die verantwortlichen natürlichen Personen seien(8).

Ob eine juristische Person jedoch fähig sei, im strafrechtlichen Sinne **wollen** zu können - Voraussetzung für Handlungs- und Schuldfähigkeit -, ist umstritten. Zum Teil wird behauptet, daß einer juristischen Person ein eigener Wille in diesem Sinne fehle und sie deshalb auch nicht strafrechtlich verantwortlich sein könne, denn dafür sei nach der belgischen Gesetzgebung erforderlich, daß einem frei und bewußt Handelnden Verschulden zugerechnet werden könne(9). Dagegen wird eingewandt, daß man mit Recht fragen könne, ob eine juristische Person tatsächlich ein so fiktives Gebilde sei, wie die traditionelle Lehre es behaupte. Die juristische Person verfolge ein Ziel, besitze eine Hierarchie und damit eine Struktur. Ihr Handeln setze einen tatsächlich vorhandenen Willen um, der verschieden sei von der Summe der individuellen Willensentschlüsse ihrer Mitglieder(10). **D'Haenens** bezeichnet die Argumentation, daß eine juristische Person, weil ihr die Willensfähigkeit fehle, nicht strafrechtlich verantwortlich sein könne, als petitio principii. Die Behauptung, daß ein bewußter und

---

6 vgl. die Nachweise bei Constant, R.I.D.P. 1951, 597,602

7 vgl. D'Haenens, Rev.dr.pén.et crim. 1975-76, S.731,733 ff

8 vgl. D'Haenens, Rev.dr.pén.et crim. 1975-76, 731,739 f; vgl. auch Wilmart, Rev.dr.pén.et crim. 1968-69, S.519,535 f, 538

9 vgl. Constant, R.I.D.P. 1951, 597,599 f; de Donceel, Responsabilté pénale non individuelle, Rapports belges au X.Congrès international de droit comparé, S.603, 605 f

10 vgl. Wilmart, Rev.dr.pén.et crim. 1968-69, 519,536; D'Haenens, Rev. dr.pén.et crim. 1975-76, S.731,733

freier Wille ausschließlich natürlichen Personen zukomme, laufe ja schon auf die Folgerung hinaus, daß eben nur natürliche Personen strafrechtlich verantwortlich seien. Außerdem sei diese Argumentation unlogisch. Im Zivilrecht werde die vertragliche und deliktische Verantwortlichkeit juristischer Personen schließlich anerkannt. Wenn man aber einräume, daß eine juristische Person - zivilrechtlich - in der Lage sei, durch ihre Organe ihrem Willen Ausdruck zu verleihen, dann könne dieser Wille auch Ursprung von Straftaten sein. Logisch sei es jedenfalls nicht zu erklären, warum derselbe Wille die zivilrechtliche, nicht aber die strafrechtliche Verantwortlichkeit der juristischen Person nach sich ziehen könne(11).

Die Gegner der strafrechtlichen Verantwortlichkeit juristischer Personen argumentieren auch in Belgien mit dem **Prinzip der Höchstpersönlichkeit der Strafe** und der **Ungerechtigkeit**, die darin bestehe, unschuldige Aktionäre (mit-)zubestrafen(12). Und hier wie dort wird gegen dieses Argument eingewandt, daß durch jede Strafe indirekt Dritte mitbetroffen würden - man denke nur an die Familienmitglieder, die unter der Verurteilung des Familienvaters mitleiden -, daß also das Prinzip der Höchstpersönlichkeit der Strafe selbst in seiner orthodoxesten Anwendung nicht rein angewandt werden könne(13). Darüber hinaus sei es nicht weniger ungerecht, einige Einzelpersonen (die Organe) für das Verschulden aller büßen zu lassen(14).

Die Gegner bringen weiterhin vor, die **Strafzwecke der Abschreckung und der Besserung** könnten bei juristischen Personen nicht realisiert werden(15). Demgegenüber ist **Hannequart** der Auffassung, daß die Anwendung der Strafe auf die juristische Person kein grundsätzliches Problem darstelle, sondern nur das einfache Problem der Anpassung der Natur der Strafe aufwerfe. Forschungen in dieser Richtung könnten dazu führen, daß geeignete strafrechtliche Methoden entdeckt würden, die das Gemeinwesen da träfen, wo die Straftat ihren Ursprung habe(16). Auch **D'Haenens** ist der Ansicht, daß es gar nicht so offensichtlich sei, daß eine juristische Person durch Strafe weder abgeschreckt noch in gewisser Hinsicht gebessert werden könne. Das grundsätzliche Problem bestehe nur darin, die spezifische Funktion, die dieser Art Sanktion zukommen solle, zu definieren. Strafen und Maßregeln seien hauptsächlich dazu bestimmt, auf das Verhalten anderer, auf die sie angewandt würden - seien es natürliche oder juristische Personen - Einfluß zu nehmen.

---

11 D'Haenens, Rev.dr.pén.et crim. 1975-76, 731,732

12 vgl. Constant, R.I.D.P. 1951, 597,624; de Donceel, Rapport belges, S.603,606 f

13 vgl. Wilmart, Rev.dr.pén.et crim. 1968-69, 519,526; Screvens, Rev. dr.pén.et crim. 1980, S.163,183 f

14 vgl. Wilmart, Rev.dr.pén.et crim. 1968-69, S.519,535

15 vgl. Constant, R.I.D.P. 1951, 597,601; de Donceel, Rapports belges, S.603,604

16 vgl. Hannequart, Rev.dr.pén.et crim. 1968-69, S.409,487

Der Unterschied bestehe nur in dem Mittel, das angewandt werden müsse, um jenes Ergebnis zu erreichen. Die Funktion der Einschüchterung und Abschreckung könne die gegen juristische Personen verhängte Strafe auf jeden Fall erreichen(17). **Screvens** stellt die Frage, ob man denn wirklich die juristische Person der natürlichen Person angleichen müsse und sklavisch die Sanktionen, die für eine der beiden geeignet seien, für die andere nachbilden müsse. Sehe man sich nicht völlig verschiedenen Einheiten gegenüber? Warum wolle man dann die eine an die andere angleichen und sie auf dieselbe Art und Weise behandeln? Sei es nicht wegen der Möglichkeiten, die bestimmte juristische Personen natürlichen Personen geben, und wegen der Macht, die sie darstellen können, daß man wünsche, ihnen gegenüber Maßregeln ergreifen zu können? Stelle es sich nicht gerade deshalb als notwendig heraus, gegen sie vorgehen zu können, weil sie etwas anderes und mehr seien als natürliche Personen, weil sie künstliche Gebilde dieser natürlichen Personen seien, weil sie leicht geformt und umgebildet werden könnten? Die auf juristische Personen anwendbaren Sanktionen müßten diesen Gegebenheiten entsprechen und die juristischen Personen daran hindern, aus ihren Delikten Nutzen zu ziehen und eine sozial gefährliche Tätigkeit weiterhin auszuführen(18).

2. NIEDERLANDE

a) Voraussetzungen einer Straftat

Nach der Lehre ist die Straftat eine schuldhafte Normverletzung, die der Gesetzgeber im Interesse der Rechtsordnung und des Allgemeinwohls unter Strafe gestellt hat. Für den Gesetzgeber ist Straftat eine Tat, die kraft einer gesetzlichen Bestimmung strafbar ist. Das bedeutet nicht, daß der Gesetzgeber eine Strafe für anwendbar halten würde, wenn die Rechtswidrigkeit oder die Schuld fehlen. In diesen Fällen liegt vielmehr eine Straftat vor, jedoch kann die Person, die die Tat begangen hat, deswegen nicht bestraft werden. Der Gesetzgeber kennt also nebeneinander die Straftat und die ihretwegen strafbare Person(1). Das niederländische Strafrecht ist Schuldstrafrecht. Es gilt der Grundsatz: Keine Strafe ohne Schuld. Schuld im Sinne vermeidbaren rechtswidrigen Verhaltens liegt dann vor, wenn ein positives Tun oder Unterlassen rechtswidrig ist, der Täter die Rechtswidrigkeit kennt oder vernünftigerweise erkennen kann und die Tat ihm aufgrund seines Geisteszustandes zugerechnet werden kann. Die Zurechenbarkeit wird mit der international bekannten Formel umschrieben, daß eine Tat jemandem zugerechnet werden kann, wenn er in der Lage ist, die Bedeutung der Tat zu begreifen und nach dieser Einsicht seinen Willen auszurichten(2).

---

17 vgl. D'Haenens, Rev.dr.pén.et crim. 1975-76, 732,742

18 vgl. Screvens, Rev.dr.pén.et crim. 1980, S.163,180

1 vgl. Pompe, Das niederländische Strafrecht in: Das ausländische Strafrecht der Gegenwart, Bd.5, S.57

2 vgl. Pompe, S.74 f, 83 f

Daß die Rechtsordnung in den Niederlanden pragmatisch orientiert ist, wurde bereits erwähnt. Der Richter interpretiert eher logisch, dynamisch, finalistisch und funktional. Man achtet mehr auf die Umstände eines Falles und kümmert sich mehr um die sozialen und ökonomischen Aspekte(3).

b) Die strafrechtliche Verantwortlichkeit juristischer Personen im niederländischen Strafrecht

Eingeführt wurde strafrechtliche Verantwortlichkeit juristischer Personen durch das Nebenstrafrecht. Nach Art.15 des niederländischen Wirtschaftsstrafgesetzes (WiStG) von 1951 kann eine Strafverfolgung gegen eine juristische Person, Gesellschaft, Vereinigung oder ein Zweckvermögen eingeleitet und können Strafen und Maßregeln gegen sie ausgesprochen werden, wenn durch sie oder von ihrer Seite eine Wirtschaftsstraftat begangen wurde. Ein Unternehmen ist u.a. als Täter strafbar, wenn die Wirtschaftsstraftat von Personen begangen wird, die im Unternehmensbereich aufgrund eines Dienstverhältnisses oder einer anderen Ursache handeln. Dabei ist nicht erforderlich, daß die Personen jede für sich eine Straftat verwirklichen, es genügt vielmehr, wenn die Beteiligten gemeinsam alle Tatbestandsmerkmale erfüllen (Art.15 II nl. WiStG). Die Stellung der handelnden Person im Unternehmen ist ohne Bedeutung, insbesondere braucht die Straftat nicht durch eines der Organe der juristischen Person begangen zu sein. Auch nicht-leitende Angestellte können eine strafrechtliche Verantwortlichkeit des Unternehmens begründen(4).

Für die strafrechtliche Verantwortlichkeit juristischer Personen im Nebenstrafrecht sind vor allem **praktische und rechtspolitische** Erwägungen maßgebend. Bei Wirtschaftsstraftaten habe man besonders häufig mit Personenmehrheiten zu tun. Der Beweis der persönlichen Mitwirkung und Verantwortlichkeit für betriebliches Wirtschaftsstrafverhalten gestalte sich zunehmend schwieriger. Wenn aber der Beweis erbracht werden könne, treffe der strafrechtliche Vorwurf oft Bedienstete in untergeordneten Stellungen, während das Übel an anderer Stelle sitzt. Der Schutz der Konkurrenten und die Durchsetzung der rechtlichen Rahmenbedingungen könnten nur durch eine Strafe mit Erfolg erreicht werden, die den Betrieb treffe, in dem die Zuwiderhandlung begangen wurde. Kriminalpolitisch wird ins Feld geführt, daß nur durch die Bestrafung von juristischen Personen die Drahtzieher erreicht würden. Zwar würden auch Unschuldige (Arbeitnehmer, Anteilseigner) dadurch belastet, doch sei das im Strafrecht überhaupt nahezu unvermeidlich. **Dogmatisch** wird die Anerkennung der Täterschaft und Strafbarkeit von juristischen Personen im Zusammenhang mit der Entwicklung vom rein physischen Täterschaftsbegriff hin zum mehr geistigen Täterschaftsbegriff gesehen, der auf die Tatherrschaft abhebt(5).

---

3 vgl. Schaffmeister, ZStW 85 (1973), S.782,788

4 vgl. Schaffmeister, ZStW 85 (1973), S.782,801 f; Pompe, S.43 f

5 vgl. Schaffmeister, ZStW 85 (1973), S.782,803 f

Die Anerkennung von Täterschaft und Strafbarkeit juristischer Personen ist auch in anderen Sondergesetzen des Nebenstrafrechts verbreitet, z.B. im Steuer- und Zollstrafrecht, im Opiumgesetz und im Gesetz über Glücksspiele(6).

Nach der seit 1976 geltenden Neufassung des Art.51 nl. StGB ist die Strafbarkeit juristischer Personen auch im Kernstrafrecht vorgesehen. Nach dieser Vorschrift können Straftaten sowohl von natürlichen als auch von juristischen Personen begangen, kann die Strafverfolgung eingeleitet und können die im Gesetz vorgesehenen Strafen und Maßregeln ausgesprochen werden entweder gegen die juristische Person oder gegen die natürliche Person, die den Auftrag zu der verbotenen Handlung gegeben oder dabei die tatsächliche Leitung innegehabt hat oder gegen beide gemeinsam(7). Die strafrechtlichen Sanktionen, die auf juristische Personen angewandt werden können, sind nicht ausdrücklich aufgezählt. Grundsätzlich können jedoch alle auf natürliche Personen anwendbaren Strafen - mit Ausnahme der Freiheitsstrafe - auch gegen juristische Personen augesprochen werden. Art.51 unterscheidet nicht zwischen Strafen und Maßregeln. In Frage kommen: die Geldstrafe, die Einziehung, die Veröffentlichung der gerichtlichen Entscheidung, wenn diese Nebenstrafe gesetzlich vorgesehen ist, das Aus-dem-Verkehr-Ziehen bestimmter Gegenstände. Bei Wirtschaftsdelikten können nach Art.7 und 8 des nl. WiStG ausgesprochen werden:

- die völlige oder teilweise Unterbrechung der Tätigkeit des Unternehmens bis zu einer Dauer von einem Jahr
- der völlige oder teilweise Verlust von behördlich gewährten oder gewährbaren, das Unternehmen betreffenden Rechten oder Vorteilen während einer Dauer von höchstens zwei Jahren
- die Zwangsverwaltung des Unternehmens, in dem die Straftat begangen wurde für drei Jahre, wenn es sich um ein Vergehen handelt, und für zwei Jahre, wenn es sich um eine Übertretung handelt
- die Entrichtung einer Kaution, die bei einer erneuten Straffälligkeit eingezogen werden kann
- der Entzug der durch die Straftat erlangten Vorteile(8).

---

6 vgl. Pompe, S.43

7 Zitat nach Pompe, S.96 f; vgl. auch Screvens, Rev.dr.pén.et crim. 1980, S.163,174

8 vgl. Screvens, Rev.dr.pén.et crim. 1980, S.163,175 f

C.

IST ES DE LEGE FERENDA MÖGLICH UND EMPFEHLENSWERT, DIE STRAFBARKEIT JURISTISCHER PERSONEN EINZUFÜHREN?

Die Fragen, ob sich die Einführung der Strafbarkeit juristischer Personen de lege ferenda empfiehlt und ob sie möglich ist, lassen sich - wie schon in der Einleitung festgestellt wurde - nicht ohne einen Blick auf das ausländische Recht beantworten. Der Grund hierfür liegt darin, daß die bei uns geführte Auseinandersetzung von gewissen dogmatischen Verhärtungen geprägt ist. Der Blick über die Grenzen hat gezeigt, daß die Gründe, die innerhalb der einzelnen Rechtsordnungen für die Strafbarkeit juristischer Personen herangezogen werden, nicht so sehr auf logisch-systematischen Zusammenhängen, als vielmehr auf kriminalpolitischen Notwendigkeiten beruhen.

Eine kurze Zusammenfassung des in den untersuchten Ländern bestehenden Rechts- und Meinungsstandes soll dies vergegenwärtigen und gleichzeitig darauf aufmerken lassen, daß die in den einzelnen Ländern vorgebrachten Argumente viele Gemeinsamkeiten aufweisen. Anschließend soll anhand der Kriterien Handlungsfähigkeit, Schuldfähigkeit, Strafempfänglichkeit, Gerechtigkeit, kriminalpolitisches Bedürfnis, die den Streitstand charakterisieren, die Frage erörtert werden, ob eine Umsetzung dieser kriminalpolitischen Wertentscheidungen in eine die Strafbarkeit juristischer Personen befürwortende Regelung mit den Grundprinzipien unseres Strafrechts vereinbar wäre.

I. ZUSAMMENFASSUNGEN DES RECHTS- UND MEINUNGSSTANDES IN DEN UNTERSUCHTEN LÄNDERN

1. GROSSBRITANNIEN, USA UND DIE NIEDERLANDE

a) Großbritannien

Die strafrechtliche Verantwortlichkeit juristischer Personen ist von der Rechtsprechung inzwischen als allgemeines Prinzip anerkannt, allerdings mit der Einschränkung, daß es Delikte gibt, die ihrer Art nach oder wegen der vorgesehenen Strafart juristische Personen als Täter ausschließen(1).

Die strafrechtliche Verantwortlichkeit der juristischen Person ist eine eigene und als solche von der stellvertretenden Verantwortlichkeit, die juristische Personen im selben Umfang wie natürliche Personen trifft, zu trennen. Die eigene Verantwortlichkeit juristischer Personen reicht sehr viel weiter als die stellvertretende Verantwortlichkeit, der enge Grenzen gesetzt sind. Eine juristische Person kann für sehr viele Delikte verantwortlich sein, auch für schwere Delikte, die ein subjektives Element voraussetzen und ungeachtet der Tatsache, daß die Persönlichkeit juristischer Personen nur fiktiver Art ist(2). Die eigene Verantwortlichkeit juristischer Personen kann jedoch nur dann und nur insoweit bestehen, als sie mit den für sie handelnden Personen identifiziert werden kann. Obwohl inzwischen in groben Zügen geklärt ist, welche Personen das sind - sie müssen jedenfalls zur "brain area" gehören - bestehen im Einzelfall bei der Prüfung, ob eine Person zu dieser "brain area" gehört und welche weiteren Voraussetzungen erfüllt sein müssen, Unklarheiten. Von der Rechtsprechung wird gefordert, daß es sich um Direktoren und Geschäftsführer handeln muß, die den lenkenden Geist und Willen der juristischen Personen darstellen(3) bzw. um solche natürlichen Personen, denen durch die Gründungsurkunde und die Satzung oder aufgrund der Satzung durch die Direktoren oder durch die Hauptversammlung die Ausübung der Befugnisse der juristischen Person anvertraut ist(4). Anerkannt ist auch, daß der Vorstand nur einen Teil seiner Funktionen delegieren und dadurch den Bevollmächtigten im Rahmen der übetragenen Befugnisse zur Verkörperung der Gesellschaft machen kann(5); in diesem Falle ist auch eine Identifizierung der Gesellschaft mit dem Wissen eines Gehilfen möglich, denn wenn ein Geschäftsführer die Leitung eines Geschäfts vollständig auf einen anderen übertrage, könne er sich durch eine derartige Übertragung seiner Verantwortlichkeit nicht entziehen(6). Nach Auffassung

---

1 vgl. nur R.v.I.C.R. Haulage, Ltd. (1944) K.B.551

2 vgl. The law commission working paper Nr.44, S.3

3 vgl. H.L. Bolton (Engineering) Co.Ltd.v.Graham & Sons Ltd. (1957) 1 Q.B.159,172; als wichtiges Kriterium bestätigt in Tesco's case (1972) A.C.153

4 vgl. Lord Diplock in Tesco's case (1972) A.C.153,179

5 vgl. Lord Reid in Tesco's case (1972) A.C.153,174 f

6 vgl. John Henshall (Quarries) Ltd.v.Harvey (1965) 1 All.E.R.725

der Verfasser des working paper Nr.44 muß es sich bei den übertragenen Befugnissen allerdings um wesentliche Leitungsfunktionen handeln(7). Voraussetzung ist jedoch immer, daß die pönalisierte Handlung von dem Handelnden im Rahmen der ihm übertragenen Befugnisse vorgenommen wird(8). In den Worten von Viscount Dilhorne muß es sich um jemanden handeln, der eine tatsächliche Kontrolle über die Tätigkeiten der Gesellschaft oder über einen Teil von ihnen ausübt und der niemand anderem in der Gesellschaft für die Art und Weise, wie er seine Aufgaben erfüllt, in dem Sinne verantwortlich ist, daß er dessen Anordnungen unterworfen wäre. Ob das der Fall ist, hängt von der Organisation der jeweiligen Gesellschaft ab(9).

Die Literatur hebt zum Teil auf diesselben Kriterien ab, zum Teil werden jedoch andere Differenzierungsmerkmale betont. Nach Winn muß es sich um die "primary representatives" in ihrer Verbundenheit als Vorstand handeln. Für Glanville Williams ist maßgeblich, ob ein "directive servant" in "Corporate business" tätig wird. Nach der Meinung von Leigh sollte de lege lata bei schweren Delikten die Verantwortlichkeit der juristischen Person auf die von den "Kontrolleuren" der juristischen Person im Einklang mit der Gesellschaftspolitik vorgenommenen Handlungen beschränkt werden. De lege ferenda biete sich ein prima facie Beweis an, dergestalt, daß z.B. durch hohe leitende Angestellte ausgeführte Handlungen und wiederholte Verletzungen einer gesetzlichen Vorschrift durch Arbeitnehmer jeder Stufe zunächst dafür sprächen, die Handlungen der juristischen Person zuzurechnen(10).

Ob es sich bei der mit der Gesellschaft zu identifizierenden Person um das alter ego der juristischen Person handelt oder nicht, ist umstritten. Lord Reid in Tesco's case ist der Auffassung, daß es irreführend sei, hier von "alter ego" zu reden. Die handelnde Person sei nicht eine andere, sondern werde mit der Gesellschaft identifiziert. Auch beim Individuum gebe es schließlich keine verschiedenen Ichs(11). Lord Pearson meint, daß diejenigen, die in hohen Führungspositionen seien, das "Ego" der juristischen Person darstellten, während das "alter ego" von solchen Personen gebildet werde, denen die Kontrolle und Leitung eines Bereichs der Gesellschaft mit vollen Entscheidungsbefugnissen übertragen worden sei(12). Da jedoch in der Sache Einigkeit besteht, kann es dahingestellt bleiben, ob die Identifizierung nach der "alter ego theory" oder dem "principle of identification" vorgenommen wird.

Wesentliche Aspekte sind auch die Erforschung der Art der Pflicht und der Person, von der sie normalerweise erfüllt wird. Diese Kriterien,

---

7 vgl. working paper Nr.44, S.25-27

8 vgl. z.B. Moore v.Bresler, Ltd. (1944) All.E.R.515 ff

9 vgl. (1972) A.C.153,187

10 vgl. dazu B.I.2.b)aa)

11 vgl. (1972) A.C.153,169 ff

12 vgl. (1972) A.C.153,193

die ursprünglich zur Begründung der vicarious liability juristischer Personen im Strafrecht dienten, werden von den Gerichten auch bei der Prüfung der Frage angewandt, ob das Verschulden der Organe/ Vertreter gleichzeitig das Verschulden der Gesellschaft darstellt(13).

Umstritten ist, ob die Handlungen von Organen auch dann identisch mit den Handlungen der Gesellschaft sind, wenn die betreffenden Personen beabsichtigen, durch ihr Handeln der juristischen Person zu schaden(14).

Ein kriminalpolitisches Bedürfnis, juristische Personen als solche zu bestrafen, wird in der Literatur zwar - von Leigh abgesehen - grundsätzlich bejaht und von der Rechtsprechung stillschweigend vorausgesetzt, die einzelnen Aspekte der social policy sind jedoch nicht unumstritten(15). So wird der Ansatzpunkt Winn's, daß die Kriminalität juristischer Personen auf den gegenseitigen verderblichen Einfluß der Direktoren zurückzuführen sei und daß deshalb eine der juristischen Person auferlegte Sanktion zu deren Überwachung führen könne und müsse, von Leigh mit dem Hinweis darauf bestritten, daß der Beweis für eine derartige Gruppendynamik fehle. Die Einhaltung einer Überwachungspflicht gegenüber der höchsten Führungsebene, die durch eine der juristischen Person auferlegte Sanktion erzwungen werden solle, sei in den heutigen Großunternehmen nicht mehr realisierbar und angesichts der Dezentralisierung der leitenden Funktionen auch nicht realistisch. Dem Argument, Geldstrafen gegen natürliche Personen könnten nicht der Schwere der Tat und dem Abschreckungsgedanken entsprechend bemessen werden, wurde entgegengehalten, daß es aber auch ungerecht sei, unschuldige Aktionäre durch eine der juristischen Person auferlegte drastische Geldstrafe zu bestrafen. Dagegen wurde eingewandt, daß die Mitglieder der juristischen Person der Strafe nur in ihrer körperschaftlichen Verbundenheit ausgesetzt seien und daß sie Verluste dieser Art als Risikofaktor in Kauf nehmen müßten. Nach Ansicht der Verfasser des working paper Nr.44 und von Leigh kann mit dieser Begründung allerdings nur eine Bestrafung der juristischen Person wegen leichteren Delikten gerechtfertigt werden. Die abschreckende Wirkung, die von der Verurteilung der juristischen Person ausgehe, wird von Winn und Williams unumschränkt bejaht, während die Verfasser des working papers Nr.44 und Leigh zwischen regulatory offenses und schwereren Delikten differenzieren und nur bei ersteren von einem abschreckenden Effekt ausgehen. Zur Begründung des kriminalpolitischen Bedürfnisses wird weiter auf die komplexe Struktur vieler juristischer Personen hingewiesen, die es nahezu unmöglich mache, die schuldigen Einzeltäter mit dem im Strafrecht erforderlichen Grad des Beweises zu ermitteln. Leigh widerspricht zwar nicht dem Ausgangspunkt, schlägt aber vor, dieses Problem durch eine Beweisreform oder durch die Gesetzgebung, die Direktoren prima facie für solche Delikte verantwortlich machen könnte, anzugehen.

---

13 vgl. nur H.L. Bolton (Engineering) Co.Ltd.v.T.J. Graham & Sons Ltd. (1957) 1 Q.B.159,172 f

14 dafür Moore v.Bresler Ltd. (1944) All.E.R.515; dagegen die Verfasser des working paper Nr.44, working paper S.25-27

15 vgl. dazu B.I.2.b)aa)

Auch das Verhalten kleinerer Angestellter ist nicht völlig bedeutungslos; auch dafür kann die juristische Person verantwortlich sein. In diesen Fällen handelt es sich allerdings ausschließlich um eine vicarious liability, die nur dann zur Anwendung gelangt, wenn die bereits erörterten Voraussetzungen(16) vorliegen(17).

b) USA

Zur Begründung der strafrechtlichen Verantwortlichkeit juristischer Personen ist erforderlich, daß der Handelnde im Rahmen seiner Befugnisse/seines Beschäftigungsverhältnisses (within the scope of his authority/employment) tätig geworden ist(18). Bei Erfüllung dieser Voraussetzung ist die juristische Person jedoch selbst dann verantwortlich, wenn sie Gegenanweisungen gegeben hat oder die konkreten Handlungen verboten hat(19). Die Position die der Handelnde innerhalb der Hierarchie der juristischen Person innehaben muß, um die juristische Person strafrechtlich verantwortlich zu machen, ist allerdings nicht ganz unumstritten. Eine Mindermeinung stellt maßgeblich auf eine Erlaubnis seitens der Organe ab oder auf deren Kenntnis der Handlung(20). Von anderen wird verlangt, daß das Organ oder der Vertreter eine Stellung von einigem Gewicht innehat(21). Demgegenüber steht die herrschende Meinung - im Gegensatz zu der herrschenden Meinung in Großbritannien - auf dem Standpunkt, daß auch kleinere Angestellte die strafrechtliche Verantwortlichkeit juristischer Personen auslösen können(22). Der Grund hierfür wird darin gesehen, daß die Größe und die Verflechtung moderner Gesellschaften die Übertragung weitergehender Befugnisse auf kleinere Angestellte erforderten. Es könne sogar so sein, daß ein Organ oder ein Vertreter der juristischen Person

---

16 vgl. dzau B.I.1.d)bb)

17 vgl. M.E. Bennum, Corporate Criminal liability, Xth International Congress on comparative law, Budapest 1978 VA 3/5

18 als Beispiele vgl. nur New York Central and Hudson River Railroad Co.v.U.S.29 S.Ct.304 (1909); U.S. v.Nearing, 252 F.223 (1918)

19 vgl. Overland Cotton Mill Co.v.People, 75 P.924 (1904); U.S. v.Armour & Co. 165 F.2d 342 (1948); Egen v.U.S.137 F.2d 369 (1943); Standard Oil Co.of Texas v.U.S.307 F.2d 120,127 (1962); U.S. v.American Radiator & Standard Sanitary Corporation 433 F.2d 174,204 (1970)

20 vgl. People v.Canadian Fur Trappers 248 N.Y.159 (1928)

21 vgl. Continental Baking Company v.U.S.281 F.2d 137 (1960)

22 vgl. Regan v.Kroger Grocery & Baking Co.54 N.E. 2d 210 (1944); U.S. v.George F. Fish, Inc., 154 F.2d 798 (1946); Standard Oil Company of Texas v.U.S.307 F.2d 120,172 (1962); vgl. auch die Konkretisierung in Commonwealth v.Beneficial Co.275 N.E.2d 33 (1971)

in einer hohen Position mit einem speziellen Bereich der Tätigkeiten der juristischen Person nichts zu tun habe, während ein weniger hoch gestellter Angestellter größere Befugnisse bei der Bewältigung der tagtäglichen Routineaufgaben der juristischen Person habe. Deshalb sei nur maßgeblich, ob die juristische Person den Vertreter in eine Position eingesetzt habe, in der er - in Bezug auf den konkreten Bereich - genügend Befugnisse und Verantwortlichkeit habe, um bei der Ausübung des konkreten Geschäfts, bei der er auch die strafbare Handlung verübt habe, für die juristische Person und zu ihren Gunsten zu handeln(23).

Demgegenüber ist Mueller - für mens rea Delikte ihm zustimmend La Fave/Scott - der Ansicht, daß es aus dogmatischen Gründen nur möglich sei, die juristische Person für Delikte verantwortlich zu machen, die von ihrem "inner circle" begangen wurden. Die Vereinbarkeit mit dem Schuldprinzip könne nur mit der Begründung hergestellt werden, daß durch die Androhung der Strafe die Aktionäre gezwungen werden könnten, bei der Auswahl und Überwachung der leitenden Angestellten, insbesondere der Vorstandsmitglieder, die größtmögliche Vorsicht anzuwenden. Der Verlust für die Aktionäre, der durch die der juristischen Person auferlegte Geldstrafe bewirkt werde, stelle dann eine Bestrafung für deren eigene Fahrlässigkeit oder ihr mangelndes Interesse dar. Dagegen sei die strafrechtliche Verantwortlichkeit juristischer Personen auch für Handlungen niedrigerer Angestellter nicht mehr mit dem Schuldprinzip vereinbar, denn auf deren Anstellung und Überwachung könnten die Aktionäre keinen Einfluß ausüben(24).

Nicht ganz unumstritten ist auch der "benefit"-Aspekt. Während die Rechtsprechung zum Teil lediglich auf die Funktion des Angestellten abstellt(25) bzw. den Vorteil lediglich als Beweisanzeichen betrachtet(26), ist nach anderen Entscheidungen die **Absicht**, der juristischen Person einen (Vermögens-)Vorteil zu verschaffen, unerläßliche Voraussetzung der strafrechtlichen Verantwortlichkeit juristischer Personen(27). Im Gegensatz dazu ist die - allerdings nicht unumstrittene(28) - Rechtsprechung in Großbritannien der Ansicht, daß die Handlungen der Organe selbst dann identisch mit den Handlungen der Gesellschaft sind, wenn die betreffenden Personen beabsichtigen, durch ihr Handeln der juristischen Person zu schaden(29).

----

23 vgl. nur Commonwealth v.Beneficial Finance Co. 275 N.E. 2d 33 (1971)

24 vgl. dazu B.I.3.b)ee)

25 vgl. C.I.T.Corporation v.U.S.150 F.2d 85 (1945); U.S. v.Thompson-Powell Drilling Co. 196 F.Suppl.571,574 (1961)

26 vgl. Old Monastery Co.v.U.S., 147 F.2d 905 (1945)

27 vgl. Standard Oil Company of Texas v.U.S.307 F.2d 120,128 (1962); U.S. v.Carter,311 F.2d 934,942 (1963)

28 vgl. working paper Nr.44, S.25-27

29 vgl. Moore v.Bresler Ltd. (1944) All.E.R.515

Während die herrschende Meinung in Großbritannien (alter ego theory, principle of identification) zwischen der vicarious liability und der eigenen Verantwortlichkeit der juristischen Person unterscheidet, differenziert die herrschende Meinung in den USA entweder gar nicht zwischen den beiden Arten strafrechtlicher Verantwortlichkeit oder vertritt die Auffassung, daß es sich um eine Form der vicarious liability handele. In der Rechtsprechung finden sich dazu - wenn überhaupt - Ausführungen in der Richtung, daß die strafrechtliche Verantwortlichkeit auch für Handlungen kleinerer Angestellter und die Tatsache, daß die Verletzung von Anweisungen der juristischen Person diese nicht von der strafrechtlichen Verantwortlichkeit befreie, Teil der Erkenntnisse der respondeat superior Regel(30) seien(31). Zum Teil wird aber auch hervorgehoben, daß es entscheidend darauf ankomme, ob die Handlungen und der Vorsatz natürlicher Personen als Handlungen/Vorsatz der juristischen Personen selbst behandelt werden sollten. Es könne zwar sein, daß die dieser Verantwortlichkeit zugrundeliegenden Prinzipien identisch seien mit den Grundsätzen, auf denen die vicarious liability beruhe. Die strafrechtliche Verantwortlichkeit erfordere jedoch mehr an Beweis (a greater quantum of proof((32).

Die herrschende Lehre in den USA geht ebenso wie die Rechtsprechung davon aus, daß es sich bei der Verantwortlichkeit der juristischen Person um eine Form der vicarious liablity handele. Nur Edgerton ist der Auffassung, daß man zwischen den Handlungen der juristischen Personen und denjenigen ihrer Repräsentanten nicht unterscheiden könne. Es liege folglich kein Fall der stellvertretenden Verantwortlichkeit vor(33).

Begründet wird die strafrechtliche Verantwortlichkeit juristischer Personen in der Rechtsprechung mit pragmatischen Gesichtspunkten. Es wird betont, daß viele Delikte ungestraft bleiben würden, wenn man von einer Bestrafung Abstand nähme(34). Es könne nicht Ziel des Gesetzgebers gewesen sein, nur die Arbeitnehmer der juristischen Person zu bestrafen und die juristische Person nur dann, wenn die Handlungen der Arbeitnehmer von der Leitung des Unternehmens ausdrücklich angeordnet oder gebilligt worden seien. Eine solche Unfähigkeit könne man dem Gesetzgeber nicht bescheinigen(35). Wenn das Gesetz abschreckend wirken solle, müsse man die Möglichkeit der strafrechtlichen Verantwortlichkeit juristischer Personen anerkennen und zwar auch für Handlungen kleinerer Angestellter. Sonst würden Umgehungsmöglichkeiten Tür und Tor geöffnet(36). Das Recht müsse, wenn es ein

---

30 vgl. dazu B.I.1.d)bb)

31 vgl. Standard Oil Company of Texas v.U.S.307 F.2d 120,128 (1962)

32 vgl. Commonwealth v.Beneficial Finance Co.275 N.E. 2d 33 (1971)

33 vgl. B.I.3.b)aa)

34 vgl. New York Central & Hudson River Railroad Co. v.U.S.29 S.Ct. 304 (1909)

35 vgl. Regan v.Kroger Grocery & Baking Co.54 N.E. 2d 210 (1944)

36 vgl. U.S. v.George Fish Inc.154 F.2d 798 (1946)

brauchbares Instrument sein wolle, die theoretische Logik den Anforderungen des gesunden Menschenverstandes anpassen(37).

Auch in der Literatur wird zur Begründung der social policy(38) auf den Abschreckungsgedanken abgestellt. Die disziplinierende Wirkung des Strafrechts müsse zur Regelung der wirtschaftlichen Betätigung juristischer Personen eingesetzt werden, da sonst viele Gesetze zur Wirkungslosigkeit verdammt wären. Es wird hier allerdings von einigen Autoren auch die Gefahr gesehen, daß die wirtschaftlichen Kosten der Geldstrafe auf die Kunden abgewälzt werden bzw. darauf hingewiesen daß es - obwohl die abschreckende Wirkung als solche nicht verneint werden könne - nicht Sinn des Strafrechts sei, ein Verhalten zu "reglementieren", das nicht in und aus sich selbst heraus verwerflich sei. Zum Aspekt der "Mitbestrafung des unschuldigen Aktionärs" wird ausgeführt, daß sein Interesse dem Interesse der Allgemeinheit untergeordnet werden müsse. Außerdem sei sein wirtschaftlicher Verlust begrenzt auf seine Einlage/seinen Anteil am Gesellschaftsvermögen. Zum Teil wird die "Mitbestrafung" jedoch als ungerecht empfunden, da Aktionäre heutzutage nur noch eine theoretische Möglichkeit der Einflußnahme hätten.

Als weiteres für die Zweckmäßigkeit der Bestrafung der juristischen Person sprechendes Argument werden die Verschleierung der Verantwortlichkeiten innerhalb der juristischen Person und die daraus resultierenden Beweisschwierigkeiten hervorgehoben. Außerdem könnten die Interaktionsprozesse innerhalb der juristischen Person einen gewaltigen Einfluß auf deren Angestellte und ihre Wertvorstellungen ausüben.

Hingewiesen wird allerdings auch auf den mangelnden empirischen Nachweis der Notwendigkeit der Bestrafung der juristischen Person.

Wie gezeigt wurde, geht die strafrechtliche Verantwortlichkeit juristischer Personen in den USA sehr viel weiter als in Großbritannien; verglichen mit den USA befindet sich die strafrechtliche Verantwortlichkeit juristischer Personen in Großbritannien noch in den "Kinderschuhen"(39).

Begünstigt wurde die Anerkennung der Strafbarkeit juristischer Personen sowohl in Großbritannien als auch in den USA durch folgende Faktoren:

- Im anglo-amerikanischen Recht wird pragmatischen Gesichtspunkten der Vorrang vor dogmatischen Überlegungen eingeräumt(40); dem Standpunkt der Abschreckung (deterrence) und der "protection of social interests" wird großes Gewicht beigemessen.

---

37 vgl. Standard Oil Company of Texas v.U.S.307 F.2d 120 (1962)

38 zum Meinungsstand vgl.B.I.3.b)cc)

39 "corporate liability is still, in English law, in a state of infancy" vgl. Leigh, The Criminal liability of corporations in English law, S.2

40 vgl. dazu B.I.1.a)

- Die Rechtsinstitute der strict und der vicarious liability (Strafbarkeit ohne Verschulden und stellvertretende strafrechtliche Verantwortlichkeit) sind nahezu unumstritten anerkannt. Es ist also möglich, bei bestimmten Delikten auf das Schulderfordernis (strict liability) zu verzichten. Auch ist es nicht erforderlich, daß der Täter den objektiven Tatbestand in eigener Person verwirklicht, da ihm der actus reus eines anderen zugerechnet werden kann (vicarious liability). Zulässig ist sogar eine Kombination der beiden Rechtsinstitute mit der Konsequenz, daß weder eine Handlung oder Unterlassung seitens des Geschäftsherrn noch irgendein Verschulden nachgewiesen werden muß(41). Bei Zugrundelegung dieser Möglichkeiten ist es nicht besonders problematisch, auch juristische Personen für strafrechtlich verantwortlich zu erklären. In den USA überwiegt sogar die Meinung, daß es sich bei der corporate criminal liability um eine Form der vicarious liability handele(42).

c) Niederlande

Auch das niederländische Strafrecht ist wesentlich von Zweckmäßigkeitsgesichtspunkten geprägt und weist insoweit Parallelen zu dem pragmatisch ausgerichteten anglo-amerikanischen Recht auf. Man kümmert sich in den Niederlanden mehr um die sozialen und ökonomischen als um die dogmatischen Aspekte(43).

Es gibt in den Niederlanden positiv-rechtliche Bestimmungen, die die Strafbarkeit juristischer Personen ausdrücklich vorsehen. Nach Art.15 nl. WiStG von 1951, für dessen Einführung vor allem praktische und rechtspolitische Erwägungen maßgebend waren, können u.a. gegen juristische Personen Strafen und Maßregeln ausgesprochen werden, wenn durch sie eine Wirtschaftsstraftat begangen wurde. Die Stellung der handelnden Person im Unternehmen ist dabei ohne Bedeutung, insbesondere braucht die Straftat nicht durch eines der Organe der juristischen Person begangen worden sein. Es genügt auch, wenn die Beteiligten gemeinsam alle Tatbestandsmerkmale erfüllen. Auch in anderen Vorschriften des Nebenstrafrechts ist die Anerkennung der Täterschaft und Strafbarkeit juristischer Personen verbreitet. Nach der seit 1976 geltenden Neufasung des Art.51 nl. StGB ist die Strafbarkeit juristischer Personen auch im Kernstrafrecht vorgesehen.

Dogmatisch wird die Anerkennung der Täterschaft und Strafbarkeit juristischer Personen im Zusammenhang mit der Entwicklung hin zu einem mehr geistigen Täterschaftsbegriff gesehen, der auf die Tatherrschaft abhebt(44).

----

41 vgl. dazu B.I.d)bb)

42 vgl. dazu B.I.3.b)aa)

43 vgl. Schaffmeister, ZStW 85 (1973), S.782,788

44 zur strafrechtlichen Verantwortlichkeit juristischer Personen im niederländischen Strafrecht vgl. B.III.2.b)

2. FRANKREICH UND BELGIEN

a) Frankreich

Der französische **Gesetzgeber** hat in verstreuten nebenstrafrechtlichen Bestimmungen die juristische Person durchaus als sanktionsfähig anerkannt. Ein allgemeines Prinzip läßt sich daraus jedoch nicht ableiten, insbesondere deshalb, weil eine ausdrückliche Regelung im Code Penal fehlt(1). So gilt denn auch in der französischen **Rechtsprechung** der Grundsatz, daß eine juristische Person strafrechtlich nicht verantwortlich ist, sondern daß diese Verantwortlichkeit ihre Vertreter/Organe trifft. Die Gesellschaft als solche kann für die von ihren leitenden Direktoren/Erfüllungsgehilfen begangenen Straftaten nur zivilrechtlich zur Verantwortung herangezogen werden. Daß der Gesetzgeber jedoch Ausnahmen vom principe de la personalité des peines vorsehen kann, das nach der Auffassung der Rechtsprechung der strafrechtlichen Verantwortlichkeit juristischer Personen entgegensteht, ist in der Rechtsprechung allgemein anerkannt. Dafür, daß es sich um ein solches Gesetz handelt, spricht nach der Rechtsprechung die Tatsache, daß das entsprechende Gesetz keine Unterscheidung zwischen natürlichen und juristischen Personen trifft, und daß es sich um ein rein "materielles Gesetz" handelt, also um ein Gesetz, das außerordentlich geringe Anforderungen an das élément moral stellt. Der Gesetzgeber kann nach Auffassung der Rechtsprechung die strafrechtliche Verantwortlichkeit juristischer Personen direkt normieren(2).

In der **Rechtslehre** begann sich dagegen in den letzten Jahrzehnten eine deutliche Tendenz zur Bejahung der Strafbarkeit juristischer Personen abzuzeichnen, deren kriminalpolitische Notwendigkeit u.a. damit begründet wird, daß es bedingt durch die komplexen Organisationsstrukturen großer Gesellschaften häufig sehr schwierig sei, einen schuldigen Einzelnen zu ermitteln, obwohl eine Straftat eindeutig vorliege. Die strafrechtliche Verantwortlichkeit juristischer Personen erlaube aber, das Gemeinwesen zu erreichen, unter dessen Deckmantel die Straftat geschehen sei und das die Straftat durch die Fülle der ihm zur Verfügung stehenden Mittel begünstigt und in ihrem Ausmaß verstärkt habe. Bei Bestrafung natürlicher Personen bestehe auch die Gefahr, daß Unschuldige bestraft würden, stellvertretend für den Verband oder jedenfalls für ein schuldhaftes Verhalten, das nicht nur diesen konkreten Personen zuzurechnen sei. Erinnert wird in diesem Zusammenhang auch an den kriminellen Verbandsgeist(3).

Was die "(Mit-)Bestrafung" der unschuldigen Mitglieder betreffe, so müsse man zwischen der Strafe und ihren notwendigen Auswirkungen unterscheiden. Daß die Mitglieder von der Verrringerung des Gesellschaftsvermögens usw. in Mitleidenschaft gezogen würden, sei nur eine indirekte Auswirkung der gegen die juristische Person verhängten Strafe und genauso wenig eine Strafe wie die Auswirkungen, die die Familienmitglieder eines verurteilen Familienvaters träfen(4).

---

1 vgl. B.II.3.a)

2 zum Standpunkt der Rechtsprechung vgl. B.II.3.b)

3 vgl. dazu B.II.3.c)aa) und dd)

4 vgl. B.II.3.c)dd)

Auch die Strafzwecke könnten bei juristischen Personen erreicht werden. Das gelte jedenfalls für die abschreckende Funktion. Darüber hinaus könnte möglicherweise eine vertiefte Studie von Buchhaltung, Unternehmensleitung, Tätigkeitsbereich beim Finden von Maßnahmen hilfreich sein, die auch eine Art Besserung der juristischen Person erreichen könnten(5).

Die heute herrschende Lehre bejaht auch die Handlungs- und Schuldfähigkeit juristischer Personen. Sie nimmt den Standpunkt ein, daß juristische Personen keine Fiktionen sind. Juristische Personen verfügten über einen tatsächlich vorhandenen gemeinschaftlichen Willen (die volonté collective), der verschieden sei von den Einzelwillen der Mitglieder. Dieser gemeinschaftliche Wille könne auch schuldhaften Handlungen zugrunde liegen und im Tätigkeitsbereich der juristischen Person Delikte bewirken, denn er könne auf erlaubte und verbotene Ziele ausgerichtet werden. Die Entstehung dieses gemeinschaftlichen Willens wird damit begründet, daß die Verbindung der einzelnen individuellen Elemente eines Verbandes im Hinblick auf ein gemeinsames Ziel zwangsläufig die Bildung einer neuen Individualität nach sich ziehe. Aus der Verbindung der Einzelwillen entstehe die "volonté générale", die an ein abstraktes, dennoch aber reales Kollektivwesen geknüpft sei.

Einigkeit besteht allerdings darüber, daß zur Begründung der strafrechtlichen Verantwortlichkeit einer juristischen Person erforderlich ist, daß die deliktische Handlung mittels eines Organs begangen wurde(6).

Wenn man sich die grundsätzliche Befürwortung der Strafbarkeit juristischer Personen seitens der Lehre vor Augen hält, so ist es nur konsequent, daß der französische Entwurf für ein neues Strafgesetzbuch aus dem Jahre 1978 eine direkte strafrechtliche Verantwortlichkeit von juristischen Personen und anderen Verbänden vorsieht, soweit diese auf dem Gebiet des Handels, der Industrie oder des Finanzwesens tätig werden (Art.37) und soweit die Straftat aufgrund einer Entschlußfassung der Organe des Verbandes, in seinem Namen und im gemeinschaftlichen Interesse begangen wurde (Art.38 Abs.1). Die Strafbarkeit der juristischen Person wird ausdrücklich ausgeschlossen, wenn die Straftat nicht im gemeinschaftlichen Interesse begangen wurde. Verantwortlich sind dann die Mitglieder des Verbandes, aufgrund deren Willensentschließung und in deren Interesse der Tatbestand verwirklicht wurde (Art.38 Abs.2). Die Verantwortlichkeit der natürlichen Personen bleibt auch im übrigen neben der Verantwortlichkeit der juristischen Person bestehen (Art.38 Abs.1), soweit ihnen eine Straftat nachgewiesen werden kann.

Der Entwurf wird vor allem damit begründet, daß die juristische Person eine reale Erscheinung sei, mit einem wirklichen Gemeinschaftswillen, der sie zur Vornahme von Handlungen und damit auch von Verfehlungen befähige. Das Dogma von der Nicht-Verantwortlichkeit juristischer Personen sei zum Anachronismus geworden. Die heutige Welt

---

5 im einzelnen vgl. dazu B.II.3.c)cc)

6 im einzelnen vgl. B.II.3.c)bb)

entspreche nun einmal nicht mehr der des 19. Jahrhunderts. Die Entwicklung neuer industrieller Strukturen habe ein Anwachsen von Verbänden nach sich gezogen, die eine überragende wirtschaftliche, soziale und sogar politische Rolle spielten. Dieser Tatsache werde vom Zivil- und Handelsrecht bereits und müsse jetzt auch vom Strafrecht Rechnung getragen werden(7).

Wie ist es nun zu erklären, daß die These von der strafrechtlichen Verantwortlichkeit juristischer Personen in Frankreich wesentlich mehr Anhänger gefunden hat als in der Bundesrepublik, obwohl das französische Strafrecht viel dogmatischer orientiert ist als das des angloamerikanischen Rechtskreises und insofern eine größere Verwandtschaft mit unserem Strafrecht aufweist? Die Antwort auf diese Frage ist im wesentlichen in folgenden Faktoren zu finden:

Zum einen wird der **Défense sociale** eine zentrale Bedeutung eingeräumt. Für die Défense sociale ist der Begriff der Realitätsnähe sehr wichtig: sie will gegenüber den sozialen Tatsachen und den Erfordernissen des Lebens in einer menschlichen Gesellschaft eine realistische Verhaltensweise einnehmen. Daraus wird deutlich, daß unter Umständen auch dogmatische Bedenken zurückstehen müssen, wenn die sozialen Tatsachen und die Erfordernisse des Lebens in einer menschlichen Gesellschaft eine bestimmte Reaktionsweise erfordern.

Zum andern begegnet in einer Rechtsordnung, in der es die Rechtsinstitute der **sog. "infractions matérielles"** und der **responsibilité du fait d'autrui** gibt, die Anerkennung der Strafbarkeit juristischer Personen weit weniger Bedenken. Wie bereits dargestellt, werden unter **"infractions matérielles"** Delikte verstanden, die sich durch außerordentlich geringe Anforderungen an das élément moral charakterisieren: das "Verschulden" (die faute pénale) bei Übertretungen, die keinen Vorsatz erfordern, setzt weder einen Sorgfaltsverstoß noch eine Nachlässigkeit voraus; die Tatsache der Verletzung von Vorschriften ist ausreichend, um aus ihr das Vorliegen des subjektiven Elements abzuleiten. Eine Befreiung von der Strafbarkeit ist nach der Rechtsprechung nur durch den Nachweis höherer Gewalt möglich. G. Levasseur hat daraus abgeleitet, daß diese sog. "faute contraventionelle" große Ähnlichkeit mit der strict liability des englischen Rechts habe. Er ist der Ansicht, daß diese Entwicklung der "faute contraventionelle" beunruhigend sei(9). Wenn aber an das "Verschulden" bei bestimmten Delikten so geringe Anforderungen gestellt werden, dann ist es - zumindest bei diesen Delikten - leichter, juristischen Personen dieses Verschulden zuzuschreiben.
Das vor allem von der Rechtsprechung des Cour de casstion entwickelte Rechtsinstitut der **responsibilité du fait d'autrui** beinhaltet - um dies kurz zusammenfassend zu wiederholen -, daß dann, wenn gesetzliche Vorschriften die Pflicht auferlegen, das Handeln eines Gehilfen oder eines Angestellten zu überwachen, unter bestimmten Voraussetzungen

---

7 zum avant-projet und seiner Begründung vgl. ausführlich B.II.1

8 vgl. B.II.2.b)ff)

9 zu den sog. infractions matérielles vgl. die Ausführungen unter B.II.2.b)cc)

eine strafrechtliche Verantwortlichkeit für das Verhalten Dritter entstehen kann. Interessant an diesem Rechtsinstitut ist, daß die in der Verletzung der Überwachungspflicht liegende Fahrlässigkeit des Unternehmensleiters von der Staatsanwaltschaft - ebenso wie bei den sog. infractions matérielles - nicht bewiesen werden muß, sondern aufgrund der Tatsache, daß die Straftat von dem Untergebenen begangen wurde, (unwiderlegbar) vermutet wird. Gerechtfertigt wird die responsabilité du fait d'autrui mit dem Gedanken der mittelbaren Täterschaft und der mißbräuchlichen Einsetzung von Machtbefugnissen des Unternehmensleiters(10).

Wenn man sich zusätzlich zu den bereits genannten Aspekten vor Augen hält, daß die fahrlässige Verletzung der Überwachungspflicht allein aufgrund der Tatsache, daß die Straftat von dem Untergebenen begangen wurde, unwiderlegbar vermutet wird, dann wird deutlich, daß es auf der Grundlage dieses Rechtszustandes keinen großen Schritt mehr bedeutete, auch die Strafbarkeit der juristischen Person zu bejahen.

b) Belgien

Von wenigen Ausnahmen abgesehen liegt der belgischen Gesetzgebung das Prinzip zugrunde, daß juristische Personen strafrechtlich nicht verantwortlich sind. Die Kommission für eine Reform des Strafgesetzbuches ist allerdings - wie in Frankreich - der Ansicht, daß die Einführung der Strafbarkeit juristischer Personen wünschenswert wäre.

Auch der belgische Cour de Cassation führt in ständiger Rechtsprechung aus, daß die strafrechtliche Verantwortlichkeit eine höchstpersönliche sei und deshalb Strafen auf juristische Personen nicht anwendbar seien.

Die Rechtslehre steht der Problematik jedoch nicht so geschlossen gegenüber. Ein kriminalpolitisches Bedürfnis, juristische Personen als solche strafrechtlich zur Verantwortung zu ziehen, wird zwar bejaht. Umstritten sind jedoch die Fragen, ob eine juristische Person fähig ist, im strafrechtlichen Sinne "wollen" zu können und ob es eher gerecht oder eher ungerecht sei, die juristische Person zu bestrafen, wobei sich die Argumente pro und contra kaum von den Argumenten unterscheiden, die im deutschen Recht und in anderen Rechtsordnungen vorgebracht werden. Was die Strafempfänglichkeit anbetrifft, so wird die Auffassung vertreten, daß ein Abschreckungseffekt und möglicherweise sogar eine Besserungswirkung auch bei juristischen Personen erzielt werden könne. Es stelle sich nur die Aufgabe, nach geeigneten Sanktionen zu forschen bzw. die Sanktionen den Besonderheiten der juristischen Person anzupassen. Die auf juristische Personen anwendbaren Sanktionen müßten diese daran hindern, aus ihren Delikten Nutzen zu ziehen und eine sozial gefährliche Tätigkeit weiterhin auszuführen.

---

10 zur responsabilité du fait d'autrui, ihren Voraussetzungen, ihrer Kritik, vgl. B.II.2.c)

11 im einzelnen vgl. B.III.1.

II. ANSÄTZE EINER LÖSUNG UNTER BESONDERER BERÜCKSICHTIGUNG DER KRITERIEN: KRIMINALPOLITISCHES BEDÜRFNIS, STRAFFÄHIGKEIT, GERECHTIGKEIT DER BESTRAFUNG, HANLDUNGS- UND SCHULDFÄHIGKEIT JURISTISCHER PERSONEN

1. RECHTFERTIGUNG DES EINSATZES DES STRAFRECHTS (GRUNDSÄTZE HEUTIGER KRIMINALPOLITIK UND KRIMINALPOLITISCHES BEDÜRFNIS, JURISTISCHE PERSONEN ALS SOLCHE ZU BESTRAFEN)

a) Grundsätze heutiger Kriminalpolitik

Die Frage, ob gestraft werden kann, muß zunächst auch im Lichte der Frage gesehen werden, welche Prinzipien heutiger Kriminalpolitik zugrundeliegen.

Dem Strafrecht obliegt im System des Rechtsganzen in besonderem Maße der Schutz der Rechtsordnung. Ohne strafrechtliche Reaktionsmittel wäre ein geordnetes und gedeihliches Zusammenleben in einer menschlichen Gemeinschaft auf die Dauer undenkbar. Die Rechtfertigung der Strafe liegt allein darin, daß sie zur Aufrechterhaltung der Rechtsordnung als einer Grundbedingung für das Zusammenleben der Menschen in der Gemeinschaft notwendig ist. Aufgabe des Strafrechts ist es, die elementaren Werte des Gemeinschaftslebens zu schützen(1).

Der moderne Staat hat mit der Ausübung der Strafgewalt nicht ein absolutes sittliches Ideal zu verwirklichen, sondern praktische Aufgaben des Rechts- und Gesellschaftsschutzes zu erfüllen. Er ist zur Androhung und Verhängung der Strafe erst dann legitimiert, wenn dies ein im Interesse der Allgemeinheit unerläßliches und zugleich angemessenes Mittel des Rechtschutzes ist(2). Die Strafnorm stellt - wie das Bundesverfassungsgericht diesen Grundsatz ausdrückt - gewissermaßen die "ultima ratio" im Instrumentarium des Gesetzgebers dar. Nach dem das Verfassungsrecht und das ganze öffentliche Recht - zu dem auch das Strafrecht gehört - beherrschenden rechtsstaatlichen Prinzip der Verhältnismäßigkeit darf er von diesem Mittel nur behutsam und zurückhaltend Gebrauch machen. Jedoch muß auch dieses letzte Mittel eingesetzt werden, wenn anders ein effektiver Rechtsgüterschutz nicht zu erreichen ist(3). Der Gesetzgeber hat bei seiner Entscheidung über den Einsatz der Strafe eine Gesamtbetrachtung vorzunehmen, die einerseits den Wert des verletzten Rechtsgutes und das Maß der Sozialschädlichkeit der Verletzungshandlung in den Blick nimmt, andererseits die traditionellen rechtlichen Regelungen dieses Lebensbereichs ebenso wie die Entwicklung der Vorstellungen über die Rolle des Strafrechts in der modernen Gesellschaft berücksichtigt und schließlich die

---

1 staatspolitische Rechtfertigung der Strafe vgl. Schönke-Schröder-Stree, Rdnr.1 vor § 38; Jescheck, AT, S.49; Maurach-Zipf, AT, Teilband 1, S.28; BVerfG NJW 1975, 573,576

2 vgl. Gallas, Gründe und Grenzen der Strafbarkeit in: Beiträge zur Verbrechenslehre, 1,3 f; Otto, Schröder Gedächtnisschrift, 53,54

3 vgl. BVerfG NJW 1975, 573,576

praktische Wirklichkeit von Strafdrohungen und die Möglichkeit ihres Ersatzes durch andere Sanktionen nicht außer acht läßt(4).

Damit ist allerdings die Frage nach dem **Wesen des Verbrechens** noch nicht beantwortet. Verbrechen **im formellen Sinne** ist jedes menschliche Verhalten, das die Rechtsordnung mit Strafe bedroht(5). Was Verbrechen im **materiellen Sinne** bedeutet, hat Wilhelm **Gallas** in folgenden Worten ausgedrückt: "Verbrechen ist, auf die knappste Formel gebracht, seinem sachlichen Gehalt nach strafwürdiges Unrecht. "Strafwürdig" aber bedeutet so gefährlich und verwerflich, so unerträglich als Beispiel sozialwidrigen Verhaltens, daß zum Schutz der Allgemeinheit eine Reaktion mit der Strafe als dem schärfsten Mittel staatlichen Zwanges und dem stärksten Ausdruck sozialer Mißbilligung notwendig und angemessen erscheint(6)."

Diese Beschreibung des materiellen Inhalts des Verbrechensbegriffs entspricht der heute herrschenden Meinung. Sie ist auch in der Definition von **Otto** enthalten, die folgendermaßen lautet: "Strafwürdig ist... nur ein Verhalten, das deshalb sozialethisch zu mißbilligen ist, weil es geeignet ist, die sozialen Beziehungen innerhalb der Rechtsgesellschaft erheblich zu gefährden oder zu schädigen. Bloß lästige oder unerwünschte Verhaltensweisen erreichen diesen Grad der Sozialgefährlichkeit oder Sozialschädlichkeit nicht, es muß sich vielmehr um gravierende Rechtsverletzungen handeln(7)".

Maßgebend ist danach also die Sozialschädlichkeit der in Frage stehenden Verhaltensweise(8). Als Beispiel dafür, daß sich auch der heutige Gesetzgeber an der Sozialschädlichkeit von Verhaltensweisen orientiert, soll das neue Umweltstrafrecht(9) benannt werden. Hier wollte der Gesetzgeber mit der Übernahme der zentralen Normen des Umweltstrafrechts in das StGB das Bewußtsein der Öffentlichkeit für die Sozialschädlichkeit von Umwelteingriffen schärfen(10).

Die Begriffsbestimmung des Verbrechens hat allerdings keinen absoluten, sondern nur einen relativen Charakter. "Relativ", weil sie an das Schutzbedürfnis und die Wertvorstellungen der Gesellschaft in der konkreten historischen Situation anknüpfen muß und damit in Abhängigkeit steht zu dem allgemeinen kulturellen, sozialen und wirtschaftlichen

---

4 vgl. BVerfG NJW 1975, 573,576

5 vgl. Gallas, Beiträge zur Verbrechenslehre, S.2; Tiedemann, Kartellrechtsverstöße und Strafrecht, S.95

6 vgl. Gallas, Beiträge zur Verbrechenslehre, S.16

7 vgl. Otto, Schröder Gedächtnisschrift, 53,54 f

8 zur "Sozialschädlichkeit" als Inhalt des materiellen Verbrechensbegriffs vgl. auch Tiedemann, Kartellrechtsverstöße und Strafrecht, S.95; Maurach-Zipf, Teilband 1, S.175; Hassemer, Einführung, S.25

9 18. StÄG, in Kraft getreten am 1.7.1980

10 vgl. Schönke-Schröder-Cramer, Rdnr.2 vor § 324; Lackner, Anm.1 b zu § 324

Entwicklungsstand der Gesellschaft(11). Es mag zwar einen gewissen Kernbestand an Verbrechenstypen geben, der sich zu allen Zeiten und bei allen Völkern findet, weil sich in ihm die Grundlagen des menschlichen Daseins widerspiegeln. Aber darüber hinaus stehen die Strafdrohungen im Zeichen des Wandels von Zeitanschauung und Lebensbedingungen und der nationalen, kulturellen und gesellschaftspolitischen Verschiedenheiten(12).

Robert Legros hat diesen Zusammenhang in seinen Ausführungen über das Verhältnis von Recht und Moral und über die Auswirkungen geänderter Tatsachen auf Recht und Moral eingehend dargelegt. Ausgangspunkt ist für Legros jene "fundamentale und unbestreitbare Idee", daß Strafrecht und Moral eng verbunden sind. Seit einigen Jahrzehnten habe sich jedoch zwischen dem Recht und der offiziellen d.h. der traditionellen Moral ein Graben geöffnet. Während das Recht sich unter dem Druck der Sachzwänge sehr rasch verändert habe und wir uns dieser zwingenden Entwicklung auch bewußt seien, seien wir auf der anderen Seite einer inzwischen veralteten Moral, einer bougeoisen und traditionellen Moral in dem Gedanken verhaftet geblieben, daß die Moral statisch, vorgegeben, universell sei(13). In Wahrheit hätten sich die Moralvorstellungen jedoch zur gleichen Zeit wie das Recht entwickelt: die individuelle Prägung sei langsam in eine soziale Prägung übergegangen. Im Bereich der Dogmatik habe man zwar die Entwicklung des Rechts registriert, nicht aber die der Moralvorstellungen. Genauso wie das klassische Strafrecht von den moralischen Wertvorstellungen seiner Zeit geprägt gewesen sei, habe das neue Strafrecht, das aus neuen sozialen, wirtschaftlichen, steuerlichen, technischen und internationalen Anforderungen entstanden sei, nichts Künstliches an sich, sondern spiegele den Geist der heutigen Zeit wider, den Geist einer Gesellschaft, die ihre eigenen Moralvorstellungen, ihre Werte, ihre Ideale habe(14). Man müsse sich fragen, ob es heutzutage nicht moralisch verwerflicher sei, Vorschriften zum Schutz der Hygiene, der Jugend, der Arbeit usw. nicht einzuhalten als bestimmte Delikte gegen das Eigentum oder die guten Sitten zu begehen(15). Die neuen Moralvor-

---

11 vgl. Gallas, Beiträge zur Verbrechenslehre, S.16; Tiedemann, Kartellrechtsverstöße und Strafrecht, S.95; Maurach-Zipf, AT, Teilband 1, S.176; inhaltlich dasselbe meint wohl auch Schreiber, Dünnebier Festschrift, 633,638. Schreiber lehnt zwar den Begriff der Sozialschädlichkeit als "höchst unklar" ab, mit der Formulierung, daß es um eine "andere Ethik" gehe, meint aber auch Schreiber wohl die Abhängigkeit des Rechts von den Wertvorstellungen der Gesellschaft. Das ergibt sich aus den Ausführungen S.646, wenn es da heißt: "Freilich sind die Grundsätze der Sozialmoral ebenso wie das Recht keine feste, gleichbleibende Größe. Beide sind den Veränderungen der ethischen Anschauungen unterworfen"

12 vgl. Gallas, Beiträge zur Verbrechenslehre, S.16

13 vgl. Legros, Rev.dr.pén.et crim. 1968-69, 365,366 f; Rev.dr.pén. et crim. 1963-64, 3,25

14 vgl. Rev.dr.pén.et crim. 1968-69, 365,367 f

15 vgl. Rev.dr.pén.et crim. 1968-69, 365,368

stellungen seien heutzutage nicht nur an Familie, die guten Sitten, das Eigentum gebunden. Sie resultierten aus der sozialen Disziplin, aus einer positiven Vorstellung des staatsbürgerlichen Pflichtgefühls, aus der Achtung des Lebens und des Menschen(16). Eine menschliche Gemeinschaft, die immer mehr auf die Solidarität, die Organisation und die internationale Integration gegründet sei, werde nicht nur durch neue Institutionen und Vorschriften bestimmt, sondern habe notwendig und auf derselben Grundlage ihre Moral- und Wertvorstellungen und ihre Ideale(17).

Zur Strafwürdigkeit eines Verhaltens muß sich die Strafbedürftigkeit gesellen. Das bedeutet, daß die Strafe unerläßliches Mittel sein muß, um die Gesellschaft vor strafwürdigen Rechtsgutsbedrohungen oder -verletzungen zu schützen und die Rechtsordnung zu bewähren(18). Die Strafe ist "ultima ratio" im Instrumentarium des Gesetzgebers(19).

Zur Beantwortung der Frage, ob unter Zugrundelegung dieser Grundsätze der Einsatz des Strafrechts juristischen Personen gegenüber gerechtfertigt ist, muß zunächst das kriminalpolitische Bedürfnis ihrer Bestrafung geprüft werden, also die Strafwürdigkeit von Verhaltensweisen, die letztlich der juristischen Person zuzurechnen sind.

b) Kriminalpolitisches Bedürfnis, juristische Personen als solche zu bestrafen

Schon bei der Erörterung der im deutschsprachigen Raum vorgebrachten Argumente pro und contra konnte festgestellt werden, daß jedenfalls hier ein kriminalpolitisches Bedürfnis besteht, juristische Personen als solche zu bestrafen. Die in den ausländischen Rechtsordnungen zu diesem Thema vertretenen Meinungen bekräftigen diese Auffassung. Zum Ausdruck kommt dies insbesondere darin, daß sich dieselben (befürwortenden) Argumente in fast allen untersuchten Rechtsordnungen finden lassen. Das soll im folgenden anhand der fünf hauptsächlich vorgetragenen Aspekte, die sich zum Teil mit den Thesen von Busch(20) decken, demonstriert werden:

(1) Beweisnotstand

Das Argument, daß sich aus der Arbeitsweise der heutigen Wirtschaft nahezu zwangsläufig ein (strafrechtlicher) Beweisnotstand ergibt(21), wird im Ausland mit Nachdruck betont. Die komplexe Struktur vieler

---

16 vgl. Rev.dr.pén.et crim. 1968-69, 365,369

17 vgl. Rev.dr.pén.et crim. 1963-64, 3,28

18 vgl. nur Otto, Schröder Gedächtnisschrift, 53,56 f; Gallas, Beiträge zur Verbrechenslehre, S.17

19 vgl. BVerfG NJW 1975, 573,576

20 vgl. dazu A.IV.2.a)

21 vgl. A.IV.2.a) bei der 5. These von Busch

großer Gesellschaften macht es nahezu unmöglich, die schuldigen Einzeltäter mit dem im Strafrecht erforderlichen Grad des Beweises zu ermitteln(22), weil die Verantwortlichkeiten innerhalb der juristischen Person so breit gefächert sind und so viele bei Entscheidungen mitwirken, daß es häufig unmöglich ist, festzustellen, wer gehandelt hat bzw. es unterlassen hat zu handeln(23). Die juristische Person dient häufig als Deckmantel für die Begehung strafbarer Handlungen(24).

(2) Gedanke der Machtfülle

Die Notwendigkeit, die juristische Person als solche zu bestrafen, wird auch mit der großen Macht, über die juristische Personen verfügen, begründet. Weltweit besteht die Notwendigkeit, den Staat und die staatliche Gemeinschaft mittels des Strafrechts gegen rechtswidrige Handlungen zu schützen, die von juristischen Personen begangen werden, die über eine Machtfülle verfügen, die weit größer ist als die von Einzelpersonen. Insbesondere die Macht von Wirtschaftsverbänden ist für die soziale Ordnung immer dann gefährlich, wenn diese Macht zum Schaden anderer eingesetzt wird. Angesichts dieser Tatsache verlangt die Défense sociale die Zulassung der Strafbarkeit juristischer Personen als notwendiges Korrelat zu den immer größeren Rechten, die den Verbänden zugebilligt werden(25). Gesellschaftsfeindliche Verhaltensweisen, die sich eine natürliche Person gar nicht vorstellen kann oder deren Vornahme ihr nicht möglich ist, liefen sonst Gefahr unbestraft zu bleiben(26). Diese Besorgnis liegt u.a. auch den Ausführungen des Supreme Court of the United States in seiner Entscheidung New York Central & Hudson River Railroad Company v.U.S. zugrunde. Der Supreme Court drückt diesen Aspekt folgendermaßen aus:

> "Das Recht kann...seine Augen nicht vor der Tatsache verschließen, daß heutzutage der größte Teil wirtschaftlicher Unternehmungen durch juristische Personen ausgeführt wird und daß insbesondere der innerstaatliche Handel fast ausschließlich in ihren Händen liegt. Würde man ... von jeder Bestrafung absehen, dann würde das bedeuten, daß man praktisch das einzige Mittel, diesen

---

22 Internationaler Strafrechtskongreß in Bukarest vgl. A.V.1.a); Großbritannien vgl. B.I.2.b)aa); Bengü vgl. A.V.2.

23 USA vgl. B.I.3.b)cc); Belgien vgl. B.III.1.; Niederlande vgl. B. III.2.b); Frankreich, vgl. B.II.3.c)aa) und Begründung der Ordonnance Nr.45-920 vom 5. Mai 1945 vgl. B.II.3.a)

24 Frankreich vgl. B.II.3.c)aa)

25 Internationaler Strafrechtskongreß in Bukarest vgl. A.V.1.a); Hacker, vgl.A.V.2.; Frankreich vgl. B.II.3.c)aa); Belgien vgl. B.III.1. Dieser Aspekt hat auch in der deutschen Diskussion Anklang gefunden, wenn dort die Frage gestellt wird, ob die zunehmende Betätigung juristischer Personen nicht die strafrechtliche Verantwortlichkeit als notwendiges Äquivalent fordere vgl. v.Weber, DRiZ 51,153,155, oben A.IV.2.a)

26 Frankreich vgl. B.II.3.c)aa)

Bereich wirksam zu beaufsichtigen und Mißbräuche zu verhindern, aus der Hand geben würde(27)".

In Großbritannien ist dieser Aspekt - soweit ersichtlich - weder in der Rechtsprechung noch in der Literatur erörtert worden. Für die Niederlande kann diese Aussage nicht gemacht werden, da hier die Rechtslage nur im Überblick untersucht wurde.

(3) Unzulänglichkeit des Systems der Verantwortlichkeit von Einzelpersonen

Für die Notwendigkeit, die juristische Person als solche zu bestrafen, wird weiterhin vorgebracht, daß auf den einzelnen Handelnden unter Umständen Druck von höherer Seite ausgeübt werde, so daß es geradezu verwerflich sei, die natürliche Person - unter der Voraussetzung, daß sie überhaupt ermittelt werden kann - zu verfolgen und zu bestrafen(28). Wer erkennt denn nicht, daß das Handeln des Einzelnen ihm von der juristischen Person vorgeschrieben und von den ihr zur Verfügung stehenden gewaltigen Mitteln erleichtert und verstärkt wurde?! Es besteht die Gefahr, daß die natürliche Person stellvertretend für den Verband oder für ein schuldhaftes Verhalten, das nicht nur ihr selbst zuzurechnen ist, bestraft wird(29).

Im übrigen sind die natürlichen Personen häufig insolvent. Auch kommt es durchaus vor, daß die Geldstrafe, zu der ein leitender Angestellter verurteilt wurde, von der Gesellschaft bezahlt wird(30). In den seltenen Fällen, in denen die wahren Schuldigen ermittelt werden können, sind die diesen auferlegten Strafen weit davon entfernt, dem Gerechtigkeitsgefühl zu genügen und die menschliche Gesellschaft vor der Wiederholung derselben Handlung durch andere zu bewahren. Die Häufigkeit der im Rahmen von juristischen Personen begangenen Delikte und die Unzulänglichkeit des Systems der Verantwortlichkeit der Einzelpersonen zeigen, daß die menschliche Gesellschaft sich einer Gefahr und der Notwendigkeit ihrer Bekämpfung gegenüber sieht(31).

Nur die Bestrafung der juristischen Person genügt dem Sühnewunsch der Öffentlichkeit, die die juristische Person als wahren Täter betrachtet(32).

(4) Phänomen des Gruppengeistes

Das Phänomen des kriminellen Verbandsgeistes, das schon bei der These 1 von Busch(33) angesprochen wurde, wird auch in Großbritannien,

---

27 29 S.Ct.304 (1909); dargestellt oben bei B.I.3.a)

28 Großbritannien vgl. B.I.2.b)bb); USA vgl. B.I.3.b)cc)

29 Frankreich vgl. B.II.3.c)aa); Niederlande vgl. B.III.2.b)

30 Frankreich vgl. B.II.3.c)aa); vgl. zu diesem Aspekt auch die Ausführungen zu These 2 von Busch, vgl. o. A.IV.2.a)

31 Bengü vgl. A.V.2.

32 Internationaler Strafrechtskongreß von Bukarest vgl. A.V.1.a); USA vgl. B.I.3.b)cc); vgl. dazu auch schon oben bei der 3. These von Busch (A.IV.2.a)

33 vgl. A.IV.2.a)

in den USA und in Frankreich als ein Grund betrachtet, der die Strafbarkeit der juristischen Person selbst erfordere. Der Gruppengeist kann die Direktoren dazu veranlassen, einer (Gesellschafts-)Politik zuzustimmen, die sie sonst abgelehnt hätten. Von daher ergibt sich die Notwendigkeit für eine Sanktion, die eine sorgfältige Auswahl der Direktoren und die Überwachung ihrer Tätigkeiten erzwingen soll. Dieser Effekt kann durch eine der juristischen Person selbst auferlegte Sanktion erreicht werden(34). Der Einfluß des Milieus auf Entstehung und Entwicklung der Kriminalität ist eine Tatsache und Untersuchungen über die Kriminalität von Gruppen haben bewiesen, daß die Gruppe ein von den sie bildenden Einzelpersonen verschiedenes Wesen ist. In diesem verschmolzenen Gebilde geht das "Wohl" des Ganzen dem Wohl des Einzelnen vor, denn die Ansteckung durch das schlechte Beispiel ist gewaltig. Die strafrechtliche Verantwortlichkeit der juristsichen Person selbst erlaubt, dieses Phänomen zu bekämpfen(35).

Nicht diskutiert wurde dieser Gedanke auf dem Internationalen Strafrechtskongreß in Bukarest, in Belgien und in den Niederlanden. Hinsichtlich Belgien und der Niederlande muß diese Aussage jedoch mit dem Vorbehalt gemacht werden, daß der Diskussionsstand in diesen Ländern nur in Ansätzen untersucht wurde.

(5) Abschreckung der leitenden Angestellten

Der Gedanke, daß die Strafbarkeit der juristischen Person auch auf deren leitende Angestellte eine abschreckende Wirkung ausübt, wird in Großbritannien und in den USA aufgegriffen(36). Der persönliche Prestigeverlust, der einer Verurteilung der juristischen Person auf dem Fuße folgt und die Verringerung des Gesellschaftskapitals, die auch zu einer Gefährdung der eigenen Position führt, sind geeignet, den Handelnden von der Begehung der Tat abzuhalten. Personen, die verantwortungsvolle Positionen bekleiden, haben Loyalitätsgefühle gegenüber dem Unternehmen und diese Gefühle können sie, wenn die Gefahr besteht, daß dem Unternehmen eine Strafe auferlegt wird, dazu veranlassen, entweder sich selbst zu bessern oder so auf ihre Untergebenen einzuwirken, daß ein Wiederholungsfall verhindert wird(37).

In Frankreich, Belgien, den Niederlanden und auf dem Internationalen Strafrechtskongreß in Bukarest wurde dieser Aspekt nicht erörtert, wobei für Belgien und die Niederlande allerdings die bereits erwähnte Einschränkung gilt.

Die aus den ausländischen Rechtsordnungen gewonnenen Erkenntnisse bestätigen also das kriminalpolitische Bedürfnis, mittels strafrechtlicher Sanktionen gegen juristische Personen vorzugehen, das oben, bei A.IV.2.a), bereits bejaht wurde. Dieser Standpunkt gründet sich - um das kurz zusammenfassend zu wiederholen - aus der Fülle der

---

34 Großbritannien vgl. B.I.2.b)bb); USA vgl. B.I.3.b)cc)

35 Frankreich vgl. B.II.3.c)aa)

36 vgl. schon bei der These 1 von Busch (A.IV.2.a)

37 Großbritannien vgl. B.I.2.b)bb); USA vgl. B.I.3.b)cc)

im deutschsprachigen und im ausländischen Raum vorgetragenen Gesichtspunkte vor allem auf die folgenden:

- Infolge der Dezentralisierung und der Delegation von Verantwortung und Verantwortlichkeiten in den heutigen Großbetrieben läßt sich häufig nicht mehr mit dem für das Strafrecht erforderlichen Grad der Gewißheit beweisen, wer gehandelt hat oder es unterlassen hat, zu handeln und erst recht nicht, wer dafür die Schuld trägt. Auf der anderen Seite steht fest, daß aus dem Unternehmen heraus Straftaten begangen wurden, die oft erhebliche Schäden für die Volkswirtschaft bewirken(38). Die Verantwortlichkeit wird häufig auf die unteren und untersten Glieder der Organisation verlagert, während die obersten Organe, selbst wenn sie die eigentlichen Drahtzieher sind, ihre Hände in Unschuld waschen(39).
- Wenn die juristische Person den unmittelbar Betroffenen - sollte er ermittelt werden können - von den Folgen der Straftat freistellt, indem sie die Geldstrafe für ihn bezahlt oder ihn in anderer Weise begünstigt, werden die Hemmschwellen für den Einzelnen herabgesetzt. Hat der Einzelne keine Nachteile zu erwarten, ist er eher bereit, das Verbandsinteresse in den Vordergrund zu rücken, zumal der wirtschaftliche Erfolg des Unternehmens auch Rückwirkungen auf sein eigenes Ansehen in der Öffentlichkeit und seinen wirtschftlichen Status hat. Auch die Angst, nicht befördert zu werden oder gar den Arbeitsplatz zu verlieren, kann entscheidend zu einer Überbewertung der Verbandsinteressen beitragen. Besteht aber die Gefahr, daß die juristische Person selbst eine soziale oder ökonomische Einbuße erleidet, die dann auch auf die eigene Position Auswirkungen hat, verlieren diese Faktoren an Bedeutung(40).
- Da die Geldstrafe nach § 40 Abs.2 StGB nach den wirtschaftlichen Verhältnissen des Täters zu bemessen ist, könnte sie bei ausschließlicher Bestrafung der natürlichen Person in den seltensten Fällen in ein angemessenes Verhältnis zum angerichteten Schaden gesetzt werden. Dieses Problem würde durch die Möglichkeit, die Geldstrafe der juristischen Person aufzuerlegen, gelöst. Im übrigen würde dadurch auch dem in der Bevölkerung herrschenden Rechtsgefühl Genüge getan. Die Allgemeinheit betrachtet die juristische Person als Urheber, ordnet ihr das deliktische Geschehen zu und erwartet deshalb auch, daß die juristische Person bestraft wird(41).
- Auch das Argument der ungeheuren Machtfülle, die juristische Personen innehaben, die Tatsache, daß der größte Teil wirtschaftlicher Betätigungen/Unternehmungen von ihnen ausgeführt wird, legt die Forderung nahe, daß ihren immer größeren Rechten und ihrer Macht die strafrechtliche Verantwortlichkeit als Pendant gegenüber gestellt werden muß(42).

---

38 vgl. A.IV.2.a) und die Nachw. bei (1)

39 Schlagwort von der "organisierten Unverantwortlichkeit", vgl. die Nachw. oben A.I.1., Fn.10 und 11

40 vgl. schon A.IV.2.a) und die Nachw. bei (5)

41 vgl. A.Iv.2.a) und die Nachw. bei (3)

42 vgl. die Nachw. bei (2)

Diesen sozialen und wirtschaftlichen Tatsachen muß das Recht und auch das Strafrecht Rechnung tragen, damit verhindert wird, daß eine Kluft zwischen sozialer Wirklichkeit und Rechtswirklichkeit entsteht. Zumindest sollte erreicht werden, daß diese Kluft nicht zu breit wird.

c) Zwischenergebnis

Der Einsatz des Strafrechts auch gegenüber juristischen Personen ist unter dem Gesichtspunkt der Verbrechensverhütung gerechtfertigt.

Die Sozialschädlichkeit der Verletzungshandlung(en) seitens einer juristischen Person und damit die Strafwürdigkeit des Verhaltens, die in Abhängigkeit zu dem allgemeinen kulturellen, sozialen und wirtschaftlichen Entwicklungsstand einer Gesellschaft steht, kann bejaht werden. In der heutigen Gesellschaft wird das Begehen von Straftaten, die häufig enorme Schäden für andere und für die Volkswirtschaft zur Folge haben, aus einer juristischen Person heraus und unter Ausnutzung ihrer Organisationsstrukturen und ihrer gewaltigen Mittel als in hohem Maße sozialschädlich beurteilt. Das moderne Strafrecht muß sich den neuen sozialen, wirtschaftlichen, steuerlichen, technischen und internationalen Anforderungen, mit denen es konfrontiert wird, stellen; es muß eine Antwort auf neue wirtschaftliche, steuerliche, technische Möglichkeiten bzw. deren Mißbrauch finden. Wie bereits unter C.II.1.b) erörtert, hat das Anwachsen von juristischen Personen mit einer zum Teil ungeheuren Machtfülle das Entstehen einer besonderen Kriminalität bedingt, die eine Reaktion des Gesetzgebers erfordert. Es besteht ein Bedürfnis, gegen juristische Personen eine diesem Gebilde angepasste Sanktionsmöglichkeit zu eröffnen. Andernfalls könnten Gesetzesverstöße, die ihre Ursachen im Betätigungsfeld der juristischen Person haben und die ihr letztlich zuzurechnen sind, nicht hinreichend bekämpft werden. Die Verantwortlichen können häufig nicht ermittelt werden bzw. erscheint ihre persönliche strafrechtliche und bußgeldrechtliche Verantwortlichkeit unzureichend, weil die hiernach zulässige Strafe oder Geldbuße an den persönlichen Verhältnissen der Betroffenen auszurichten ist und deshalb im Verhältnis zur Tragweite der Rechtsgutsverletzung, die letztlich der juristischen Person zuzurechnen ist, nicht angemessen ist.

Die Bestrafung der juristischen Person ist ein geeignetes Mittel zur Bekämpfung dieser spezifischen Kriminalität, weil sie es erlaubt, das Übel an der Wurzel zu packen und nicht nur an den Symptomen zu kurieren.

Über die Erforderlichkeit und Geeignetheit hinaus muß der Einsatz des Strafrechts jedoch zur Erreichung des legitimen Zieles (Aufrechterhaltung der Rechtsordnung als einer Grundbedingung für das Zusammenleben in der Gemeinschaft) unerläßlich sein (ultima ratio). Es ist deshalb die Frage zu stellen, ob es nicht ausreichen würde, mittels des Ordnungswidrigkeitenrechts gegen juristische Personen vorzugehen. Wie unter C.II.5.b) noch zu erörtern sein wird, gibt es jedoch auch im Ordnungswidrigkeitenrecht Sachverhalte, die "zweifellos kriminell" sind und die dann auch kriminell behandelt werden müssen. Zu denken ist hier insbesondere an die Ordnungswidrigkeiten des Kartellrechts. Die Abwertung zum Ordnungsunrecht würde in derartigen Fällen einen "schweren Fehler" des Gesetzgebers darstellen(43). Andere Sachverhalte mögen im Grenzbereich zwischen kriminellem Unrecht und Ordnungsunrecht liegen. Hier obliegt es jedoch dem Gesetzgeber, die exakte Grenzlinie festzulegen(44).

Meines Erachtens ist es erforderlich, alle hier in Frage kommenden Sachverhalte durch unabhängige Gerichte beurteilen zu lassen und sie dem Legalitätsprinzip zu unterstellen, anstatt ihre Verfolgung und Ahndung dem Ermessen der Verwaltungsbehörden zu überlassen. Letzteres wäre im Falle bloßen Ordnungswidrigkeitenunrechts der Fall(45).

Der Einsatz von Maßregeln der Besserung und Sicherung als geringerer Eingriff scheidet schon deshalb aus, weil es sich bei ihnen nicht um ein im Verhältnis zur Strafe geringeres Mittel handelt. Wie der Katalog des § 61 StGB allein schon zeigt, handelt es sich bei den Maßregeln um durchaus gravierende Eingriffe, für die deshalb der Grundsatz der Verhältnismäßigkeit durch § 62 StGB besonders hervorgehoben wurde. Davon zu unterscheiden ist allerdings die noch zu prüfende Frage, ob bei juristischen Personen ein reines Maßregelsystem der Strafe vorzuziehen ist(46).

2. STRAFFÄHIGKEIT JURISTISCHER PERSONEN

Die Frage, die hier beantwortet werden muß, ist, ob Strafen auf juristische Personen überhaupt anwendbar sind und ob die Strafzwecke bei juristischen Personen erreicht werden können.

Hinsichtlich der Anwendbarkeit der Strafen auf juristische Personen genügt hier ein kurzer Hinweis(1). Zwar kann eine juristische Person nicht eingesperrt werden, die Vollstreckung einer Freiheitsstrafe ist also bei ihr nicht denkbar. Möglich sind jedoch die Geldstrafe und andere, der Natur juristischer Personen angepasste, Sanktionen.

Was die Erreichung der Strafzwecke anbetrifft, so ist zunächst darauf hinzuweisen, daß es nicht Gegenstand dieser Untersuchung sein kann, zu dem Verhältnis der Strafzwecke zueinander Stellung zu nehmen. Für die Fragestellung genügt es, die Strafzwecke isoliert zu betrachten und jeweils zu untersuchen, ob der einzelne Strafzweck bei juristischen Personen erreicht werden kann.

Als Strafzwecke werden vertreten: Generalprävention, Spezialprävention und Vergeltung oder Sühne. Dabei ist umstritten, ob die Vergeltung

---

43 vgl. Eb. Schmidt, Niederschr., Bd.8, S.80

44 vgl. BVerfG NJW 1979, 1981 f; Tiedemann, Kartellrechtsverstöße und Strafrecht, S.101 f

45 vgl. schon A.III.1.

46 vgl. dazu C.III.1.

1 Näheres dazu unten C.III.

oder Sühne überhaupt einen Strafzweck darstellt(2). Auch zu dieser Streitfrage erübrigt sich jedoch eine Stellungnahme: Ergibt die Prüfung, daß die repressive Funktion der Strafe bei juristischen Personen erfüllt werden kann, so ist damit dem Anliegen der weitergehenden Meinung Genüge getan. Für die engere Meinung, die die Tatvergeltung als Strafzweck ablehnt, sind diese Ausführungen entbehrlich, ändern aber an dem zuvor gewonnenen Ergebnis nichts.

Außer Betracht bleiben soll bei den folgenden Eörterungen der ethische Aspekt, das gesellschaftliche Unwerturteil, das nach der Auffassung mancher Autoren Wesensmerkmal der Strafe ist(3). Dieser Aspekt wird im Rahmen der Schuldfähigkeit juristischer Personen erörtert werden, da die schuldhafte Begehung der Tat Voraussetzung der Rechtsfolge Strafe ist und der Schuldvorwurf nach herrschender Meinung sozialethisch geprägt ist. Das Schuldprinzip begrenzt zwar die Rechtsfolge "Strafe", stellt aber selbst keinen Strafzweck dar(4) und wird daher an anderer Stelle diskutiert werden.

a) Generalpräventiver Aspekt

Der Strafzweck der Generalprävention hat folgende Bedeutung: mit der Strafe wird der Allgemeinheit gegenüber zum Ausdruck gebracht, daß das Recht sich zum Schutz der Rechtsgüter durchsetzt. Im Bewußtsein der Allgemeinheit soll die Unverbrüchlichkeit des Rechts erwiesen und durch die Einwirkung auf das Rechtsbewußtsein die Rechtstreue der Allgemeinheit erhalten und gestärkt werden. Gleichzeitig soll deutlich gemacht werden, welche Rechtsfolge jemand zu erwarten hat, wenn er sich über die strafrechtlichen Gebote und Verbote hinwegsetzt. Potentielle Täter sollen also von der Begehung von Straftaten abgeschreckt werden(5).

Ob und inwieweit diese sozialpsychologischen Wirkungen der Strafe tatsächlich eintreten, ist empirisch noch nicht ausreichend überprüft und wissenschaftlich umstritten. Das Strafrecht baut jedoch auf der vermuteten general-präventiven Wirkung der Strafe auf. Soweit empirische Grundlagen fehlen, ist das bei natürlichen Personen genauso der Fall wie bei juristischen Personen, so daß bei juristischen Personen keine Bedenken besonderer Art angebracht sind.

Die Bestrafung der juristischen Person würde das allgemeine Rechtsbewußtsein bestärken, da die Allgemeinheit die juristische Person als Urheber des deliktischen Geschehens betrachtet und deshalb auch ihre

---

2 ablehnend z.B. Maurach-Zipf, AT, Teilband 1, S.93

3 vgl. z.B. Jescheck, DöV 53,539,542 und Lehrbuch, AT, S.50; Seiler, Strafrechtliche Maßnahmen als Unrechtsfolgen gegen Personenverbände, S.85 f

4 vgl. Maurach-Zipf, Teilband 1, S.93

5 vgl. Schönke-Schröder-Stree, Rdnr.2 vor § 38; Maurach-Zipf, AT, Teilband 1, S.89 f

Bestrafung erwartet(6). Auch dem Aspekt, daß potentielle Täter vor der Begehung weiterer Straftaten abgeschreckt werden sollen, der sekundär hinzutritt(7), kann bei juristischen Personen Rechnung getragen werden. Es reicht aus, daß dieser Effekt auf bestimmte Täterkreise, hier juristische Personen, beschränkt ist(8). Müssen die Verantwortlichen damit rechnen, daß das Körperschaftsdelikt eine empfindliche Reaktion des Staates nach sich zieht, die zu einer sozialen und ökonomischen Einbuße des Unternehmens führt, so können die Verantwortlichen dadurch von der Tat abgehalten bzw. zu einer effektiveren Kontrolle und besseren Organisation veranlaßt werden, weil sie die juristische Person nicht diesem Risiko aussetzen und Rückwirkungen auf ihren eigenen sozialen und ökonomischen Status vermeiden wollen(9).

b) Individualpräventiver Aspekt

Die Individualprävention (Spezialprävention) erstrebt das Ziel der Verbrechensverhütung durch unmittelbare Einwirkung auf den Täter selbst, der durch eine geeignete Beeinflußung dazu gebracht werden soll, in Zukunft ein straffreies Leben zu führen. Die Strafe soll den sozial integrierten Täter von der Begehung weiterer Straftaten abschrecken (Denkzettelfunktion), den kriminell infizierten Täter resozialisieren (positive Spezialprävention) und die Gesellschaft vor dem gefährlichen Täter sichern (negative Spezialprävention). Diese drei spezialpräventiven Funktionen der Strafe stehen in einem Stufenverhältnis(10).

aa) Abschreckungsfunktion

Die "Denkzettelfunktion" kann die Strafe auch bei juristischer Personen erfüllen. Was von dem Abschreckungseffekt bei der Generalprävention gesagt wurde, gilt insoweit verstärkt für die Spezialprävention, für die Abschreckung der konkreten juristischen Person.

---

6 vgl. C.II.1.b)

7 vgl. Maurach-Zipf, AT, Teilband 1, S.90

8 vgl. BGHSt.17, 354,357

9 vgl. Schwander, Festgabe für Gutzwiller, S.603,614; o.C.II.1.b); Frankreich vgl. B.II.3.c)cc); Belgien B.III.1.; v.Weber, GA 54,237, 241

10 vgl. Maurach-Zipf, AT, Teilband 1, S.90; Hirsch, LK, Rdnr.8 vor §46

bb) Besserungseffekt

Rotberg stellt in diesem Zusammenhang zu Recht die Frage, warum eigentlich das öffentliche Verdikt einer die juristische Person diskriminierenden staatlichen Strafe ohne motivierende Kraft sein sollte. Weshalb sollte sie die Verantwortlichen der juristischen Person nicht zum Nachdenken zwingen und zur Umkehr von einem bisher beschrittenen unguten Wege nötigen, mindestens zur Umstellung einer etwa unglücklichen Personalpolitik? Auch sein Hinweis, daß der Bestrafung der juristischen Person auch und gerade Bedeutung für die Wirksamkeit von Minderheiten oder einzelnen Persönlichkeiten zukommt, die auf diese Weise verstärkt gegen einen eventuell vorhandenen "kriminellen Verbandsgeist" opponieren können(11), ist überzeugend und dient als Argument dafür, daß auch bei juristischen Personen eine Art Besserungswirkung erreicht werden kann.

Ähnlich wurde auf dem Internationalen Strafrechtskongreß in **Bukarest** argumentiert. Dort wurde die Ansicht vertreten, daß die Verhängung einer Sanktion der juristischen Person gegenüber sich dahingehend auswirke, daß sie indirekt auf die Einzelwillen einwirke und so eine Neuorientierung im Willensbildungsprozeß der juristischen Person nach sich ziehe(12).

Auch **Levasseur** ist der Ansicht, daß Strafen juristischen Personen gegenüber eine Besserungswirkung entfalten könnten, indem sie durch die Kraft der Überzeugung eine Verhaltensänderung bewirken und zur "sozialen Wiedereingliederung" der juristischen Person beitragen könnten. Letzteres könne insbesondere durch ein vom Bewährungsgedanken beeinflußtes Strafensystem erreicht werden: durch eine Art von Staatsaufsicht, unter die man die juristische Person stellen könne(13).

Dieser Gedanke gewinnt an Überzeugungskraft, wenn man sich vor Augen hält, daß juristische Person und natürliche Person zwei verschiedene Einheiten darstellen und man deshalb nicht zwangsläufig die Sanktionen, die für eine der beiden geeignet sind, für die andere nachbilden muß(14). Der Hinweis im französischen Schrifttum, daß eine vertiefte Studie von Buchhaltung, Unternehmensleitung oder Tätigkeitsbereich einer Gesellschaft im Hinblick auf geeignete Strafsanktionen sehr hilfreich wäre, muß im Lichte dieses Gedankens gesehen werden(15). In dieselbe Richtung zielen Vorschläge in den **USA**. Hier wird - ausgehend von den komplexen Organisationsstrukturen und Interaktionsprozessen innerhalb einer juristischen Person, die zum Teil kriminelles Verhalten seitens der juristischen Person begünstigen, zum Teil den Nachweis kriminellen Verhaltens erschweren oder unmöglich

---

11 Rotberg, Festschrift für den DJT, Bd.II, S.193,203 f, 206

12 vgl. A.V.1.c)

13 vgl. B.II.3.c)cc)

14 vgl. Belgien (B.III.1) und C.III.

15 vgl. B.II.3.c)cc)

machen - vorgeschlagen, diese internen Prozesse gerichtlich neu zu strukturieren(16).

Zu denken ist auch an die Ersetzung unzuverlässiger Organe oder die Einsetzung eines Sachwalters. Dadurch könnte sich ein der Besserung analoger Erfolg bei der juristischen Person unter Umständen sogar rascher und sicherer vollziehen lassen als bei einer natürlichen Person, deren Charakter einen Rückfall befürchten läßt(17). Eine derartige Sanktion wäre unter strafrechtlichen Gesichtspunkten möglich. Sie bedürfte jedoch unter wirtschaftspolititschen Gesichtspunkten der genaueren Überprüfung. Diese Beurteilung vorzunehmen ist jedoch nicht Gegenstand dieser Untersuchung.

Durch der Natur juristischer Personen angepasste Sanktionen läßt sich also auch das spezialpräventive Ziel der Besserung erreichen.

cc) Sicherungsaspekt

In diesem Zusammenhang stellt sich die Frage, ob das Ziel der Sicherung der Allgemeinheit als ultima ratio bei juristischen Personen verwirklicht werden könnte. Diese Frage ist zu bejahen. Der länger dauernden Freiheitsstrafe und der Sicherungsverwahrung, die bei der natürlichen Person zum Einsatz kommen, entspricht bei der juristischen Person die (zeitweise) Schließung (eines Teils) des Betriebes. In einem derartigen Fall müßte der Richter - und auch schon der Gesetzgeber - allerdings sorgfältig die Auswirkungen seiner Entscheidung bedenken, die unter Umständen auch auf andere Unternehmen, die mit dem deliktischen Geschehen nichts zu tun haben, zurückwirken kann(18). Es ist bei dieser strafrechtlich gesehen durchaus möglichen Sanktion derselbe Vorbehalt der Überprüfung anhand von wirtschaftspolitischen Kriterien zu machen wie unter bb).

Wie gezeigt wurde, lassen sich also auch die spezialpräventiven Zielsetzungen der Strafe bei juristischen Personen realisieren.

c) Repressive Funktion der Strafe

Der Strafzweck der Repression liegt in der vergeltenden Reaktion auf die schuldhafte Rechtsverletzung. Strafe ist danach Rechtsgüterminderung, welche an eine Rechtsverletzung des Täters angeknüpft wird. Strafe hat - im Sinne Hegels - die Funktion, die in der Straftat hervorgetretene Negation des Rechts zu negieren und dadurch die verletzte Rechtsordnung wiederherzustellen.

Die juristische Person hat als solche Rechte, sie hat ein eigenes Vermögen, das verschieden ist von dem Vermögen ihrer Mitglieder. Diese

---

16 vgl. die Nachw. oben B.I.3.b)dd)

17 vgl. Schwander, Festgabe für Gutzwiller, S.603,615

18 so auch Rouquet, Rev.dr.pén.et crim. 1975-76, S.698,705

Rechtsgüter können durch die Strafe vermindert werden. Es kann ihr durch den Entzug oder die Minderung ihrer Güter ein Übel zugefügt werden, das ihr zugerechnete Delikt - unter der Voraussetzung, daß eine Zurechnung möglich ist(19) - also an ihr vergolten werden. Insoweit ist die juristische Person also ebenfalls straffähig.

Ein Teil der Literatur verlangt jedoch darüber hinaus, daß die Strafe als bewußte Übelszufügung vom Betroffenen auch als solche empfunden werde. Der Betroffene soll für seine Tat **Sühne** leisten. Dieser Begriff sei aber untrennbar mit dem des Leidens verbunden. Durch alle Strafen solle ein Schmerzgefühl erzeugt werden und dieses solle als Sühne dienen für die unethischen Übergriffe der Person(20).

Es erscheint jedoch fraglich, ob sich die repressive Funktion der Strafe auf Sühne im subjektiven Sinne aufbauen läßt. Sühne ist die persönliche, ethische Leistung des Verurteilten, die darin besteht, daß der Verurteilte die ihm zuerkannte Strafe als gerechte und notwendige Folge seines Verbrechens akzeptiert. Damit ist aber ein staatlicher Zwang zur Sühne undenkbar(21). Bußfertigkeit und moralische Einkehr entziehen sich dem Rechtszwang und sind der Strafe auch nicht in jedem Falle immanent. Wären sie es, so müßte dies - in letzter Konsequenz - zur Straffreiheit unverbesserlicher und hartnäckiger Verbrecher führen(22). Eine Strafe verliert auch dann ihren Charakter als Übel nicht, wenn sie nicht als Übel empfunden wird. Entscheidend muß sein, ob sie objektiv ein Übel ist, nicht ob sie vom Betroffenen als solches aufgefasst wird(23).

Selbst wenn man also die repressive Funktion der Strafe als Strafzweck anerkennt, was - wie bereits erwähnt - nicht unumstritten ist, kann diese Funktion bei juristischen Personen erfüllt werden, denn dazu ist nach dem soeben Erörterten die Rechtsgüterminderung als objekttives Übel ausreichend.

Dieser Aspekt ist in den ausländischen Rechtsordnungen gar nicht diskutiert worden. Das hat seinen Grund darin, daß entweder die repressive Funktion der Strafe als Strafzweck nicht anerkannt wird oder eine völlig untergeordnete Rolle spielt oder daß man diese Funktion (im Sinne einer Rechtsgüterminderung als objektives Übel) völlig unproblematisch für erfüllbar hält. Daraus läßt sich ein weiteres Argument für das **Zwischenergebnis** gewinnen, daß alle Strafzwecke bei juristischen Personen erreichbar sind. Ihre Straffähigkeit ist mithin zu bejahen.

----

19 vgl. dzau C.II.4. und 5.

20 vgl. z.B. Kohler, GA 64 (1917), S.500,503

21 vgl. Maurach-Tipf, AT, Teilband 1, S.94; Schreiber, Dünnebier Festschrift 1982, S.633,640

22 vgl. Schwander, Festgabe für Gutzwiller, S.603,615; Seiler, Strafrechtliche Maßnahmen als Unrechtsfolgen gegen Personenverbände, S.84

23 vgl. Seiler, S.84; Pohl-Sichtermann, Geldbußen gegen Verbände, S.9

3. GERECHTIGKEIT DER BESTRAFUNG JURISTISCHER PERSONEN

Die Gegner der Strafbarkeit juristischer Personen haben als Beleg für die Ungerechtigkeit einer derartigen Bestrafung angeführt, daß unschuldige Mitglieder mitbestraft würden und der Einzeltäter in seiner Eigenschaft als Mitglied der juristischen Person doppelt bestraft werde, was gegen das Verbot der Doppelbestrafung verstoße(1).

a) Mitbestrafung unschuldiger Mitglieder

Besonders ausführlich hat sich **Mueller**(2) mit der (Un-)Gerechtigkeit der (Mit-)Bestrafung der Mitglieder der juristischen Person auseinandergesetzt. Mueller selbst hat seine Ausführungen zwar unter das Kriterium der Schuldfähigkeit eingeordnet, inhaltlich argumentiert er jedoch zu dem Problem, das hier bei der Frage der Gerechtigkeit der Bestrafung juristischer Personen erörtert wird: seine Ausführungen kommen zu dem Ergebnis, daß die (Mit-)Bestrafung des einzelnen Aktionärs entweder gerecht ist, weil ihn ein Vorwurf trifft, oder daß sie ungerecht ist, weil das deliktische Geschehen ihm nicht zum Vorwurf gereicht. Wie bereits unter B.I.3.b)ee) kurz dargestellt, argumentiert Mueller folgendermaßen: Die der juristischen Person auferlegte Geldstrafe, die sich in einem Verlust für die Aktionäre auswirke, sei die Bestrafung für deren eigene Fahrlässigkeit oder ihr mangelndes Interesse (und daher nicht ungerecht), wenn sie durch die Androhung einer Sanktion gezwungen werden könnten, bei der Auswahl und Überwachung der leitenden Angestellten, insbesondere des Vorstandes, die größtmögliche Vorsicht anzuwenden. Eine derartige Argumentation beruhe jedoch auf folgenden Prämissen: 1) daß die Aktionäre in der Tat die Befugnis hätten, den Vorstand auszuwählen und zu überwachen 2) daß die Rechtsverletzung nicht trotz solch äußerst vorsichtiger Auswahl und Überwachung geschehe 3) daß der durch die Geldstrafe bewirkte Verlust nicht auf die Kunden abgewälzt werde 4) daß die Straftat in der Tat auf die Handlung eines Mitglieds des Vorstandes usw. zurückzuführen sei(3).

Mueller begründet dies wie folgt: Die juristische Person denke und handele durch die Personen, die von den Aktionären mit der Leitung der juristischen Person betraut worden seien und die deshalb die größte Verantwortung inne hätten. Daher könne die juristische Person logischerweise nur für die Handlungen der von den Aktionären gewählten Organe verantwortlich gemacht werden und darüber hinaus für die leitenden Angestellten, weil auch diese den Aktionären bekannt seien und die Aktionäre deshalb deren Absetzung von einer leitenden Stelle durchsetzen könnten. Alle diese Personen gehörten zum "inner circle" der juristischen Person; sie seien ihr Geist oder ihr Gehirn ("mens"). Diese "mens" sei zur geistigen Selbstbestimmung in der Lage

---

1 vgl. die Nachw. oben A.IV.2.e)

2 Mens rea and the corporation, 19 Pi.L.R.21 (1957)

3 Mueller, 19 Pi.L.R.21,39 (1957)

und wegen seiner menschlichen Natur bestehe kein einziger Grund, weshabl es nicht auch eine "mens rea" haben solle. Es sei nur logisch und zweckmäßig, daß die Handlungen der Mitglieder dieser Gruppe und solche, die von ihnen ermächtigt, verlangt oder befohlen worden seien, Handlungen der juristischen Person selbst darstellten und die juristische Person (und damit auch die Aktionäre) strafrechtlich verantwortlich machten(4). Nicht begründbar sei es jedoch, die strafrechtliche Verantwortlichkeit der juristischen Person auf niedrigere Angestellte, auf Personen, die nicht Mitglied des "inner circle" seien, zu erstrecken, denn in einem derartigen Fall fehle der juristischen Person nicht nur die mens rea, sondern sogar die geistige Selbstbestimmung. Die "Hand" bewege sich hier ohne Anordnung seitens des "Gehirns"(5). Die Verantwortlichkeit auch für Handlungen von Personen, auf deren Anstellung und Überwachung die Aktionäre keinerlei Einfluß ausüben können, ist nach Mueller also ungerecht. Er hält sie allerdings für möglich, wenn ein Entlastungsbeweis zugelassen werde. Die Verantwortlichkeit müßte danach entfallen, wenn der leitende Angestellte, der die Pflicht hat, den Bereich, in dem das Delikt geschehen ist, zu überwachen, die gebührende Sorgfalt aufgewandt hat, um die Begehung des Delikts zu verhindern. Die Bestrafung trotz Anwendung der gebührenden Sorgfalt könne sonst dazu führen, daß der betreffende leitende Angestellte daraus folgere, daß es erheblich einfacher sei, den Dingen ihren Lauf zu lassen, als verantwortungsbewußt zu handeln(6).

Um die Relevanz der Ausführungen von Mueller - insbesondere im Hinblick auf das deutsche Strafrecht - beurteilen zu können, muß zunächst untersucht werden, welche Möglichkeiten der Überwachung und Kontrolle die Gesellschafter in den deutschen Handelsgesellschaften im Hinblick auf die die Geschicke des Unternehmens maßgeblich Leitenden haben.

Bei der **OHG** gilt: entweder es sind alle Gesellschafter zur Geschäftsführung berechtigt, oder die Geschäftsführung wird durch den Gesellschaftsvertrag, an dessen Abschluß und Änderung alle Gesellschafter beteiligt sind, auf einen bestimmten (bestimmte) Gesellschafter übertragen (§ 114 HGB). Auch im letzteren Fall besteht nach Maßgabe des § 118 HGB ein Kontrollrecht der von der Geschäftsführung ausgeschlossenen Gesellschafter. Die Möglichkeit der Einflußnahme ist hier also relativ groß.

Bei der **KG** ist diese Möglichkeit für einen Teil der Gesellschafter, für die Kommanditisten, sehr viel geringer: sie sind von der Geschäftsführung ausgeschlossen (§ 164 HGB) und haben ein Kontrollrecht nur im Hinblick auf die Richtigkeit der Bilanz (§ 166 HGB).

Bei der **GmbH** erfolgt die Bestellung der Geschäftsführer entweder im Gesellschaftsvertrag oder durch Beschluß der Gesellschaftsversammlung

----

4 Mueller, S.40 f

5 Mueller, S.41

6 Mueller, S.42 f

(§ 6 Abs.3 iVm §§ 46 Nr.5,48 Abs.1 GmbHG). Die Bestellung der Geschäftsführer ist zu jeder Zeit widerruflich, wobei der Gesellschaftsvertrag die Möglichkeit des Widerrufs auf den Fall beschränken kann, daß wichtige Gründe (insbesondere grobe Pflichtverletzung oder Unfähigkeit zur ordnungsmäßigen Geschäftsführung) diesen notwendig machen (§ 38 GmbHG). Da der Bestimmung der Gesellschafter auch die Maßregeln zur Prüfung und Überwachung der Geschäftsführung unterliegen (§ 46 Nr.6 GmbHG), sind die Überwachungs- und Kontrollmöglichkeiten bei dieser Ausgestaltung relativ groß. Sieht jedoch der Gesellschaftsvertrag der GmbH die Errichtung eines Verwaltungsrates vor, so sind gemäß § 52 Abs.1 GmbHG verschiedene Vorschriften des AktG entsprechend anzuwenden, jedoch nur, soweit nicht im Gesellschaftsvertrag ein anderes bestimmt ist. Die Gesellschafter sind somit weitgehend frei, Zielsetzung und Funktion eines solchen Verwaltungsrates zu bestimmen. Die Gesellschafterversammlung - oberstes Organ der GmbH, deren Geschäftskreis in § 46 GmbHG umschrieben ist - kann ihre Befugnisse weitgehend auf den Verwaltungsrat übertragen. Grundsätzlich kann auch die Geschäftsführungsbefugnis des Geschäftsführers in der Weise eingeschränkt werden, daß er seine Entschließungen nur mit Genehmigung des Verwaltungsrates fassen darf oder daß er nur dessen Beschlüsse auszuführen hat. Bei dieser Gestaltung kann die Möglichkeit der Einflußnahme der Gesellschafter also erheblich eingeschränkt oder nur indirekt gegeben sein.

Bei der **GmbH & Co.KG**, die im heutigen Wirtschaftsleben eine erhebliche Verbreitung gefunden hat, stellt sich die Lage folgendermaßen dar: Die GmbH & Co.KG ist eine Kommanditgesellschaft. Neben den (dem) nur mit ihrer (seiner) Einlage haftenden Kommanditisten steht als persönlich mit ihrem gesamten Vermögen haftende Gesellschafterin (Komplementärin) die GmbH. Die Geschäftsführungsbefugnis steht also der GmbH als Komplementärin zu (vgl. § 164 HGB); die Überwachungs- und Kontrollmöglichkeiten können demgemäß je nach Ausgestaltung der GmbH verschieden groß sein.

Bei der **Aktiengesellschaft** (AG) obliegt die Leitung der Gesellschaft dem Vorstand (§ 76 AktG), dessen Mitglieder vom Aufsichtsrat, der auch die Geschäftsführung überwacht, bestellt werden (§ 84 Abs.1 AktG und § 111 Abs.1 AktG). Der Aufsichtsrat kann diese Bestellung widerrufen, wenn ein wichtiger Grund vorliegt, namentlich bei grober Pflichtverletzung, Unfähigkeit zur ordnungsmäßigen Geschäftsführung oder Vertrauensentzug durch die Hauptversammlung (§ 84 Abs.3 AktG). Die Mitglieder des Aufsichtsrates ihrerseits werden von der Hauptversammlung gewählt, allerdings nur, soweit sie nicht in den Aufsichtsrat zu entsenden oder als Aufsichtsratsmitglieder der Arbeitnehmer nach dem Mitbestimmungsgesetz, dem Mitbestimmungsergänzungsgesetz oder dem Betriebsverfassungsgesetz 1952 zu wählen sind (§ 101 AktG). Die Möglichkeit der Aktionäre, auf Bestellung und Überwachung der Vorstandsmitglieder und anderer höchster Angestellter Einfluß zu nehmen, ist also relativ gering und im übrigen nur indirekt über den Aufsichtsrat möglich, dessen Zusammensetzung in den meisten Fällen nicht ausschließlich in ihren Händen liegt. Auch der Vertrauensentzug seitens der Hauptversammlung (§ 84 Abs.3 AktG) setzt voraus, daß der Hauptversammlung mittels des den Vorstand überwachenden Aufsichtsrates Kenntnis von den entsprechenden Tatsachen vermittelt wird.

Insgesamt ergibt sich also, daß die Überwachungs- und Kontrollmöglichkeiten der Gesellschafter in Bezug auf den "inner circle" unterschiedlich stark bzw. schwach ausgeprägt sind. Die logische Folgerung aus den Erörterungen Mueller's würde also lauten, daß bei den Gesellschaften, in denen die Überwachungs- und Kontrollmöglichkeiten schwach ausgeprägt sind, eine Bestrafung der juristischen Person nicht zulässig wäre, weil sie den Aktionären bzw. Anteileignern gegenüber ungerecht wäre.

Diesen Ausführungen und den Argumenten der in Fn.1 in Bezug genommenen Autoren ist jedoch entgegenzuhalten, daß durch eine künftige gesetzliche Regelung die juristische Person zum Normadressaten würde. Die Strafverfolgung richtet sich dann nicht gegen das einzelne Mitglied, sondern gegen die juristische Person selbst. Die Mitglieder werden nicht angeklagt, gegen sie wird kein Vorwurf erhoben und keine Strafe ausgesprochen. Die gegen die juristische Person ausgesprochene Strafe wird nicht in das Strafregister der natürlichen Personen, sondern in ein besonderes Strafregister für juristische Personen eingetragen(7). Strafweise vermindert werden nur die Rechtsgüter, die der juristischen Person als solcher zustehen. Allerdings werden die Mitglieder durch die Auswirkungen der gegen die juristische Person verhängten Strafe in ihren Mitgliedschafts- und Vermögensrechten mitbetroffen. Das ändert jedoch nichts an der Richtung der Strafe, die auf die juristische Person als solche zielt.

Es fragt sich jedoch, ob dieses Mitbetroffensein mit der Gerechtigkeit im Einklang steht. Daß durch eine Strafe andere Personen als der Verurteilte betroffen werden, ist auch bei der herkömmlichen Strafe, bei Bestrafung natürlicher Personen, nichts Ungewöhnliches. Die Familie kann im Bestraften den Ernährer, ein Gläubiger den zahlungsfähigen Schuldner verlieren. Gänzlich vermeiden lassen sich solche Auswirkungen infolge des engen sozialen Zusammenhangs zwischen einem Bestraften und seiner Umwelt leider nicht(8).

Darüber hinaus sind auch unserem geltenden Strafrecht nicht nur solche mittelbaren, sondern sogar unmittelbare Eingriffe in die Rechtssphäre Dritter bekannt (z.B. bei der Einziehung)(9). Es wird Sache des gegen juristische Personen anwendbaren Sanktionensystems sein, unbillige Rückwirkungen der Bestrafung der juristischen Person auf ihre - unter Umständen persönlich unschuldigen - Mitglieder zu verhindern. Man könnte auch an eine Regelung denken, die für wirklich unschuldige Mitglieder eine Entschädigung vorsieht, etwa nach dem Vorbild des

---

7 vgl. Rotberg, Festschrift für den DJT Bd.II, S.193,204; Schwander, Festgabe für Gutzwiller, S.603,617; Pohl-Sichtermann, Geldbuße gegen Verbände, S.10; v.Weber, JZ 53,293,294 und GA 54,237,240

8 vgl. v.Weber, JZ 53,293,295; Rotberg, Festschrift für den DJT Bd.II, S.193,204; Hafter, S.131 f; Wilfferodt, JR 54,190 f; Internationaler Strafrechtskongreß von Bukarest, vgl. A.V.1.d); Hacker, vgl. A.V.2.; Großbritannien, vgl. B.I.2.b)bb); Frankreich, vgl. B.II.3.c)dd); Belgien, vgl. B.III.1.; Niederlande, B.III.2.b)

9 vgl. v.Weber, JZ 53,293,295; Frankreich, vgl. B.II.3.c)dd)

Art.10 Abs.2 der ordonnance Nr.45-920 vom 5.Mai 1945(10). Gelingt es nicht (völlig) Rückwirkungen zu vermeiden, so ist die Bestrafung der juristischen Person deshalb nicht ungerecht. Wer sich z.B. an einer AG oder an einer GmbH beteiligt, geht ein Risiko ein. Gewinn und Verlust des Unternehmens treffen ihn unmittelbar. Wird gegen die juristische Person aufgrund einer im Unternehmen begangenen Straftat eine Sanktion verhängt, so sind die Mitglieder nicht mehr betroffen als von einem schlechten verlustreichen Geschäft. Die mittelbare Teilnahme an den Nachteilen der Bestrafung der juristischen Person wird von den Mitgliedern kaum wesentlich anders empfunden werden wie sonstige wirtschaftliche oder ideelle Rückschläge ihres Verbandes, zumal weder ihre Mitschuld vermutet noch ihnen persönlich ein Vorwurf gemacht wird(11). In Großbritannien findet sich der Hinweis, daß die Mitglieder der juristischen Person einer Strafe nicht in ihrer Eigenschaft als Individuum, sondern in ihrer körperschaftlichen Verbundenheit ausgesetzt sind. Die Sanktion werde von allen getragen, genauso wie die Früchte des rechtswidrigen Unternehmens von allen genossen worden seien(12).

Aus diesen Gründen ist es nicht ungerecht, daß die Mitglieder der juristischen Person von den mittelbaren Auswirkungen der Bestrafung juristischer Personen betroffen werden.

Darüber hinaus ist zu bedenken, daß es aus folgenden Erwägungen möglicherweise sogar bedenklich wäre, eine einzelne Person zu ermitteln und zu bestrafen: der Einzelne ist oft wirtschaftlichem Druck unterworfen, der ihn dazu zwingt, sich konform mit den Praktiken der Gesellschaft zu verhalten(13). Außerdem ist schuldhaftes Verhalten in einem Unternehmen häufig nicht nur auf einen Einzelnen zurückzuführen. Der Einzelne spielt bei der Planung und Ausführung des Delikts unter Umständen zwar eine notwendige, aber nur eine untergeordnete Rolle(14).

b) Verstoß gegen das Verbot der Doppelbestrafung

Zu prüfen bleibt, ob eine Bestrafung des Einzeltäters (vorausgesetzt, er kann ermittelt werden) neben der Bestrafung der juristischen Person gegen das Verbot der Doppelbestrafung verstößt. Die Frage stellt sich dann, wenn der Einzeltäter zugleich Mitglied der juristischen Person ist. Es werden dann einmal seine Mitgliedschafts- und Vermögensrechte

----

10 vgl. B.II.3.a)

11 vgl. v.Weber, GA 54,237,240; Rotberg, Festschrift für den DJT Bd.II, S.193,205; Schwander, Festgabe für Gutzwiller, S.603,617; Pohl-Sichtermann, S.11; Wilfferodt, JR 54,190 f;

12 vgl. Winn, C.L.J.398,412 (1929), B.I.2.b)bb)

13 vgl. Williams, Criminal Law, S.865, B.I.2.b)bb)

14 vgl. die Nachw. bei B.II.3.c)dd) Fn.61

innerhalb der juristischen Person und zum anderen die Rechtsgüter beeinträchtigt, die ihm als Einzelperson zustehen.

Der Grundsatz ne bis in idem, der hinter dem Verbot der Doppelbestrafung steht, macht eine erneute Strafverfolgung gegen denselben Täter wegen derselben Tat unzulässig (Art.103 Abs.3 GG). Der Begriff "derselben Tat" in Art.103 Abs.3 GG ist identisch mit dem strafprozessualen Tatbegriff der §§ 155,264 StPO. Er bezeichnet also auch hier "den geschichtlichen Vorgang, den das Gericht im Rahmen des Eröffnungsbeschlusses abzuurteilen rechtlich in der Lage war"(15). Eine prozessuale Tat setzt stets Identität des Beschuldigten und des ihm vorgeworfenen Sachverhalts voraus(16). Hier handelt es sich jedoch schon um verschiedene Beschuldigte: die juristische Person auf der einen Seite und das Organ usw. auf der anderen Seite. Die strafrechtliche Verantwortlichkeit der juristischen Person und die der handelnden natürlichen Person sind völlig getrennt voneinander zu betrachten(17). Die juristische Person wird in **ihren Freiheiten** und in **ihrem Vermögen** getroffen, weil sie ihre Macht für eine in ihrem Interesse begangene und mit Gewinn für sie verbundene Straftat hat einsetzen lassen. Das schuldige Mitglied (Organ usw.) wird durch die Auswirkungen dieser Strafe nachteilig berührt und erleidet insofern dasselbe Schicksal wie die übrigen Mitglieder, wird aber in diesem Verfahren nicht bestraft und ist in diesem Verfahren nicht Beschuldigter bzw. Angeklagter. Darüber hinaus wird es **bestraft**, weil es durch eigenes schuldhaftes Handeln zusätzlich die persönliche Bestrafung verdient hat. Nur in diesem Verfahren wird es bestraft.

In dem Zusammentreffen des "allgemeinen" **Nachteils** mit der durch eigenes schuldhaftes Handeln verdienten persönlichen **Bestrafung** liegt also kein Verstoß gegen den Grundsatz ne bis in idem; es handelt sich nicht um eine durch Art.103 Abs.3 GG verbotene Doppelbestrafung.

Als Zwischenergebnis kann somit festgehalten werden, daß die Bestrafung der juristischen Person nicht ungerecht ist.

4. HANDLUNGSFÄHIGKEIT JURISTISCHER PERSONEN

Voraussetzung jeder Straftat und jeder strafrechtlichen Verantwortlichkeit ist das Vorliegen einer strafrechtlich relevanten Handlung. Trotz der bestehenden Unterschiede besteht Einigkeit darüber, daß unter dem Begriff der Handlung ein menschliches, vom Willen getragenes und damit steuerbares Verhalten zu verstehen ist(1). Wesentliche Kriterien einer Handlung, die in einem positiven Tun besteht, sind also ein Wille und ein auf ihm beruhendes Verhalten. Beim Unterlassen sind diese Kriterien unter den Vertretern der verschiedenen Handlungslehren nicht

----

15 vgl. KMR, Rdnr.7 zu § 264 StPO; Roxin, Strafverfahrensrecht, S.280

16 vgl. KMR, Rdnr.27 zu § 264 StPO; Roxin, S.106

17 vgl. Longhi, Internationaler Strafrechtskongreß von Bukarest vgl. A.V.1.d)

1 vgl. nur Maurach-Zipf, AT, Teilband 1, S.201

ganz unumstritten. Die Kontroverse betrifft jedoch natürliche Personen genauso wie juristische Personen, so daß sich hier ein Eingehen darauf erübrigt.

Die Kritik an der strafrechtlichen Verantwortlichkeit juristischer Personen entzündet sich vor allem an dem Erfordernis eines **Willens.** Es wird behauptet, der juristischen Person gehe die natürliche Handlungsfähigkeit ab, es fehle ihr die Fähigkeit der psychischen Willensäußerung, die Voraussetzung jeder Handlung sei(2).

Anders sieht die Rechtslage **im bürgerlichen Recht** aus. Das bürgerliche Recht hat die Tatsache anerkannt, daß juristische Personen im sozialen Leben eine sehr bedeutende Rolle spielen. Sie sind Träger von Rechten, namentlich von Vermögensrechten und dementsprechend mit der Befugnis ausgestattet, durch ihre Organe in gleicher Weise wie natürliche Personen Rechte zu erwerben und Verpflichtungen einzugehen und damit in weiten Bereichen des Rechts- und Wirtschaftslebens handelnd teilzunehmen. Man hat im bürgerlichen Recht daraus den Schluß gezogen, daß dieser Fähigkeit juristischer Personen zu rechtsgeschäftlichem Handeln auch ihre Verantwortlichkeit für rechtswidriges Verhalten innerhalb und außerhalb von Vertragsbeziehungen entsprechen muß(3). Im bürgerlichen Recht ist die Handlungsfähigkeit juristischer Personen als Voraussetzung ihrer Verantwortlichkeit demnach anerkannt.

Da auch die Handlungsfähigkeit nach bürgerlichem Recht ein gewisses Maß vernünftigen Willens voraussetzt(4), könnte die Rechtslage im bürgerlichen Recht insoweit Rückschlüße auf die strafrechtliche Handlungsfähigkeit juristischer Personen zulassen. Die Ausführungen v.Liszt's wonach derjenige, der Verträge schließen könne, auch betrügerische Verträge schließen oder die geschlossenen Verträge nicht halten könne(5), müssen im Lichte dieses Ausgangspunktes gesehen werden. Sowohl für das bürgerliche Recht als auch für das Strafrecht stellt sich die Frage, ob juristische Personen tatsächlich über einen eigenen Willen verfügen oder ob es sich bei der Bejahung ihrer Handlungsfähigkeit um einen Akt rechtlicher Zuordnung handelt. Im letzteren Fall müßte auch noch dazu Stellung genommen werden, ob Zurechnungsakte auch im Strafrecht zulässig sind und ob geeignete Zurechnungskriterien gefunden werden können.

a) eigener Wille der juristischen Person

Eine Antwort auf die Frage nach dem eigenen Willen der juristischen Person läßt sich nicht den **Theorien zum Wesen der juristischen Person**

---

2 vgl. die Nachw. oben A.IV.2.b) Fn.20-22

3 vgl. § 31 BGB, der überall da eingreift, wo auch die natürliche Person schadensersatzpflichtig wäre, z.B. bei unerlaubter Handlung (§§ 823 f BGB), vertraglicher Schadensersatzpflicht (§§ 276,286, 325 f BGB) usw.; vgl. Palandt-Heinrichs, Anm.1 zu § 31 BGB

4 vgl. Palandt-Heinrichs, Anm.1 vor § 1 BGB; Larenz, AT, S.71

5 vgl. v.Liszt-Schmidt, Lehrbuch, S.155 f und Fn.4 S.154

entnehmen. Weder die Fiktionstheorie (Savigny) noch die Theorie der realen Verbandsperson (v.Gierke) haben sich durchgesetzt. Keine der einander entgegengesetzten Theorien läßt sich voll halten(6). Die Fiktionstheorie wird den Realitäten des sozialen Lebens nicht gerecht(7). Sie genügt zwar als rechtstechnische Hilfsvorstellung, gibt aber keine Antwort auf die Frage, was sachlich dahinter steht, inwiefern die Gleichsetzung von der Sache her gerechtfertigt ist(8).

Gierke's Theorie von der realen Verbandsperson dagegen setzt sich allzu leicht über den Unterschied hinweg, der zwischen dem Menschen als Person und den Gebilden der rechtlich geordneten sozialen Welt besteht, denen Rechtsfähigkeit beigelegt wird(9). An der Wirklichkeit der juristischen Person, ihres Zwecks und ihrer Betätigung kann aber festgehalten werden, ohne daß man sich auf eine der Theorien stützt (10). Ihre Existenz, ihre soziale Wirksamkeit und Bedeutung ist eine Tatsache und damit unvereinbar mit der Annahme einer Fiktion. Umgekehrt ist es jedoch nicht erforderlich, zum Beweis ihrer Realität die Mechanismen innerhalb einer juristischen Person mit den Vorgängen im menschlichen Körper zu vergleichen oder gar gleichzusetzen. Letzteres halten die Anhänger der Theorie der realen Verbandsperson allerdings für notwendig.

Eine Antwort auf die Frage nach einem eigenständigen Willen der juristischen Person läßt sich aus diesem Theorienstreit also nicht gewinnen.

Zu prüfen ist jedoch, ob die Argumentation derjenigen Autoren, die einen eigenständigen Willen der juristischen Person angenommen haben, überzeugend ist. Hier sind zu nennen: Hafter, die herrschende Lehre in Frankreich unter Bezugnahme auf Mestre und Radulesco, Gunsburg/ Mommaert, Cigala auf dem Internationalen Strafrechtskongreß in Bukarest und Hacker.

Hafter, dessen auf der Theorie der realen Verbandsperson basierender Gedankengang bereits dargestellt wurde(11), ist der Ansicht, daß ein Personenverband eine in sich geschlossene Einheit bilde. Diese Einheit entstehe dadurch, daß die Mitglieder einen Teil ihres Individualwillens beim Eintritt in den Verband gleichsam ablösten und einheitlich aufgehen ließen, in einem außerhalb ihrer Individualsphäre liegenden Betätigungskreis. Mittels der Organisation würden diese Willensbestandteile der Einzelmenschen dann zum Willen der juristischen Person. Auch im ausführenden Organ sei dieser das Interesse des Verbandes darstellende Einheitswille dominierend. Der Personenverband könne deshalb durch seine Organe wollen und auch handeln. Der Son-

---

6 vgl. Larenz, AT, S.111

7 vgl. statt vieler Engisch, Referat, E 17

8 vgl. Larenz, AT, S.111

9 vgl. Larenz, AT, S.111

10 vgl. Schwander, Festgabe für Gutzwiller, S.603,609; Longhi, R.I.D.P. 1929, 246,247 f

11 vgl. dazu im einzelnen A.IV.2.b)

derwille der juristischen Person bilde sich entweder bei einstimmigen Beschlüssen oder aber er entstehe dadurch, daß die verfassungsmäßig beschließenden Organe aus dem "Willensvorrat des Verbandes" schöpften, der sich zusammensetze aus den mit Eintritt in den Verband erfolgenden (stillschweigenden) Erklärungen, Mehrheitsbeschlüße usw. anzuerkennen.

Die Konstruktion Hafter's bleibt allerdings sehr im Theoretischen verhaftet. Mit **R. Schmitt** läßt sich dagegen einwenden, daß die Vorstellung, das Mitglied lege bei seinem Eintritt in den Verband einen Teil seines Willens ab, damit die Verbandorgane diesen "abgespalteten und konservierten Willen bei Bedarf hervorholen und irgendeiner Körperbewegung unterlegen können", schwer nachvollziehbar, wenn nicht sogar "psychologisch unhaltbar"(12) ist. Der Gedankengang Hafter's stellt zwar ein interessantes Gedankengebäude dar, bleibt aber noch in unklaren bildlichen Vorstellungen befangen und kann deshalb keine ausreichende Begründung für einen unabhängigen, eigenen Willen der juristischen Person liefern(13).

Auch die **herrschende Lehre in Frankreich** geht davon aus, daß juristische Personen einen tatsächlich vorhandenen gemeinschaftlichen Willen (volonté collective) haben, der verschieden sei von den Einzelwillen ihrer Mitglieder(14). Statt einer Begründung der Entstehung dieser volonté collective findet sich häufig eine Bezugnahme auf Mestre. **Mestre** bezieht sich seinerseits auf die Unterscheidung zwischen der "volonté de tous" und der "volonté générale", die Jean-Jacques Rousseau für den Bereich des Staates vorgenommen hat. Mestre meint, daß man genauso wie beim Staat in unserem Bereich zwischen den Einzelwillen aller Mitglieder und dem aus ihrer Verbindung entstehenden gemeinschaftlichen Willen, der volonté générale, unterscheiden könne(15). Auch Mestre konnte jedoch die Frage nicht beantworten, **wie** das eigene Leben des Verbandes und damit die volonté générale oder collective aus dem Nebeneinander von Einzelpersonen entsteht.

Da Mestre's Gedankengang entscheidend auf den Ausführungen des Staatsphilosophen Jean-Jacques Rousseau beruht, muß zunächst dessen Argumentation wiedergegeben werden. Erst dann ist eine Stellungnahme dazu möglich, ob das Konzept von Mestre eine zufriedenstellende Begründung eines eigenen Willens der juristischen Person darstellt.

Jean-Jacques Rousseau legt dar, wie der Zusammenschluß von Menschen entsteht, wenn sie sich deshalb aus dem - isolierten - Naturzustand begeben müssen, weil sie allein nicht mehr existieren können. Da die Menschen keine neuen Kräfte schaffen, sondern nur die bestehenden vereinigen und lenken könnten, stehe ihnen kein anderes Mittel zur Verfügung, als Kraft durch Vereinigung zu gewinnen. Das grundsätzliche Problem, für das der Sozialvertrag die Lösung bringe,

---

12 so R. Schmitt, S.185 f

13 zur Kritik an Hafter vgl. auch Goetzeler, S.223 ff; Seiler, S.57

14 vgl. die Nachweise o. B.II.3.c)bb)

15 vgl. Mestre, S.141 ff, 200; vgl. auch B.II.3.c)bb)

liege in folgendem: Man müsse eine Form des Zusammenschlußes finden, die mit der gesamten gemeinsamen Kraft die Person und die Güter jedes einzelnen Mitgliedes schütze und verteidige und in der jeder, obwohl er sich mit allen vereinige, doch nur sich selbst gehorche und genauso frei bleibe wie zuvor(16). Da also jeder, indem er sich allen gebe, sich gleichzeitig niemandem gebe und da kein Mitglied vorhanden sei, über das man nicht dieselben Rechte bekomme, wie man diesem über sich selbst einräume, gewinne man ein Äquivalent für alles, was man verliere, und mehr Kraft als man selbst und alleine habe. Wenn man also vom Sozialvertrag das weglasse, was nicht zu seinem Wesen gehöre, könne man ihn mit folgenden Worten beschreiben: "Jeder von uns stellt seine Person und seine ganze Kraft unter die höchste Leitung der volonté générale und wir erhalten so jedes Mitglied als unteilbaren Bestandteil des Ganzen. In diesem Augenblick entsteht aus diesem Akt des Zusammenschlußes ein Kollektivwesen, das aus so vielen Mitgliedern besteht wie die Versammlung Stimmen hat, das aus diesem selben Akt seine Einheit, sein Ichsein, sein Leben und seinen Willen erhält"(17). Jeder Einzelmensch könne zwar, als Individuum, einen Einzelwillen haben, der der volonté générale entgegengesetzt sein könne, die er als Bürger habe: sein Eigeninteresse könne eine andere Sprache als das gemeinsame Interesse sprechen. Damit der Sozialvertrag jedoch nicht nur eine leere Formel darstelle, schließe er stillschweigend das Einverständnis ein, daß jeder, der sich weigere, der volonté générale zu gehorchen, durch das Gemeinwesen zum Gehorsam gezwungen werden könne(18).

Der Gedankengang Rousseau's, der im folgenden auch darlegt, wie dieser Wille des Gemeinwesens von der Regierung, seiner Executive, umgesetzt und ausgeführt wird(19), beschreibt - was seinen staatsphilosophischen und theoretischen Gehalt anbetrifft - eine interessante Erklärungsmöglichkeit des Wesens des Staates. Es fragt sich nur, ob er so ohne weiteres auf die anstehende Problematik übertragen werden kann. Ist es nicht schon beim Staat so, daß das Gemeinwesen als solches keinen eigenen Willen im psychologischen Sinne hat, sondern der "Gesamtwille" aufgrund bestimmter Verfahrensarten, in bestimmten dazu zuständigen Körperschaften, Gremien, Organen gebildet wird? Kann man denn z.B. bei einem Gesetz, das mit knapper Mehrheit verabschiedet wurde, sagen, es sei Ausdruck des **eigenen** Willens des abstrakten Gemeinwesens Staat? Ist es nicht vielmehr so, daß der Wille und das Verhalten der zuständigen, in gesetzmäßiger Weise vorgehenden Organe der Gesamtheit aller Staatsbürger **zugerechnet** wird und so als ihr Wille, ihr Handlung erscheint?

Wieviel eher muß das dann bei der (privatrechtlichen) juristischen Person gelten, bei der die Interessen, die zum Zusammenschluß führen, nicht so elementar sind wie beim Staat, bei dem der Schutz- und Ver-

---

16 vgl. Rousseau, Du contract social ou principes du droit politique, S.235,243

17 vgl. Rousseau, S.244

18 vgl. Rousseau, S.245

19 vgl. Rousseau, S.272 ff

teidigungsgedanke den Zusammenschluß bedingte. Es kann deshalb hier noch weniger von einem Verschmelzen der einzelnen Willensbestandteile zu einem von ihnen selbständigen Willen die Rede sein.

Da das philosophische Konzept, auf das sich Mestre stützt, zumindest für unseren Bereich nicht praktisch umsetzbar erscheint, ist auch die Begründung, die von Mestre und der ihm folgenden herrschenden Lehre in Frankreich gegeben wird, nicht ausreichend, um einen eigenen Willen der juristischen Person bejahen zu können.

Gunsburg/Mommaert, Cigala und Radulesco haben sich auf dem **Internationalen Strafrechtskongreß in Bukarest** ebenfalls auf den Standpunkt gestellt, daß juristische Personen einen eigenen Willen haben, dies aber lediglich damit begründet, daß sich nach den Schlußfolgerungen der Gruppensoziologie in jeder sozialen Gruppe ein von den Einzelwillen verschiedener höherer Wille zeige, der dieser Gruppe zuzuordnen sei(20).

Diesen Beweis hat die Gruppensoziologie jedoch (noch) nicht erbracht. Die gegenseitige Beeinflußung innerhalb einer menschlichen Gruppierung kann zwar sehr weit gehen. Es ist jedoch bisher nicht bewiesen worden, daß ein sich von den Einzelwillen abhebender "höherer" Wille existiert.

Auch die Argumentation von **Hacker** ist nicht zwingend. Hacker meint, daß sich aus der Tatsache, daß juristische Personen eigene Rechte und Pflichten haben - unabhängig von denen ihrer Mitglieder - als Konsequenz ergebe, daß sie auch einen eigenen Willen haben und unabhängig von ihren Mitgliedern handeln können(21).

Der eigene Wille der juristischen Person ist jedoch keineswegs eine logische oder gar zwangsläufige Konsequenz aus der Tatsache, daß juristische Personen Rechte und Pflichten haben und nach außen tätig werden können. Ob das "Nach-Außen-Tätigwerden" aufgrund eigenen oder aufgrund zugerechneten Willens möglich ist, ist ja gerade die zu beantwortende Frage.

Somit kann festgehalten werden, daß alle Versuche, einen eigenen Willen der juristischen Person zu begründen, nicht überzeugen. Es ist vielmehr so, daß die Handlungsfähigkeit juristischer Personen auf Zurechnungsakten beruht.

b) Handlungsfähigkeit juristischer Personen aufgrund von Zurechnung

aa) Zurechnung im Zivilrecht

Die herrschende Meinung im Zivilrecht ist der Ansicht, daß es sich bei § 31 BGB um eine Zurechnungsnorm handele. Wenn es heißt, daß

---

20 vgl. R.I.D.P. 1929, S.226 f (Gunsburg/Mommaert), S.266 (Cigala) und S.298 (Radulesco)

21 vgl. Hacker, R.I.D.P. 1924, S.128,130

§ 31 BGB die schädigende Handlung der vertretungsberechtigten Organe als solche der juristischen Person behandelt, die mithin **als durch jene selbst handelnd** angesehen wird(22), so bedeutet dies nichts anderes, als daß die Handlungen ihrer Organe der juristischen Person zuzurechnen sind(23). Bei der Bezeichnung des § 31 BGB als Zurechnungsnorm muß man sich allerdings bewußt sein, daß "Zurechnung" hier nicht im Sinne einer Durchgangswirkung wie bei der Stellvertretung gemeint ist, sondern daß es - unmittelbarer - kraft der Repräsentations- und Organwirkung eigenes Handeln der juristischen Person ist(24). Die juristische Person ist also in der Lage, durch ihre Organe einen einheitlichen Willen zu bilden und zu handeln. Dieser einheitliche Wille ist kein "Wille" im psychologischen Sinne, sondern - wie Larenz es ausdrückt - das Ergebnis eines Integrationsprozesses und **als solches** ein realer Faktor. Voraussetzung ist allerdings eine Satzung, d.h. eine mit dem Gründungsakt der juristischen Person zu schaffende normative Ordnung des Integrationsprozesses und des Organhandelns(25).

§ 31 BGB wird als eine Vorschrift betrachtet, die einen allgemeinen Grundsatz des Körperschaftsrechts zum Inhalt hat. Demgemäß wird § 31 BGB auch auf die juristischen Personen des Handelsrechts, darüber hinaus auch auf die OHG und die KG und auf den nicht rechtsfähigen Verein entsprechend angewandt(26). Die unmittelbare Zurechnung aufgrund der Vorschrift des § 31 BGB gilt allerdings nicht unumschränkt, sondern nur unter bestimmten Voraussetzungen. Zurechnungskriterien sind:

- Das Handeln eines verfassungsmäßig berufenen Vertreters. Dabei ist die allgemeine Stellung des Handelnden, nicht seine Vertretungsmacht, entscheidend. Notwendig ist eine gewisse Selbständigkeit, für die die nach außen in Erscheinung tretende Stellung des Vertreters maßgebend ist. Dem verfassungsmäßigen Vertreter ist ohne Rücksicht auf die Auslegung der Satzung derjenige gleichzustellen, dem durch die allgemeine Betriebsregelung und Handhabung bedeutsame, wesensmäßige Funktionen der juristischen Person zur eigenverantwortlichen Erfüllung zugewiesen sind und der die juristische Person auf diese Weise repräsentiert. Sein Handeln ist tatsächlich und rechtlich dem eines verfassungsmäßig berufenen Vertreters gleichwertig(27).
- Die Handlung muß in Ausführung der dem verfassungsmäßig berufenen Vertreter zustehenden Verrichtungen geschehen. Das ist dann

----

22 vgl. Palandt-Heinrichs, Anm.1 zu § 31 BGB

23 vgl. Erman-Westermann, Rdnr.1 zu § 31 BGB; Larenz, AT, S.112 f und S.137; Nitschke, NJW 1969, 1737

24 vgl. Soergel-Siebert, Rdnr.1 zu § 31 BGB; Westermann, Jus 1961, S.333,335 (§ 31 als Fall der Repräsentation des Zurechnungsobjekts durch den Handelnden)

25 vgl. Larenz, AT, S.113

26 vgl. Larenz, AT, S.113

27 vgl. Erman-Westermann, Rdnr.2 zu § 31 BGB; Larenz, AT, S.138

der Fall, wenn die Handlung im Zusammenhang mit einer in den Wirkungskreis des Organs fallenden Tätigkeit vorgenommen wurde(28).

Zum Nachweis der Erfordernisse des § 31 BGB ist die Namhaftmachung des Organs nicht erforderlich, sofern die Organqualität und die Verschuldensvoraussetzungen feststehen. Es genügt, daß unzureichende Organisation festgestellt wird, z.B. die notwendige Bestellung eines verfassungsmäßigen Vertreters unterblieben ist(29). Die juristische Person haftet übrigens auch für andere in ihrem Auftrag handelnde Personen, allerdings nur nach Maßgabe derjenigen Vorschriften, die auch für natürliche Personen gelten(30).

Die ratio des § 31 BGB wird darin gesehen, daß derjenige, der den guten Tropfen genießt, auch den bitteren Tropfen hinnehmen müsse, denn die juristische Person gewinne mittels der gleichen Repräsentanten durch die Teilnahme am Rechtsverkehr auch alle Rechtsvorteile(31); in aller Regel sei die Wirkung des Handelns des Organs durch die Mittel des von ihm repräsentierten Zusammenschlußes bedingt; es sei nicht mehr als billig, das dem Zusammenschluß "gewidmete" Vermögen auch für die Handlungen des Organs haften zu lassen(32).

bb) Zurechnung im Strafrecht

Mit Ausnahme der bereits unter a) behandelten Meinungen wird auch im Strafrecht von den Autoren, die zumindest die Handlungsfähigkeit juristischer Personen bejahen, die Ansicht vertreten, daß es sich hier um ein Problem der Zurechnung handele. So finden sich z.B. bei **Heinitz** die Ausführungen: Wie immer man den Handlungsbegriff fasse, es sei immer nur die Frage, wie weit der Wille lebender Menschen als psychische Tatsache dem Verband zugerechnet werden soll. So wie im Schadensersatzrecht bestimmte Handlungen dem Verein, dem Staat oder anderen juristischen Personen als solchen zugerechnet würden, so seit dies auch im Strafrecht möglich, ohne daß der herkömmliche Handlungsbegriff abgewandelt werden müßte(33).

Als **Busch** und **Kampmann** sind der Ansicht, daß die Handlungsfähigkeit juristischer Personen, die unter einem anderen Gesichtspunkt ge-

---

28 vgl. Erman-Westermann, Rdnr.3 zu § 31 BGB; Larenz, AT, S.138

29 vgl. Erman-Westermann, Rdnr.4 zu § 31 BGB; Palandt-Heinrichs, Anm.1 zu § 31 BGB

30 z.B. nach § 831 BGB mit der dort gegebenen Entlastungsmöglichkeit; vgl. Erman-Drees, Rdnr.6 zu § 831 BGB

31 vgl. Soergel-Siebert, Rdnr.1 zu § 31 BGB

32 vgl. Westermann, JuS 61, S.333,335; Erman-Westermann, Rdnr.1 zu § 31 BGB

33 vgl. Heinitz, Gutachten, S.84 f; ähnlich v.Weber, GA 54,237, 238

sehen werden müsse als die Handlungsfähigkeit natürlicher Personen, durch die Zurechnung einzelmenschlichen Geschehens mittels eines juristischen Denkaktes entstehe. Man müsse sich nur dieses Denkaktes und der Tatsache bewußt sein, daß Kollektivverantwortlichkeit etwas anderes sei als Individualverantwortlichkeit(34). Es sei nicht der geeignete Weg unter dem Bann der Begriffe des Individualstrafrechts zu folgern: Verbrechen ist Handlung, Handlung ist Wille, juristische Personen aber haben keinen Willen im Rechtssinne. Damit drehe man sich im Kreise. Die Frage, wer Verbrechenssubjekt sein könne, sei eine Frage des Inhalts der Strafgesetze und nicht eine aus allgemeinen Ableitungen zu beantwortende Frage(35).

Demgegenüber ist **Engisch** gerade umgekehrt der Ansicht, daß wir dann in einen Zirkel geraten, wenn wir die Verantwortlichkeit des Personenverbandes auf sein Handeln gründen, dieses Handeln aber auf eine rechtliche Zuordnung. Die Zurechnung einer Handlung sei nun einmal etwas anderes als die Handlung selbst. Die "Zurechnung" sei eine juristische Figur, eine juristische Konstruktion, die Handlung dagegen ein natürliches, dem Recht schon irgendwie vorgegebenes Gebilde. Das ergebe sich aus der Natur des Handlungsbegriffs als des Oberbegriffs aller rechtlichen Handlungsbegriffe, der die rein rechtliche Begriffswelt transzendieren müsse. Handeln im Sinne eines natürlichen Handlungsbegriffs aber könne nur der Einzelmensch, auch wenn der Jurist dann geneigt sei, dieses natürliche Handeln dem Personenverband zuzurechnen, was auch immer einer besonderen Legitimation bedürfe(36).

In dieselbe Richtung geht die Argumentation von **Blauth**, wenn er ausführt: ein strafrechtlicher Handlungsbegriff könne selbst bei noch so großer normativer Ausrichtung auf ein Mindestmaß an ontologischem Substrat nicht verzichten. Dieser Anknüpfungspunkt im ontologischen Bereich gehe jedoch verloren, wenn man bereits im Bereich der Willensbildung den normativen Gedanken der Zurechnung zur Anwendung bringe(37).

Dagegen ist mit **Rotberg** zu sagen, daß der geistige Mensch nicht bei den vorgegebenen Erscheinungsformen der natürlichen Welt stehen bleibt. Für ihn ist in einem höheren Maße wirklich, was der von ihm erreichte wirtschaftliche und soziale Entwicklungsstand als Element seiner ihr entsprechenden Lebens- und Rechtsordnung zwingend erfordert. In diesem Sinne ist der auf die juristische Person bezogene Begriff der "sublimierten Handlungsfähigkeit" unentbehrlich(38).

----

34 vgl. Busch, S.69 f; Kampmann, Die strafrechtliche Verantwortlichkeit der Personenverbände, S.35,37; ähnlich Givanovitch, R.I.D.P. 1929, S.306,307 f

35 vgl. Kampmann, S.35,37

36 vgl. Engisch, Referat, E 24

37 vgl. Blauth, "Handeln für einen anderen" nach geltendem und kommendem Strafrecht, S.15

38 vgl. Rotberg, Festschrift für den DJT, Bd.II, S.193,198

Darüber hinaus gilt, daß - wie sogleich zu zeigen sein wird - Zurechnungsakte dem Strafrecht nicht so fremd sind, wie diese Argumentation glauben läßt.

cc) Zurechnungsakte im Strafrecht

Auch im geltenden Strafrecht gibt es Zurechnungsakte, wobei nicht geleugnet werden soll, daß diese Bereiche strukturelle Unterschiede zu der im Rahmen der Strafbarkeit juristischer Personen zu behandelnden Problematik aufweisen. Sie dienen aber immerhin als Beweis dafür, daß dem Strafrecht auch sonst Zurechnungsakte nicht fremd sind.

Beispiele für die Zurechnung von Fremdverhalten sind die mittelbare Täterschaft, die Mittäterschaft und die Repräsentantenhaftung.

Mittelbarer Täter ist nach § 25 Abs.1 2.Alt., wer die Tat "durch einen anderen begeht". Die mittelbare Täterschaft setzt daher voraus, daß der Täter das Verhalten seines Tatmittlers steuert oder sonst als der entscheidende Veranlasser der Tat Verantwortung für das Gesamtgeschehen hat. Unter diesen Voraussetzungen wird ihm das Handeln des Werkzeuges **wie eigenes zugerechnet**, so daß er rechtlich so zu behandeln ist, als habe er diese Tatteile eigenhändig verwirklicht. Ihm wird das Handeln als solches zugerechnet(39). Primäres Zurechnungskriterium ist die objektive Übermacht des Täters über sein Werkzeug(40). Das Strafrecht führt also einzelne Handlungen nicht mehr allein auf natürliche Personen zurück, sondern rechnet neben dem physikalischen, "natürlichen" Urheber der Handlung auch dem eigentlichen Urheber, dem Hintermann, die Handlung zu. Mit Hilfe des Rechtsinstituts der mittelbaren Täterschaft ist nach und nach die Vorstellung über Bord geworfen worden, dem Individuum sei strafrechtlich zurechenbar nur die von ihm persönlich bewirkte Veränderung der Außenwelt(41). Das ist auch die Begründung, die in den Niederlanden zur dogmatischen Rechtfertigung von Täterschaft und Strafbarkeit juristischer Personen vorgebracht wird: Sie müsse im Zusammenhang mit der Entwicklung vom rein physischen Täterschaftsbegriff hin zu einem mehr geistigen Täterschaftsbegriff gesehen werden, der auf die Tatherrschaft abhebt(42).

Die Figur der **Mittäterschaft** (§ 25 Abs.2) ist als Zurechnungsprinzip notwendig, wenn die Tat arbeitsteilig durchgeführt wird, d.h. jeder Mittäter nur einen bestimmten Teil der Tatbestandshandlung vornimmt. Unter der Voraussetzung, daß ein objektiver Tatbeitrag geleistet wur-

---

39 vgl. Schönke-Schröder-Cramer, Rdnr.77 vor § 25 und Rdnr.6 zu § 25

40 vgl. Schönke-Schröder-Cramer, Rdnr.77 vor § 25

41 vgl. Kamps, Ärztliche Arbeitsteilung und strafrechtliches Fahrlässigkeitsdelikt, S.37

42 vgl. Schaffmeister, ZstW 85 (1973), S.782,803 f; vgl. auch B.III. 2.b)

de, der von dem gemeinschaftlichen Tatentschluß getragen wurde, behandelt das StGB alle Mitwirkenden als Täter, weil der Tatanteil eines jeden von ihnen allen anderen Beteiligten **als eigener zugerechnet** wird und deshalb jeder so behandelt werden kann, als habe er selbst alle Tatbestandsmerkmale erfüllt(43).

Als drittes Beispiel dient die **Repräsentantenhaftung** im Rahmen des Versicherungsbetruges (§ 265). Eine betrügerische Absicht im Sinne des § 265 liegt nur dann vor, wenn der Täter keinen Anspruch auf die Versicherungssumme hat. Beim Inbrandsetzen durch einen Dritten kommt § 265 u.a. dann in Betracht, wenn der Täter sich das Verhalten des Dritten deshalb **zurechnen** lassen muß, weil dieser als sein Repräsentant anzusehen ist. In diesem Falle hat der Täter, obwohl er selbst nicht gehandelt hat, keinen Anspruch auf die Versicherungssumme. Repräsentant in diesem Sinne ist derjenige, der befugt ist, selbständig in einem gewissen nicht ganz unbedeutenden Umfang für den Versicherten zu handeln und der dabei auch dessen Rechte und Pflichten als Versicherungsnehmer wahrzunehmen hat(44).

Die Frage der Zurechnung von Verhaltensweisen stellt sich jedoch nicht nur im Zusammenhang mit der Zurechnung von Fremdhandlungen. Nach der neueren Lehre (Lehre von der objektiven Zurechnung) betrifft sie auch eigenes Verhalten des Täters. Unter objektiver Zurechnung ist hier das Urteil über die Frage zu verstehen, ob ein Erfolg als die "Tat" eines bestimmten Menschen anzusehen ist, ob also der eingetretene Erfolg noch in den Verantwortungsbereich des Täters fällt(45).

Als **Zwischenergebnis** kann somit festgehalten werden, daß die Zurechnung von Willen und Ausführungsakten, also von Handlungen natürlicher Personen, als eigenes Handeln der juristischen Person de lege ferenda nicht die Einführung eines Fremdkörpers in das StGB bedeuten würde.

Die "besondere Legitimation" der Zurechnung, die Engisch fordert(46), kann darin gesehen werden, daß die Wirkung des Handelns der natürlichen Person auch und gerade durch die Mittel der dahinter stehenden juristischen Person bedingt wird, daß die juristische Person das eigentliche Machtzentrum ist, daß ihr auch die Vorteile des Handelns dieser Person zukommen.

Welche Zurechnungskriterien im einzelnen erfüllt sein müssen und welche natürlichen Personen als Zurechnungsobjekte in Frage kommen, wird Gegenstand der Erörterungen unter C.III. sein.

Als weiteres Argument für die Bejahung der Handlungsfähigkeit juristischer Personen kann die Tatsache angeführt werden, daß die Frage im anglo-amerikanischen Recht nicht problematisiert wurde. Es besteht

---

43 vgl. Schönke-Schröder-Cramer, Rdnr.81 vor § 25 und Rdnr.61 zu § 25; Maurach-Gössel-Zipf, AT, Teilband 2, S.215

44 vgl. Schönke-Schröder-Lenckner, Rdnr.12 zu § 265 m.w.N.

45 vgl. Jescheck, AT, S.223; Maurach-Zipf, AT, Teilband 1, S.268; Wessels, AT, S.48

46 vgl. Engisch, Referat, E 24

zwar Uneinigkeit zwischen Großbritannien und den USA darüber, ob es sich um eine eigene oder um eine stellvertretende Verantwortlichkeit handelt, die Frage der Zurechenbarkeit einzelmenschlichen Verhaltens zum Handeln der juristischen Person wurde jedoch offenbar für so unproblematisch gehalten, daß sie einer Diskussion nicht wert befunden wurde. Lediglich in New York Central & Hudson River Railroad Company v.U.S.(47) findet sich der Hinweis, daß die Handlung des Vertreters der juristischen Person zugeschrieben werde.

5. SCHULDFÄHIGKEIT JURISTISCHER PERSONEN

Dem Grundsatz, daß jede Strafe Schuld voraussetzt, kommt verfassungsrechtlicher Rang zu. Er ist im Rechtsstaatsprinzip begründet. Das Rechtsstaatsprinzip ist eines der elementaren Prinzipien des Grundgesetzes. Zur Rechtsstaatlichkeit gehört nicht nur die Rechtssicherheit, sondern auch die materielle Gerechtigkeit(1). Die Idee der Gerechtigkeit fordert, daß Tatbestand und Rechtsfolge in einem sachgerechten Verhältnis zueinander stehen. Mit der Strafe wird dem Täter ein Rechtsverstoß vorgehalten und zum Vorwurf gemacht. Ein solcher strafrechtlicher Vorwurf aber setzt die Vorwerfbarkeit, also strafrechtliche Schuld voraus. Andernfalls wäre die Strafe eine mit dem Rechtsstaatsprinzip unvereinbare Vergeltung für einen Vorgang, den der Betroffene nicht zu verantworten hat. Die strafrechtliche Ahndung einer Tat ohne Schuld des Täters ist demnach rechtsstaatswidrig und verletzt den Betroffenen in seinem Grundrecht aus Art.2 Abs.1 GG(2).

a) Begriff der Schuld

Es ist jedoch nicht unumstritten, was unter dem Begriff der Schuld zu verstehen ist. Während sich für die **"psychologische" Schuldauffassung** der klassischen Verbrechenslehre die Schuld in der psychischen Beziehung des Täters zur Tat in ihrer objektiven Bedeutung erschöpft, geht die heute herrschende Meinung davon aus, daß ein **wertender**

---

47 vgl. 29 S.Ct.304 (1909)

1 Das ist allerdings nicht ganz unumstritten. Anderer Ansicht ist insbesondere Doehring. Doehring meint, das Rechtsstaatsbegriff dürfe nicht mit materiellem Recht befrachtet werden. Die Aufgabe des Rechtsstaates sei es nicht, materielle Gerechtigkeit zu verbürgen, sondern Verfahrensgerechtigkeit, Rechtssicherheit und Berechenbarkeit des Rechts. Darin liege sein Beitrag zur "Garantie der Freiheit"; sein Thema sei die Verläßlichkeit der errichteten Rechtsordnung
vgl. Doehring, Sozialstaat, Rechtsstaat und freiheitlich-demokratische Grundordnung. Zweimonatshefte für Fragen der Zeit 1978, Sonderheft, S.12 f

2 vgl. BVerfGE 20, 323,331 mwN

(normativer) **Schuldbegriff** dem Verbrechenssystem zugrundezulegen sei, für den der Begriff der **"Vorwerfbarkeit"** wesentlich ist(3).

Umstritten ist jedoch die Konzeption dieses normativen Schuldbegriffs im einzelnen, insbesondere die Frage, was materiell den Schuldvorwurf begründet und in welcher Beziehung die Begriffe "Schuld" und "Vorwerfbarkeit" zueinander stehen(4). Eine in der Literatur weit verbreitete Ansicht, zu der sich auch der Bundesgerichtshof in seiner grundlegenden Irrtumsentscheidung bekannt hat, sieht das Kriterium der Vorwerfbarkeit in einem "Dafür-Können" im Sinne eines "Sich-anders-bestimmen-Könnens". Gegenstand des Schuldvorwurfs ist danach zunächst die fehlerhafte Willensbildung des Täters. Diese besteht darin daß er sich nicht zu einem rechtmäßigen Handeln hat motivieren lassen, obwohl ihm dies deshalb möglich gewesen wäre, weil er sowohl das Unrecht der Tat hätte einsehen, als auch nach dieser Einsicht hätte handeln können. Dies bedeutet nicht, daß im Einzelfall der - nicht mögliche - Beweis des individuellen Andershandelnkönnens zu erbringen wäre, vielmehr wird diese Fähigkeit vom Recht im Normalfall vorausgesetzt, wobei dies "keine Seinsfeststellung, sondern Gegenstand einer am Sollen orientierten Wertentscheidung ist"(5). Der Bundesgerichtshof drückt diese Definition des Schuldvorwurfs mit folgenden Worten aus: "...Mit dem Unwerturteil der Schuld wird dem Täter vorgeworfen, daß er sich nicht rechtmäßig verhalten, daß er sich für das Unrecht entschieden hat, obwohl er sich rechtmäßig verhalten, sich für das Recht hätte entscheiden können. Der innere Grund des Schuldvorwurfs liegt darin, daß der Mensch auf freie, verantwortliche, sittliche Selbstbestimmung angelegt und deshalb befähigt ist, sich für das Recht und gegen das Unrecht zu entscheiden, sein Verhalten nach den Normen des rechtlichen Sollens einzurichten und das rechtlich Verbotene zu vermeiden"(6).

Nach dieser Definition geht das Strafrecht von der Bestimmbarkeit des Handelns aus, die auf der angenommenen Fähigkeit des Menschen beruht, die auf ihn einwirkenden Antriebe zu kontrollieren und sein Verhalten nach Werten und Normen auszurichten. Es ist jedoch umstritten, ob diese Willensfreiheit des Menschen besteht. Die Frage wird ganz überwiegend für empirisch unnachweisbar gehalten(7). Die Wissenschaft hat auf verschiedene Weise versucht, trotz dieser empirischen Unnachweisbarkeit der Entscheidungsfreiheit des Täters in der konkreten Tatsituation eine tragfähige Grundlage zu finden. Im Vordringen begriffen ist eine sozial-vergleichende Betrachtung, bei der danach gefragt wird, ob "ein anderer an der Stelle des Täters (eine 'maßgerechte Persönlichkeit') unter Anspannung der Willenskraft, die dem

---

3 vgl. Schönke-Schröder-Lenckner, Rdnr.113 vor § 13; Lackner, Anm.4 a vor § 13; Maurach-Zipf, AT, Teilband 1, S.487; Heinitz, Gutachten, S.85; BGHSt.2, 194,200

4 zum Stand der Meinungen vgl. Roxin, Henkel-Festschrift 1974, S.171 ff

5 vgl. Schönke-Schröder-Lenckner, Rdnr.118 vor § 13 mwN

6 vgl. BGHSt.2, 194,200

7 vgl. Jescheck, LK, Rdnr.66 vor § 13 mwN

Täter möglicherweise gefehlt hat, die rechtswidrige Tat unter den konkreten Umständen hätte vermeiden können(8)". In dieselbe Richtung weist eine Betrachtungsweise, die die Frage stellt, ob der Täter "seinen allgemeinen Anlagen entsprechend unter den konkreten Umständen fähig war, sich von der Rechtspflicht zu normgemäßem Verhalten bestimmen zu lassen"(9).

Es kommt (nach der sozial-vergleichenden Betrachtung) an auf das "Dafür-Können" "eines anderen", des "maßgerechten Menschen", den man sich nach Lebensalter, Geschlecht, Beruf, körperlichen Eigenschaften, geistigen Fähigkeiten und Lebenserfahrung dem Täter gleich zu denken hat. Das Zurückbleiben hinter dem Maß an Rechtsgesinnung, Sorgfalt und Willenskraft, das die Rechtsordnung von dem durchschnittlichen Bürger erwartet, macht die Schuld des Täters aus, weil er diesen Anforderungen nicht gerecht geworden ist(10).

Der **sozial-ethisch** geprägte Schuldbegriff, der - wenn auch in verschiedenen Ausprägungen - der herrschenden Meinung zugrunde liegt, dient den Gegnern der Strafbarkeit juristischer Personen als Hauptargument: einer juristischen Person könne ein sozial-ethisches Versagen nicht vorgeworfen werden(11).

Es bedarf jedoch einer vertiefteren Erörterung, ob nicht aus der Tatsache, daß gegen juristische Personen unter bestimmten Voraussetzungen Geldbußen verhängt werden können (§ 30 OWiG), daß ihre Schuldfähigkeit im Zivilrecht anerkannt ist, daß sie beleidigungsfähig sind und aus dem Umstand, daß strafrechtliche und sittliche Schuld nicht notwendig dasselbe sind, Erkenntnisse für die im Bereich ihrer strafrechtlichen Schuldfähigkeit anstehende Problematik gewonnen werden können.

b) Geldbußen gegen juristische Personen

"Eine Ordnungswidrigkeit ist eine rechtswidrige und vorwerfbare Handlung, die den Tatbestand eines Gesetzes verwirklicht, das die Ahndung mit einer Geldbuße zuläßt" (§ 1 Abs.1 OWiG).

Nach dieser Legaldefinition setzen also auch Ordnungswidrigkeiten **vorwerfbares** Handeln voraus(12). Fraglich ist, ob die Vorwerfbarkeit im Bereich des Ordnungswidrigkeitenrechts sich von der Vorwerfbarkeit im Bereich des Strafrechts unterscheidet.

Es ist umstritten, ob der Unterschied zwischen Ordnungswidrigkeit und Straftat nur quantitativer oder ob er qualitativer Art ist. Die Ein-

----

8 vgl. Jescheck, LK, Rdnr.67 vor § 13 mwN

9 vgl. Lackner, Anm.III 4 a vor § 13

10 vgl. Jescheck, LK, Rdnr.71 vor § 13

11 vgl. die Nachweise oben bei A.IV.2.c)

12 vgl. auch BVerfGE 20, 323,333: Der Grundsatz, daß Strafe Schuld voraussetzt, gilt auch für Ordnungswidrigkeiten

führung des Ordnungswidrigkeitenrechts, das zunächst auf das Wirtschaftsrecht beschränkt war, ist theoretisch damit begründet worden, daß die Ordnungswidrigkeit gegenüber der Straftat wesensmäßig verschieden sei. Es wurde angenommen, daß das Wesen der Ordnungswidrigkeit nur in einem bloßen Ungehorsam (einer Lässigkeit) gegenüber den Verwaltungsbehörden liege und daß die Zuwiderhandlung lediglich einen Verwaltungsschaden auslöse, aber - im Gegensatz zur Straftat - kein Rechtsgut verletze (sog. "aliud-Theorie")(13). In der Zwischenzeit ist jedoch deutlich zutage getreten, daß das Ordnungswidrigkeitenrecht keineswegs auf die Fälle des bloßen Ungehorsams gegen die staatliche Verwaltungstätigkeit - deren ordnungsgemäßes Funktionieren im sozialen Staat der Daseinsvorsorge im übrigen durchaus ein Rechtsgut ist - beschränkt geblieben ist. Das Ordnungswidrigkeitenrecht erfasst inzwischen vielfach Fälle, in denen der Rechtsgüterschutz gefährdet oder sogar beeinträchtigt ist(14). Das Bundesverfassungsgericht führt aus, daß im Grenzbereich zwischen kriminellem Unrecht und Ordnungsrecht zwischen den genannten Erscheinungsformen des Unrechts nur graduelle Unterschiede bestehen. Hier die exakte Grenzlinie festzulegen, sei Sache des Gesetzgebers(15). Es ist auch anerkannt, daß die Geldbuße, obwohl sie keine (echte) Strafe ist, dennoch repressiven Charakter hat. Die wohl noch herrschende Meinung vertritt gleichwohl die Ansicht, daß der Geldbuße das mit der "Kriminalstrafe notwendigerweise verbundene Unwerturteil" und damit der "Ernst des staatlichen Strafens" fehle. Ihr Zweck sei es nicht, eine Tat zu sühnen in dem Sinne, daß ein Ausgleich für sozialethische Schuld herbeigeführt werden solle; sie sei vielmehr in erster Linie darauf gerichtet, eine bestimmte Ordnung durchzusetzen. Sie sei ein mit der Sanktion verbundener und deshalb spürbarer Pflichtappell an den Betroffenen, auch die im Vorfeld zum Schutz von Rechtsgütern errichteten Gebote und Verbote zu beachten(16). Ihr fehle völlig der in jeder echten Kriminalstrafe enthaltene Ausspruch sozialethischen Täterunwerts(17).

Demgegenüber hat Dietrich **Lang-Hinrichsen** ausführlich begründet, daß sich in dem Auffangbecken namens Ordnungswidrigkeiten heutzutage nicht nur solche Ordnungswidrigkeiten befinden, die sozialethisch nicht unwertbehaftet sind. Ein Überblick über die Gesetzgebung zeige, daß die neuen Bußgeldtatbestände nicht nur Bagatellunrecht, sondern häufig Unrecht großen Ausmaßes enthalten. Er weist m.E. zu Recht darauf hin, daß die Höhe der Geldbußen, die in den Gesetzen angedroht sind und die oft weit über das Maß des Ordnungswidrigkeitengesetzes (§ 17 OWiG: höchstens 1000,-- DM) hinausgehen, sich nicht nur mit der größeren wirtschaftlichen Leistungsfähigkeit des in Betracht kommenden Personenkreises erklären lassen, sondern auch dem Umfang und der

---

13 vgl. Göhler, OWiG, Rdnr.4 vor § 1 mwN

14 vgl. Göhler, OWiG, Rdnr.5 vor § 1 mwN; vgl. auch Jescheck, AT, S.45

15 NJW 1979,1981 f; vgl. dazu auch Tiedemann, Kartellrechtsverstöße und Strafrecht, S.99 ff

16 vgl. Göhler, OWiG, Rdnr.9 vor § 1 mit zahlreichen weiteren Nachweisen

17 vgl. Maurach-Zipf, AT, Teilband 1, S.20

Art des - auch sozialethisch unwertbehafteten - Unrechts Rechnung tragen sollen(18).

Besonders deutlich wird dies im Kartellrecht: Ordnungswidrigkeiten nach § 38 GWB können hier mit Geldbußen bis zu einer Million DM, über diesen Betrag hinaus bis zur dreifachen Höhe des durch die Zuwiderhandlung erlangten Mehrerlöse geahndet werden (§ 38 Abs.4 GWB). Ordnungswidrigkeiten nach § 39 GBW können mit einer Geldbuße bis zu fünfzigtausend DM geahndet werden (§ 39 Abs.2 GWB).

Bereits in den Sitzungen der Großen Strafrechtskommission wurde darauf hingewiesen, daß man bei der Kartellgesetzgebung ganz bewußt einer "gewissen Dynamik" (gemeint ist: den bestehenden Machtverhältnissen) Rechnung getragen habe. Das führe dazu, daß Manipulationen, durch die oft ein in die Millionen gehender Schaden entstehe, z.B. durch Bauabsprachen zum Nachteil der öffentlichen Hand, zum Ordnungsunrecht **abgewertet** würden(19). **Eb. Schmidt** hat in diesem Zusammenhang von einem "schweren Fehler des Gesetzgebers" gesprochen, "wenn er im Kartellrecht zweifellos kriminelle Sachverhalte als Ordnungswidrigkeiten behandelt hat(20)".

Dafür, daß auch Ordnungswidrigkeiten einen sozialethischen Tadel enthalten können, spricht auch, daß heute zu den Ordnungswidrigkeiten alle diejenigen früheren Übertretungen gehören, die aus dem Strafrecht ausgegliedert wurden. Durch die Herabstufung der meisten Übertretungen zu Ordnungswidrigkeiten, also durch die Einbeziehung von Delikten, die sowohl ihrer Sozialschädlichkeit als auch ihrem sozialethischen Unwertgehalt nach dem traditionellen Kriminalstrafrecht kaum nachstehen, erfährt der Begriff der Ordnungswidrigkeiten aber eine derartige Umorientierung, daß die an sich beabsichtigte Unterscheidung zwischen Ordnungswidrigkeiten und Straftaten immer stärker eingeebnet und demzufolge auch die unterschiedliche Behandlung immer weniger gerechtfertigt sein wird(21). Der Gesetzgeber ist zwar sicherlich dazu legitimiert, im unteren Bereich der Sozialschädlichkeit rechtswidrige und vorwerfbare Handlungen als Ordnungswidrigkeiten zu bezeichnen und für sie eine Sanktion vorzusehen, der ein geringeres sozialethisches Pathos anhaftet, als das bei der Strafe der Fall ist. Das ändert jedoch nichts daran, daß auch diesen Verhaltensweisen ein sozialethisches Unwerturteil anhaftet. Darüber hinaus ist es dem Gesetzgeber versagt, eindeutig kriminelle Verhaltensweisen aus Gründen politischer Opportunität als Ordnungswidrigkeiten einzustufen.

Der Auffassung, daß es sich im Verhältnis der Ordnungswidrigkeiten zu Straftaten um Grad- nicht um Wesensunterschiede handelt, ist auch **Jescheck**. Was die Ordnungswidrigkeit deutlich von der Straftat unterscheide, sei zwar das Fehlen jenes hohen Grades von Verwerflichkeit, welcher allein das schwere sozialethische Unwerturteil bei der Kriminal-

---

18 vgl. Lang-Hinrichsen, Mayer Festschrift 1966, S.49,58

19 Staatssekretär Dr. Krille, Niederschr. Bd.8, S.76

20 Niederschr. Bd.8, S.80

21 vgl. Schönke-Schröder-Lenckner, Rdnr.16 zu § 12 StGB

strafe rechtfertige. Dennoch seien die Ordnungswidrigkeiten keineswegs nur "sozialethisch farblose Lässigkeiten"(22).

Lang-Hinrichsen ist darin zuzustimmen, daß die Ordnungswidrigkeiten im Laufe der Zeit ein Sammelbecken für heterogene Verhaltensweisen geworden sind, die nicht kriminalrechtlich geahndet werden sollen, und zwar gleichgültig, ob es sich um eigentliches Verwaltungsunrecht oder um sozialethisch unwertbehaftetes Unrecht (Beispiel Kartellrecht) handelt. Alles wird unterschiedslos unter den Begriff der Ordnungswidrigkeiten subsumiert. Für alles sollen unterschiedslos die gleichen vom Verwaltungsunrecht her konzipierten Lehren von der Wertneutralität des Unrechts gelten(23).

Wenn man aber die Situation zugrundelegt, daß es Ordnungswidrigkeitstatbestände gibt, die sozialethisch unwertbehaftetes Unrecht zum Inhalt haben, dann kann auch die angedrohte Geldbuße im Bereich dieser Tatbestände nicht wertneutral sein. Als logische Folgerung hieraus ergibt sich eine einheitliche Betrachtungsweise: entweder man sieht die Androhung einer Strafe gegenüber einer juristischen Person als unzulässig an, weil ein sozialethischer Tadel einer juristischen Person gegenüber nicht ausgesprochen werden könne. Dann wäre es inkonsequent, ja sogar widersprüchlich, wenn man im Bereich sozialethisch unwertbehafteten Unrechts die Geldbuße für zulässig erachtet(24). Oder man argumentiert umgekehrt: wenn im Bereich sozialethisch unwertbehafteter Ordnungswidrigkeiten die Geldbuße gegen juristische Personen zulässig ist (z.B. gemäß §§ 38,39 GWB in Verbindung mit § 30 OWiG), dann muß dieser selbe Vorwurf die juristische Person auch im Bereich der Strafe treffen können(25).

Auf den inneren Widerspruch einer Argumentation, die Geldbußen befürwortet, Strafen jedoch ablehnt, ist auch von Seiten des Auslandes bereits hingewiesen worden: **M. Delmas-Marty** wies darauf hin, daß es nicht ganz widerspruchsfrei sei, wenn das deutsche Recht die Verantwortlichkeit juristischer Personen im Bereich der Ordnungswidrigkeiten zulasse, sie aber im Strafrecht verneine. Das Bundesverfassungsgericht habe ja schließlich auf die Ordnungswidrigkeiten das Verschuldenserfordernis ausgedehnt. Die Autorin meint, daß dieser Widerspruch, der als eine Art Kompromiß zwischen den widerstreitenden Lehrmeinungen erscheine, behoben würde, wenn man die juristische Person nur in dem Maße für verantwortlich erkläre, in dem ein Mitglied, das nicht individualisiert zu werden brauche, schuldhaft gehandelt habe. **Wenn** dieser Kunstgriff zulässig sei, dann sei diese Argumentation aber auch im Bereich des Kernstrafrechts möglich(26).

----

22 vgl. Jescheck, AT, S.45 f

23 vgl. Lang-Hinrichsen, Mayer Festschrift 1966, S.49,62f

24 so Lang-Hinrichsen, Mayer Festschrift, S.65 f

25 zum Ganzen vgl. auch Pohl-Sichtermann, Geldbuße gegen Verbände, S.31-39

26 vgl. M. Delmas-Marty, R.I.D.P. 1980, 39,44 f: "...la position du droit allemand qui se réfère au principe constitutionel de l' existence d'une faute en droit pénal pour écarter toute responsabilité des groupements. Non sans quelque contradiction, car le droit

Der festgestellte "innere Widerspruch" muß dahingehend gelöst werden, daß man denselben Vorwurf, der die juristische Person im Bereich sozialethisch unwertbehafteter Ordnungswidrigkeiten treffen kann, auch im Bereich der Strafe für zulässig erachtet, denn es erscheint erforderlich, die hier in Frage kommenden Sachverhalte in den Bereich der unabhängigen Strafgerichte zu verlagern und sie dem Legalitätsprinzip zu unterstellen, anstatt ihre Verfolgung und Ahndung dem Ermessen weisungsabhängiger Verwaltungsbehörden zu überlassen(27).

c) Zivilrechtliche Verantwortlichkeit juristischer Personen

Bereits oben(28) wurde ausgeführt, daß eine juristische Person nach § 31 BGB für den Schaden verantwortlich ist, den ein Organ in Ausführung der ihm zustehenden Verrichtungen einem Dritten durch eine Handlung zufügt, die nach allgemeinen Grundsätzen zum Schadensersatz verpflichtet. Grundgedanke dieser Vorschrift ist, daß die Handlungen, die ein Organ im Rahmen der ihm übertragenen Aufgabe vornimmt und die in der Regel der Verwirklichung der Zwecke der juristischen Person dienen, ihr also zugute kommen, der juristischen Person selbst zuzurechnen sind. Wer also durch eine derartige Handlung in seinen Rechten verletzt und dadurch geschädigt wird, kann, wenn das Organ dabei schuldhaft gehandelt hat, Schadensersatz gemäß § 823 Abs.1 BGB nicht nur vom handelnden Organ, sondern auch von der juristischen Person verlangen, für die es gehandelt hat. Der juristischen Person wird also nicht nur die Handlung des Organs, sondern auch dessen Verschulden unmittelbar - **wie eigenes - zugerechnet**(29).

Für die Frage, ob auch eine Verantwortlichkeit im strafrechtlichen Sinne besteht, ist von besonderer Bedeutung wieweit das als Voraussetzung bürgerlich-rechtlicher Haftung regelmäßig erforderliche Verschulden auch strafrechtlich relevant sein kann, d.h. also inwieweit der strafrechtliche Verschuldensbegriff dem des bürgerlichen Rechts entspricht.

Fortsetzung der Anmerkung 26:

allemand admet cette responsabilité dans le cadre des infractions administratives, alors que la Cour Constitutionnelle a étendu a ces dernières le principe de l'existence d'une faute. La contradiction qui paraît en réalité être une sorte de compromis entre les diverses tendances de la doctrine pénale allemande, serait levée par le fait que le groupement ne sera tenu pour responsable que dans la mesure où l'un quelconque de ces membres aura commis une faute mais il n'est pas nécessaire que cet agent ait ete individualisé. On voit l'artifice, d'autant que le raiseonnement, s'il est valable, pourrait tout aussi l'être dans le cadre des infractions proprement pénales"

27 vgl. bereits oben A.III.1. und C.II.1.c)

28 vgl. C.II.4.

29 vgl. die Ausführungen oben C.II.4.b)aa)

Rotberg hat sich auf den Standpunkt gestellt, daß eine Entsprechung durchaus festzustellen sei. Zum Vergleich geeignet sei vornehmlich die der unerlaubten Handlung für den Regelfall innewohnende "Schuld". Die vorsätzliche unerlaubte Rechtsgutsverletzung richte sich - wie der Katalog des § 823 Abs.1 BGB erkennen lasse - u.a. gegen hohe und höchste Werte in der Person jedes durch diese Norm geschützten Rechtsgenossen. Sie könne sehr wohl, ohne daß die Grenze der Strafbarkeit dem Tatbestande, nicht dem Schuldgrad nach überschritten sein müßte, in hohem Grade sittlich vorwerfbar, weil sozial durchaus verwerflich sein. Insbesondere bei § 826 BGB werde gerade die sittliche Vorwerfbarkeit des schädigenden Verhaltens zum Tatbestand einer bürgerlichrechtlichen Haftung gemacht, ohne daß zugleich die Möglichkeit einer Bestrafung gegeben sein müßte. Gleiches gelte für die entsprechende Grundregel des Gesetzes gegen den unlauteren Wettbewerb (§ 1 UWG). Diese Betrachtung zeige, daß es keineswegs notwendig der Gesichtspunkt der sozialethischen Vorwerfbarkeit sei, der die Grenze zwischen bürgerlich-rechtlicher und strafrechtlicher Haftung finden lasse. Rotberg zieht daraus den Schluß, daß es vom Wesen der Schuld her gesehen keine dogmatisch unüberwindlichen Schwierigkeiten mache, die schon nach geltendem Recht mit bürgerlich-rechtlicher Schadenshaftung belasteten juristischen Personen mit entsprechender Strafhaftung im Zaume zu halten(30).

Es fragt sich, ob diese Entsprechung des Schuldbegriffs im Bereich der unerlaubten Handlungen und des strafrechtlichen Schuldbegriffs von Rotberg zutreffend angenommen wurde.

Im Bereich der unerlaubten Handlung versteht das bürgerliche Recht - wie auch sonst - unter "Verschulden" Vorsatz und Fahrlässigkeit, wobei beide Begriffe in einem normativen Sinne zu verstehen sind. Vorsatz ist das Wollen des Erfolges in Kenntnis seiner Pflichtwidrigkeit(31); Fahrlässigkeit die Außerachtlassung der objektiv gebotenen Sorgfalt. Anders als im Strafrecht vertritt die Rechtsprechung und der überwiegende Teil der Lehre im bürgerlichen Recht jedoch einen objektivierten oder typisierten Fahrlässigkeitsmaßstab. Danach kommt es für die zivilrechtliche Verantwortlichkeit für Fahrlässigkeit im allgemeinen nur auf die typischen Fähigkeiten und Kentnnisse eines Angehörigen dieses Berufs oder dieser Gruppe von Verkehrsteilnehmern oder auch dieser Altersgruppe an(32). Mit dem Erfordernis dieses Verschuldens verlangt das Gesetz wenigstens im Grundsatz, daß der Handelnde das Unrecht seines Tuns erkannte und sich dennoch von ihm nicht abhalten ließ oder daß er es infolge eines Mangels an Sorgfalt nicht erkannte, bei gehöriger Sorgfalt jedoch in der Lage gewesen wäre, die Folgen zu vermeiden(33).

----

30 vgl. Rotberg, Festschrift für den DJT 1960, Bd.II, S.193,200 f

31 vgl. Larenz, Schuldrecht I, S.258

32 vgl. Larenz, Schuldrecht I, S.261 ff; Palandt-Heinrichs, Anm.4 b zu § 276 BGB

33 vgl. Larenz, Schuldrecht I, S.255 und Schuldrecht II, S.595 f

Schuldhaft im Sinne des Gesetzes handeln kann nur ein Schuldfähiger. Die Verschuldens- oder Deliktsfähigkeit des Zivilrechts (vgl. §§ 827, 828 BGB) steht in Abhängigkeit zur Geschäftsfähigkeit. In gewissem Umfange läßt das Gesetz jedoch auch einen nicht Schuldfähigen für den von ihm verursachten Schaden einstehen und zwar dann, wenn die besonderen Umstände des Falles eine wenigstens teilweise Schadloshaltung als "billig" erscheinen lassen(35).

Gemäß der Vorschrift des § 826 BGB, auf die sich Rotberg besonders bezieht, ist derjenige zum Schadensersatz verpflichtet, der "in einer gegen die guten Sitten verstoßenden Weise einem anderen vorsätzlich Schaden zufügt". Das schädigende Verhalten muß hier nicht nur vorsätzlich, sondern wegen seines Zwecks oder wegen des angewandten Mittels oder mit Rücksicht auf die dabei gezeigte Gesinnung verwerflich sein. Dabei werden die Maßstäbe der allgemeinen Geschäftsmoral und des als "anständig" Geltenden angelegt(36). Ein Verstoß gegen die guten Sitten liegt vor, wenn ein Handeln gegen das "Anstandsgefühl aller billig und gerecht Denkenden" verstößt(37).

Es entsteht also zunächst der Eindruck, daß das Verschuldensprinzip des bürgerlichen Rechts im Bereich der unerlaubten Handlung vom Verschuldensprinzip des Strafrechts gar nicht so grundlegend verschieden ist, zumal es hier - anders als bei vertraglichen Schuldverhältnissen (vgl. § 278 BGB) - keine Verantwortlichkeit für fremdes Verschulden gibt: in § 831 BGB ist eine Haftung für eigenes Auswahlverschulden normiert.

Zu beachten ist jedoch, daß dem Schadensersatzrecht des BGB auch andere Gedanken zugrundeliegen, die bewirken, daß eine Verschuldenszurechnung ganz allgemein weniger problematisch erscheint. So muß im bürgerlichen Recht in bestimmten Fällen auch für schuldlose Handlungen eingestanden werden. Wichtigstes Beispiel hierfür sind die Fälle der **Gefährdungshaftung.** Hier tritt eine Verantwortung für die (abstrakte) Gefährdung anderer durch eine von der Rechtsordnung erlaubte, also rechtmäßige Betätigung, ein. Die Schadenszurechnung, die auch hier die Grundlage der Ersatzpflicht bildet, ist keine Zurechnung "zur Handlung", sondern zum "Verantwortungsbereich" des Ersatzpflichtigen. Sie besagt nichts über einen Handlungszusammenhang, sondern nur etwas über einen Gefahr- und Haftungszusammenhang. Die Verantwortung ist nicht darin begründet, daß der Verantwortliche Unrecht getan habe, sondern darin, daß er das mit der erlaubten Betätigung verbundene spezifische Risiko einer Schädigung anderer gesetzlich zu tragen verpflichtet ist. Die Gefährdungshaftung setzt weder Verschulden noch auch nur objektive Rechtswidrigkeit voraus. Verantwortlich ist grundsätzlich derjenige, der die Gefahrenquelle im allgemeinen beherrscht und nicht nur vorübergehend den Nutzen daraus

----

34 vgl. Larenz, Schuldrecht II, S.597

35 zu den Voraussetzungen dieser "Billigkeitshaftung" vgl. § 829 BGB und die Ausführungen bei Larenz, Schuldrecht II, S.597 ff

36 vgl. Larenz, Schuldrecht II, S.638

37 vgl. Palandt-Thomas, Anm.2 zu § 826 BGB

zieht. Der Grund für diese Verantwortlichkeit wird darin gesehen, daß es, wenn die Gefahr sich in einem Schadensfalle verwirklicht, im Sinne austeilender Gerechtigkeit angebracht sei, daß derjenige für den Schaden einsteht, in dessen Interesse die generelle Gefährdung der Rechtsordnung zugelassen wird.

Eine Gefährdungshaftung besteht heute im wesentlichen für Eisenbahnen, Kraftfahrzeuge, Luftfahrzeuge, Energieanlagen und radioaktive Stoffe; außerdem in gewissem Umfang für Tiere und für Wildschaden. Ferner besteht eine Gefährdungshaftung u.a. für die Verunreinigung von Gewässern nach dem Wasserhaushaltsgesetz sowie für schädliche Wirkungen von Arzneimitteln. Fast alle diese Haftungen sind Schöpfungen der Gesetzgebung und zwar der letzten hundert Jahre, viele erst der letzten Jahrzehnte. Die Gefährdungshaftung besteht allerdings nur in den gesetzlich ausdrücklich geregelten Fällen und setzt voraus, daß der Schaden im Zusammenhang mit der spezifischen Sach- oder Betriebsgefahr steht, die von dem Haftpflichtigen aufgrund der vom Gesetz vorgenommenen Risikozurechnung zu verantworten ist(38).

Betrachtet man diese Grundsätz des zivilrechtlichen Schadensersatzrechts, so fällt eine gewisse Parallele zum anglo-amerikanischen Strafrecht auf: auch dort umfasst die mens rea "nur" Vorsatz- und Fahrlässigkeitsformen; die strict liability entspricht in etwa der Gefährdungshaftung. Eine Verschuldenszurechnung wird - wie bereits angesprochen - unter diesen Voraussetzungen erheblich erleichtert.

Mangels einer Entsprechung dieser Gegebenheiten im deutschen Strafrecht läßt sich der Schluß von der Schuldfähigkeit juristischer Personen im Sinne des bürgerlichen Rechts auf die Schuldfähigkeit juristischer Personen im Sinne des Strafrechts nicht so ohne weiteres ziehen. Das gilt insbesondere dann, wenn man sich die **unterschiedlichen Zielsetzungen des zivilrechtlichen Schadensersatzrechts und des Strafrechts** vergegenwärtigt: Dem Schadensersatzrecht des BGB kann der Gedanke der bloßen Unrechtssanktion nicht zugrunde liegen. Das paßt z.B. nicht zur Gefährdungshaftung. Auch müßte dann der Umfang der Ersatzpflicht und damit die Schwere der Sanktion in ein Verhältnis zur Schwere des Schuldvorwurfs gesetzt werden. Gerade das aber hat das Gesetz vermieden; es kennt keine Abstufung der Ersatzpflicht nach dem Verschuldensgrad(39). Der dem Strafrecht immanente Gedanke der Sanktion im Sinne einer Reaktion der Rechtsordnung auf das Unrecht als solches ist dem Zivilrecht danach fremd. Tragendes Prinzip des zivilrechtlichen Schadenersatzrechts ist vielmehr, daß der Verletzte

---

38 vgl. zum Ganzen, Larenz, Schuldrecht II, S.698 ff mwN; Palandt-Heinrichs, Anm.10 b zu § 276 BGB

39 § 254 BGB (Mitverschulden des Verletzten) beinhaltet nicht, daß die Schwere der Sanktion in ein Verhältnis zur Schwere des Schuldvorwurfs gesetzt würde, sondern ist Ausdruck des Gedankens, daß derjenige, der die Sorgfalt außer acht läßt, die nach Lage der Dinge erforderlich erscheint, um sich selbst vor Schaden zu bewahren, den Verlust oder die Kürzung seines Schadnesersatzanspruchs hinnehmen muß vgl. Palandt-Heinrichs, Anm.1 zu § 254 BGB

für den ihm zugefügten Schaden einen Ersatz, einen Ausgleich erhalten soll. Was als Schadensersatz geschuldet wird, richtet sich nicht nach dem Sanktions- oder dem Präventionsprinzip, sondern nach dem **Ausgleichsgedanken**, der am Interesse des Geschädigten, nicht am Verhalten des Ersatzpflichtigen orientiert ist: dem Geschädigten soll der Nachteil, den er infolge eines Vorgangs erlitten hat, für den ein anderer verantwortlich ist, ausgeglichen, wieder gut gemacht werden(40).

Den Normen des bürgerlichen Rechts geht es also um Risikoverteilung und um Schadensausgleich, während das Strafrecht, das zur Gewährleistung eines friedlichen Zusammenlebens der Menschen beitragen soll, Rechtsverletzungen durch Bestrafung des Täters nach seinem "Verdienst" ahndet; es will einen Schuldausgleich bewirken und zugleich zukünftige Rechtsverletzungen verhüten.

Eine Gesamtbetrachtung dieser Aspekte ergibt demnach folgendes: aus der Tatsache, daß die Schuldfähigkeit juristischer Personen im Zivilrecht anerkannt ist, kann **nicht ohne weiteres** der Schluß auf ihre auch strafrechtliche Schuldfähigkeit gezogen werden. Wegen der unterschiedlichen Zielsetzungen der beiden Rechtskreise kann auch nicht gesagt werden, daß es sich um einen "juristischen Stilbruch, um einen Mangel an Logik, eine systematische Verkennung sozialer Gegebenheiten" handele, wenn man im Strafrecht die im Zivilrecht gezogenen Schlußfolgerungen nicht anwende(41). Damit ist allerdings nicht gesagt, daß die zivilrechtliche Schuldfähigkeit juristischer Personen nicht als - weiteres - Indiz für die Möglichkeit ihrer strafrechtlichen Schuldfähigkeit dienen kann.

d) Beleidigungsfähigkeit juristischer Personen

Von den Befürwortern der Strafbarkeit juristischer Personen wird die Tatsache, daß der Bundesgerichtshof juristische Personen für beleidigungsfähig erklärt, ihnen also eine selbständige Ehre zuerkannt hat, als wesentlicher Gesichtspunkt betrachtet, der für die Schuldfähigkeit juristischer Personen spreche. Der Bundesgerichtshof hat seine Entscheidung wie folgte begründet: Die Ansicht, Ehre stehe nur der Einzelperson zu, sei zu "individualistisch", sie treffe weder gesellschaftlich (in sozialer Beziehung) noch rechtlich zu. Im täglichen Leben trete diese Tatsache vielfach so unverkennbar hervor, daß ein Bedürfnis nach angemessener rechtlicher Anerkennung bestehe, soweit das Gesetz nicht das Gegenteil ausspreche(42). Die Rechtsprechung müsse der sozial vorgegebenen Tatsache, daß "jeder brauchbare Verband auf seine Ehre hält" in angemessener Weise und im notwendigen Umfange folgen. Der Schutz der persönlichen Ehre im geschriebenen Strafrecht besage nicht, daß Personengesamtheiten, deren Ehrfähigkeit im Leben allge-

---

40 vgl. dazu Larenz, Schuldrecht I, S.391 ff

41 vgl. Richier, De la responsabilité des personnes morales, S.115; D'Haenens, Rev.dr.pén.et crim. 1975-76, 731,732

42 vgl. BGHSt.6, 186,189

mein jedermann annehme, kein Ehrenschutz zukomme. Mensch und Gemeinschaft stünden in unlösbarer Beziehung. Die Beleidigungsfähigkeit gewisser Personengesamtheiten sei deshalb anzuerkennen(43). Es genüge - was bei den der Untersuchung in erster Linie zugrundeliegenden Handelsgesellschaften der Fall ist -, daß die Pesonengesamtheit eine rechtlich anerkannte gesellschaftliche (auch wirtschaftliche) Aufgabe (soziale Funktion) erfülle und einen einheitlichen Willen bilden könne. Die Aufgabe brauche keine öffentliche zu sein; sie müsse nur im täglichen Leben mit rechtlicher Billigung üblicherweise erfüllt werden(44).

Die Rechtsprechung der Untergerichte und ein großer Teil der Literatur sind dem Bundesgerichtshof gefolgt, so daß es sich inzwischen um die wohl herrschende Meinung handelt(45).

Rotberg hat daraus den Schluß gezogen, daß demjenigen, der Träger einer Ehre sei, also einen sozialethischen Wert für sich in Anspruch nehmen und seinen Schutz von Rechts wegen fordern könne, dieser Wert im Falle eines Mißbrauchs seiner Rechtsstellung auch abgesprochen werden könne. Das hierzu erforderliche Unwerturteil setze aber die Möglichkeit eines entsprechenden Vorwurfs voraus. Er richte sich gegen die Personengesamtheit als solche. Diese besitze kraft ihrer sozialen Aufgabe und Leistung einen über die Person ihrer Mitglieder hinausgreifenden und von ihr unabhängigen Eigenwert. Ihr "Ansehen" in der Öffentlichkeit sei ein nicht geringer Teil ihrer gesellschaftlichen Wirkkraft. Es werde bewußt in ganz ähnlicher, oft allerdings unvergleichlich wirksameren Weise, eingesetzt wie Name und Ruf der natürlichen Person. Der Verband stehe damit als Teilhaber am sozialen Potential genausow wie der Einzelne unter dem Gesetz der Verpflichtung an das Ganze, der Wahrung der Grundnormen des sittlichen Zusammenwirkens. Er müsse es sich deshalb genauso wie der Bürger gefallen lassen, im Bedarfsfall zur Ordnung gerufen werden, d.h. bei sozialethisch vorwerfbarem Verhalten notfalls mit Strafe zurechtgewiesen zu werden. Die Möglichkeit eines Schuldvorwurfs dürfte eigentlich nur leugnen, wer das soziologisch vorgegebene Faktum des selbständigen gesellschaftlichen Geltungswertes eines Verbandes mit seinem darin steckenden Bedeutungssinn nicht anerkennen wolle(46).

Auch **Bockelmann** ist der Ansicht, daß in der Tatsache der Anerkennung einer Verbandsehre, zumindest ein Ansatz für eine dogmatische Entwicklung des Gedankens der Bestrafung von Verbänden gegeben sei; denn wer Ehrenschutz genieße, müsse auch bestraft werden können. Beides stehe in Wechselwirkung(47).

Rothenpieler hat dieser Schlußfolgerung entschieden widersprochen. Ein stringenter Schluß sei weder von der Schuldfähigkeit auf die Ehr-

----

43 vgl. BGHSt.6, 186,190

44 vgl. BGHSt.6, 186,191

45 vgl. Schönke-Schröder-Lenckner, Rdnr.3 vor § 185 mit zahlreichen weiteren Nachweisen

46 vgl. Rotberg, Festschrift für den DJT Bd.II, S.193,201 f

47 vgl. Bockelmann, Niederschr. Bd.4, S.329

fähigkeit des Kollektivums noch umgekehrt möglich, denn Schuld und Ehre stünden sich nicht in einem Verhältnis gegenüber, nach dem gesagt werden könnte, Schuld sei letzlich negative Ehre. Gleichgültig, ob man das Wesen der Ehre in der inneren Selbstachtung der Person sehe oder als deren objektive Wertschätzung durch die Umgebung ansehe, offensichtlich seien die Begriffe Schuldlosigkeit und Ehre nicht identisch. Diese Überlegung führe aber zwingend zu dem Schluß, daß das Wesen der Schuld nicht (zumindest nicht ausschließlich) darin bestehen könne, negative Ehre zu sein(48).

Gegen diese Argumentation ist einzuwenden, daß gar keine Rede davon ist, daß das Wesen der Schuld ausschließlich in negativer Ehre bestehen soll. Die Tatsache der Beleidigungsfähigkeit und Ehrfähigkeit juristischer Personen soll lediglich als ein Ansatzpunkt unter mehreren aufzeigen helfen, daß das Dogma von der strafrechtlichen Schuldunfähigkeit juristischer Personen gar nicht so unumstößlich ist, wie behauptet wird. Wie immer man das Wesen der Ehre auch definieren mag(49), sie hat jedenfalls zu tun mit einem Achtungsanspruch, der aus dem sittlichen und sozialen Persönlichkeitswert entspringt, einem personalen Geltungswert oder einem sozialen Geltungsanspruch. Die für die Ehre konstitutiven Wertgesichtspunkte sind nach herrschender Meinung aus dem allgemeinen Menschenwert sowie dem sittlichen und sozialen Wert der Person abzuleiten(50). Besitzt eine juristische Person aber Ehre und damit einen sittlichen und sozialen Wert als Person, dann muß ihr auch ein strafrechtlicher Vorwurf gemacht werden können, wenn sie unrechtmäßig gehandelt hat.

Rotberg und Bockelmann ist deshalb darin zuzustimmen, daß die Tatsache der Beleidigungsfähigkeit juristischer Personen ein Ansatzpunkt dafür ist, daß juristische Personen ein strafrechtlicher Schuldvorwurf treffen kann.

Unter diesem Aspekt erhält auch die Tatsache Bedeutung, daß über juristische Personen Werturteile gefällt werden, weil sie rechtlich Pflichten haben, für deren Erfüllung sie einstehen müssen. Im Wirtschaftsleben wird auch über Gesellschaften des Handelsrechts das Werturteil "ehrbare" oder "solide" Firma oder umgekehrt "unsolide Schwindelfirma" ausgesprochen. V.Weber ist daher darin zuzustimmen, daß nicht einzusehen ist, warum der juristischen Person dann nicht auch strafrechtlich ein Vorwurf gemacht werden solle(51). Allerdings darf auch gegenüber einer juristischen Person eine Strafe nur ausgesprochen werden, wenn sie "etwas dafür kann", daß sie die ihr eingeräumte soziale und rechtliche Stellung mißbraucht hat(52). Dieses "Dafür-

----

48 vgl. Rothenpieler, Der Gedanke einer Kollektivschuld in juristischer Sicht, S.287 f

49 vgl. dazu die Darstellung des Meinungsstandes bei Schönke-Schröder-Lenckner, Rdnr.1 vor § 185; Lackner, Anm.1 vor § 185

50 vgl. Lackner, Anm.1 vor § 185

51 vgl. v.Weber, GA 54, 237,240

52 vgl. v.Weber, DRiZ 1951, 153,155 f

können" kann jedoch bei Zugrundelegen eines normativen Schuldbegriffs darin gesehen werden, daß im Rahmen der juristischen Person rechtswidrige Taten geschehen, die juristische Person somit ein "wirtschaftsfeindliches" Verhalten zeigt, das in etwa dem entspricht, das wir bei natürlichen Person als "asozial" bezeichnen(53), obwohl es ihr - wie positive Beispiele aus dem Wirtschaftsleben zeigen - möglich gewesen wäre, durch entsprechende Organisation usw. für rechtmäßiges Verhalten zu sorgen.

e) Verhältnis strafrechtliche Schuld - sittliche Schuld

Für das Verhältnis der Strafrechtsschuld zur Schuld nach dem Sittengesetz gilt im Prinzip die Unabhängigkeit des einen Begriffs vom anderen. Beide Begriffe sind in ihren Voraussetzungen selbständig. Die Strafrechtschuld kann nur auf einer tatbestandsmäßigen, rechtswidrigen Handlung aufbauen; eine Gedankensünde ist dem Strafrecht im Gegensatz zur Moral ebenso unbekannt wie das Strafrecht einem Verstoß gegen rein persönliche Wertvorstellungen indifferent gegenüber steht(54).

Aus dieser Unterscheidung hat **Baumann** die Folgerung gezogen, daß die strafrechtliche Schuldfähigkeit juristischer Personen vom Gesetzgeber normiert werden könnte. Das Argument, daß nur der Mensch sittlich verantwortlich sei, also nur er schuldig werden könne, gehe fehl. Es handele sich hier gerade nicht um sittliche, sondern um strafrechtliche Schuld. Das Recht bestimme seine Adressaten selbstherrlich, sei also auch in der Lage, Normen für juristische Personen aufzustellen, die von eben diesen (durch ihre Organe) zu befolgen seien. Wer Zurechnungsendpunkt eines Verhaltens sei und für normwidriges Verhalten einzustehen habe, sage das Recht. Sittliches Verschulden könne freilich nur beim Organ, Verschulden im rechtlichen Sinne aber auch bei der juristischen Person liegen(55). So wie im Zivilrecht unzweifelhaft sei, daß einer juristischen Person das Verschulden ihrer Organe als eigenes Verschulden angerechnet werden kann, so könnten auch die Normen des Strafrechts eine Zurechnung des Verschuldens der handelnden Organe anordnen. Es gehe im Strafrecht nicht um sittliche, sondern um soziale Verantwortung. Schuldfähigkeit könne also vom Gesetzgeber normiert werden(56).

Dieser Gedanke ist m.E. durchaus tragfähig, insbesondere wenn man sich vor Augen hält, daß der Schuldbegriff des Strafrechts **sozialethisch** geprägt ist, also zu tun hat mit den Pflichten des Menschen gegenüber der Gesellschaft, während der sittliche Schuldbegriff mit der **Indivi-**

---

53 vgl. Wilfferodt, 40. DJT, E 72 ff

54 vgl. Maurach-Zipf, AT, Teilband 1, S.488 f; Jescheck, AT, S.337 f; Baumann, AT, S.375 f

55 vgl. Baumann, Grundbegriffe, S.157

56 vgl. Baumann, AT, S.374 f

dualethik verknüpft ist, also mit der Lehre der Ethik, die nur die Pflichten gegen sich selbst berücksichtigt(57). Werden im Rahmen einer juristischen Person Pflichten gegenüber der Gesellschaft verletzt und fällt die menschliche Gesellschaft deswegen ein Unwerturteil, so ist es durchaus denkbar, daß das Unwerturteil die juristische Person trifft, der das Verschulden ihrer Organe usw. zugerechnet wird. Davon zu unterscheiden ist die Tatsache, daß ein sittliches Unwerturteil nur über den Einzelmenschen ausgesprochen werden kann.

Eine **zusammenfassende Würdigung** der erörterten Aspekte ergibt, daß sich daraus, daß juristische Personen mit einer Geldbuße belegt werden können und daß sie beleidigungsfähig sind, ebenso wie aus dem Umstand, daß strafrechtliche und sittliche Schuld nicht identisch sind, Argumente für ihre Schuldfähigkeit im strafrechtlichen Sinne gewinnen lassen:

- Wie dargelegt wurde, gibt es Ordnungswidrigkeitstatbestände, die sozialethisch unwertbehaftetes Unrecht zum Inhalt haben. Im Bereich dieser Tatbestände ist auch die angedrohte Geldbuße nicht wertneutral. Ist aber im Bereich sozialethisch unwertbehafteter Ordnungswidrigkeiten die Geldbuße gegen juristische Personen zulässig (z.B. gemäß §§ 38,39 GWB in Verbindung mit § 30 OWiG), dann kann es dem Gesetzgeber auch nicht verwehrt sein, gegen die juristische Person mittels der Kriminalstrafe vorzugehen(58).
- Wenn eine juristische Person beleidigungsfähig ist, ihr also Ehre und damit ein sittlicher und sozialer Wert als Person zukommt, kann ihr auch strafrechtlich ein Vorwurf gemacht werden, wenn sie unrechtmäßig gehandelt hat.
- Der strafrechtliche Schuldbegriff hat zu tun mit sozialethischen Prinzipien, also mit den Pflichten der Person gegenüber der menschlichen Gesellschaft, in der sie lebt. Verletzt eine juristische Person diese Pflichten und fällt die menschliche Gesellschaft deshalb ein Unwerturteil über sie, so kann das Strafrecht diese juristische Person auch als Zurechnungsadressaten für das Verschulden der handelnden Organe usw. vorsehen.

Ein weiteres Indiz für die Möglichkeit, die Schuldfähigkeit juristischer Personen auch im Strafrecht anzuerkennen, kann - trotz der im einzelnen bestehenden Unterschiede - in der Tatsache ihrer zivilrechtlichen Verantwortlichkeit gesehen werden(59).

In den untersuchten ausländischen Rechtsordnungen wurde die Frage der Schuldfähigkeit juristischer Personen, so wie sie sich im deutschen Recht stellt, nicht diskutiert. Das hängt zum Teil damit zusammen, daß der Schuldbegriff dort nicht diese sozialethische Ausprägung erfahren hat wie im deutschen Strafrecht, zum Teil aber auch damit, daß man die Frage gar nicht weiter für problematisch hielt. Auf dem Internationalen Strafrechtskongreß in Bukarest, grundsätzlich auch

---

57 vgl. Duden, Fremdwörterlexikon

58 vgl. auch BVerfG NJW 1979, 1981 f

59 vgl. C.II.5.c)

in Frankreich und in Belgien ging die Diskussion nur darum, ob juristische Personen einen eigenen Willen - Voraussetzung ihrer Handlungs- und Schuldfähigkeit - haben(60). Nur diese Frage betreffen auch die Ausführungen von Hacker und Bengü(61). In Frankreich findet sich nur ein weitergehender Hinweis, der aber auch nicht weiter diskutiert wird: der gemeinschaftliche Wille sei auch in der Lage, schuldhaft zu handeln, denn er könne auf erlaubte und verbotene Ziele ausgerichtet werden(62). In Großbritannien und in den USA wird - wenn überhaupt - nur von der Zurechnung des Willens und der mens rea gesprochen. Die Möglichkeit dieser Zurechnung wird völlig unproblematisch angenommen.

Zuzugeben ist allerdings, daß die Zurechnung der Tat zum Verschulden beim Individualdelikt eine andere und viel unmittelbarere ist als bei der Straftat einer juristischen Person. Dieser Gegebenheit kann jedoch dadurch Rechnung getragen werden, daß der Gesetzgeber in einer die Strafbarkeit der juristischen Person normierenden Vorschrift die Zurechnungskriterien bestimmt(63).

Im übrigen geht auch das **Bundesverfassungsgericht** davon aus, daß die Anwendung strafrechtlicher Grundsätze nicht ausgeschlossen sei, wenn das Rechtssubjekt eine juristische Person sei. Werde die juristische Person für strafrechtliches Handeln in Anspruch genommen, könne allerdings nur die Schuld der für sie verantwortlich handelnden Personen maßgebend sein(64), die der juristischen Person zugeschrieben werde.

Die oben in Anlehnung an Jescheck(65) für die natürliche Person gefundene Definition der Schuld kann auf die juristische Person folgendermaßen angepasst werden: Das Zurückbleiben hinter dem Maß an Rechtsgesinnung, Sorgfalt und Willenskraft, das die Rechtsordnung von der durchschnittlichen juristischen Person erwartet, macht die Schuld der konkreten juristischen Person aus, weil sie diesen Anforderungen nicht gerecht geworden ist.

Eine Vorschrift, die die Strafbarkeit der juristischen Person als solcher vorsieht, würde darüber hinaus der Forderung entsprechen, daß die Strafrechtsdogmatik in engem Kontakt mit den kriminalpolitischen Bedürfnissen bleiben muß(66).

----

60 vgl. A.V.1.b), B.II.3.c.)bb); B.III.1.

61 vgl. A.V.2. und 3.

62 vgl. Magnol, R.I.D.P. 1946, 58,59; Pradel, S.1977,115,117

63 vgl. dazu die Ausführungen unten III.

64 vgl. BVerfGE 20, 323,335 f

65 vgl. C.II.5.a)

66 vgl. C.II.1.a)

Da es demnach also durchaus möglich ist, die Strafbarkeit der juristischen Person mit dem Schuldprinzip zu vereinbaren, bedarf der Lösungsansatz von Schünemann keiner näheren Erörterung(67).

---

67 Schünemann ist der Ansicht, als "Legitimationsbasis für schuldunabhängige Sanktionen des Straf- und Ordnungswidrigkeitenrechts" komme allein ein Rechtsgüternotstand in Betracht, der hier aus einer notstandsähnlichen Schwächung der Präventionseffizienz im Bereich der Unternehmenskriminalität resultieren könnte. Die schuldunabhängige Inanspruchnahme des Verbandes selbst könne infolgedessen entsprechend dem hinter sämtlichen Maßregeln des Strafgesetzbuches stehenden Rechtsgedanken des § 34 StGB dann gerechtfertigt sein, wenn der erforderliche Rechtsgüterschutz auf andere Weise nicht sichergestellt werden könne, wenn die Erhaltung der gefährdeten Rechtsgüter schwerer wiege als die dem Verband zugefügte Einbuße und wenn eine derartige Verfolgung des höherrangigen auf Kosten des geringererwertigen Interesses nicht gegen sonstige rechtsethische Prinzipien verstoße. Der Autor erörtert diese Voraussetzungen im einzelnen und kommt zu dem Ergebnis, daß sie alle erfüllt sind
vgl. Schünemann, Unternehmenskriminalität und Strafrecht, S.236 ff

III. ANDEUTENDE BEMERKUNGEN ÜBER DIE MÖGLICHE AUSGESTALTUNG VON SANKTIONEN GEGEN JURISTISCHE PERSONEN

1. REINES MAßREGELRECHT

Von einigen Autoren werden, worauf im Laufe dieser Untersuchung mehrfach hingewiesen wurde, Strafen gegen juristische Personen abgelehnt, ein Maßregelsystem jedoch befürwortet. Begründet wird dies zum Teil damit, daß juristische Personen nicht handeln, zum Teil damit, daß sie zwar handeln, aber nicht schuldhaft handeln könnten, zum Teil damit, daß eine Bestrafung der juristischen Person am Wesen der Strafe und aus Gründen der Gerechtigkeit scheitern müsse, während die Verhängung von Maßregeln lediglich an einen - bei juristischen Personen vorhandenen - gefährlichen Zustand bzw. eine gefährliche Eigenschaft anknüpfe.

Richtig hieran ist, daß genereller Zweck aller Maßregeln die Gefahrenabwehr ist, die Vorbeugung gegenüber künftigen Straftaten. Die Maßregeln schützen damit speziell Interessen der öffentlichen Sicherheit; sie sind ausschließlich spezialpräventiv-zweckgerichtete, auf den einzelnen gefährlichen Täter bezogene Maßnahmen(1). Voraussetzung auch der Maßregeln ist allerdings die Begehung einer Straftat oder mindestens einer rechtswidrigen Tat(2). Die Unterbringung in einer sozialtherapeutischen Anstalt (§ 61 Nr.3 iVm § 65), die Unterbringung in der Sicherungsverwahrung (§ 61 Nr.4 iVm § 66) und die Führungsaufsicht (§ 61 Nr.5 iVm § 68) sind - wie sich aus dem klaren Wortlaut der §§ 65,66,68 ergibt - **neben** der Strafe anzuordnen, setzen also nicht nur eine rechtswidrige Anlaßtat, sondern ein Verschulden des Täters voraus. Es ist also unzutreffend, daß Maßregeln ganz generell verschuldensunabhängig sind. Auch ist in jedem Fall (Erfordernis des Vorliegens mindestens einer rechtswidrigen Tat) erforderlich, daß die Handlungsfähigkeit bejaht wird. Diejenigen Autoren, die die Handlungsfähigkeit juristischer Personen verneinen, müßten demgemäß konsequenterweise auch die Verhängung von Maßregeln gegenüber juristischen Personen ablehnen(3).

Dagegen sind vom hier vertretenen Standpunkt aus, der sowohl die Handlungs- als auch die Schuldfähigkeit juristischer Personen für begründbar und vom Gesetzgeber normierbar hält, grundsätzlich sowohl Strafen als auch Maßregeln gegenüber juristischen Personen möglich, wobei es lediglich darauf ankommt, welche Sanktion im Einzelfall geeigneter ist. Hierbei ist zu bedenken, daß auch die Strafe die Verhütung künftiger Taten bezweckt und damit eine systematisch reine, am Vorbeugungszweck orientierte Trennung von Strafe und Maßregel unmöglich ist. Soweit der präventive Schutzzweck im Rahmen der schuldangemessenen Strafe verwirklicht werden kann, ist daneben für die Maßregel grundsätzlich kein Raum. Die Maßregel ist vielmehr

---

1 vgl. Hanack, LK, Rdnr.20 vor § 61; Schönke-Schröder-Stree, Rdnr.2 vor § 61

2 vgl. Hanack, LK, Rdnr.26,38 vor § 61

3 vgl. dazu auch Radulesco, R.I.D.P. 1929, 287

subsidiär in dem Sinne, daß sie das Schutzbedürfnis der Allgemeinheit in einem Bereich befriedigt, welcher der Strafe verschlossen ist(4). Auch macht sich die Vermischung von Strafen und Maßregeln immer stärker bemerkbar; oft tragen Strafen heute maßregelähnliche Züge(5).

Von Bedeutung ist m.E. allerdings der Gedanke, der hinter der Befürwortung eines reinen Maßregelrechts steht: es wird primär auf die Gefährlichkeit abgestellt, auf den Zweckgedanken, im Interesse der öffentlichen Sicherheit künftige Straftaten durch spezialpräventive Einwirkungen auf den gefährlichen Täter zu verhindern; ethische Begründungen auch der Maßregeln haben sich nicht durchgesetzt(6). Daraus ergibt sich jedenfalls, daß auch unser grundsätzlich sozialethisch geprägtes Strafrecht nicht ohne ein gewisses Zweckdenken auskommt. Dies gilt es insbesondere bei juristischen Personen hervorzuheben, bei denen eine Zurechnung von Straftaten zur Schuld zwar möglich ist und hier auch befürwortet wird, das Band zwischen Straftat und Zurechnungsobjekt aber lockerer ist als bei der natürlichen Person.

2. SONDERSTRAFE IM SINNE VON HELLMUTH V.WEBER

H. v.Weber schlägt vor, bei Straftatbeständen, die nicht von jedermann erfüllt werden können, sondern die Zugehörigkeit zu einer bestimmten Gruppe voraussetzen und bei denen auch Strafen verwendet werden können, die nur der Gruppe gemeinsame Interessen treffen, den Namen "Sonderstrafen" zu gebrauchen(7). Man müsse sich bewußt sein, daß es sich bei Sonderstrafen um eine selbständige und eigenartige Strafart handele. Dann könne man aber auch der Tatsache begegnen, daß die praktischen Bedürfnisse immer neue Sanktionsformen entstehen ließen und ihre Verwendung erweiterten(8). Es handele sich vielfach um neuartige Maßnahmen, die den ordentlichen Gerichten bisher nicht vertraut seien, und deren sachgemäße Anwendung Kenntnisse auf einem besonderen Lebensgebiet erforderten. Auch würden manche dieser Sonderstrafen nicht nur in die Interessen des Bestraften, sondern auch in andere öffentliche Interessen eingreifen. So könne etwa eine Betriebsschließung weitreichende Folgen für das allgemeine Wirtschaftsleben haben, die ihre Ahndung im Einzelfall nicht ratsam erscheinen ließen.

Erkenne man die Eigenständigkeit der Sonderstrafe an, so erhalte man auch die Möglichkeit, sie als Hauptstrafe, allein oder wahlweise neben anderen Strafen, zu verwenden.

Wenn im geltenden Recht solche Folgen regelmäßig "Nebenfolgen" seien, so entspreche das schon heute oft nicht der wirklichen Sachlage. Nicht

---

4 vgl. Lackner, Anm.2 zu § 61

5 vgl. Hanack, LK, Rdnr.15 vor § 61

6 vgl. Hanack, LK, Rdnr.28 ff vor § 61

7 vgl. v.Weber, DRiZ 1951, 153,154

8 vgl. v.Weber, DRiZ 1951, 153,154

selten gehe es im Strafverfahren in erster Linie um die "Nebenfolge". Der Beschuldigte nehme die Hauptstrafe hin, wenn er nur seinen Führerschein behalten, seinen Beruf weiter ausüben oder sein Unternehmen fortführen dürfe. Wo aber die Hauptstrafe unwesentlich werde, wäre es falsch, sie aus Gewohnheit beizubehalten, wenn sie durch die "Nebenfolge" voll ersetzt werden könne. Die Sonderstrafe sei aber nicht nur Ersatz der herkömmlichen Hauptstrafe. Sie erfülle ihre Funktion weit besser als diese wegen des engen Zusammenhangs, der zwischen Straftat und Strafübel bestehe. Sie sei eine spiegelnde Strafe. Der Täter werde in dem Interesse getroffen, für das er gefehlt, er verwirke das Recht, das er mißbraucht habe. Eine solche Strafe sei nicht nur besonders wirksam, sie erscheine auch besonders gerecht. Das moralische Unwerturteil über die Tat sei nicht dem Grade, sondern der Art nach ein anderes und das komme in der Sonderstrafe zum Ausdruck. Die Sonderstrafe eröffne darüber hinaus neue kriminalpolitische Möglichkeiten insofern, als sie eine geeignete strafrechtliche Reaktion gegen Personengruppen und Verbände darstelle(9).

Hieran ist sicherlich richtig, daß das Strafensystem für natürliche Personen nur bedingt auf juristische Personen anwendbar ist. Der mit dem Strafübel verbundene Rechtsgüterverlust muß der besonderen Wesensart der juristischen Person angepasst werden. Ob der Gesetzgeber jedoch Voraussetzungen und Rechtsfolgen von Straftaten juristischer Personen im Rahmen eines Sonderstrafrechts innerhalb oder außerhalb des StGB normiert oder ob er sich entschließt, etwa im Rahmen eines § 25 a StGB die Voraussetzungen festzulegen, unter denen einer juristischen Person Straftaten zugerechnet werden und im 3. Abschnitt des Allgemeinen Teils des StGB einen Katalog möglicher Sanktionen gegen juristische Personen vorzusehen, stellt eher ein terminologisches Problem dar.

Auch ohne Kennzeichnung als "Sonderstrafe" kommt m.E. ausreichend zum Ausdruck, daß Voraussetzungen und Rechtsfolgen der Straftat den Besonderheiten der juristischen Person Rechnung tragen (müssen).

3. MÖGLICHE SANKTIONEN

Die anschließende exemplarische Aufzählung möglicher Sanktionen erhebt weder den Anspruch auf Vollständigkeit noch soll sie inhaltlich diskutiert werden. Letzteres würde den Rahmen dieser Arbeit sprengen, die sich (nur) mit der grundsätzlichen Frage der Strafbarkeit juristischer Personen beschäftigt. In diesem Zusammenhang ist auch der Vorbehalt zu machen, daß die im folgenden aufgezählten Sanktionen zwar unter strafrechtlichen Gesichtspunkten durchaus möglich sind. Ob sie jedoch unter wirtschaftspolitischen Gesichtspunkten möglich und sinnvoll sind, bedarf noch der genaueren Untersuchung, die im Rahmen dieser Arbeit nicht vorgenommen werden kann.

---

9 vgl. v.Weber, DRiZ 1951, 153,155

Die folgende Aufzählung ist lediglich als Anregung für den Gesetzgeber zu verstehen. In Frage kommen:

- die Geldstrafe
- eine genau zu bezeichnende Tätigkeitsbeschränkung, wenn die juristische Person bestimmte Befugnisse erheblich mißbraucht hat
- ein Beschäftigungsverbot, wenn sich die Zuwiderhandlungen aus dem wiederholten schuldhaften Verhalten bestimmter natürlicher Personen ergeben
- die Einsetzung eines Treuhänders oder die Unterstellung unter die Aufsicht einer Verwaltungsbehörde
- die Auflösung der juristischen Person als äußerste Maßnahme bei besonders schweren und nachhaltigen Verstößen gegen elementare Grundlagen des Gemeinschaftslebens.

  Hierbei sind allerdings die Auswirkungen zu bedenken, die eine derartige Sanktion auf andere Mitglieder des Wirtschaftslebens haben kann, z.B. auf Lieferfirmen oder belieferte Firmen, die mit dem strafbaren Verhalten nichts zu tun haben(10)
- die vorübergehende, zeitlich beschränkte Schließung eines (Teils des) Betriebes. Auch hier gelten jedoch die soeben angedeuteten Bedenken
- die Einziehung
- die Veröffentlichung der gerichtlichen Entscheidung
- die Entrichtung einer Kaution, die bei einer erneuten Straffälligkeit eingezogen werden kann
- der Entzug der durch die Straftat erlangten Vorteile(11).

Die meisten dieser Sanktionen sind auch in Art.63,64 des Avant-projet définitif de Code Penal(12) enthalten. Soweit die dort vorgesehenen Sanktionen über diesen Katalog hinausgehen, sind sie in Besonderheiten des französischen Gesellschaftsrechts begründet.

Zum Teil wird auch vorgeschlagen, seitens des Gerichts Organisationsstrukturen innerhalb eines Unternehmens, soweit sie kriminelles Verhalten begünstigt und bedingt haben, neu zu strukturieren(13).

---

10 vgl. zu diesen Sanktionen, Rotberg, Festschrift für den DJT Bd.II, 1960, S.193,209 ff; vgl. auch Jescheck, DöV 1953, 539,543; zur Auflösung auch Art.63 Nr.2 iVm Art.39 des französischen Avant-projet, vgl. die Darstellung oben B.II.1.

11 vgl. dazu das niederländische Strafrecht, dargestellt oben B.III. 2.b)

12 vgl. B.II.1.

13 vgl. oben B.I.3.b)dd); ähnlich Merle/Vitu, Traité de droit criminel, Tome I, S.744 und oben B.II.3.c)cc)

4. ZURECHNUNGSKRITERIEN

Hier stellen sich die Fragen, wessen Handeln und wessen Schuld der juristischen Person als eigne(s) zugerechnet werden muß, ob diese Person(en) namentlich feststehen muß (müssen) und ob weitere Voraussetzungen für eine Zurechnung erfüllt sein müssen.

Zu prüfen ist zunächst, ob die in den untersuchten ausländischen Rechtsordnungen hierzu vorgeschlagenen bzw. praktizierten Lösungen als allgemeines Modell auch für den bundesdeutschen Gesetzgeber dienen können.

In **Großbritannien** ist zur Zurechnung erforderlich, daß die juristische Person mit der konkreten natürlichen Person identifiziert werden kann. Diese Identifizierung ist dann möglich, wenn der Handelnde zur "brain area" gehört. Handeln kleinere Angestellte, so kommt nur eine vicarious liability in Betracht. Erforderlich ist weiterhin, daß die pönalisierte Handlung von dem Handelnden im Rahmen der ihm übertragenen Befugnisse vorgenommen wurde. Umstritten ist jedoch, ob eine Identifizierung auch möglich ist, wenn die handelnden Personen beabsichtigen, durch ihr Handeln der juristischen Person zu schaden(14).

In den **USA** muß der Handelnde zwar ebenfalls im Rahmen seiner Befugnisse bzw. seines Beschäftigungsverhältnisses gehandelt haben, er muß jedoch nicht zur "brain area" gehören: auch kleinere Angestellte können die Verantwortlichkeit juristischer Personen auslösen. Nicht unumstritten ist jedoch der benefit-Aspekt. Die Rechtsprechung stellt zum Teil nur auf die Funktion des Angestellten ab bzw. betrachtet den Vorteil für die juristische Person nur als Beweisanzeichen; zum Teil vertritt sie jedoch auch den Standpunkt, daß die **Absicht**, der juristischen Person einen Vermögensvorteil zu verschaffen, unerläßliche Voraussetzung der strafrechtlichen Verantwortlichkeit juristischer Personen sei(15).

Nach Art.15 des **niederländischen** WiStG ist ein Unternehmen u.a. dann als Täter strafbar, wenn die Wirtschaftstraftat von Personen begangen wird, die im Unternehmensbereich aufgrund eines Dienstverhältnisses oder einer anderen Ursache handeln. Dabei ist nicht erforderlich, daß die Personen jede für sich eine Straftat verwirklichen, es genügt vielmehr, wenn die Beteiligten gemeinsam alle Tatbestandsmerkmale verwirklichen. Die Stellung der handelnden Person im Unternehmen ist ohne Bedeutung, insbesondere braucht die Straftat nicht durch eines der Organe der juristischen Person begangen zu sein. Auch nicht-leitende Angestellte können eine strafrechtliche Verantwortlichkeit des Unternehmens begründen(16).

Im **französischen** Avant-projet définitif des Code Pénal sind als Zurechnungskriterien vorgesehen:

---

14 vgl. die Nachweise oben C.I.1.a)

15 vgl. die Nachweise oben C.I.1.b)

16 vgl. Schaffmeister, ZStW 85 (1973), 782,801 f; Pompe, S.43 f; und oben B.III.2.b)

- die Begehung der Straftat aufgrund einer Entschlußfassung der Organe der juristischen Person
- in ihrem Namen
- im gemeinschaftlichen Interesse(17).

Die in den untersuchten Ländern für die Strafbarkeit juristischer Personen erforderlichen Voraussetzungen sind - wie sich aus dieser kurzen Zusammenfasung ergibt - nicht identisch, so daß sie schon aus diesem Grunde nicht unmittelbar als Grundlage für ein allgemeines Modell dienen können.

Von Bedeutung erscheint mir aber zunächst das in Großbritannien und in den USA vorausgesetzte **Kriterium des Handelns im Rahmen der übertragenen Befugnisse bzw. des Beschäftigungsverhältnisses** zu sein. Bei Erfüllung dieser Voraussetzung besteht eine Verbindung zwischen Handeln und Verschulden der juristischen Person, die eine Zurechnung zum Handeln bzw. zur Schuld der juristischen Person legitimiert.

Dasselbe gilt für die **Absicht, der juristischen Person** einen - wie auch immer gearteten - **Vorteil zu verschaffen**, die in etwa dem Handeln "im gemeinschaftlichen Interesse" (Art.38 avant-projet) entsprechen dürfte. Nur wenn die betreffende(n) natürliche(n) Person(en) in dieser Absicht gehandelt hat(haben), ist dieses Handeln so in Beziehung zur juristischen Person gesetzt, daß eine Zurechnung zur Straftat der juristischen Person gerechtfertigt erscheint(18).

Zu erörtern bleibt, welche Position die handelnde(n) natürliche(n) Person(en) innerhalb der Hierarchie der juristischen Person innehaben muß(müssen) und ob es erforderlich ist, die konkrete Person zu ermitteln und ihr schuldhaftes Handeln nachzuweisen.

Es liegt nahe, die Verantwortlichkeit der juristischen Person auf das Handeln ihrer Organe zu gründen, denn die juristische Person nimmt durch ihre Organe am Rechtsverkehr teil, das Handeln der Organe berechtigt und verpflichtet sie. Eine Verantwortlichkeit der juristischen Person (nur) für das schuldhafte Handeln ihrer Organe wäre jedoch denselben Einwänden ausgesetzt, die schon unter A.II.3. hinsichtlich § 30 OWiG erörtert wurden: infolge der Dezentralisierung in den meisten Unternehmen kann häufig die schuldhafte Zuwiderhandlung eines obersten Leitungsorgans nicht nachgewiesen werden. Die Organisation kann bei juristischen Personen so ausgestaltet sein, daß aus Repräsentationsgründen oder zur Verschleierung der wahren Verantwortung, Personen zu Organen bestellt werden, denen praktisch keine Leitungsaufgaben übertragen werden. Die eigentliche Geschäftsführung und Verantwortung kann in diesen Fällen bei leitenden Angestellten liegen. Diesen Bedenken kann jedoch dadurch begegnet werden, daß man, wie im Regierungsentwurf eines 2. WiKG und im Schlußbericht der Sachverständigenkommission zur Bekämpfung der Wirtschaftskriminalität vorgeschlagen wird, auf den **Kreis der für die Betriebs- oder Unternehmens-**

---

17 vgl. Art.38 Abs.1 des avant-projet; vgl. B.II.1.

18 zu diesen beiden Voraussetzungen vgl. auch Jescheck, DöV 1953, 539,543; Rotberg, Festschrift für den DJT Bd.II, 1960, S.193,208

leitung verantwortlichen Personen abstellt(19). Die Antwort auf die Frage, wer zu diesem Kreis gehört, müßte aufgrund der konkreten Unternehmensorganisation und konkreten Handhabung gefunden werden.

Eine derartige Regelung hätte zwar den Vorteil, an sachgerecht erscheinende Abgrenzungsmerkmale anzuknüpfen, jedoch den Nachteil, weniger bestimmt zu sein. Ein Verstoß gegen das in Art.103 Abs.2 GG und § 1 StGB als Ausfluß des Rechtsstaatsprinzips festgelegte Bestimmtheitsgebot liegt hierin jedoch nicht begründet. Es ist anerkannt, daß normative Begriffe, ja sogar Generalklauseln nicht schlechthin verfassungswidrig sind, weil sonst die Gesetze zu starr und kasuistisch würden und damit der Vielgestaltigkeit des Lebens, dem Wandel der Verhältnisse oder der Besonderheit des Einzelfalls nicht mehr gerecht werden könnten. Auch das Gerechtigkeitsgebot, das flexiblere Lösungen erfordert, ist in der Verfassung begründet, so daß die Frage, ob ein Tatbestand im Sinne des § 1 StGB "gesetzlich bestimmt" ist, sich nicht nach starren oder zu engen Regeln beantworten läßt(20). Das hier vorgeschlagene Kriterium ist in diesem Sinne bestimmt genug, denn es läßt sich aus dem durch Auslegung zu gewinnenden Sinne der Formulierung entnehmen, für den Kreis welcher Personen eine Verantwortlichkeit der juristischen Person besteht. Eine Ergänzung sollte diese Regelung noch dadurch finden, daß die Verantwortlichkeit der juristischen Person auf die Taten erstreckt wird, die durch "gehörige Aufsichtsmaßnahmen" der für die Unternehmensleitung verantwortlichen Personen verhindert oder erschwert worden wäre(21).

Auf diese Art und Weise könnte der kriminalitätsfördernden Tendenz begegnet werden, Verantwortlichkeiten so zu dezentralisieren, daß "die rechte Hand nicht mehr weiß, was die linke tut", daß das Gefühl der persönlichen Verantwortlichkeit verschwindet und einer Gleichgültigkeit Platz macht, in der der sog. "kriminelle Verbandsgeist" wirken kann. Auch könnten Manipulationen in der Richtung, die Verantwortlichkeit durch geschickte Delegation zu umgehen, verhindert werden.

Eine Verantwortlichkeit auch für kleinere Angestellte erscheint dagegen nicht begründbar. Sie stehen nicht in einem Verhältnis zur juristischen Person, das deren Verantwortlichkeit rechtfertigen könnte.

Zu beantworten bleibt noch die Frage, ob aus dem Kreis der für die Unternehmensleitung verantwortlichen Personen die Person des im Einzelfall schuldhaft Handelnden ermittelt, konkret individualisiert werden muß. Mit Rotberg und den Verfassern des Regierungsentwurfs eines 2. WiKG wird hier die Feststellung als ausreichend erachtet, **daß** der Täter zum Kreis dieser Personen gehört. Steht fest, daß die Tat gleichsam im Entscheidungszentrum der juristischen Person begangen wurde, daß der äußere Straftatbestand von einem für die Unternehmensleitung Verantwortlichen im Rahmen seiner Befugnisse und im Interesse der

---

19 vgl. den Schlußbericht der Sachverständigenkommission, S.37; Regierungsentwurf eines 2. WiKG, BT-Drucks. 9/2008, S.39

20 vgl. auch Schönke-Schröder-Eser, Rdnr.22 f zu § 1

21 so auch Schlußbericht der Sachverständigenkommission, S.37; vgl. auch § 30 OWiG in der Fassung des Regierungsentwurfs vgl. oben A.III.1.

juristischen Person schuldhaft herbeigeführt worden sein muß, so kann es nicht mehr darauf ankommen, welche dieser Personen im Einzelfall gehandelt hat oder nicht(22).

Damit wird die Sanktion stärker von der persönlichen Verantwortlichkeit einer bestimmten Einzelperson gelöst und die juristische Person für das Versagen im Leitungsbereich verantwortlich gemacht. Auf diese Weise wird auch vermieden, daß bei einer unklaren Aufteilung der Geschäfte im Leitungsbereich von einer Sanktion abgesehen werden muß, weil nicht eindeutig festgestellt werden kann, welche Person innerhalb eines mehrgliedrigen Leitungsbereichs verantwortlich gehandelt hat(23).

5. WEITERE VOM GESETZGEBER ZU BERÜCKSICHTIGENDE REGELUNGSBEREICHE

Es liegt nahe, zur Ergänzung der vorstehenden Betrachtungen auf einige weitere regelungsbedürftige Sachverhalte hinzuweisen.

Der Gesetzgeber wird sich z.B. mit der Frage zu beschäftigen haben, ob für den Fall, daß eine schuldhaft handelnde Person ermittelt werden kann, die Bestrafung der juristischen Person kumulativ zur Individualstrafe hinzutritt oder ob nur eine alternative Bestrafung in Betracht kommt. Er wird nach Möglichkeiten suchen müssen, die juristische Personen daran hindern, sich z.B. nach Verhängung einer Geldstrafe oder während des laufenden Verfahrens aufzulösen, um so einer Sanktion zu entgehen. Möglich wäre dies durch die Aufnahme einer Vorschrift in die entsprechenden Gesetze (HGB, GmbHG, AktG, usw.), die ein Auflösungsverbot während des laufenden Verfahren statuiert.

Der Gesetzgeber wird auch an prozessuale Vorschriften denken müssen, die dafür sorgen, daß im Strafverfahren den Besonderheiten einer juristischen Person Rechnung getragen wird.

---

22 vgl. Rotberg, Festschrift für den DJT Bd.II, 1960, S.193,208; Regierungsentwurf eines 2. WiKG, BT-Drucks. 9/2008, S.40

23 vgl. Regierungsentwurf eines 2. WiKG, BT-Drucks. 9/2008, S.40

D.

ZUSAMMENFASSUNG

Als Ergebnis dieser Überlegungen zur Frage der Strafbarkeit juristischer Personen kann festgehalten werden, daß das Dogma von der strafrechtlichen Nicht-Verantwortlichkeit juristischer Personen keineswegs unumstößlich ist. Es ist dem Gesetzgeber durchaus möglich, de lege ferenda die Strafbarkeit juristischer Personen vorzusehen, ohne sich damit in Widerspruch zu anerkannten Grundsätzen des Strafrechts zu setzen.

Die Untersuchung ausländischer Rechtsordnungen hat dazu beigetragen, gewisse dogmatische Verhärtungen, die bei uns den Streitstand prägen, zu erkennen und zu überwinden und auch sonst wertvolle Anregungen geliefert.

Angesichts der Sozialschädlichkeit bestimmter Verhaltensweisen seitens bestimmter juristischer Personen besteht ein kriminalpolitisches Bedürfnis, juristische Personen als solche zu bestrafen. Das Anwachsen von juristischen Personen mit einer zum Teil ungeheuren Machtfülle hat das Entstehen einer besonderen Kriminalität bedingt, die eine Reaktion des Gesetzgebers erfordert, der eine Antwort auf neue wirtschaftliche, steuerliche, technische Möglichkeiten und deren Mißbrauch finden muß.

Der Einsatz des Strafrechts ist zur Aufrechterhaltung der Rechtsordnung unerläßlich, denn es erscheint erforderlich, alle hier in Frage kommenden Sachverhalte durch unabhängige Gerichte beurteilen zu lassen und sie dem Legalitätsprinzip zu unterstellen, anstatt ihre Verfolgung und Ahndung dem Ermessen der weisungsgebundenen Verwaltungsbehörden zu überlassen.

Wie gezeigt wurde, sind alle Strafzwecke bei juristischen Personen erreichbar und damit ihre Straffähigkeit zu bejahen.

Die Bestrafung der juristischen Personen ist auch nicht ungerecht unter dem Aspekt der (Mit-)Bestrafung unschuldiger Mitglieder. Die Strafe wird nur gegen die juristische Person ausgesprochen, strafweise vermindert werden nur ihre Rechtsgüter. Die einzelnen Mitglieder werden von den Auswirkungen der gegen die juristische Person ausgesprochenen Strafe zwar mitbetroffen. Dies erscheint jedoch nicht ungerecht, denn auch die persönlich unbeteiligten Mitglieder haben sich der juristischen Person zur Förderung ihrer eigenen Belange bedient. Ein Verstoß gegen das Verbot der Doppelbestrafung ist zu verneinen, weil es sich nicht um eine doppelte Bestrafung handelt, sondern nur um das Zusammentreffen eines allgemeinen Nachteils mit der Bestrafung des schuldigen Mitglieds, das deshalb bestraft wird, weil es durch eigenes schuldhaftes Handeln zusätzlich die persönliche Bestrafung verdient hat.

Die juristische Person ist auch handlungsfähig im strafrechtlichen Sinne. Es werden ihr Wille und Ausführungsakte derjenigen Personen zugerechnet, die zum Kreis der für die Betriebs- oder Unternehmensleitung Verantwortlichen gehören, im Rahmen der ihnen übertragenen

Befugnisse und in der Absicht, der juristischen Person einen Vorteil zu verschaffen, handeln. Eine derartige Zurechnung ist auch im Strafrecht zulässig. Sie ist dadurch legitimiert, daß die Wirkung des Handelns der natürlichen Person auch und gerade durch die Mittel der dahinter stehenden juristischen Person bedingt ist, die das eigentliche Machtzentrum bildet und der auch die Vorteile des Handelns dieser natürlichen Personen zukommen.

Argumente für die Schuldfähigkeit juristischer Personen können vor allem daraus gewonnen werden, daß gegen juristische Personen im Bereich sozialethisch unwertbehafteter Ordnungswidrigkeiten Geldbußen verhängt werden können, daß sie beleidigungsfähig sind, ihnen also Ehre und damit ein sittlicher und sozialer Wert als Person zukommt und daß strafrechtliche (sozialethische) und sittliche (individualethische) Schuld zu unterscheiden sind. Die Schuld der juristischen Person liegt in dem Zurückbleiben hinter dem Maß an Rechtsgesinnung, Sorgfalt und Willenskraft, das die Rechtsordnung von der durchschnittlichen juristischen Person erwartet. Weil sie diesen Anforderungen nicht gerecht geworden ist, kann ihr ein Schuldvorwurf gemacht werden.

LITERATURVERZEICHNIS

ANCEL, Marc: Les sanctions en matière pénale économique in: Rapports généraux au V. Congrès International de droit comparé, Bruxelles 1958

--- La Défense sociale Nouvelle (Un mouvement de la Politique Criminelle humaniste) 1954

ANDERSON, Ronald A.: Wharton's Criminal Law and Procedure Vol.I, 1957 (zitiert: Wharton's Criminal Law)

AVANT-projet défnitif de Code Pénal, Livre 1, Dispositions générales, Avril 1978, Commission de révision de Code Pénal (Ministère de la Justice)

BÄHR, Erich: Strafbarkeit ohne Verschulden (strict liability) im Strafrecht der USA, Diss. Köln 1973

BAUMANN, Jürgen: Grundbegriffe und System des Strafrechts, 5. Auflage 1979

--- Strafrecht, Allgemeiner Teil, 8. Auflage Bielefeld 1977

BENGÜ, Cemil Halit: La responsabilité pénale des groupements de personnes, Thèse Genève 1941

BENNUM, M.E.: Corporate Criminal Liability, Xth International Congress on comparative Law, Budapest 1978, VA 3/1

BISHOP, Joel Prentiss: Bishop on Criminal Law, 9th ed. (by John M. Zane and Carl Zollmann) 1923, Vol.I

BLAUTH, Peter: "Handeln für einen andern" nach geltendem und kommendem Strafrecht, Diss. Heidelberg 1968

BLAU, Günther: Zur kriminellen Strafbarkeit juristischer Personen (zugleich eine Besprechung des Urteils des Bundesgerichtshof 5. Strafsenat vom 26.10.1953) in: MDR 1954, 466 f

BOCKELMANN, Paul: Die moderne Entwicklung der Begriffe Täterschaft und Teilnahme im Strafrecht in: Deutsche Beiträge zum VII. Internationalen Strafrechtskongreß Athen 1957, S.46 ff (auch in: R.I.D.P. 1956, S.167 ff)

BODE, Hans-Jürgen: Geldbuße gegen juristische Personen und Personenvereinigungen im Strafrecht, in: NJW 1969, 1286

BOUBLIE, Bernard: Les effets de la délégation de pouvoir in: La responsabilité pénale du fait de l'entreprise, Journées d' Etudes, Université Paris - XII/Institut de L'entreprise, Association française des juristes d'entreprise, 14.-15.oct.1976, Paris 1977, S.135

BOUZAT, Pierre/ PINATEL, Jean: Traité de droit pénal et de criminologie, Tome I, 2e ed. 1970 (Neuauflage von: Bouzat, Pierre, Traité théorique de droit pénal, zitiert: Bouzat, Traité théorique)

BRUNS, Hans-Jürgen: Über die Organ- und Vertreterhaftung im Strafrecht in: JZ 1954, 12

--- Faktische Betrachtungsweise und Organhaftung; zur Regelung des "Handelns für einen anderen" im Entwurf der Großen Strafrechtskommission in: JZ 1958, 461

--- Urteilsanmerkung in JZ 1954, 251

BUNDESJUSTIZMINISTERIUM (Hrsg.): Schlußbericht der Sachverständigenkommission zur Bekämpfung der Wirtschaftskriminalität, Bonn August 1980

BURROWS, Roland: The responsibility of corporations under criminal law in: The Journal of criminal science 1948, 1

BUSCH, Richard: Grundfragen der strafrechtlichen Verantwortlichkeit der Verbände, Leipzig 1933

CANFIELD, George F.: Corporate Responsibility for crime, in: 14 Col. L.R. (1914) 469

CARTIER, Marie-Elisabeth: Notion et fondement de la responsabilité du chef de l'entreprise in: La responsabilité pénale du fait de l'entreprise, Journées d'études, Université Paris - XII/ Institut de l'entreprise, Association française des juristes d'entreprise, 14.-15.oct.1976, Paris 1977, S.45

CATALA, Nicole: Notion de délégation: formes, conditions, limitations et cas in: La responsabilité du fait de l'entreprise, Journeés d'Etudes, Université Paris XII/Institut de l'entreprise, Association francaise des juristes d'entreprise, 14.-15.oct. 1976, Paris 1977, S.119

CIGALA, Salvatore: La responsabilité pénale des personnes morales, R.I.D.P. 1929, 260

CONSTANT, Jean: La responsabilité des personnes morales et de leurs organes en droit belge, R.I.D.P. 1951, 597

CROSS, Rupert Sir and JONES, Philip: Cross and Jones' Introduction to criminal Law, 8. Aufl. London 1976

DALLOZ, Encyclopédie juridique, Réportoire des sociétés, 2e ed. 1982

DELMAS-MARTY, Mireille: Droit pénal des affaires 1973

--- Criminalisation et infractions financieres, économiques et sociales in: Revue de science criminelle et de droit comparé 1977, 509

--- Les delits financiers commis dans le cadre des sociétés commerciales in: D.1978 I 87 (Chronique)

--- L'avant-projet de révision de Code pénal, La responsabilité pénale des groupements in: R.I.D.P. 1980, 39

DIETL/MOSS/LORENZ: Dictionnary of legal, commercial and political terms I, 2. Aufl. 1979

DOEHRING, Karl: Sozialstaat, Rechtsstaat und freiheitlich demokratische Grundordnung, Zweimonatshefte für Fragen der Zeit, 23. Jahrgang 1978, Sonderheft, S.12

DONCEEL, Jean Donckier de: Responsabilité pénale non individuelle Rapports belges au Xe Congrès International de Droit Comparé, S.603

DOUCET, Michel/FLECK, Klaus E.W.: Wörterbuch der Rechts- und Wirtschaftssprache, Teil I, Französisch-Deutsch, 3. Aufl. München 1980

DREHER, Eduard, TRÖNDLE, Herbert: Strafgesetzbuch, 41. Aufl. 1983

DUVERGNE B. et Herzog, J.B.: Problèmes de procédure concernant la responsabilité pénale des personnes morales in: Revue de science criminelle et de droit comparé 1962, 798

EDGERTON, Henry W.: Corporate Criminal liability in: 36 Y.L.J. (1927) 827

ENGISCH, Karl: Empfiehlt es sich, die Strafbarkeit der juristischen Person gesetzlich vorzusehen? in: Verhandlungen des 40. DJT, Bd.II, Tübingen 1954, E 7

ERMAN, Walter, WESTERMANN, Harry: Handkommentar zum Bürgerlichen Gesetzbuch in 2 Bänden (zitiert unter Hinzufügung des jeweiligen Bearbeiters), 7. Aufl. Münster 1981

ETTINGER: La responsabilité pénale des personnes morales, in: R.I.D.P. 1929, 274

FAIVRE, Pierre: La responsabilité pénale des personnes morales in: Revue de science criminelle et de droit pénal comparé 1958, 547

GALLAS, Wilhelm: Gründe und Grenzen der Strafbarkeit. Gedanken zum Begriff des Verbrechens in: Beiträge zur Verbrechenslehre, Berlin 1968, S.1

GARRAUD, Pierre: Précis de Droit Criminel, 15ieme ed. 1934

GASSIN, Raymond: Observations présentées au nom de la faculté de Droit et de science politique et de l'institut de sciences pénales et de criminologie de l'université de Droit, d'Economie et de Sciences d'Aix-Marseilles, Dez. 1976

GIERKE, Otto v.: Das Wesen der menschlichen Verbände, Rede bei Antritt des Rektorats am 15. Okt. 1902; Leipzig 1902

GIVANOVTICH, Thomas: La responsabilite pénale des personnes morales in: R.I.D.P. 1929, 306

GUNSBURG, Niko/MOMMAERT, R.: La responsabilité des personnes morales in: R.I.D.P. 1929, 219

GÖHLER, Erich: Das neue Gesetz über Ordnungswidrigkeiten in: JZ 1968, 613

--- Die strafrechtliche Verantwortlichkeit juristischer Personen, Deutsche strafrechtliche Landesreferate zum X. Internationalen Kongreß für Rechtsvergleichung, Budapest 1978, Beiheft zur ZStW 1978, S.100

--- Ordnungswidrigkeitengesetz, 6. Aufl. München 1980

GÖPPINGER, Hans: Kriminologie, 4. Aufl. München 1980

GOETZELER, Richard: Die rationalen Grundlagen des Steuerstrafrechts, 1934

GRÜNHUT, Max: Das englische Strafrecht in: Das ausländische Strafrecht der Gegenwart, Bd.3, S.133 (hrsg. von Mezger/Schönke/Jescheck) 1959

HACKER, M.E.: Les corporations et le problème de leur activité et responsabilité pénale in: R.I.D.P. 1924, 128

D'HAENENS, J.: Sanctions pénales et personnes morales in: Rev.dr. pen.et crim. 1975-76, 731

HAFTER, Ernst: Die Delikts- und Straffähigkeit der Personenverbände, Berlin 1903

--- Lehrbuch des schweizerischen Strafrechts, Allgemeiner Teil, 2. Aufl. 1946

HALL, Jerome: General principles of Criminal Law, second edition, 1960

HALSBURY'S Laws of England: vol.9, 4th edition 1974 (editor in chief: Lord Hailsham of St. Marylebone)

HANACK, Ernst-Walter: Strafgesetzbuch, Leipziger Kommentar, § 61, 10. Aufl. Berlin - New York 1978

HANNEQUART, Yvon: Imputabilité pénale et dommages survenus aux personnes et aux biens à l'occasion des activités de l'entreprise in: Rev.dr.pén.et crim. 1968-69, 409

HARRIS, Seymour F.: Criminal law (by Ian McLean and Peter Morrish), 22nd edition, London 1973

HARTUNG, Fritz: Empfiehlt es sich, die Strafbarkeit der juristischen Person gesetzlich vorzusehen? in: Verhandlungen des 40. DJT, Bd.II, Tübingen 1954, E 43

--- Steuerstrafrecht, 3. Aufl. 1962

HASSEMER, Winfried: Einführung in die Grundlagen des Strafrechts, München 1981

HEINITZ, Ernst: Empfiehlt es sich, die Strafbarkeit der juristischen Person gesetzlich vorzusehen? in: Verhandlungen des 40. DJT, Bd.I, Tübingen 1953, S.65

--- Der Ausbau des Strafensystems in ZStW 65,26

--- Urteilsanmerkung in: JR 1954,67

HENKEL, Heinrich: Kollektivschuld in: Momentum Bambergense (Festgabe für Benedikt Kraft), München 1955, S.106

HIRSCH, Günther: Strafgesetzbuch, Leipziger Kommentar, § 46, 10. Aufl. Berlin-New York 1979

HUECK, Alfred: Das Recht der offenen Handelsgesellschaft, 3. Aufl. 1964

--- Gesellschaftsrecht, Ein Studienbuch, 16. Aufl. München 1972

HUSS, Alphonse: Sanctions pénales et personnes morales in: Rev.dr.pén. et crim. 1975-76, S.673

--- Die Strafbarkeit der juristischen Person in: ZStW 90, 237

HONIG, Richard: Das amerikanische Strafrecht in: Das ausländische Strafrecht der Gegenwart, Bd.4, S.7 (hrsg. von Mezger/ Schönke/Jescheck) Berlin 1962

JESCHECK, Hans-Heinrich: Lehrbuch des Strafrechts, Allgemeiner Teil, 3. Aufl. Berlin 1978

--- Die strafrechtliche Verantwortlichkeit der Personenverbände in: ZStW 65 (1953), S.210

--- Zur Frage der Strafbarkeit von Personenverbänden in: DöV 1953, S.539

--- Die Behandlung der Personenverbände im Strafrecht in: SchwZStrR 70 (1955), S.243

--- Strafgesetzbuch, Leipziger Kommentar, § 13, 10. Aufl. Berlin-New York 1979

KADISH, Sanford/PAULSEN, Monrad G.: Criminal Law and its processes, Cases and Materials, third edition 1975

KAISER, Günther: Die Bedeutung der Wirtschaftskriminalität in der BRD in: Kriminalistik 1978, S.1

KAMPMANN, Rudolf: Die strafrechtliche Verantwortlichkeit der Personenverbände, Diss. Göttingen 1936

KAMPS, Hans: Ärztliche Arbeitsteilung und Fahrlässigkeitsdelikt, 1981

KOHLER, Josef: Straffähigkeit juristischer Personen, GA 64 (1917), S.500

KOHLRAUSCH, Eduard, LANGE, Richard: Strafgesetzbuch, 43. Aufl. Berlin 1961

LACKNER, Karl: Strafgesetzbuch, 15. Aufl. München 1983

LA FAVE, Wayne R./SCOTT, Austin W.: Handbook on criminal Law St. Paul, Minn. 1972

LANGE, Richard: Zur Strafbarkeit von Personenverbänden in: JZ 1952, S.261

LANG-HINRICHSEN, Dietrich: "Verbandsunrecht". Zugleich ein Beitrag zur Lehre von den Ordnungswidrigkeiten in: Festschrift für Hellmuth Mayer 1966, S.49

LARENZ, Karl: Allgemeiner Teil des deutschen bürgerlichen Rechts, Ein Lehrbuch, 4. Aufl. München 1977

--- Lehrbuch des Schuldrechts, Bd.I, Allgemeiner Teil, 13. Aufl. München 1982

--- Lehrbuch des Schuldrechts, Bd.II, Besonderer Teil, 12.Aufl. München 1981

LEE, Frederic P.: Corporate Criminal liability in: Col.L.Rev. 1928, S.1,181

LEGAL, Alfred: Chronique de jurisprudence, Rev.sc.crim. 1965, 650

--- Chronique de jurisprudence, Rev.sc.crim. 1971, S.405

LEGROS, R.: La responsabilité pénale des dirigéants des societes et le droit pénal en général in: Rev.dr.pén.et crim. 1963-64, S.3 und in: Rev.dr.pén.et crim. 1968-69, S.365

LEVASSEUR, Georges: Les personnes morales, victimes, auteurs ou complices d'infractions en droit français, Rev.dr.pén.et crim. 1954-55, S.827

--- L'imputabilité des infractions en droit français, XX. seminaire de la Commission Droit et Vie des affaires de la faculté de Droit de l'université de Liège, Rev.dr.pén.et crim. 1968-69, 387

--- Sanctions penales et personnes morales, Rev.dr.pén.et crim. 975-76, S.707

--- Le droit criminel français et le droit comparé in: Livre du centenaire de la société de législation comparé, S.260

LEIGH, L.H.: The criminal liability of corporations in English Law, London 1969

LIEBL, Karl Hans: Die Entwicklung der Wirtschaftskriminalität im Sechsjahreszeitraum 1975 bis 1979 in: Der Kriminalist 1981, 372,458

V.LISZT, Franz, SCHMIDT, Eberhard: Lehrbuch des deutschen Strafrechts, Bd.1, Einleitung und AT, 26. Aufl. Berlin-Leipzig 1932

LONGHI, Silvio: La responsabilité pénale des personnes morales in: R.I.D.P. 1929, 246

MAGNOL, Joseph: Une expérience de mise en oeuvre de la responsabilité des personnes morales in: R.I.D.P. 1946, 58

MARCUSE, H.: Die Verbrechensfähigkeit der juristischen Person in: GA 64 (1917), 478

MARTINEZ, José Augustin: La responsabilité pénale des personnes morales in: R.I.D.P. 1929, 234

MAURACH, Reinhart, GÖSSEL, Karl Heinz, ZIPF, Heinz: Strafrecht, Allgemeiner Teil, Teilband 2, 5. Aufl. Heidelberg, Karlsruhe 1978

MAURACH, Reinhart, ZIPF, Heinz: Strafrecht, Allgemeiner Teil, Teilband 1, 5. Aufl. Heidelberg, Karlsruhe 1977

MAYER, Hellmuth: Strafrecht, Allgemeiner Teil, Stuttgart, Berlin, Köln, Mainz 1967

McLEAN, Ian, MORRISH, Peter: Harris's Criminal Law, 22nd ed. 1973 (zitiert: Harris's Criminal Law)

MERLE, Roger, VITU, André: Traité de droit criminel, Tome 1, 3e ed. 1978

MESTRE, Achilles: Les personnes morales et le problème de leur responsabilité pénale, 1899

MILLER, Justin: Handbook of Criminal Law, 1934

MODEL Penal Code, Proposed Official Draft and commentary

MONTEILHET, Paul: La responsabilité de l'employeur du fait de ses préposés in: J.C.P. 1952 I 1060

MUELLER, Gerhard O.W.: Mens rea and the corporation, Pi.L.R. (1957) 21

MÜLLER, Hermann/SAX, Walter/PAULUS, Rainer: KMR-Kommentar zur Strafprozeßordnung, 7. Aufl. Darmstadt 1980

NIEDERSCHRIFTEN über die Sitzungen der Großen Strafrechtskommission, Bd.1 (1956), Bd.4 (1958)

NIESE, Werner: Die moderne Strafrechtsdogmatik und das Zivilrecht in: JZ 1956, 457

NITSCHKE, Manfred: Die Anwendbarkeit des in § 31 BGB enthaltenen Rechtsgedankens auf alle Unternehmensträger in: NJW 1969, 1737

ORLAND, Leonard: Reflections on Corporate Crime: Law in search of theory and scholarship in: American Criminal Law Review 1980, 501

OSTERMEYER, Helmut: Die Kollektivschuld im Strafrecht in: ZRP 1971, 75

OTTO, Harro: Strafwürdigkeit und Strafbedürftigkeit als eigenständige Deliktskategorien? Überlegungen zum Deliktsaufbau in: Gedächtnisschrift für Horst Schröder (Hrsg. Walter Stree, Theodor Lenckner, Peter Cramer, Albin Eser), S.53, München 1978

PACKER, Herbert L.: Mens rea and the Supreme Court in: S.Ct. Review (1962) 107

PALANDT, Otto: Bürgerliches Gesetzbuch, 41. Aufl. bearbeitet von Peter Bassenge, Uwe Diederichsen, Wolfgang Edenhofer, Helmut Heinrichs, Andreas Heldrich, Theodor Keidel, Hans Putzo, Heinz Thomas, München 1982 (zitiert unter Hinzufügung des jeweiligen Bearbeiters)

PERKINS, Rollin M.: Criminal Law, 2nd ed. 1969

PERKINS/BOYCE: Cases and materials on criminal law and procedure 5th ed. 1977

POHL-SICHTERMANN, Rotraut: Geldbuße gegen Verbände - § 26 OWiG Diss. Bochum 1974

POMPE, W.P.J.: Das niederländische Strafrecht in: Das ausländische Strafrecht der Gegenwart (hrsg. von Mezger/Schönke/Jescheck) Berlin 1976, 7

PRADEL, Jean: Droit Pénal, Tome 1, Paris 1977

--- L'avant-projet de révision de Code Pénal, Partie générale, in: S.1977,115

PUECH, Marc: Les grands arrêts de la jurisprudence criminelle, 1976

RADULESCO, Jean: La responsabilité pénale des personnes morales in: R.I.D.P. 1929, 286

REGIERUNGS-ENTWURF eines 2. Gesetzes zur Bekämpfung der Wirtschaftskriminalität (2.WiKG) mit Begründung, BT-Drucks. 9/2008

RICHIER, Georges: De la responsabilité de la personne morale, Paris 1943

RIEBENFELD, Paul: Die strafrechtliche Verantwortlichkeit von Verbänden in: Jahrbuch der Basler Juristenfakultät 1934, 232

ROBERT, Jean: L'avant-projet de Code Pénal in: J.C.P. 1976 I 2813

ROTBERG, Hans Eberhard: Für Strafe gegen Verbände! in: Festschrift zum 100jährigen Bestehen des DJT, Bd.II, Karlsruhe 1960, 193

ROTHENPIELER, Friedrich Wilhelm: Der Gedanke einer Kollektivschuld in juristischer Hinsicht, Schriften zur Rechtstheorie, Heft 99, Berlin 1982

ROUQUET, F.: Sanctions pénales et personnes morales, Rev.dr.pén.et crim. 1975-76, 698

ROUSSEAU, Jean-Jacques: Du contract social ou principes du droit politique, in: Du contrat social ou principes du droit politique, S.235, Paris 1960

ROUX, J.-A.: La responsabilité des personnes morales in: R.I.D.P. 1929, 239

ROXIN, Claus: Strafverfahrensrecht, 17. Aufl., München 1982

--- "Schuld" und "Verantwortlichkeit" als strafrechtliche Systemkategorien in: Grundlagen der gesamten Strafrechtswissenschaft, Festschrift für Heinrich Henkel, Berlin-New York 1974, S.171

SAYRE, Francis Bowes: Criminal Responsibility for the act of another, in: 43 H.L.R. (1930) 689

SCHAFFMEISTER, Dieter: Das niederländische Wirtschaftsstrafgesetz, seine Handhabung und seine grundsätzliche Bedeutung für die deutsche Reform des Wirtschaftsstrafrechts in: ZStW 85 (1973), 782

SCHMIDHÄUSER, Eberhard: Strafrecht, Allgemeiner Teil, 2. Aufl., Tübingen 1975

SCHMITT, Rubens G.: Strafverfahren gegen juristische Personen in: BB 1952, 876

SCHMITT, Rudolf: Strafrechtliche Maßnahmen gegen Verbände, Mainz 1958

SCHÖNKE, Adolf/SCHRÖDER, Horst: Strafgesetzbuch, 21. Aufl., bearbeitet von Theodor Lenckner, Peter Cramer, Albin Eser, Walter Stree, München 1982 (zitiert unter Hinzufügung des jeweiligen Bearbeiters)

SCHREIBER, Hans-Ludwig: Recht und Ethik - am Beispiel des Artzrechts, Festschrift für Hanns Dünnebier zum 75. Geburtstag (Hrsg.: Ernst-Walter Hanack, Peter Rieß und Günther Wendisch), Berlin -New York 1982, S.633

SCHWANDER, Vital: Der Einfluß der Fiktions- und Realitätstheorie auf die Lehre von der strafrechtlichen Verantwortlichkeit juristischer Personen in: Festgabe für Gutzwiller 1959, 603

SCHÜNEMANN, Bernd: Unternehmenskriminalität und Strafrecht, Eine Untersuchung der Verantwortlichkeit der Unternehmen und ihrer Führungskräfte nach geltendem und geplantem Straf- und Ordnungswidrigkeitenrecht, Köln-Bonn-München 1979

SCREVENS, Raymond: Les sanctions applicables aux personnes morales dans les Etats des Communautés Européennes in: Rev.dr.pén. et crim. 1980, 163

SEILER, Walter: Strafrechtliche Maßnahmen als Unrechtsfolgen gegen Personenverbände, Freiburg/Schweiz 1967

SIEGERT, Karl: Haftung für fremde Schuld im Steuer- und Wirtschaftsstrafrecht in: NJW 1953, 527

SNYDER, Orvill C.: An introduction to criminal Justice, 1953 (Prentice-Hall Law Book Series)

SOERGEL, Th./SIEGERT, W.: Bürgerliches Gesetzbuch, 11. Aufl. Stuttgart-Berlin-Köln-Mainz 1978 (zitiert unter Hinzufügung des jeweiligen Bearbeiters)

STEPHANI, Gaston/LEVASSEUR, Georges/BOULOC, B.: Droit pénal général, 11. Aufl. Paris 1980

STRATENWERTH, Günther: Strafrecht, Allgemeiner Teil, 3. Aufl. Köln-Berlin-Bonn-München 1981

STUDY Draft of a New Federal Criminal Code (Title 18, United States Code) and Staff memoranda on Responsibility for crimes involving corporations and other entities; Working paper of the National Commission on Reform of Federal Criminal Law 1970, Vol.I, S.163

THE Law Commission's published working paper Nr.44, 1972

TIEDEMANN, Klaus: Kartellrechtsverstöße und Strafrecht, Köln-Berlin-Bonn-München 1976

--- Gutachten zum 49. DJT 1972: Welche strafrechtlichen Mittel empfehlen sich für eine wirksame Bekämpfung der Wirtschaftskriminalität?, C 9

TROUSSE, P.E.: Sanctions pénales et personnes morales in: Rev.dr.pén. et crim. 1975-76, 720

TURNER, J.W.C.: Kenny's Outlines of criminal law, 19th ed.

VABRES, Henri Donnedieu de: Les limites de la responsabilité pénale de la personne morale in: R.I.D.P. 1950, 339

VALEUR, Robert: La responsabilité des personnes morales dans les droits français et anglo-americains (avec les principaux arrêts fraisant jurisprudence en la matière) Paris 1931

VITU, André: L'orientation moderne des notions d'auteurs de l'infraction et de participation à l'infraction, VII e Congrès International de droit pénal, Rapport français, Athènes 1957

VOUIN, Robert: Manuel de droit pénal, 1949

V.WEBER, Hellmuth: Die Sonderstrafe in: DRiZ 1951, 153

V.WEBER, Hellmuth: Zum SRP-Urteil des Bundesverfasungsgerichts in: JZ 1953, 293

--- Über die Strafbarkeit juristischer Personen (Bemerkungen zum Berliner Stahlhändler-Urteil) in: GA 54, 237

WEIGEND, Thomas: Zwischen Vorsatz und Fahrlässigkeit, ZStW 1981, 657

WELSH, R.S.: The Criminal liability of corporations in: 62 L.Q.R. (1946) 345

WELZEL, Hans: Das deutsche Strafrecht, 11. Aufl. Berlin 1969

WESSELS, Johannes: Strafrecht, Allgemeiner Teil, 12. Aufl. Heidelberg 1982

WESTERMANN, Harry: Haftung für fremdes Handeln in: JuS 1961, 333

WILLIAMS, Glanville: Criminal Law, The general part, 2nd ed. 1961

WILLMS, Elmar Wilhelm: Die Strafbarkeit der "company" im englischen Recht, Diss. Köln 1966

WILMANNS-URBACH: Strafbarkeit juristischer Personen nach dem gegenwärtigen Devisenrecht in: BB 53,102

WILMART, Jean: La responsabilité des dirigéants et cadres d'entreprise au regard du droit pénal commercial, économique et financier in: Rev.dr.pén.et crim. 1968-69, 519

WINGERSKY, Melvin F.: in: Clark and Marshall, A treatise on the law of crimes, 6.ed. 1958 (zitiert Clark and Marshall, A treatise on the law of crimes)

WINN: The criminal liability of corporations in: C.L.J. (1929) 398

Printed by
CPI books GmbH, Leck

Kolibri 360 GmbH
Ferdinand-Jühlke-Straße 7
99095 Erfurt, Deutschland
produktsicherheit@kolibri360.de